Modernes Software-Engineering

Modernes Software-Engineering

Entwurf und Entwicklung von Softwareprodukten

Ian Sommerville

Pearson

Bibliografische Information der Deutschen Nationalbibliothek

Die Deutsche Nationalbibliothek verzeichnet diese Publikation in der Deutschen Nationalbibliografie; detaillierte bibliografische Daten sind im Internet über *http://dnb.dnb.de* abrufbar.

10 9 8 7 6 5 4 3 2 1

24 23 22 21 20

ISBN 978-3-86894-396-2 (Buch)
ISBN 978-3-86326-892-3 (E-Book)

Lilienthalstraße 2, 85399 Hallbergmoos/Germany

www.pearson.de
A part of Pearson plc worldwide

Programmleitung: Birger Peil, bpeil@pearson.de
Übersetzung: Katharina Pieper, Berlin; Petra Alm, Saarbrücken
Fachlektorat und Korrektorat: Katharina Pieper, Berlin
Coverabbildung: Dmitrydesign, www.shutterstock.com
Herstellung: Claudia Bäurle, pburkart@pearson.de
Satz: Gerhard Alfes, mediaService, Siegen (www.mediaservice.tv)
Druck und Verarbeitung: DZS-Grafik d.d.o., Ljubljana

Printed in Slovenia

Inhaltsübersicht

Inhaltsverzeichnis

Vorwort

Softwareprodukte – wie eigenständige Programme, Webanwendungen und -dienste sowie mobile Anwendungen – haben unser tägliches Leben und unsere Arbeit verändert. Es gibt Zehntausende von Unternehmen, die Softwareprodukte entwickeln, und Hunderttausende von Software-Ingenieuren sind weltweit in der Softwareproduktentwicklung beschäftigt.

Entgegen der Meinung einiger Leute braucht man für die Entwicklung von Softwareprodukten viel mehr als nur Programmierkenntnisse. Daher habe ich dieses Buch geschrieben, um einige der Software-Engineering-Aktivitäten vorzustellen, die für die Herstellung zuverlässiger und sicherer Softwareprodukte wichtig sind.

An wen richtet sich das Buch?

Das Buch wurde für Studenten entworfen, die einen ersten Kurs im Bereich Software-Engineering belegen. Auch Personen, die darüber nachdenken, ein Produkt zu entwickeln, und die nicht viel Erfahrung im Software-Engineering haben, könnten es hilfreich finden.

Warum brauchen wir ein Buch über Software-Engineering, das sich auf Softwareprodukte konzentriert?

Die meisten Texte über Software-Engineering konzentrieren sich auf *projektbasiertes* Software-Engineering, bei dem ein Kunde eine Spezifikation vorgibt und die Software von einer anderen Firma entwickelt wird. Die Methoden und Techniken des Software-Engineerings, die sich für solche Großprojekte herausgebildet haben, sind jedoch nicht für die Entwicklung von Softwareprodukten geeignet.

Studierende finden es häufig schwierig, einen Bezug zu großen, kundenspezifischen Softwaresystemen herzustellen. Ich denke, dass es für Studenten leichter ist, Software-Engineering-Techniken zu verstehen, wenn sie sich auf die Art von Software beziehen, die Studierende ständig benutzen. Außerdem sind viele Techniken der Produktentwicklung für Studentenprojekte relevanter als projektorientierte Techniken.

Ist dies eine neue Ausgabe Ihres anderen Lehrbuchs über Software-Engineering?

Nein, dieses Buch verfolgt einen völlig anderen Ansatz und verwendet, abgesehen von ein paar Diagrammen, kein Material aus der 10. Auflage des Lehrbuchs *Software Engineering*.

Welche Themen werden in dem Buch behandelt?

In zehn Kapiteln werden die Themen Softwareprodukte, agiles Software-Engineering, Features, Szenarios und User-Storys, Softwarearchitektur, cloudbasierte Software, Microservice-Architektur, Sicherheit und Datenschutz, zuverlässige Programmierung, Testen sowie DevOps und Codemanagement behandelt.

Ich habe das Buch so gestaltet, dass es sich für einen einsemestrigen Software-Engineering-Kurs eignet.

Wie unterscheidet sich dieses Buch von anderen einführenden Texten zum Software-Engineering?

Wie ich schon sagte liegt der Schwerpunkt auf *Produkten* anstelle auf *Projekten*. Ich behandele Techniken, die die meisten anderen SE-Texte nicht abdecken, wie z.B. Personas und Szenarios, Cloud-Computing, Microservices, Sicherheit und DevOps. Da die Produktinnovation nicht aus der universitären Forschung stammt, wird keine Forschungsliteratur zitiert bzw. Referenzen darauf angegeben, und das Buch ist in einem informellen Stil geschrieben.

Welche Vorkenntnisse muss ich mitbringen, um aus dem Buch einen Nutzen zu ziehen?

Ich gehe davon aus, dass Sie über Programmiererfahrung in einer modernen objektorientierten Programmiersprache wie Java oder Python verfügen und dass Sie mit bewährten Programmiermethoden vertraut sind, z.B. mit der Verwendung aussagekräftiger Namen. Außerdem sollten Sie grundlegende Konzepte der Datenverarbeitung wie Objekte, Klassen und Datenbanken verstehen. Die Programmbeispiele in diesem Buch sind in Python geschrieben, aber sie sind für jeden mit Programmiererfahrung verständlich.

Welches zusätzliche Material ist verfügbar, um Dozierende zu unterstützen?

1. Übungen sowie Testfragen für alle Kapitel
2. Vorschläge, wie Sie das Buch in einem einsemestrigen Software-Engineering-Kurs einsetzen können
3. Präsentationen für die Lehre (Keynote, PowerPoint und PDF)

EXTRAS ONLINE

Sie können auf dieses Material (auf Englisch) zugreifen unter: *https://iansommerville.com/engineering-software-products*
Zusätzliches Material (Lösungshinweise auf Deutsch und weitere Fragen und Antworten) ist auf der Website des Buches nach einer kostenlosen Registrierung:
https://www.pearson-studium.de/modernes-software-engineering.html

Wo kann ich mehr erfahren?

Ich habe ein paar Blogeinträge geschrieben, die für das Buch relevant sind. Diese bieten weitere Informationen über meine Gedanken zur Lehre von Software-Engineering und zu meiner Motivation, das Buch zu schreiben.
„Out with the UML (and other stuff too): reimagining introductory courses in software engineering“

https://iansommerville.com/systems-software-and-technology/static/2018/03/18/what-should-we-teach-in-software-engineering-courses

„Engineering Software Products“

https://iansommerville.com/systems-software-and-technology/static/2018/05/31/engineering-software-products

Danksagungen

Ich möchte allen Personen danken, die die erste Fassung dieses Buchs gelesen haben und mich mit hilfreichen Vorschlägen unterstützt haben:

Paul Eggert – UCLA Los Angeles
Jeffrey-Miller – Universität von South California
Harvey-Siy – Universität von Nebraska, Omaha
Edmund S. Yu – Syrakus-Universität
Gregory-Gay – Universität von South Carolina
Josh-Delinger – Towson-Universität
Rocky-Sklavin – Universität von Texas, San Antonio
Bingyang Wei – Midwestern State Universität

Danke auch an Adam Barker von der Universität St. Andrews, der mich beim Thema Container unterstützte, und an Rose Kernan, die die Produktion des Buchs leitete.

Danke – wie immer – an meine Familie für ihre Hilfe und Unterstützung, während ich das Buch schrieb. Besonderer Dank gilt meiner Tochter Jane, die den Text hervorragend korrekturgelesen und kommentiert hat. Sie war eine schonungslose Lektorin! Ihre Änderungsvorschläge haben die Qualität meiner Prosa erheblich verbessert.

Und schließlich ein besonderer Dank an unser neuestes Familienmitglied, meinen wundervollen Enkel Cillian, der während der Entstehungszeit dieses Buchs geboren wurde. Seine quirlige Persönlichkeit und sein ständiges Lächeln waren eine sehr willkommene Ablenkung von der manchmal mühsamen Arbeit des Schreibens und Editierens.

Ian Sommerville

Softwareprodukte

1

ÜBERBLICK

Dieses Buch stellt Techniken des Software-Engineerings vor, die bei der Entwicklung von Softwareprodukten eingesetzt werden. Softwareprodukte sind generische Softwaresysteme, die an Regierungen, Unternehmen und private Endverbraucher verkauft werden. Sie können dazu dienen, eine Geschäftsfunktion wie die Buchhaltung zu unterstützen; es können Produktivitätswerkzeuge wie Notizsysteme sein; es können aber auch Spiele oder persönliche Informationssysteme sein. Die Größe von Softwareprodukten reicht von Millionen von Codezeilen in großen Geschäftssystemen bis hin zu einigen Hundert Codezeilen in einer einfachen App für Mobiltelefone.

Wir alle verwenden Softwareprodukte jeden Tag auf unseren Rechnern, Tablets und Telefonen. Ich benutze ein Softwareprodukt – den Ulysses-Editor –, um dieses Buch zu schreiben. Um die endgültige Version zu formatieren, werde ich ein anderes Produkt zur Textbearbeitung – Microsoft Word – einsetzen und Dropbox werde ich verwenden, um die Dateien mit dem Verlag auszutauschen. Auf meinem Handy benutze ich Softwareprodukte (Apps) zum Lesen von E-Mails, zum Lesen und Schreiben von Tweets, zum Ansehen des Wetterberichts und so weiter.

Die Engineering-Techniken, die für die Produktentwicklung eingesetzt werden, sind aus den Software-Engineering-Techniken entstanden, die im 20. Jahrhundert entwickelt wurden, um die Erstellung kundenspezifischer Software zu unterstützen. Als das Software-Engineering in den 1970er Jahren als Disziplin aufkam, war praktisch jede professionelle Software eine „einmalige" Individualsoftware. Unternehmen und Regierungen wollten ihre betrieblichen Prozesse automatisieren und legten fest, was ihre Software leisten sollte. Die Software wurde dann von einem hauseigenen Entwicklerteam oder einem externen Softwareunternehmen programmiert.

Beispiele für kundenspezifische Software, die um diese Zeit herum entwickelt wurde, sind:

- das Flugverkehrsmanagementsystem der US-Bundesbehörde für Luftfahrt;
- Buchhaltungssysteme für alle großen Banken;
- Abrechnungssysteme für Versorgungsunternehmen wie Strom- und Gasversorger;
- militärische Führungs- und Kontrollsysteme.

Diese Individualsysteme wurden im Rahmen von Softwareprojekten erstellt, wobei das Softwaresystem auf einer Reihe von Softwareanforderungen basierte. Der Vertrag zwischen dem Softwarekunden und der Softwareentwicklungsfirma enthielt ein Anforderungsdokument, welches eine Spezifikation der zu liefernden Software darstellte. Die Kunden definierten ihre Anforderungen und arbeiteten mit dem Entwicklerteam zusammen, um die Funktionalität der Software und ihre kritischen Eigenschaften im Detail festzulegen.

Dieser projektbezogene Ansatz dominierte die Softwarebranche mehr als 25 Jahre lang. Die Methoden und Techniken, die sich zur Unterstützung der projektbasierten Entwicklung herausgebildet hatten, definierten, was unter „Software-Engineering" zu verstehen war. Die Grundannahme war, dass erfolgreiches Software-Engineering viel Vorarbeit erforderte, bevor mit dem Schreiben von Programmen begonnen werden konnte. So war es beispielsweise wichtig, Zeit für das „richtige" Aufstellen der Anforderungen aufzuwenden und grafische Modelle der Software zu zeichnen. Diese Modelle wurden während des Softwareentwurfsprozesses erstellt und zur Dokumentation der Software eingesetzt.

Als jedoch immer mehr Unternehmen ihren Geschäftsbetrieb automatisierten, wurde klar, dass die meisten Firmen keine kundenspezifische Software benötigten. Sie konnten generische Softwareprodukte verwenden, die für allgemeine Geschäftsaufgaben entworfen wurden. Die Softwareproduktbranche entwickelte sich weiter, um diesem Bedürfnis gerecht zu werden. Projektbasierte Software-Engineering-Techniken wurden an die Entwicklung von Softwareprodukten angepasst.

Projektbasierte Techniken sind für die Produktentwicklung aufgrund der fundamentalen Unterschiede zwischen projektbezogenem und produktbezogenem Software-Engineering nicht geeignet. Diese Unterschiede sind in ▶ Abbildung 1.1 und ▶ Abbildung 1.2 dargestellt.

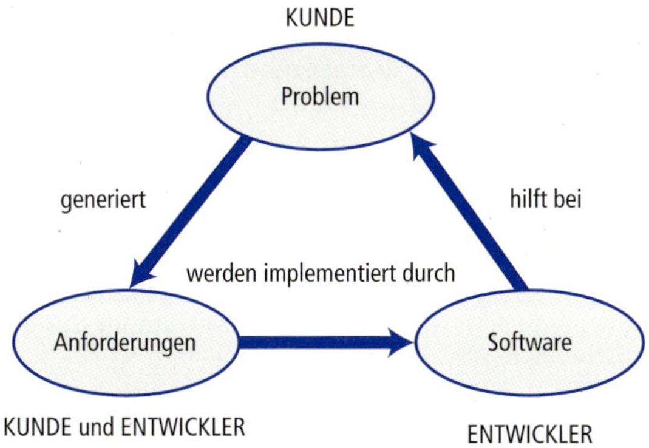

Abbildung 1.1: Projektbasiertes Software-Engineering

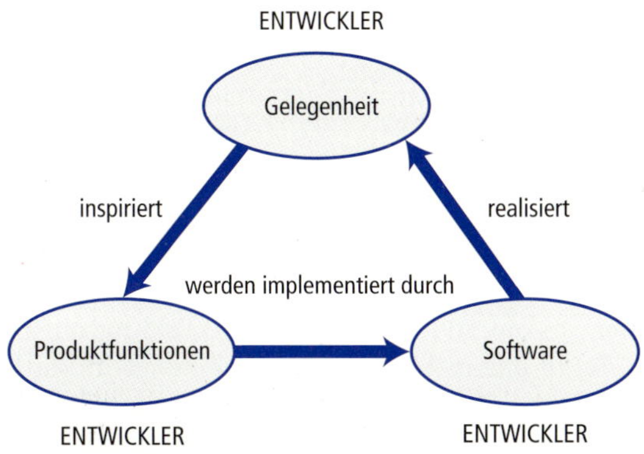

Abbildung 1.2: Produktbasiertes Software-Engineering

Softwareprojekte beziehen einen externen Auftraggeber oder Kunden mit ein, der über die Funktionalität des Systems entscheidet und einen rechtsverbindlichen Vertrag mit der Softwareentwicklungsfirma abschließt. Die Softwareanforderungen, die die zu implementierende Software spezifizieren, werden auf Basis der Problemstellung des Kunden und der aktuellen Prozesse erstellt. Ändert sich der Geschäftsbetrieb, dann muss sich die unterstützende Software ändern. Das Unternehmen, das die Software nutzt, entscheidet darüber und zahlt für die Änderungen. Software hat oft eine lange Lebensdauer und die Kosten für Änderungen an großen Systemen nach der Auslieferung übersteigen in der Regel die eigentlichen Softwareentwicklungskosten.

Softwareprodukte werden dagegen anders spezifiziert und entwickelt. Es gibt keinen externen Kunden, der Anforderungen erstellt, welche definieren, was die Software tun muss. Der Softwareentwickler entscheidet über die Eigenschaften des Produkts, wann neue Versionen zur Verfügung gestellt werden, auf welchen Plattformen die Software implementiert wird usw. Natürlich werden die Bedürfnisse potenzieller Kunden der Software berücksichtigt, aber die Käufer können nicht darauf bestehen, dass die Software bestimmte Funktionen oder Attribute enthält. Das Unternehmen, das die Software entwickelt, entscheidet, wann Änderungen an der Software vorgenommen werden und wann diese an die Benutzer weitergegeben werden.

Da die Entwicklungskosten auf einen viel größeren Kundenkreis verteilt sind, ist produktbasierte Software in der Regel für den einzelnen Kunden günstiger als Individualsoftware. Allerdings müssen die Softwarekäufer ihre Arbeitsweise an die Software anpassen, da sie nicht im Hinblick auf ihre speziellen Bedürfnisse entwickelt wurde. Und da die Kontrolle über Änderungen beim Entwickler und nicht beim Benutzer liegt, besteht die Gefahr, dass der Entwickler die Unterstützung der Software einstellt. Dann müssen die Kunden ein alternatives Produkt finden.

Der Ausgangspunkt für die Entwicklung eines Softwareprodukts ist eine Gelegenheit, die ein Unternehmen erkannt hat, um ein wettbewerbsfähiges kommerzielles Produkt zu entwickeln. Dies kann eine originelle Idee sein, wie z. B. die Idee von Airbnb, Unterkünfte zu teilen; eine Verbesserung gegenüber bestehenden Systemen, wie z. B. einem cloudbasierten Buchhaltungssystem; oder eine Generalisierung eines Systems, das für einen bestimmten Kunden entwickelt wurde, wie z. B. ein Asset-Management-System.

Da der Produktentwickler dafür verantwortlich ist, die Gelegenheit zu erkennen, kann er auch entscheiden, welche Funktionen in das Softwareprodukt aufgenommen werden. Diese Merkmale sollen für potenzielle Kunden ansprechend sein, sodass die Software eine Überlebenschance am Markt hat.

Neben den in ▶ Abbildung 1.1 und ▶ Abbildung 1.2 dargestellten Differenzen gibt es zwei weitere wichtige Unterschiede zwischen projektbezogenem und produktbezogenem Software-Engineering:

1. Softwareproduktfirmen können entscheiden, wann sie ihr Produkt verändern oder vom Markt nehmen. Verkauft sich ein Produkt nicht gut, so kann das Unternehmen die Kosten senken, indem es dessen Entwicklung einstellt. Kundenspezifische Software, die in einem Softwareprojekt entwickelt wird, hat in der Regel eine lange Lebensdauer und muss während der gesamten Zeit unterstützt werden. Der Kunde bezahlt für den Support und entscheidet, wann und ob dieser endet.

2. Bei den meisten Produkten ist es entscheidend, das Produkt schnell zum Kunden zu bringen. Es kann passieren, dass exzellente Produkte scheitern, weil ein qualitativ schlechteres Produkt zuerst auf den Markt kommt und die Kunden dieses Produkt kaufen. Üblicherweise zögern die Käufer, zu einem anderen Produkt zu wechseln, wenn sie erst einmal Zeit und Geld in ihre anfängliche Wahl investiert haben.

Die schnelle Markteinführung des Produkts ist für alle Arten von Produkten wichtig, von kleinen mobilen Anwendungen bis hin zu unternehmensweit eingesetzten Produkten wie Microsoft Word. Das bedeutet, dass Engineering-Techniken, die auf schnelle Softwareentwicklung ausgerichtet sind (agile Methoden), in der Produktentwicklung universell eingesetzt werden. Ich komme auf agile Methoden und ihre Rolle in der Produktentwicklung in ▶ Kapitel 2 zu sprechen.

Wenn Sie etwas über Softwareprodukte lesen, stoßen Sie möglicherweise auf zwei weitere Begriffe: „Softwareproduktlinien“ und „Plattformen“ (▶ Tabelle 1.1). Softwareproduktlinien sind Systeme, die so konzipiert sind, dass sie an die spezifischen Bedürfnisse der Kunden angepasst werden können, indem Teile des Quellcodes geändert werden. Plattformen bieten eine Reihe von Funktionen, mit denen eine neue Funktionalität erstellt werden kann. Allerdings müssen Sie immer innerhalb der von den Plattformanbietern festgelegten Einschränkungen arbeiten.

Technologie	Beschreibung
Softwareproduktlinie	Eine Reihe von Softwareprodukten, die einen gemeinsamen Kern haben. Jedes Element der Produktlinie beinhaltet kundenspezifische Anpassungen und Ergänzungen. Softwareproduktlinien können verwendet werden, um ein Individualsystem für einen Kunden mit speziellen Anforderungen zu implementieren, die von einem generischen Produkt nicht erfüllt werden können. So kann beispielsweise ein Unternehmen, das Kommunikationssoftware für Rettungsdienste bereitstellt, über eine Softwareproduktlinie verfügen, bei der das Kernprodukt grundlegende Kommunikationsdienste wie Empfang und Protokollierung von Anrufen, Einleitung einer Notfallmaßnahme, Weitergabe von Informationen an Rettungsfahrzeuge usw. umfasst. Jeder Kunde könnte jedoch andere Funkgeräte verwenden und die Fahrzeuge könnten unterschiedlich ausgestattet sein. Das Kernprodukt muss auf jeden Kunden so angepasst werden, dass es mit den jeweils vorhandenen Geräten zusammenarbeitet.
Plattform	Ein Softwareprodukt (oder Software-/Hardwareprodukt), das Funktionalität beinhaltet, sodass neue Anwendungen darauf aufgebaut werden können. Ein Beispiel für eine Plattform, die Sie wahrscheinlich nutzen, ist Facebook. Es bietet eine umfangreiche Palette von Produktfunktionen, unterstützt aber auch die Erstellung von „Facebook-Apps“. Diese fügen neue Funktionen hinzu, die von einem Unternehmen oder einer Facebook-Interessengruppe genutzt werden können.

Tabelle 1.1: Softwareproduktlinien und Plattformen

Als die ersten Softwareprodukte ausgeliefert wurden, kamen sie auf einer CD und wurden von den Kunden auf ihren Rechnern installiert. Die Software lief auf diesen Computern, auf dem auch die Benutzerdaten gespeichert wurden. Es gab keinerlei Kommunikation zwischen den Computern der Benutzer und den Rechnern des Anbieters. Heute können Kunden die Produkte entweder von einem App-Store oder von der Website des Anbieters herunterladen.

Einige Produkte basieren noch immer auf einem eigenständigen Ausführungsmodell, bei dem alle Berechnungen auf den Computern der Produktinhaber durchgeführt werden. Durch die allgegenwärtige Hochgeschwindigkeitsvernetzung stehen jetzt jedoch alternative Ausführungsmodelle zur Verfügung. In diesen Modellen fungieren die Rechner der Produktinhaber als Client, die Ausführung und Datenspeicherung erfolgt teilweise oder vollständig auf den Servern des Herstellers (▶ Abbildung 1.3).

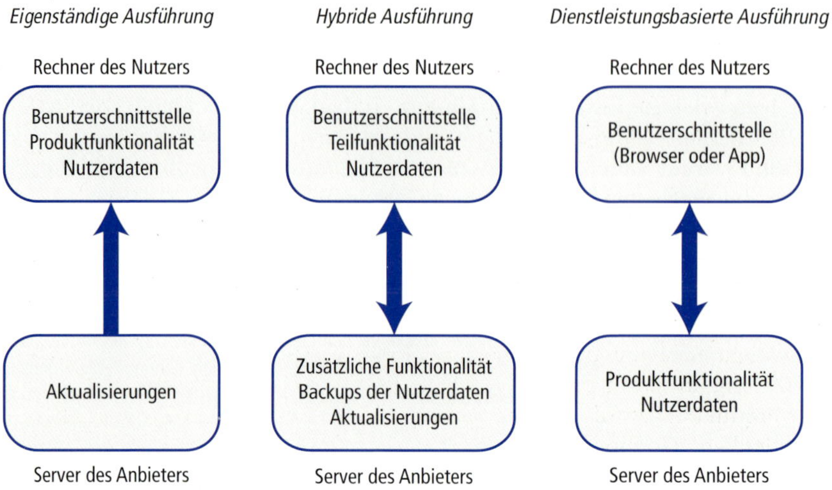

Abbildung 1.3: Software-Ausführungsmodelle

Es gibt zwei Alternativen zu eigenständigen Softwareprodukten:

1. *Hybride Produkte:* Einige Funktionen sind auf dem Rechner des Benutzers und andere auf den Servern des Produktanbieters implementiert, auf die über das Internet zugegriffen wird. Viele Telefon-Apps sind hybride Produkte, bei denen die rechenintensive Verarbeitung auf entfernte Server ausgelagert wird.

2. *Dienstleistungsbasierte Produkte:* Der Zugriff auf Anwendungen erfolgt über das Internet von einem Webbrowser oder einer App aus. Eventuell gibt es einige lokale Verarbeitungen mit Javascript, doch der Großteil der Berechnungen wird auf entfernten Servern durchgeführt. Immer mehr Softwareproduktfirmen stellen von Produkten auf Dienstleistungen um, weil dies die Produktpflege vereinfacht und neue Geschäftsmodelle wie Pay-as-you-go möglich macht. Ich behandele serviceorientierte Systeme in den ▶Kapiteln 5 und 6.

Das Hauptmerkmal der Produktentwicklung ist, wie schon gesagt, dass es keinen externen Kunden gibt, der Softwareanforderungen generiert und der für die Software bezahlt. Dies gilt auch für einige andere Arten der Softwareentwicklung:

1. *Studentische Projekte:* Im Rahmen einer Informatik- oder Ingenieurveranstaltung bekommen die Studierenden die Aufgabe, in Gruppen zusammenzuarbeiten, um Software zu entwickeln. Die Gruppe ist verantwortlich für die Entscheidung über die Merkmale des Systems und wie die Zusammenarbeit organisiert wird, um diese Merkmale zu implementieren.

2. *Forschungssoftware:* Die Software wird von einem Forscherteam zur Unterstützung ihrer Arbeit entwickelt. So hängt die Klimaforschung beispielsweise von groß angelegten Klimamodellen ab, die von Forschern entworfen und in Software realisiert werden. In kleinerem Umfang kann eine Ingenieurgruppe Software entwickeln, um die Eigenschaften des von ihnen verwendeten Materials zu modellieren.

3. *Interne Werkzeugentwicklung:* Ein Softwareentwicklerteam entscheidet, dass es einige spezielle Werkzeuge benötigt, die seine Arbeit unterstützen. Sie spezifizieren und implementieren diese Werkzeuge als „interne“ Produkte.

Sie können die hier von mir erläuterten Techniken der Produktentwicklung für jede Art von Softwareentwicklung einsetzen, die nicht von externen Kundenanforderungen gesteuert ist.

Es existiert die verbreitete Meinung, dass die Entwicklung von Softwareprodukten schlicht eine Form fortgeschrittener Programmierung sei und dass traditionelles Software-Engineering dafür irrelevant sei. Alles, was Sie wissen müssten, wäre, wie man eine Programmiersprache sowie die Frameworks und Bibliotheken für diese Sprache verwendet. Das ist jedoch ein Irrglaube und ich habe dieses Buch geschrieben, um zu erklären, welche Aktivitäten abgesehen vom Programmieren meiner Meinung nach für die Entwicklung hochwertiger Softwareprodukte unerlässlich sind.

Wenn Ihr Produkt ein Erfolg werden soll, dürfen Sie nicht nur über die Programmierung nachdenken. Sie müssen versuchen zu verstehen, was Ihre Kunden benötigen und wie potenzielle Benutzer mit Ihrer Software arbeiten können. Sie müssen die Gesamtstruktur Ihrer Software (Softwarearchitektur) gestalten und sich mit Technologien wie Cloud-Computing und Security-Engineering auskennen. Sie müssen professionelle Techniken zur Verifizierung und zum Testen Ihrer Software einsetzen sowie Systeme zur Versionsverwaltung, um den Überblick über eine sich ändernde Codebasis zu behalten.

Außerdem müssen Sie sich mit dem Geschäftsszenario für Ihr Produkt auseinandersetzen. Sie müssen Ihr Produkt verkaufen, wenn Sie überleben wollen. Ein Geschäftsszenario zu erstellen beinhaltet vielleicht eine Marktforschung, eine Analyse der Wettbewerber sowie ein Verständnis darüber, wie Ihre Zielkunden leben und arbeiten. In diesem Buch geht es jedoch um die Technik, nicht um die wirtschaftlichen Aspekte, daher behandele ich hier keine geschäftlichen und kommerziellen Themen.

1.1 Die Produktvision

Ihr Ausgangspunkt für die Entwicklung eines Produkts sollte eine informelle „Produktvision“ sein. Eine Produktvision ist eine einfache und prägnante Aussage, die den Kern des zu entwickelnden Produkts definiert. Die Produktvision erklärt, wie sich das Produkt von anderen Konkurrenzprodukten unterscheidet. Sie dient als Grundlage für die Entwicklung einer detaillierteren Beschreibung der Funktionen und Attribute des Produkts. Wenn neue Funktionen vorgeschlagen werden, sollten Sie diese mit der Vision vergleichen, um sicherzustellen, dass die Neuerungen dazu passen.

Die Produktvision sollte drei grundlegende Fragen beantworten:

1. *Was* für ein Produkt wollen Sie entwickeln? Was unterscheidet dieses Produkt von Konkurrenzprodukten?
2. *Wer* sind die Zielpersonen und Kunden für das Produkt?
3. *Warum* sollten Kunden dieses Produkt kaufen?

Die Notwendigkeit der ersten Frage liegt auf der Hand – bevor Sie beginnen, müssen Sie wissen, was Ihr Ziel ist. Die anderen Fragen betreffen die Marktfähigkeit des Produkts. Die meisten Produkte sind für Kunden außerhalb des Entwicklerteams bestimmt. Sie müssen deren Hintergrund verstehen, um ein rentables Produkt zu schaffen, das diese Kunden attraktiv finden und kaufen wollen.

Wenn Sie im Web nach „Produktvision" suchen, finden Sie mehrere Varianten dieser Fragen sowie Vorlagen zur Darstellung der Produktvision. Jede dieser Vorlagen kann verwendet werden. Die Vorlage, die mir gefällt, stammt aus dem Buch *Crossing the Chasm* von Geoffrey Moore.[1] Moore schlägt vor, einen strukturierten Ansatz zu verwenden, um die Produktvision basierend auf Schlüsselwörtern zu schreiben:

- FÜR (Zielkunde)
- DER/DIE (Aussage zum Bedürfnis oder der Gelegenheit)
- IST DER/DIE/DAS (Produktname) EIN (Produktkategorie)
- DER/DIE/DAS (Hauptvorteil, zwingender Kaufgrund)
- ANDERS ALS (wichtigster Wettbewerber)
- UNSER PRODUKT (Aussage zur wichtigsten Differenzierung)

Joel Spolsky gibt in seinem Blog „Joel on Software" ein Beispiel für ein Produkt, das mit dieser Visionsvorlage beschrieben wird:[2]

> *FÜR die Marketing- und Vertriebsabteilungen eines mittelständischen Unternehmens, DIE grundlegende CRM-Funktionen benötigen, IST DER CRM-Innovator EIN webbasierter Service, DER Absatzverfolgung, Leadgenerierung und Funktionen zur Unterstützung der Vertriebsmitarbeiter bietet, der die Kundenbeziehungen an kritischen Berührungspunkten verbessert. ANDERS ALS andere Dienstleistungen oder Softwareprodukte bietet UNSER PRODUKT einen sehr leistungsfähigen Service zu moderaten Preisen.*

Wie Sie sehen, beantwortet diese Vision die Schlüsselfragen, die ich oben identifiziert habe:

1. *Was?* – Ein webbasierter Service, der Funktionen zur Vertriebsverfolgung, Leadgenerierung und Unterstützung von Vertriebsmitarbeitern bietet. Die Informationen können verwendet werden, um die Beziehungen zu den Kunden zu verbessern.

2. *Wer?* – Das Produkt richtet sich an mittelständische Unternehmen, die eine einheitliche Software für ihr Customer-Relationship-Management benötigen.

3. *Warum?* – Die wichtigste Produktunterscheidung besteht darin, dass es einen leistungsfähigen Service zu moderaten Preisen bietet, also billiger als alternative Produkte sein wird.

Um Softwareproduktvisionen ranken sich viele Mythen. Bei erfolgreichen Softwareprodukten für Endkunden präsentieren die Medien gerne Visionen so, als ob sie aus einem „Heureka-Moment" heraus geboren wären, als die Unternehmensgründer eine „Hammeridee" hatten, die die Welt verändert. Diese Sichtweise vereinfacht den Aufwand und das Experimentieren stark, die beim Herausbilden einer Produktidee anfallen. Produktvisionen für erfolgreiche Produkte entstehen in der Regel aus einer Menge Arbeit und vielen Diskussionen. Eine erste Idee wird schrittweise verfeinert, indem

1 Geoffrey Moore, *Crossing the Chasm: Marketing and selling technology products to mainstream customers*. Capstone Trade Press, 1998.

2 J. Spolsky, Product Vision, 2002; *http://www.joelonsoftware.com/articles/JimHighsmithonProductVisi.html*.

mehr Informationen gesammelt werden und das Entwicklerteam über die Durchführbarkeit der Produktumsetzung diskutiert. Verschiedene Informationsquellen tragen zur Produktvision bei (▶ Tabelle 1.2).

Informationsquelle	Erläuterung
Branchenerfahrung	Die Produktentwickler arbeiten eventuell in einem bestimmten Bereich (z. B. Marketing und Vertrieb) und wissen, welche Softwareunterstützung sie benötigen. Sie könnten über die Mängel in der von ihnen verwendeten Software frustriert sein und die Möglichkeiten für ein besseres System sehen.
Produkterfahrung	Anwender bestehender Software (z. B. Textverarbeitungssoftware) sehen vielleicht einfachere und bessere Möglichkeiten, vergleichbare Funktionen bereitzustellen, und schlagen ein neues System vor, das diese implementiert. Neue Produkte könnten die Vorteile der neuesten technologischen Entwicklungen wie Sprachschnittstellen nutzen.
Kundenerfahrung	Die Softwareentwickler könnten umfangreiche Gespräche mit potenziellen Kunden des Produkts führen, um zu verstehen, mit welchen Problemen diese konfrontiert sind; welche Einschränkungen, wie z. B. Interoperabilität, ihre Flexibilität beim Kauf neuer Software begrenzen; und welche entscheidende Merkmale die benötigte Software haben sollte.
Prototypen und „Herumspielen"	Entwickler haben vielleicht eine Idee für eine Software, müssen aber ein besseres Verständnis für die Idee selbst entwickeln sowie dafür, was dazugehört, um diese Idee zu einem Produkt werden zu lassen. Sie könnten ein Prototypsystem als Versuch entwickeln und dieses nutzen, um mit Ideen und Variationen „herumzuspielen".

Tabelle 1.2: Informationsquellen zur Entwicklung einer Produktvision

1.1.1 Ein Beispiel für eine Vision

Die Leser dieses Buchs haben als Studenten oder Schüler möglicherweise Lernplattformen (auch virtuelle Lernumgebungen genannt, *Virtual Learning Environment*, VLE) wie Moodle verwendet. Lehrer setzen diese Lernplattformen zum Austeilen von Unterrichtsmaterialien und Aufgaben ein. Die Schüler oder Studenten können die Materialien herunterladen und bearbeitete Aufgaben hochladen. Obwohl der Name darauf hindeutet, dass sich Lernplattformen auf das Lernen konzentrieren, sind sie in Wirklichkeit darauf ausgerichtet, die Verwaltung des Lernens und nicht das Lernen selbst zu unterstützen. Sie bieten einige Funktionen für die Lernenden, aber sie sind keine offenen Lernumgebungen, die auf die Bedürfnisse eines bestimmten Lehrers zugeschnitten und angepasst werden können.

Vor einigen Jahren habe ich an der Entwicklung einer digitalen Umgebung zur Lernförderung gearbeitet. Dieses Produkt war nicht einfach eine weitere Lernumgebung, sondern sollte den Lernprozess flexibel unterstützen. Unser Team sah sich bestehende Lernplattformen an und sprach mit Lehrern und Schülern, die diese verwendeten. Wir besuchten verschiedene Schultypen, von Kindergärten bis hin zu Hochschulen, um zu untersuchen, wie sie Lernumgebungen nutzten und wie Lehrer außerhalb dieser

Umgebungen mit Software experimentierten. Wir führten ausführliche Gespräche mit Lehrern darüber, was sie mit einer digitalen Lernumgebung erreichen möchten. Schließlich kamen wir zu der in ▶ Tabelle 1.3 dargestellten Vision.

FÜR Lehrer und Pädagogen, *DIE* eine Möglichkeit benötigen, Schülern bei der Nutzung webbasierter Lernressourcen und -anwendungen zu helfen, *IST DAS* iLearn-System *EINE* offene Lernumgebung, *DIE* es Lehrern ermöglicht, die von Klassen und Schülern verwendeten Ressourcen für diese Schüler und Klassen leicht selbst zu konfigurieren. *ANDERS ALS* virtuelle Lernumgebungen wie Moodle liegt der Schwerpunkt von iLearn auf dem Lernprozess und nicht auf der Verwaltung von Materialien, Aufgaben und Kursarbeiten. *UNSER PRODUKT* erlaubt es Lehrern, fach- und altersspezifische Umgebungen für ihre Schüler zu erstellen, wobei sie alle geeigneten webbasierten Ressourcen wie Videos, Simulationen und schriftliche Materialien verwenden können. Schulen und Universitäten sind die Zielkunden für das *iLearn-System*, welches das Lernerlebnis der Schüler zu relativ niedrigen Kosten deutlich verbessern wird. Es wird Lernanalysen sammeln und verarbeiten, die die Kosten für die Fortschrittskontrolle und Berichterstattung senken werden.

Tabelle 1.3: Eine ausformulierte Vision für das iLearn-System

Im Bildungsbereich sind die Lehrer und Schüler, die Lernumgebungen nutzen, nicht für den Kauf der Software verantwortlich. Der Käufer ist eine Schule, eine Universität oder ein Ausbildungszentrum. Die Person, die für den Kauf zuständig ist, muss die Vorteile für die Organisation kennen. Daher haben wir den letzten Absatz der ausformulierten Vision in ▶ Tabelle 1.3 hinzugefügt, um zu verdeutlichen, dass es sowohl Vorteile für die Institution als auch für die einzelnen Lernenden gibt.

1.2 Softwareproduktmanagement

Softwareproduktmanagement ist eine Geschäftstätigkeit, die sich auf die Softwareprodukte konzentriert, die von dem Unternehmen entwickelt und vertrieben werden. Produktmanager übernehmen die Gesamtverantwortung für das Produkt und sind an Planung, Entwicklung und Marketing beteiligt. Sie bilden die Schnittstelle zwischen dem Softwareentwicklerteam, der weiteren Organisation sowie den Kunden des Produkts. Die Produktmanager sollten vollwertige Mitglieder des Entwicklerteams sein, damit sie über Geschäfts- und Kundenanforderungen mit den Softwareentwicklern kommunizieren können.

Softwareproduktmanager sind in allen Phasen des Produktlebenszyklus involviert – von der ersten Konzeption über die Visionsentwicklung und Implementierung bis hin zum Marketing. Zuletzt treffen sie die Entscheidung darüber, wann das Produkt vom Markt genommen werden sollte. In mittleren und großen Softwareunternehmen ist die Rolle des Produktmanagers eventuell als eine eigene Stelle ausgelegt; in kleineren Softwareunternehmen wird diese Rolle wahrscheinlich mit anderen technischen oder betrieblichen Rollen kombiniert sein.

Die Aufgabe des Produktmanagers ist es, den Blick mehr nach außen auf die bestehenden und potenziellen Kunden des Produkts zu richten als sich auf die zu entwickelnde Software zu konzentrieren. Es passiert dem Entwicklerteam allzu leicht, sich in den Details von „coolen Features" der Software zu verfangen, die den meisten Kunden wahrscheinlich egal sind. Damit ein Produkt erfolgreich ist, muss der Produktmanager sicherstellen, dass das Entwicklerteam Funktionen implementiert, die dem Kunden einen echten Mehrwert bieten, und nicht nur Funktionen, die technisch interessant sind.

In einem Blogeintrag erklärt Martin Eriksson,[3] dass sich Produktmanager mit Fragen zum Geschäftsbetrieb, zur Technologie und zum Nutzererlebnis (*User Experience*, UX) befassen müssen. In ▶ Abbildung 1.4, die auf der Grundlage von Erikssons Diagramm erstellt ist, werden diese vielfältigen Belange veranschaulicht.

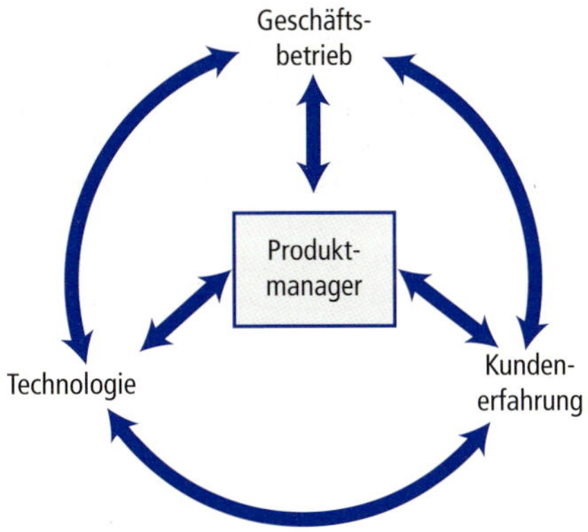

Abbildung 1.4: Belange des Produktmanagements

Produktmanager müssen Generalisten mit sowohl technischen als auch kommunikativen Fähigkeiten sein. Geschäfts-, Technologie- und Kundenfragen sind voneinander abhängig und die Produktmanager müssen diese allesamt berücksichtigen:

1 *Geschäftsanforderungen:* Produktmanager müssen sicherstellen, dass die zu entwickelnde Software die Geschäftsziele und -vorstellungen sowohl der Softwareproduktfirma als auch ihrer Kunden erfüllt. Sie müssen die Anliegen und Bedürfnisse der Kunden und des Entwicklerteams an die Leiter des Produktgeschäfts kommunizieren. Sie arbeiten mit Führungskräften und Marketingmitarbeitern zusammen, um einen Releaseplan für das Produkt zu erstellen.

2 *Technologische Beschränkungen:* Produktmanager müssen Entwickler auf Technologiefragen aufmerksam machen, die für Kunden wichtig sind. Diese können den Zeitplan, die Kosten und die Funktionalität des zu entwickelnden Produkts beeinflussen.

3 *Kundenerfahrung:* Produktmanager sollten in regelmäßigem Austausch mit den Kunden stehen, um zu verstehen, was diese von einem Produkt erwarten, um welche Arten von Benutzern es sich handelt und wie deren Hintergrund aussieht, und wie das Produkt verwendet werden kann. Ihre Erfahrung mit den Potenzialen der Kunden ist ein entscheidender Faktor für die Entwicklung des Designs der Benutzeroberfläche. Produktmanager könnten auch Kunden in Alpha- und Betatests des Produkts einbeziehen.

Da der Fokus in diesem Buch mehr auf den technischen Aspekten liegt, gehe ich nicht im Detail auf die geschäftliche Rolle von Produktmanagern oder deren Rolle in Berei-

3 Basierend auf M. Eriksson, „What, exactly, is a Product Manager?"; *http://mindtheproduct.com/2011/10/what-exactly-is-a-product-manager* (2011).

chen wie Marktforschung und Finanzplanung ein. Stattdessen konzentriere ich mich auf deren Interaktionen mit dem Entwicklerteam. Produktmanager können in sieben Schlüsselbereichen mit dem Entwicklerteam interagieren (▶ Abbildung 1.5).

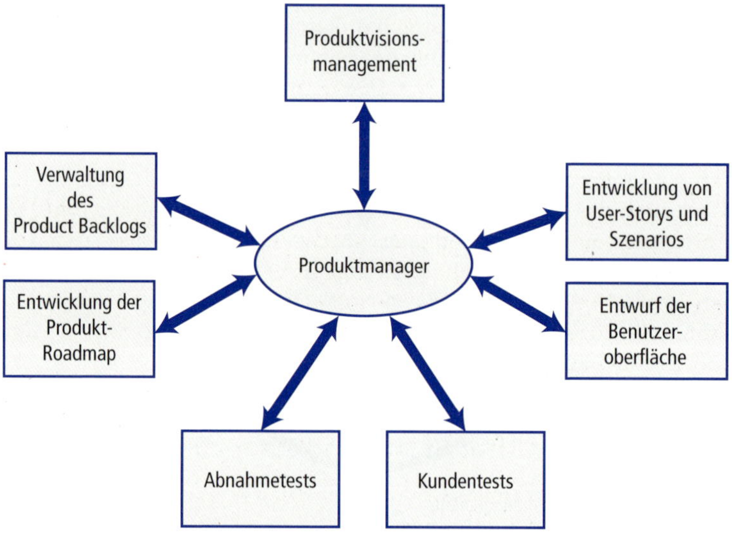

Abbildung 1.5: Technische Interaktionen der Produktmanager

1.2.1 Produktvisionsmanagement

Einige Autoren sagen, dass der Produktmanager für die Entwicklung der Produktvision verantwortlich sein sollte. Große Unternehmen mögen diesen Ansatz zwar verfolgen, aber in kleinen Softwareunternehmen ist er oft nicht praktikabel. In Start-ups ist die Quelle der Produktvision häufig eine originelle Idee der Unternehmensgründer. Diese Vision wird oft schon lange entwickelt, bevor jemand an die Ernennung eines Produktmanagers denkt.

Natürlich ist es für Produktmanager sinnvoll, bei der Entwicklung der Produktvision die Führung zu übernehmen. Sie sollten in der Lage sein, Markt- und Kundeninformationen in den Prozess einzubringen. Ich denke jedoch, dass alle Teammitglieder in die Entwicklung der Vision einbezogen werden sollten, damit jeder hinter dem steht, auf was man sich schließlich einigt. Wenn das Team die Vision „besitzt", ist es wahrscheinlicher, dass alle bei der Arbeit an einem Strang ziehen, um diese Vision zu verwirklichen.

Eine Schlüsselrolle von Produktmanagern ist die Verwaltung der Produktvision. Während des Entwicklungsprozesses werden zwangsläufig Änderungen von Personen sowohl innerhalb als auch außerhalb des Entwicklerteams vorgeschlagen. Produktmanager müssen diese Änderungen bewerten und mit der Produktvision abgleichen. Sie müssen prüfen, ob die Änderungen nicht im Widerspruch zu den Ideen stehen, die in der Produktvision verankert sind. Die Produktmanager müssen auch sicherstellen, dass es keine „Visionsdrift" gibt, das heißt, dass die Vision schrittweise erweitert wird und damit breiter und weniger fokussiert wird.

1.2.2 Entwicklung der Produkt-Roadmap

Eine Produkt-Roadmap ist ein Plan für die Entwicklung, das Release und die Vermarktung des Softwareprodukts. Es werden wichtige Produktziele und Meilensteine festgelegt, wie z.B. die Fertigstellung kritischer Funktionen, die Fertigstellung der ersten Version für die Anwendertests und so weiter. Dazu gehören Termine, an denen diese Meilensteine erreicht werden sollten, und Erfolgskriterien, die bei der Beurteilung helfen, ob die Projektziele erreicht wurden. Die Roadmap sollte einen Releaseplan enthalten, der zeigt, wann verschiedene Versionen der Software verfügbar sein werden und welche Hauptmerkmale jedes Release mit sich bringen wird.

Die Entwicklung der Produkt-Roadmap sollte zwar vom Produktmanager geleitet werden, muss aber auch das Entwicklerteam sowie Unternehmensleitung und Marketingmitarbeiter einbeziehen. Je nach Produktart sind eventuell wichtige Fristen einzuhalten, wenn das Produkt erfolgreich sein soll. Beispielsweise müssen viele Großunternehmen gegen Ende ihres Geschäftsjahres Entscheidungen zur Beschaffung treffen. Möchten Sie ein neues Produkt an solche Unternehmen verkaufen, dann muss es vor diesem Termin verfügbar sein.

1.2.3 Entwicklung von User-Storys und Szenarios

User-Storys und Szenarios werden häufig verwendet, um eine Produktvision zu verfeinern und um Merkmale des Produkts zu identifizieren. Es sind natürlichsprachige Beschreibungen davon, was Benutzer vielleicht mit einem Produkt machen wollen. Anhand dieser Informationen kann das Team entscheiden, welche Funktionen aufgenommen werden müssen und was diese Funktionen leisten sollen. Ich behandele User-Storys und Szenarios in ▶Kapitel 3.

Die Aufgabe des Produktmanagers ist es, die existierenden und potenziellen Kunden des Produkts zu verstehen. Produktmanager sollten daher die Ausarbeitung von Benutzerszenarios und User-Storys leiten, die auf der Kenntnis des Geschäftsfelds des Kunden basieren. Produktmanager sollten auch Szenarios und Storys, die von anderen Teammitgliedern vorgeschlagen wurden, an die Kunden weiterleiten, um zu überprüfen, ob sie mit der tatsächlichen Arbeitsweise der Zielgruppe des Produkts übereinstimmen.

1.2.4 Verwaltung des Product Backlogs

In der Produktentwicklung ist es wichtig, dass der Prozess durch ein „Product Backlog" gesteuert wird. Ein Product Backlog ist eine To-do-Liste, die festlegt, was getan werden muss, um die Produktentwicklung abzuschließen. Während des Entwicklungsprozesses wird das Backlog schrittweise ergänzt und verfeinert. In ▶Kapitel 2 erläutere ich, wie Product Backlogs in der Scrum-Methode verwendet werden.

Der Produktmanager spielt eine entscheidende Rolle bei der Auswahl der Backlog-Einträge, die bei der Entwicklung vorrangig behandelt werden sollten. Produktmanager helfen auch, umfangreiche Backlog-Einträge wie „Automatisches Speichern implementieren" bei jeder Projektiteration weiter zu verfeinern. Werden Änderungsvorschläge gemacht, so obliegt es dem Produktmanager zu entscheiden, ob das Product Backlog neu sortiert werden sollte, um die vorgeschlagenen Änderungen zu priorisieren.

1.2.5 Abnahmetests

Bei Akzeptanz- oder Abnahmetests wird verifiziert, dass ein Software-Release die in der Produkt-Roadmap festgelegten Ziele erfüllt und dass das Produkt effizient und zuverlässig ist. Produktmanager sollten an der Entwicklung von Tests der Produkteigenschaften beteiligt sein, die widerspiegeln, wie Kunden das Produkt verwenden. Sie können Nutzungsszenarios durcharbeiten, um zu überprüfen, ob das Produkt für die Freigabe an Kunden bereit ist.
Akzeptanztests werden während der Produktentwicklung verfeinert und die Produkte müssen diese Tests bestehen, bevor sie an die Kunden ausgeliefert werden.

1.2.6 Kundentests

Beim Kundentest wird eine Version eines Produkts an bestehende und potenzielle Kunden ausgegeben, die dann Feedback über die Produktmerkmale, die Benutzerfreundlichkeit und die Anpassung des Produkts an ihr Unternehmen abgeben. Produktmanager sind an der Auswahl der Kunden beteiligt, die daran interessiert sein könnten, an Kundentests teilzunehmen, und arbeiten mit diesen dabei zusammen. Sie müssen sicherstellen, dass der Kunde das Produkt nutzen kann und dass durch die Ausführung der Kundentests hilfreiche Informationen für das Entwicklerteam gesammelt werden.

1.2.7 Entwurf der Benutzeroberfläche

Die Benutzeroberfläche (*User Interface*, UI) eines Produkts ist für die kommerzielle Akzeptanz eines Softwareprodukts entscheidend. Technisch hervorragende Produkte werden wahrscheinlich nicht kommerziell erfolgreich sein, wenn die Anwender sie als zu kompliziert empfinden oder wenn deren Benutzeroberfläche nicht kompatibel ist mit anderer Software, mit der sie arbeiten. Das UI-Design ist eine Herausforderung für kleine Entwicklerteams, da die meisten Anwender weniger technisch versiert sind als Softwareentwickler. Für Entwickler ist es oft schwierig, sich die Probleme vorzustellen, die Benutzer mit einem Softwareprodukt haben könnten.
Produktmanager sollten wissen, was die Benutzer einschränken könnte, und gegenüber dem Entwicklerteam als Ersatznutzer fungieren. Sie sollten die UI-Features während ihrer Entwicklung bewerten, um zu überprüfen, dass diese Funktionen nicht unnötig komplex sind oder die Benutzer dadurch zu einer unnatürlichen Arbeitsweise gezwungen werden. Produktmanager könnten organisieren, dass potenzielle Benutzer die Software ausprobieren, ihre Benutzeroberfläche kommentieren und bei der Gestaltung von Fehlermeldungen und einem Hilfesystem assistieren.

1.3 Erstellen von Prototypen des Produkts

Bei der Erstellung eines Produktprototyps wird eine frühe Version eines Produkts entwickelt, um Ideen zu testen und um sich und die Geldgeber des Unternehmens davon zu überzeugen, dass das Produkt echtes Marktpotenzial hat. Sie benutzen einen Produktprototyp, um die Machbarkeit dessen zu prüfen, was Sie damit vorhaben, und um Ihre Software potenziellen Kunden und Geldgebern vorzuführen. Prototypen können

Sie auch dabei unterstützen, eine Vorstellung davon zu gewinnen, wie Sie die endgültige Version Ihres Produkts organisieren und strukturieren können.

Auch wenn Sie eine inspirierende Produktvision schreiben, kann es sein, dass Ihre potenziellen Nutzer sich nur dann richtig auf Ihr Produkt einlassen, wenn sie eine lauffähige Version Ihrer Software sehen. Dann können die Anwender aufzeigen, was ihnen gefällt und was nicht, und neue Features vorschlagen. Risikokapitalgeber, an die Sie sich vielleicht wegen einer Finanzierung wenden, bestehen in der Regel darauf, einen Produktprototyp zu sehen, bevor sie sich verpflichten, ein Start-up-Unternehmen zu unterstützen. Der Prototyp spielt eine entscheidende Rolle dabei, Investoren davon zu überzeugen, dass Ihr Produkt kommerzielles Potenzial hat.

Ein Prototyp kann auch dazu beitragen, grundlegende Softwarekomponenten oder -dienste zu identifizieren und Technologien zu testen. Möglicherweise stellen Sie fest, dass die Technologie, die Sie verwenden wollten, unzureichend ist und dass Sie Ihre Ideen zur Implementierung der Software überarbeiten müssen. Beispielsweise könnten Sie herausfinden, dass das Design, das Sie für den Prototyp gewählt haben, nicht die erwartete Belastung des Systems aushält, sodass Sie die gesamte Produktarchitektur neu gestalten müssen.

Der Bau eines Prototyps sollte das Erste sein, was Sie bei der Entwicklung eines Softwareprodukts tun. Ihr Ziel sollte es sein, eine funktionierende Version Ihrer Software zu haben, die verwendet werden kann, um deren wichtigste Funktionen zu demonstrieren. Ein kurzer Entwicklungszyklus ist entscheidend; Sie sollten anstreben, in vier bis sechs Wochen ein vorzeigbares System zum Laufen zu bringen. Natürlich dürfen Sie es dabei an der ein oder anderen Stelle nicht so genau nehmen: So könnten Sie beispielsweise Probleme wie Zuverlässigkeit und Performanz ignorieren und mit einer rudimentären Benutzeroberfläche arbeiten.

Manchmal ist das Prototyping ein zweistufiger Prozess:

1. *Demonstration der Machbarkeit:* Sie erstellen ein ausführbares System, das die neuen Ideen in Ihrem Produkt demonstriert. Die Ziele in dieser Phase sind zum einen zu sehen, ob Ihre Ideen tatsächlich funktionieren, und zum anderen den Geldgebern und der Unternehmensleitung zu zeigen, dass Ihre Produkteigenschaften besser sind als die der Wettbewerber.

2. *Kundenvorführung:* Ausgehend von einem bestehenden Prototyp, der zur Demonstration der Machbarkeit erstellt wurde, erweitern Sie diesen mit Ihren Ideen für kundenspezifische Funktionen und deren möglicher Realisation. Bevor Sie einen Kundenprototyp entwickeln, müssen Sie einige Anwenderstudien durchführen und eine klare Vorstellung von Ihren potenziellen Anwendern und Nutzungsszenarios haben. In ▶Kapitel 3 erkläre ich, wie man Benutzerpersonas und Anwendungsszenarios entwickelt.

Bei der Entwicklung eines Prototyps sollten Sie stets Technologien verwenden, mit denen Sie sich auskennen, damit Sie keine Zeit damit verschwenden, eine neue Sprache oder ein neues Framework zu lernen. Es muss keine robuste Softwarearchitektur entworfen werden. Sie können Sicherheitsfunktionen und Prüfcode weglassen, mit denen die Zuverlässigkeit der Software gewährleistet werden soll. Ich empfehle jedoch, bei Prototypen immer automatisiertes Testen und Codemanagement zu verwenden. Diese Themen werden in den ▶Kapiteln 9 und 10 behandelt.

Falls Sie Software entwickeln, ohne dafür einen externen Kunden zu haben (z.B. Software für eine Forschungsgruppe), dann kann es sein, dass Sie tatsächlich nur ein Prototypsystem benötigen. Während Ihr Verständnis des Problems reift, können Sie den Prototyp weiterentwickeln und verfeinern. Sobald es jedoch externe Benutzer Ihrer Software gibt, sollten Sie Ihren Prototyp immer als ein „Wegwerfsystem" betrachten. Es ist unvermeidlich, dass Sie Kompromisse eingehen und Abkürzungen nehmen, um die Entwicklung zu beschleunigen – dies führt zu Prototypen, die sich immer schwerer ändern und weiterentwickeln lassen, wenn neue Funktionen integriert werden sollen. Nahezu unmöglich könnte es werden, Sicherheitsaspekte und Zuverlässigkeit nachträglich einzufügen.

Zusammenfassung

- Softwareprodukte sind Softwaresysteme mit allgemeinen Funktionen, die vermutlich für einen breiten Kundenkreis von Nutzen sind.
- Im Bereich des produktbasierten Software-Engineerings ist dasselbe Unternehmen sowohl für die Entscheidung über die Merkmale, die Teil des Produkts sein sollen, als auch für die Entscheidung über die Implementierung dieser Merkmale verantwortlich.
- Softwareprodukte können als eigenständige Produkte, die auf den Computern des Kunden laufen, als Hybridprodukte oder als dienstleistungsbasierte Produkte ausgeliefert werden. Bei Hybridprodukten sind einige Funktionen lokal implementiert und auf andere wird über das Internet zugegriffen. Bei dienstleistungsbasierten Produkten sind alle Funktionen per Fernzugriff zugänglich.
- Eine Produktvision beschreibt kurz und bündig, was zu entwickeln ist, wer die Zielkunden für das Produkt sind und warum Kunden das von Ihnen entwickelte Produkt kaufen sollten.
- Branchenerfahrung, Produkterfahrung, Kundenerfahrung und ein experimenteller Softwareprototyp können allesamt zur Entwicklung der Produktvision beitragen.
- Zu den Hauptaufgaben der Produktmanager gehören die Verantwortung für die Produktvision, die Entwicklung einer Produkt-Roadmap, die Erstellung von User-Storys und Szenarios, die Verwaltung des Product Backlogs, die Durchführung von Kunden- und Akzeptanztests sowie die Gestaltung der Benutzeroberfläche.
- Produktmanager arbeiten an der Schnittstelle zwischen dem Unternehmen, dem Softwareentwicklerteam und den Produktkunden. Sie erleichtern die Kommunikation zwischen diesen Gruppen.
- Sie sollten immer einen Produktprototyp entwickeln, um Ihre eigenen Ideen zu verfeinern und potenziellen Kunden die geplanten Produkteigenschaften vorzuführen.

Ergänzende Literatur

„What is Product Line Engineering?": Dieser Artikel und die beiden verlinkten Artikel geben einen Überblick über das Software-Engineering für Produktlinien und heben die Unterschiede zwischen der Entwicklung von Produktlinien und der von Softwareprodukten hervor (Biglever Software, 2013).
http://www.productlineengineering.com/overview/what-is-ple.html

„Building Software Products vs Platforms": Dieser Blogeintrag erklärt kurz die Unterschiede zwischen einem Softwareprodukt und einer Softwareplattform (B. Algaze, 2016).
https://blog.frogslayer.com/building-software-products-vs-platforms/

„Product Vision": Dies ist ein älterer Artikel, der aber eine ausgezeichnete Zusammenfassung darüber gibt, was mit einer Produktvision gemeint ist und warum sie wichtig ist (J. Spolsky, 2002).
http://www.joelonsoftware.com/articles/JimHighsmithonProductVisi.html

Agile Product Management with Scrum: Ich vermeide es im Allgemeinen, Bücher über Produktmanagement zu empfehlen, da sie für die meisten Leser zu detailliert sind. Ein Blick in dieses Buch lohnt sich jedoch wegen seines Fokus auf Software und deren Integration mit der agilen Scrum-Methode, die ich in ▶ Kapitel 2 behandele. Es ist ein kurzes Buch, das eine prägnante Einführung in das Produktmanagement enthält und die Erstellung einer Produktvision diskutiert (R. Pichler, 2010, Addison-Wesley).

Der Blog des Autors enthält ebenfalls Artikel zum Thema Produktmanagement.
http://www.romanpichler.com/blog/romans-product-management-framework/

„What, Exactly, is a Product Manager?": Dieser ausgezeichnete Blogeintrag erklärt, warum es wichtig ist, dass Produktmanager an der Schnittstelle von Geschäftswelt, Technologie und Anwendern arbeiten (M. Eriksson, 2011).
http://www.mindtheproduct.com/2011/10/what-exactly-is-a-product-manager/

Präsentationen, Videos und Links

https://iansommerville.com/engineering-software-products/static/presentations-videos-and-links/software-products

Lösungshinweise

Übungen

1 Beschreiben Sie kurz die grundlegenden Unterschiede zwischen projektbezogener und produktbezogener Softwareentwicklung.

2 Worin bestehen drei wichtige Unterschiede zwischen Softwareprodukten und Softwareproduktlinien?

3 Identifizieren Sie anhand der exemplarischen Produktvision für das iLearn-System das WAS, WER und WARUM für dieses Softwareprodukt.

4 Warum müssen Softwareproduktmanager Generalisten mit unterschiedlichen Fähigkeiten sein und nicht nur technische Spezialisten?

5 Sie sind Softwareproduktmanager für ein Unternehmen, das Lernsoftwareprodukte auf der Grundlage wissenschaftlicher Simulationen entwickelt. Erläutern Sie, warum es wichtig ist, eine Produkt-Roadmap zu entwickeln, damit die endgültigen Produktfreigaben in den ersten drei Monaten des Jahres verfügbar sind.

6 Warum sollten Sie einen Prototyp implementieren, bevor Sie mit der Entwicklung eines neuen Softwareprodukts beginnen?

Agiles Software-Engineering

2

ÜBERBLICK

Ein Softwareprodukt schnell auf den Markt zu bringen, ist von entscheidender Bedeutung. Dies gilt für alle Arten von Produkten – von einfachen mobilen Anwendungen bis hin zu großen, unternehmensweit eingesetzten Produkten. Wird ein Produkt später als geplant veröffentlicht, dann kann es sein, dass ein Wettbewerber den Markt bereits erobert hat oder dass Sie ein Marktfenster verpasst haben, wie z.B. den Beginn der Weihnachtszeit. Wenn sich die Anwender erst einmal für ein Produkt entschieden haben, wechseln sie in der Regel nur ungern, auch nicht zu einem technisch überlegenen Produkt.

Agiles Software-Engineering konzentriert sich darauf, schnell Funktionalität bereitzustellen, auf sich ändernde Produktspezifikationen zu reagieren und Overhead-Kosten bei der Entwicklung zu minimieren. Ein „Overhead" ist jegliche Aktivität, die nicht direkt zur schnellen Auslieferung des Produkts beiträgt. Schnelle Entwicklung und Lieferung sowie die Flexibilität, Änderungen schnell vorzunehmen, sind grundlegende Anforderungen an die Produktentwicklung.

Es gibt eine Vielzahl „agiler Methoden" – jede hat ihre Anhänger, die oft die Vorteile ihrer Methode kompromisslos vertreten. In der Praxis wählen Unternehmen und individuelle Entwicklerteams agile Techniken aus, die für sie funktionieren und die für ihre Größe und die Art des von ihnen entwickelten Produkts am besten geeignet sind. Es gibt keine beste agile Methode oder Technik – es kommt darauf an, wer die Technik einsetzt, wie das Entwicklerteam zusammengesetzt ist und von welcher Art das zu entwickelnde Produkt ist.

2.1 Agile Methoden

In den 1980er und frühen 1990er Jahren herrschte die weit verbreitete Ansicht, dass der beste Weg zur Entwicklung guter Software darin besteht, kontrollierte und rigorose Softwareentwicklungsprozesse einzusetzen. Die Prozesse umfassten die detaillierte Projektplanung, Anforderungsspezifikation und -analyse, den Einsatz von Analyse- und Entwurfsmethoden, die durch Softwaretools unterstützt wurden, sowie die formale Qualitätssicherung. Diese Ansicht kam von der Software-Engineering-Community, die für die Entwicklung großer, langlebiger Softwaresysteme wie Luft-/Raumfahrt- und Regierungssysteme verantwortlich war. Es handelte sich um „einmalige" Systeme, die auf den Anforderungen dieses einen Kunden basierten.

Dieser Ansatz wird manchmal als plangetriebene Entwicklung bezeichnet. Er wurde weiter ausgebaut, um eine Art des Software-Engineerings zu unterstützen, bei dem große Teams komplexe, langlebige Systeme entwickelten. Die Teams waren oft geografisch verstreut und arbeiteten über einen längeren Zeitraum an der Software. Ein Beispiel für diese Art von Software ist ein Steuerungssystem für ein modernes Flugzeug. Die Entwicklung solch eines Avioniksystems kann von der ersten Spezifikation bis zum Einsatz an Bord fünf bis zehn Jahre dauern.

Plangetriebene Entwicklung bringt einen erheblichen Overhead bei Planung, Gestaltung und Dokumentation des Systems mit sich. Dieser Mehraufwand ist für kritische Systeme gerechtfertigt, bei denen die Arbeit mehrerer Entwicklerteams koordiniert werden muss und möglicherweise verschiedene Personen die Software während ihrer Lebensdauer warten und aktualisieren. Detaillierte Dokumente, die die Softwareanforderungen und das Design beschreiben, sind wichtig, wenn keine informelle Teamkommunikation möglich ist.

Wird die plangetriebene Entwicklung jedoch für kleine und mittelgroße Softwareprodukte eingesetzt, dann ist der Overhead so groß, dass er den Softwareentwicklungsprozess beherrscht. Zu viel Zeit wird damit verbracht, Dokumente zu schreiben, die eventuell nie gelesen werden, anstatt am Code zu arbeiten. Das System wird vor Beginn der Implementierung detailliert spezifiziert. Spezifikationsfehler, Auslassungen und Missverständnisse werden oft erst entdeckt, nachdem ein wesentlicher Teil des Systems implementiert wurde.

Um diese Probleme zu beheben, müssen Entwickler die Arbeit, die sie für abgeschlossen hielten, erneut durchführen. Infolgedessen ist es praktisch unmöglich, Software schnell zu liefern oder schnell auf Änderungswünsche an der gelieferten Software zu reagieren.

Die Unzufriedenheit mit der plangetriebenen Softwareentwicklung führte in den 1990er Jahren zur Bildung agiler Methoden. Diese Methoden erlaubten es dem Entwicklerteam, sich auf die Software selbst anstatt auf deren Entwurf und die Dokumentation zu konzentrieren. Agile Methoden liefern den Kunden schnell funktionierende Software, die dann neue oder andere Anforderungen für die Aufnahme in spätere Versionen des Systems vorschlagen können. Sie reduzieren die Prozessbürokratie, indem sie Arbeit vermeiden, deren langfristiger Wert fragwürdig ist, und Dokumentationen beseitigen, die wahrscheinlich nie verwendet werden.

Die Philosophie der agilen Methoden spiegelt sich in dem agilen Manifest[1] wider, auf das sich die führenden Entwickler dieser Methoden geeinigt haben. ▶ Tabelle 2.1 zeigt die Kernbotschaft des agilen Manifests.

Wir suchen nach besseren Wegen, Software zu entwickeln, indem wir es selbst tun und anderen dabei helfen. Durch diese Arbeit haben wir schätzen gelernt:
■ Individuen und Interaktionen haben Vorrang vor Prozessen und Werkzeugen.
■ Funktionierende Software hat Vorrang vor umfangreicher Dokumentation.
■ Stetige Zusammenarbeit mit dem Kunden hat Vorrang vor Vertragsvereinbarungen.
■ Das Eingehen auf Änderungen hat Vorrang vor strikter Planverfolgung.
Obwohl die jeweils zuletzt genannten Punkte auch ihren Wert haben, so schreiben wir doch den erstgenannten Punkten einen größeren Wert zu.

Tabelle 2.1: Das agile Manifest

Alle agilen Methoden basieren auf inkrementeller Entwicklung und Bereitstellung. Der beste Weg, inkrementelle Entwicklung zu verstehen, ist es, sich ein Softwareprodukt als eine Reihe von Funktionen oder Features vorzustellen. Jede Funktion tut irgendetwas für den Anwender der Software. Es könnte zum Beispiel eine Funktion geben, die die Eingabe von Daten ermöglicht, eine Funktion zum Durchsuchen der eingegebenen Daten und eine Funktion zum Formatieren und Anzeigen der Daten. Jedes Softwareinkrement sollte eine kleine Anzahl von Funktionen des Produkts implementieren.

Bei der inkrementellen Entwicklung zögern Sie Entscheidungen so lange hinaus wie nötig. Sie beginnen damit, die Funktionen zu priorisieren, sodass zuerst die wichtigsten Funktionen implementiert werden. Zu diesem Zeitpunkt kümmern Sie sich nicht um die Details aller Funktionen – Sie definieren nur die Details der Funktion, die Sie

1 Die Originalversion ist zu finden auf *http://agilemanifesto.org/*.

in einem Inkrement einbinden möchten. Diese Funktion wird dann implementiert und ausgeliefert. Benutzer oder Ersatzbenutzer können es ausprobieren und dem Entwicklerteam Feedback geben. Anschließend definieren und implementieren Sie die nächste Systemfunktion.

Dieser Prozess ist in ▶ Abbildung 2.1 dargestellt, die inkrementellen Entwicklungsaktivitäten sind in ▶ Abbildung 2.2 beschrieben.

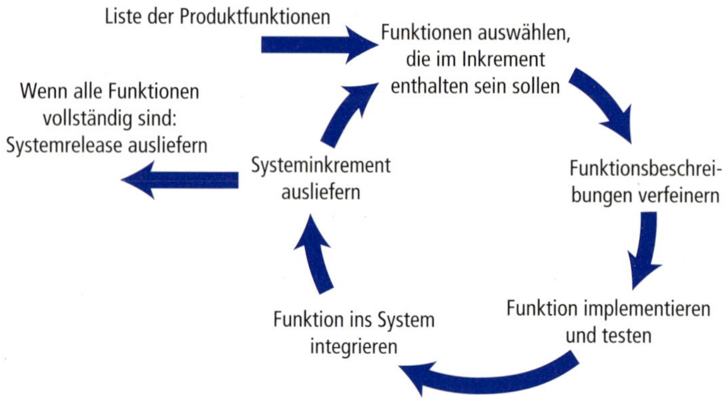

Abbildung 2.1: Inkrementelle Entwicklung

Aktivität	**Beschreibung**
Funktionen auswählen, die in einem Inkrement aufgenommen werden sollen	Wählen Sie anhand der Liste von Funktionen des geplanten Produkts die Funktionen aus, die im nächsten Produktinkrement implementiert werden können.
Funktionsbeschreibungen verfeinern	Arbeiten Sie die Funktionsbeschreibungen ausführlicher aus, damit die Teammitglieder ein gemeinsames Verständnis für die einzelnen Funktionen gewinnen und genügend Details vorhanden sind, um mit der Implementierung zu beginnen.
Implementieren und testen	Implementieren Sie die Funktion und entwerfen Sie automatisierte Tests dafür, die zeigen, dass das Verhalten der Funktion mit ihrer Beschreibung übereinstimmt. Automatisierte Tests bespreche ich in ▶ Kapitel 9.
Funktion integrieren und testen	Integrieren Sie die entwickelte Funktion in das bestehende System und testen Sie sie, um sicherzustellen, dass sie in Verbindung mit anderen Features funktioniert.
Systeminkrement ausliefern	Liefern Sie das Systeminkrement an den Kunden oder Produktmanager zur Überprüfung und Kommentierung aus. Wurden genügend Funktionen implementiert, dann geben Sie eine Version des Systems für den Kunden frei.

Tabelle 2.2: Aktivitäten der inkrementellen Entwicklung

Natürlich entspricht die Realität nicht immer diesem einfachen Modell der Entwicklung von Funktionen. Manchmal muss ein Inkrement für die Entwicklung eines Infrastrukturdienstes genutzt werden, wie beispielsweise eines Datenbankdienstes, der von mehreren Funktionen verwendet wird; manchmal müssen Sie die Benutzeroberfläche

planen, damit Sie eine konsistente Benutzeroberfläche über alle Funktionen hinweg erhalten; und manchmal müssen mit einem Inkrement Probleme behoben werden, wie z.B. Performanzprobleme, die durch einen Systemtest aufgefallen sind.
Alle agilen Methoden teilen sich eine Reihe von Prinzipien, die auf dem agilen Manifest beruhen – sie haben also viel gemeinsam. In ▶ Tabelle 2.3 sind diese agilen Prinzipien zusammengefasst.

Prinzip	Beschreibung
Den Kunden einbinden	Binden Sie Kunden eng in das Softwareentwicklerteam ein. Die Aufgabe der Kunden ist es, neue Systemanforderungen bereitzustellen und zu priorisieren und jedes Systeminkrement zu bewerten.
Änderungen annehmen	Gehen Sie davon aus, dass sich die Produktfunktionen sowie die Details dieser Funktionen ändern, wenn das Entwicklerteam und der Produktmanager das Produkt besser kennen. Passen Sie die Software an die Änderungen an.
Inkrementelle Entwicklung und Auslieferung	Entwickeln Sie Softwareprodukte immer in Inkrementen. Testen und bewerten Sie jedes Inkrement, sobald es fertiggestellt ist, und geben Sie die erforderlichen Änderungen an das Entwicklerteam zurück.
Einfachheit bewahren	Fokussieren Sie sich auf Einfachheit sowohl in der zu entwickelnden Software als auch im Entwicklungsprozess. Reduzieren Sie, wo immer möglich, die Komplexität des Systems.
Auf die Menschen, nicht auf den Entwicklungsprozess konzentrieren	Vertrauen Sie dem Entwicklerteam und erwarten Sie nicht, dass jeder die Dinge immer auf die gleiche Weise macht. Die Teammitglieder sollten ihre eigenen Arbeitsweisen entwickeln können, ohne durch vorgeschriebene Softwareprozesse eingeengt zu werden.

Tabelle 2.3: Agile Entwicklungsprinzipien

Fast alle Softwareprodukte werden heute mit einem agilen Ansatz entwickelt. Agile Methoden funktionieren für die Produktentwicklung, da Softwareprodukte in der Regel eigenständige Systeme sind und keine Systeme, die aus unabhängigen Subsystemen bestehen. Sie werden von Teams entwickelt, die sich am selben Ort befinden und die informell kommunizieren können. Der Produktmanager kann problemlos mit dem Entwicklerteam interagieren. Somit werden keine formellen Dokumente, Meetings und teamübergreifende Kommunikation benötigt.

2.2 Extreme Programming

Die Ideen, die den agilen Methoden zugrunde liegen, wurden in den 1990er Jahren von verschiedenen Personen entwickelt. Die einflussreichste Arbeit, die die Kultur der Softwareentwicklung verändert hat, war jedoch das Aufkommen von Extreme Programming (XP). Der Name wurde 1998 von Kent Beck geprägt, weil der Ansatz bekannte gute Praktiken wie iterative Entwicklung „ins Extreme" steigerte. Beispielsweise ist die regelmäßige Integration, bei der die Arbeit aller Programmierer eines

Teams integriert und getestet wird, eine gute Software-Engineering-Praxis. In XP wird die Ansicht vertreten, dass geänderte Software mehrmals täglich integriert werden sollte, sobald die Änderungen getestet wurden.

XP konzentrierte sich auf neue Entwicklungstechniken, die auf schnelle, inkrementelle Softwareentwicklung, -änderung und -bereitstellung ausgerichtet waren. ▶ Abbildung 2.2 zeigt 10 grundlegende Praktiken, die von den Entwicklern von Extreme Programming vorgeschlagen wurden und die XP charakterisieren.

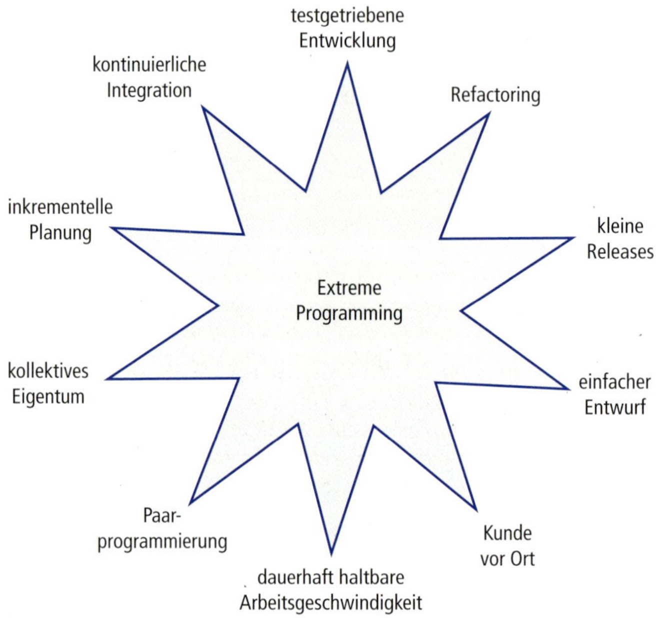

Abbildung 2.2: Praktiken von Extreme Programming

Die Entwickler von XP behaupten, dass es sich um einen ganzheitlichen Ansatz handelt. All diese Praktiken seien notwendig. In Wirklichkeit wählen die Entwicklerteams jedoch die Techniken aus, die sie angesichts ihrer Unternehmenskultur und der Art der von ihnen entwickelten Software für nützlich halten. ▶ Tabelle 2.4 beschreibt XP-Praktiken, die Teil des Mainstream-Software-Engineerings geworden sind, insbesondere für die Entwicklung von Softwareprodukten. Die anderen in ▶ Abbildung 2.2 dargestellten XP-Praktiken sind weniger verbreitet, werden aber in einigen Unternehmen verwendet.

Diese weit verbreiteten XP-Praktiken werden in späteren Kapiteln des Buchs behandelt: inkrementelle Planung und User-Storys in ▶ Kapitel 3, Refactoring in ▶ Kapitel 8, testgetriebene Entwicklung in ▶ Kapitel 9 und kontinuierliche Integration und kleine Releases in ▶ Kapitel 10.

Sie werden vielleicht überrascht sein, dass „einfacher Entwurf" nicht auf der Liste der beliebten XP-Praktiken steht. Die Entwickler von XP schlugen vor, dass das YAGNI-Prinzip (*You Ain't Gonna Need It* – Du wirst es nicht benötigen) beim Entwurf von Software angewendet werden sollte. Sie sollten nur die Funktionalität berücksichtigen, die tatsächlich angefordert wird, und keinen zusätzlichen Code hinzufügen, der Situationen behandelt, von denen die Entwickler glauben, dass sie eintreffen könnten. Das klingt nach einer tollen Idee.

Praktik	Beschreibung
Inkrementelle Planung / User-Storys	Es gibt keinen „Masterplan" für das System. Stattdessen wird in Gesprächen mit einem Kundenvertreter festgelegt, was im jeweiligen Inkrement umgesetzt werden muss (die Anforderungen). Die Anforderungen werden als User-Storys geschrieben. Welche User-Storys in ein Release aufgenommen werden, wird aufgrund der verfügbaren Zeit und der jeweiligen Priorität entschieden.
Kleine Releases	Der minimale nützliche Funktionssatz, der einen Geschäftswert aufweist, wird zuerst entwickelt. Releases des Systems werden häufig ausgegeben und ergänzen das vorherige Release schrittweise um Funktionen.
Testgetriebene Entwicklung	Anstatt Code und dann Tests für diesen Code zu entwerfen, schreiben Entwickler zuerst die Tests. Dies hilft zu klären, was der Code tatsächlich tun sollte, und stellt sicher, dass immer eine „geteste-te" Version des Codes verfügbar ist. Ein automatisiertes Framework für Modultests wird verwendet, um die Tests nach jeder Änderung durchzuführen. Neuer Code sollte keinen bereits implementierten Code außer Funktion setzen.
Kontinuierliche Integration	Sobald die Arbeit an einer Aufgabe abgeschlossen ist, wird diese in das Gesamtsystem integriert und es wird eine neue Version des Systems erstellt. Alle Modultests aller Entwickler werden automatisch durchgeführt und müssen erfolgreich sein, bevor die neue Version des Systems akzeptiert wird.
Refactoring	Refactoring bedeutet, die Struktur, Lesbarkeit, Effizienz und Sicherheit eines Programms zu verbessern. Von allen Entwicklern wird erwartet, dass sie den Code einem Refactoring unterziehen, sobald Verbesserungsmöglichkeiten entdeckt werden. Dadurch bleibt der Code einfach und wartbar.

Tabelle 2.4: Weit verbreitete XP-Praktiken

Leider wird damit die Tatsache ignoriert, dass Kunden systemweite Probleme wie Sicherheit und Zuverlässigkeit nur selten verstehen. Daher müssen Sie die Software so entwerfen und implementieren, dass diese Themen berücksichtigt werden. Dies bedeutet in der Regel, Code einzubinden, der mit Situationen umgeht, die Kunden wahrscheinlich nicht vorhersehen und nicht in User-Storys beschreiben werden.

Vorgehensweisen wie einen Kunden vor Ort zu haben sowie das kollektive Eigentum am Code sind gute Konzepte. Ein Kunde vor Ort arbeitet mit dem Team zusammen, schlägt User-Storys und Tests vor und lernt das Produkt kennen. Die Realität ist jedoch, dass Kunden und Ersatzkunden wie Produktmanager viele andere Dinge zu tun haben. Es ist schwierig für sie, ausreichend Zeit zu finden, um vollständig in ein Entwicklerteam eingebunden zu sein.

Kollektives Eigentum verhindert den individuellen Besitz von Code, dieses Konzept hat sich aber in vielen Unternehmen als unpraktisch erwiesen. Für einige Arten von Code werden Spezialisten benötigt. Einige Personen können nur teilzeitig an einem Projekt arbeiten und daher nicht an dessen „Eigentum" teilhaben. Und für einige Teammitglieder eignet sich vielleicht psychologisch diese Arbeitsweise nicht und sie möchten nicht den Code eines anderen „besitzen".

Bei der Paarprogrammierung (Pair Programming) erstellen jeweils zwei Entwickler eine Codeeinheit. Dieses Vorgehen wurde von den Erfindern von XP vorgeschlagen, weil sie glaubten, dass das Paar voneinander lernen und die Fehler des anderen auffangen könnte. Sie gingen davon aus, dass zwei Personen, die zusammen arbeiten, produktiver sind als zwei Leute, die jeweils einzeln arbeiten. Es gibt jedoch keinen eindeutigen Beweis dafür, dass die Paarprogrammierung produktiver ist als die Einzelarbeit. Viele Manager halten Paarprogrammierung für unproduktiv, weil es den Anschein hat, als ob zwei Personen einen Job machen.

Eine dauerhaft haltbare Arbeitsgeschwindigkeit ohne Überstunden (auch als nachhaltiges Arbeiten bezeichnet) ist grundsätzlich attraktiv. Man geht davon aus, dass Teammitglieder produktiver sind, wenn sie nicht müde und gestresst sind. Es ist jedoch schwierig, Manager davon zu überzeugen, dass dieses nachhaltige Arbeiten dazu beiträgt, enge Lieferfristen einzuhalten.

Extreme Programming betrachtet Management als eine kollektive Teamaktivität; normalerweise gibt es keinen eigens ernannten Projektmanager, der für die Kommunikation mit dem Management und die Planung der Arbeit des Teams verantwortlich ist. Tatsächlich ist die Softwareentwicklung aber eine Geschäftstätigkeit und muss daher zu den weiteren Geschäftsbereichen Finanzierung, Kosten, Zeitpläne, Einstellung und Verwaltung von Mitarbeitern sowie der Pflege guter Kundenbeziehungen passen. Das bedeutet, dass Managementfragen nicht einfach dem Entwicklerteam überlassen werden können. Es muss ein explizites Management geben mit einem Manager, der die geschäftlichen Bedürfnisse und Prioritäten sowie technische Fragen berücksichtigt.

2.3 Scrum

In jedem Softwareunternehmen müssen die Manager über den Fortschritt informiert sein und wissen, ob ein Softwareentwicklungsprojekt die Software pünktlich und innerhalb seines Budgets ausliefert. Traditionell beinhaltet dies die Erstellung eines Projektplans, der eine Reihe von Meilensteinen (was erreicht wird) enthält sowie die Leistungen (was vom Team geliefert wird) und die Termine (wann ein Meilenstein erreicht wird) aufführt. Der „Masterplan" für das Projekt zeigt alles von Anfang bis Ende. Der Fortschritt wird bewertet, indem dieser Plan mit dem verglichen wird, was tatsächlich erreicht wurde.

Das Problem bei solch einer Projektplanung im Vorfeld ist, dass hierbei detaillierte Entscheidungen über die Software zu treffen sind, lange bevor die Implementierung beginnt. Änderungen sind unvermeidlich. Neue Anforderungen entstehen, Teammitglieder kommen und gehen, Geschäftsprioritäten entwickeln sich und so weiter. Projektpläne müssen sich fast direkt von dem Tag an, an dem sie formuliert werden, schon verändern. Das hat zur Folge, dass so manche schon als „fertig" bezeichnete Aufgabe wiederholt werden muss. Dies ist ineffizient und verzögert oft die endgültige Auslieferung der Software.

Auf dieser Grundlage argumentierten die Entwickler agiler Methoden, dass planbasiertes Management unwirtschaftlich und unnötig ist. Es ist besser, schrittweise zu planen, damit der Plan als Reaktion auf sich ändernde Umstände angepasst werden kann. Zu Beginn eines jeden Entwicklungszyklus wird entschieden, welche Funktionen Priorität erhalten, wie diese entwickelt werden und was jedes Teammitglied tun soll. Die Planung sollte informell mit minimaler Dokumentation und ohne ausgewiesenen Projektleiter erfolgen.

Leider entspricht dieser informelle Ansatz für das Management nicht dem breiteren geschäftlichen Bedürfnis an Fortschrittskontrolle und -bewertung. Führungskräfte haben nicht die Zeit, sich in detaillierten Diskussionen mit den Teammitgliedern einzubringen. Manager wollen jemanden, der über den Fortschritt berichtet und ihre Anliegen und Prioritäten an das Entwicklerteam zurückgibt. Sie müssen wissen, ob die Software zum geplanten Fertigstellungstermin betriebsbereit ist, und sie benötigen Informationen, um ihren Geschäftsplan für das Produkt zu aktualisieren.

Diese Forderung nach einem proaktiveren Ansatz für ein agiles Projektmanagement führte zur Entwicklung von Scrum. Im Gegensatz zu XP basiert Scrum nicht auf einer Reihe von technischen Praktiken. Vielmehr soll es einen Rahmen für eine agile Projektorganisation mit festgelegten Rollen (Scrum Master und Product Owner) bieten, die als Schnittstelle zwischen dem Entwicklerteam und der Organisation fungieren.

Die Entwickler von Scrum wollten betonen, dass es sich bei diesen Personen nicht um „traditionelle" Projektmanager handelt, die die Autorität haben, das Team zu leiten. Daher haben sie eine neue Scrum-Terminologie für Einzelpersonen und Teamaktivitäten entwickelt (▶ Tabelle 2.5). Sie müssen diesen Scrum-Jargon kennen, um die Scrum-Methode zu verstehen.

Scrum-Ausdruck	Erläuterung
Produkt	Das Softwareprodukt, das vom Scrum-Team entwickelt wird.
Product Owner	Ein Teammitglied, das für die Identifizierung von Produkteigenschaften und -attributen verantwortlich ist. Der Product Owner bewertet die geleistete Arbeit und hilft beim Testen des Produkts.
Product Backlog	Eine Aufgabenliste mit Einträgen wie Fehlermeldungen, Features und Produktverbesserungen, die das Scrum-Team noch nicht abgeschlossen hat.
Entwicklerteam	Ein kleines selbstorganisiertes Team von fünf bis acht Personen, die für die Entwicklung des Produkts verantwortlich sind.
Sprint	Eine kurze Zeitspanne, typischerweise zwei bis vier Wochen, in der ein Produktinkrement entwickelt wird.
Scrum	Ein tägliches Teammeeting, bei dem die Fortschritte überprüft und die an diesem Tag zu leistende Arbeit besprochen und vereinbart wird.
Scrum Master	Ein Teamcoach, der das Team bei der effektiven Nutzung von Scrum unterstützt.
Potentially Shippable Product Increment	Das Ergebnis eines Sprints, der von ausreichender hoher Qualität ist, sodass es für den Kundeneinsatz installiert werden könnte.
Velocity	Eine Schätzung, wie viel Arbeit ein Team in einem einzelnen Sprint leisten kann.

Tabelle 2.5: Scrum-Terminologie

In Scrum gibt es zwei Schlüsselrollen, die in anderen Methoden nicht vorkommen:

1. Der *Product Owner* ist dafür verantwortlich, dass sich das Entwicklerteam immer auf das zu erstellende Produkt konzentriert und sich nicht von technisch interessanten, aber weniger relevanten Arbeiten ablenken lässt. Bei der Produktentwicklung sollte der Produktmanager in der Regel die Rolle des Product Owners übernehmen.

2 Der *Scrum Master* ist ein Scrum-Experte, dessen Aufgabe es ist, das Team bei der effektiven Anwendung der Scrum-Methode zu leiten. Die Entwickler von Scrum betonen, dass der Scrum Master kein konventioneller Projektmanager ist, sondern ein Betreuer für das Team. Der Scrum Master ist innerhalb des Teams dafür zuständig, wie Scrum eingesetzt wird. In vielen Unternehmen, die Scrum verwenden, ist der Scrum Master jedoch auch für einige Aufgaben des Projektmanagements verantwortlich.

Der andere Scrum-Begriff, der möglicherweise einer Erklärung bedarf, ist „Potentially Shippable Product Increment“ (potenziell auslieferbares Produktinkrement). Das bedeutet, dass das Ergebnis jedes Sprints ein Code mit Produktqualität sein sollte. Der Code sollte vollständig getestet, dokumentiert und gegebenenfalls überprüft worden sein. Die Tests sollten zusammen mit dem Code ausgegeben werden. Es sollte immer ein hochwertiges System zur Verfügung stehen, das dem Management oder potenziellen Kunden vorgeführt werden kann.

Der Scrum-Prozess oder Sprint-Zyklus ist in ▸ Abbildung 2.3 dargestellt. Die Grundidee des Scrum-Prozesses ist, dass Software in einer Reihe von „Sprints“ entwickelt werden sollte. Ein Sprint ist eine Aktivität mit fester Länge (zeitlich begrenzt), wobei jeder Sprint normalerweise zwei bis vier Wochen dauert. Während eines Sprints hat das Team tägliche Meetings (Scrums), um die bisherige Arbeit zu überprüfen und sich auf die Aktivitäten dieses Tages zu einigen. Der „Sprint Backlog“ dient dazu, die Arbeit während des Sprints zu verfolgen.

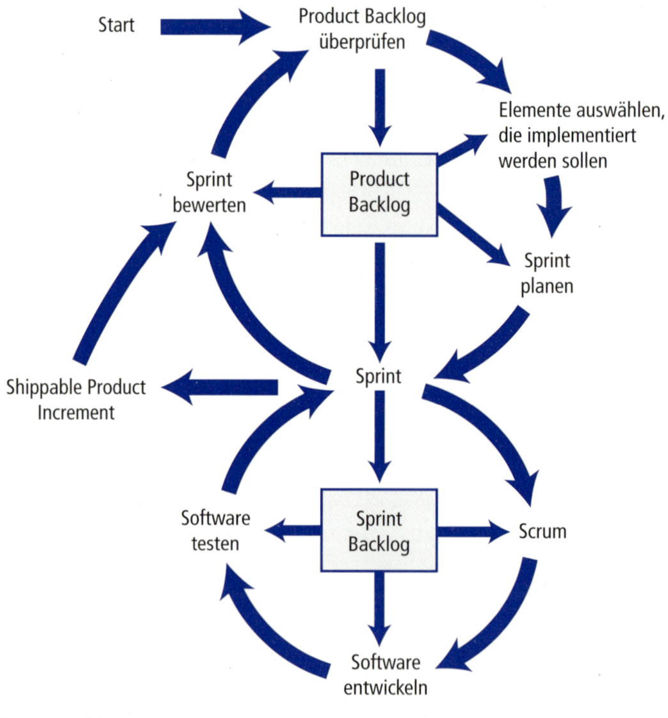

Abbildung 2.3: Scrum-Zyklus

Die Sprint-Planung basiert auf dem Product Backlog, einer Liste aller Aktivitäten, die abgeschlossen werden müssen, um das zu entwickelnde Produkt fertigzustellen. Bevor ein neuer Sprint beginnt, wird das Product Backlog überprüft. Die Einträge mit der höchsten Priorität werden für die Implementierung im nächsten Sprint ausgewählt. Die Teammitglieder arbeiten zusammen an der Planung des Sprints, indem sie die ausgewählten Einträge analysieren und das Sprint Backlog erstellen. Dies ist eine Liste der Aktivitäten, die im Laufe des Sprints vollendet werden müssen.
Während der Implementierung implementiert das Team so viele Einträge aus dem Sprint Backlog, wie es in dem für den Sprint vorgesehenen festen Zeitraum möglich ist. Aufgaben, die nicht abgeschlossen werden konnten, werden an das Product Backlog zurückgegeben. Sprints werden nie verlängert, um einen unfertigen Eintrag noch zu beenden.
Ein Sprint produziert entweder ein auslieferbares Produktinkrement, das an Kunden ausgegeben werden kann, oder ein internes Ergebnis. Diese internen Zwischenergebnisse (auch Liefergegenstände genannt, *deliverables*), wie beispielsweise ein Produktprototyp oder ein Architekturdesign, liefern Informationen für zukünftige Sprints. Wenn die Ausgabe eines Sprints Teil des Endprodukts ist, dann sollte dieses abgeschlossen sein. Solange das Team keine Änderungen an der Funktionalität der Software durchführen muss, sollte es in zukünftigen Sprints nicht weiter an diesem Softwareinkrement arbeiten müssen.
Nach Abschluss eines Sprints findet ein Review-Meeting mit allen Teammitgliedern statt. Das Team bespricht, was während des Sprints gut gelaufen ist, welche Probleme aufgetreten sind und wie die Probleme angegangen wurden. Die Teammitglieder überdenken auch die Leistungsfähigkeit der eingesetzten Instrumente und Methoden. Ziel dieses Treffens ist es, dass das Team voneinander lernt, damit Probleme vermieden werden und die Produktivität in späteren Sprints verbessert wird.
Die wesentlichen Vorteile, die sich aus dem Einsatz von Scrum ergeben, beziehen sich auf das zu entwickelnde Produkt, den Projektfortschritt und die beteiligten Personen (▶ Abbildung 2.4).

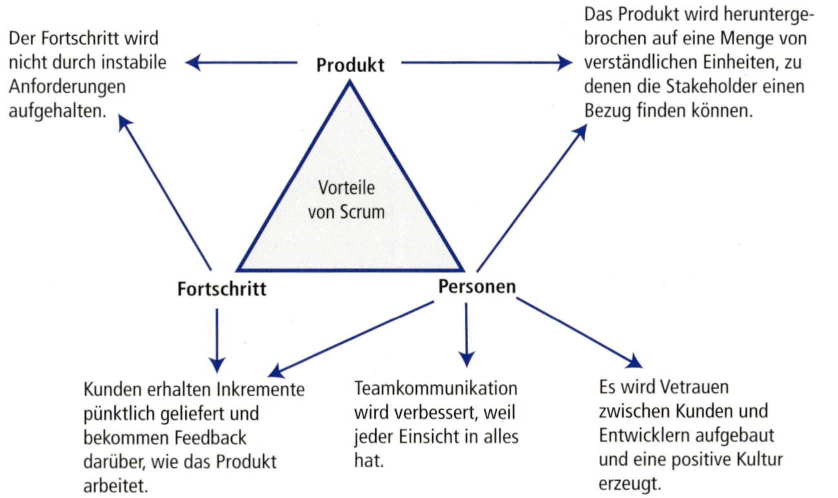

Abbildung 2.4: Die fünf wichtigsten Vorteile beim Einsatz von Scrum

Scrum hatte einen sehr großen Einfluss auf die Entwicklung von agilem Software-Engineering. Es bietet einen Rahmen, Software-Engineering anzuwenden, ohne die einzusetzenden Techniken vorzuschreiben. Scrum macht jedoch Vorschriften bei der Definition von Rollen und dem Scrum-Prozess. In *The Scrum Guide*[2] konstatieren die „Hüter" der Scrum-Methode:

> *Die Rollen, Artefakte, Ereignisse und Regeln von Scrum sind unumstößlich und obwohl es möglich ist, nur Teile von Scrum zu implementieren, ist das Ergebnis dann nicht Scrum. Scrum existiert nur in seiner Gesamtheit und funktioniert als Container für andere Techniken, Methoden und Praktiken.*

Damit wollen sie sagen, dass Sie sich nicht einzelne Praktiken aus dem Scrum-Paket auswählen sollten, sondern lieber die gesamte Methode übernehmen sollten. Mir scheint, dass diese Unflexibilität im Widerspruch zum agilen Grundprinzip steht, nämlich dass Individuen und Interaktionen Vorrang vor Prozessen und Werkzeugen haben sollten. Dieses Prinzip legt nahe, dass es jedem Einzelnen möglich sein sollte, Scrum an die jeweiligen Gegebenheiten anzupassen und zu modifizieren.

In einigen Situationen kann es meiner Meinung nach sinnvoll sein, ein paar der Ideen von Scrum zu verwenden, ohne die Methode strikt einzuhalten oder die Rollen genau so zu definieren, wie es in Scrum vorgesehen ist. Im Allgemeinen kann „reines Scrum" mit seinen verschiedenen Rollen nicht von Teams mit weniger als fünf Personen verwendet werden. Wenn Sie also mit einem kleineren Entwicklerteam arbeiten, müssen Sie die Methode anpassen.

Kleine Softwareentwicklerteams sind die Regel bei Start-ups, wo vielleicht das gesamte Unternehmen das Entwicklerteam darstellt. Kleine Teams sind auch in Bildungs- und Forschungseinrichtungen üblich, wo Softwareentwicklung zur Lehre gehört, sowie in größeren Fertigungsunternehmen, wo die Softwareentwicklung Teil eines umfassenderen Produktentwicklungsprozesses ist.

Ich denke, dass motivierte Teams ihre eigenen Entscheidungen darüber treffen sollten, wie sie Scrum oder einen Scrum-ähnlichen Prozess einsetzen. Ich empfehle jedoch, dass drei wichtige Merkmale von Scrum Teil eines jeden Produktentwicklungsprozesses sein sollten: Product Backlogs, zeitlich begrenzte Sprints und selbstorganisierte Teams.

2.3.1 Product Backlogs

Das Product Backlog ist eine Liste der Maßnahmen, die ergriffen werden müssen, um die Entwicklung des Produkts abzuschließen. Die Einträge in dieser Liste werden als Product Backlog Items (PBI) bezeichnet. Das Product Backlog kann eine Vielzahl verschiedener Einträge enthalten, wie z.B. zu implementierende Produkteigenschaften, Benutzeranfragen, wesentliche Entwicklungsaktivitäten und wünschenswerte technische Verbesserungen. Den Einträgen im Product Backlog sollten immer Prioritäten zugewiesen werden, sodass die Einträge, die zuerst implementiert werden, ganz oben auf der Liste stehen.

Die Einträge im Product Backlog werden zunächst allgemein und ohne große Details beschrieben. Als Beispiel sind in ▶ Tabelle 2.6 Einträge aufgeführt, die im Product

2 *The Scrum Guide*: Dieses maßgebende Handbuch zur Scrum-Methode definiert alle Scrum-Rollen und -Aktivitäten (K. Schwaber und J. Sutherland, 2013).

Backlog für eine Version des iLearn-Systems enthalten sein könnten, das ich in ▶ Kapitel 1 vorgestellt habe. In ▶ Kapitel 3 erläutere ich, wie Systemfunktionen aus einer Produktvision identifiziert werden können. Diese werden dann zu PBIs. Ich erkläre auch, wie User-Storys verwendet werden können, um PBIs zu identifizieren.

1	Als Lehrer möchte ich in der Lage sein, die Werkzeuggruppe zu konfigurieren, die den einzelnen Klassen zur Verfügung steht. (Funktion)
2	Als Elternteil möchte ich die Arbeit meiner Kinder und die Bewertungen ihrer Lehrer einsehen können. (Funktion)
3	Als Erzieherin von Kleinkindern wünsche ich mir eine bildliche Oberfläche für Kinder mit eingeschränkter Lesefähigkeit. (Benutzeranfrage)
4	Kriterien für die Bewertung von Open-Source-Software festlegen, die als Grundlage für Teile dieses Systems verwendet werden könnte. (Entwicklungsaktivität)
5	Refactoring des Codes für die Benutzeroberfläche durchführen zur Verbesserung der Verständlichkeit und Leistung. (technische Verbesserung)
6	Implementierung einer Verschlüsselung für alle persönlichen Benutzerdaten. (technische Verbesserung)

Tabelle 2.6: Beispiele für Einträge in einem Product Backlog

▶ Tabelle 2.6 zeigt verschiedene Arten von Einträgen für ein Product Backlog. Die ersten drei Einträge sind User-Storys, die sich auf Funktionen des Produkts beziehen, die implementiert werden müssen. Der vierte Punkt ist eine Teamaktivität. Das Team muss Zeit für die Entscheidung aufwenden, wie es Open-Source-Software auswählen soll, die in späteren Schritten verwendet werden kann. Diese Art von Aktivität sollte ausdrücklich als PBI betrachtet werden und nicht als implizite Aktivität, die die Zeit der Teammitglieder in Anspruch nimmt. Die letzten beiden Einträge befassen sich mit technischen Verbesserungen der Software. Diese führen nicht zu neuen Softwarefunktionen.

PBIs können auf einer abstrakten Ebene spezifiziert werden und das Team entscheidet, wie diese Einträge umgesetzt werden. So ist beispielsweise das Entwicklerteam am besten in der Lage zu entscheiden, wie der Code aus Gründen der Effizienz und Verständlichkeit überarbeitet werden kann. Es ist nicht sinnvoll, diesen Eintrag zu Beginn eines Sprints genauer zu verfeinern. Abstrakte Funktionsdefinitionen müssen jedoch in der Regel verfeinert werden, damit die Teammitglieder eine klare Vorstellung davon haben, was gefordert wird, und den Arbeitsaufwand dementsprechend einschätzen können.

Einträge im Product Backlog können jeweils einen von drei Zuständen annehmen, die in ▶ Tabelle 2.7 dargestellt sind. Das Product Backlog wird während des Projekts kontinuierlich geändert und erweitert, indem neue Einträge hinzugefügt werden und Einträge in einem bestimmten Zustand analysiert und in einen verfeinerten Zustand versetzt werden.

Titel	Beschreibung
Ready for Consideration	Dies sind abstrakte Ideen und Funktionsbeschreibungen, die bei der Aufnahme in das Produkt berücksichtigt werden. Sie sind vorläufig – es kann sein, dass sie sich radikal ändern oder nicht in das Endprodukt aufgenommen werden.
Ready for Refinement	Das Team ist sich darüber einig, dass dies ein wichtiger Eintrag ist, der im Rahmen der aktuellen Entwicklung umgesetzt werden sollte. Es gibt eine ziemlich klare Definition der Anforderungen. Allerdings muss noch daran gearbeitet werden, den Eintrag zu verstehen und zu verfeinern.
Ready for Implementation	Das PBI hat genügend Details, damit das Team den Aufwand abschätzen und den Eintrag umsetzen kann. Abhängigkeiten von anderen Einträgen wurden identifiziert.

Tabelle 2.7: Status der Einträge im Product Backlog

Ein kritischer Teil des agilen Scrum-Prozesses ist das Product Backlog Review, welches das erste Element im Sprint-Planungsprozess sein sollte. Bei dieser Überarbeitung wird das Product Backlog analysiert und die Backlog-Einträge werden priorisiert und verfeinert. Backlog Reviews könnten auch während der Sprints stattfinden, wenn das Team das System besser kennenlernt. Teammitglieder können bestehende Backlog-Einträge ändern oder verfeinern oder neue Einträge hinzufügen, die in einem späteren Sprint implementiert werden sollen. Während solch einer Überprüfung des Product Backlogs können Einträge von einem Zustand in einen anderen verschoben werden.

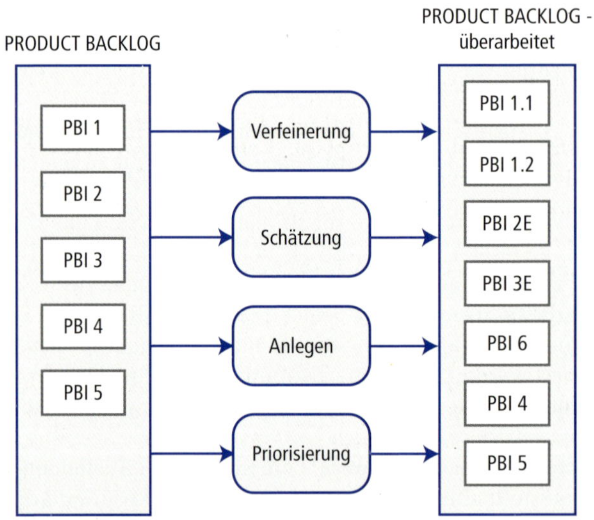

Abbildung 2.5: Product-Backlog-Aktivitäten

▶ Abbildung 2.5 zeigt die vier Operationen, die das Product Backlog verändern können. In diesem Beispiel wurde der Backlog-Eintrag 1 in zwei Einträge aufgeteilt, die Einträge 2 und 3 wurden geschätzt, den Einträgen 4 und 5 wurden neue Prioritäten

zugewiesen und Eintrag 6 wurde hinzugefügt. Beachten Sie, dass der neue Eintrag 6 eine höhere Priorität hat als die bestehenden Einträge 4 und 5.
Die Scrum-Community verwendet manchmal den Begriff „Backlog Grooming", der diese vier Aktivitäten umfasst:

1. *Verfeinerung* (*Refinement*): Bestehende PBIs werden analysiert und verfeinert, um detailliertere PBIs zu erstellen. Dies kann auch zur Bildung neuer Backlog-Einträge führen.

2. *Schätzung* (*Estimation*): Das Team schätzt den Arbeitsaufwand für die Implementierung eines PBI und fügt diese Bewertung zu jedem analysierten PBI hinzu.

3. *Anlegen* (*Creation*): Neue Einträge werden dem Backlog hinzugefügt. Dies können vom Produktmanager vorgeschlagene neue Funktionen, erforderliche Funktionsänderungen, technische Verbesserungen oder Prozessaktivitäten wie die Bewertung der verwendeten Entwicklungswerkzeuge sein.

4. *Priorisierung* (*Prioritization*): Die PBIs müssen neu geordnet werden, um neue Informationen und veränderte Umstände zu berücksichtigen.

Die Backlog-Priorisierung ist eine Aktivität, an der das gesamte Team teilnimmt und bei der Entscheidungen darüber getroffen werden, an welchen Einträgen während eines Sprints gearbeitet werden soll. Beiträge der Produktmanager sind unentbehrlich, da diese die Bedürfnisse und Prioritäten der Kunden kennen sollten. Die Einträge mit der höchsten Priorität werden vom Entwicklerteam zu einem „Sprint Backlog" verfeinert, das ist eine Liste detaillierterer Implementierungselemente. In Fällen wie spekulativer Produktentwicklung oder Entwicklung von Forschungssystemen, in denen es keinen festgelegten Product Owner gibt, sollte das Team die Einträge gemeinsam priorisieren.
Einträge, die bereit für die Implementierung sind, sollten immer über eine Schätzung verfügen, wie viel Aufwand für ihre Implementierung nötig ist. Schätzungen sind für die Sprintplanung unerlässlich, da ein Team anhand dieser Schätzungen entscheidet, wie viel Arbeit es für einen einzelnen Sprint übernehmen kann. Diese Aufwandschätzung wird für die Priorisierung genutzt. Manchmal ist es sinnvoll, den Einträgen, die den größten Wert mit geringstem Aufwand liefern, eine höhere Priorität einzuräumen. Die PBI-Schätzungen geben einen Hinweis auf den Aufwand, der erforderlich ist, um den jeweiligen Eintrag fertigzustellen. Dabei kommen häufig zwei Metriken zum Einsatz:

1. *Erforderlicher Aufwand* (*Effort Required*): Der Aufwand kann in Personenstunden oder Personentagen ausgedrückt werden, d.h. in der Anzahl der Stunden oder Tage, die eine Person für die Implementierung dieses PBI benötigen würde. Dies ist nicht dasselbe wie die Kalenderzeit. Mehrere Personen könnten an einem Eintrag arbeiten, was die benötigte Kalenderzeit verkürzen kann. Alternativ könnte es sein, dass ein Entwickler noch andere Aufgaben hat, die eine Vollzeitarbeit an einem Projekt verhindern. Dann ist die benötigte Kalenderzeit länger als die Aufwandschätzung.

2. *Story-Punkte* (*Story Points*): Story-Punkte sind eine willkürliche Schätzung des Aufwands für die Implementierung eines PBI, unter Berücksichtigung der Größe der Aufgabe, ihrer Komplexität, der möglicherweise erforderlichen Technologie und der „unbekannten" Merkmale der Arbeit. Story-Punkte wurden ursprünglich

durch den Vergleich von User-Storys abgeleitet, können aber zur Schätzung jeglicher Art von PBI verwendet werden. Die Story-Punkte werden durch Vergleiche geschätzt: Das Team stimmt die Story-Punkte für eine Basisaufgabe ab. Andere Aufgaben werden dann im Vergleich zu dieser Basis geschätzt – z.B. mehr oder weniger komplex, größer oder kleiner usw. Der Vorteil von Story-Punkten ist, dass sie abstrakter sind als die Metrik des erforderlichen Aufwands, da alle Story-Punkte gleich sein sollten und nicht von individuellen Fähigkeiten abhängen.

Die Aufwandschätzung ist schwierig, besonders zu Beginn eines Projekts, wenn ein Team wenig oder gar keine Erfahrung mit dieser Art von Arbeit hat oder wenn Technologien eingesetzt werden, die neu für das Team sind. Schätzungen basieren auf dem subjektiven Urteil der Teammitglieder und erste Schätzungen sind zwangsläufig falsch. Die Schätzungen verbessern sich jedoch in der Regel, wenn das Team Erfahrungen mit dem Produkt und seinem Entwicklungsprozess sammelt.

Die Scrum-Methode empfiehlt einen teambasierten Schätzungsansatz namens „Planungspoker" (*Planning Poker*), auf den ich hier nicht eingehe. Der Grundgedanke hinter Planungspoker ist die Annahme, dass Teams bessere Schätzungen vornehmen können als Einzelpersonen. Es gibt jedoch keinen überzeugenden empirischen Beweis dafür, dass kollektive Schätzungen besser sind als Schätzungen von einzelnen erfahrenen Entwicklern.

Nachdem eine Reihe von Sprints absolviert wurde, kann das Team seine „Velocity" (Geschwindigkeit) abschätzen. Vereinfacht ausgedrückt ist die Velocity eines Teams die Summe der Größenschätzungen der Einträge, die während eines Sprints mit festem Zeitrahmen abgeschlossen wurden. Nehmen wir beispielsweise an, dass PBIs in Story-Punkten geschätzt werden und das Team in aufeinanderfolgenden Sprints 17, 14, 16 und 19 Story-Punkte implementiert hat. Die Velocity des Teams liegt daher zwischen 16 und 17 Story-Punkten pro Sprint.

Die Velocity wird verwendet, um zu entscheiden, auf wie viele PBIs sich ein Team in jedem Sprint realistischerweise festlegen kann. Im obigen Beispiel sollte sich das Team auf etwa 17 Story-Punkte festlegen. Die Velocity kann auch als Maß für die Produktivität verwendet werden. Teams sollten versuchen, ihre Arbeitsweise so zu verfeinern, dass sich ihre Geschwindigkeit im Laufe eines Projekts verbessert.

Das Product Backlog ist ein gemeinsam benutztes, „lebendes" Dokument, das während der Produktentwicklung regelmäßig aktualisiert wird. Es ist normalerweise zu groß, um auf ein Whiteboard zu passen, daher ist es sinnvoll, es als gemeinsames digitales Dokument zu pflegen. Zu den spezialisierten Tools, die Scrum unterstützen, gehören unter anderem Hilfsmittel zum Teilen und Überarbeiten von Product Backlogs. Einige Unternehmen entscheiden sich eventuell für den Kauf dieser Werkzeuge für ihre Softwareentwickler.

Kleine Unternehmen oder Gruppen mit begrenzten Ressourcen können ein gemeinsames Dokumentensystem wie Office 365 oder Google Docs nutzen. Für diese kostengünstigen Systeme muss keine neue Software gekauft und installiert werden. Wenn Sie mit dem Einsatz von Product Backlogs in Ihrem Entwicklungsprozess beginnen, empfehle ich Ihnen diesen allgemeinen Ansatz, um Erfahrungen zu sammeln, bevor Sie sich entscheiden, ob Sie spezielle Werkzeuge für das Backlog-Management benötigen.

2.3.2 Time-Boxing für Sprints

Ein Scrum-Konzept, das in jedem agilen Entwicklungsprozess nützlich ist, ist Time-Boxing für Sprints. Time-Boxing bedeutet, dass einer Aktivität eine feste Zeit für die Durchführung zugewiesen wird. Am Ende der Time-Box wird die Arbeit an der Aktivität beendet, unabhängig davon, ob die geplante Aufgabe abgeschlossen ist oder nicht. Sprints sind kurze Aktivitäten (eine bis vier Wochen) und finden zwischen definierten Start- und Endzeitpunkten statt. Während eines Sprints arbeitet das Team an den Einträgen aus dem Product Backlog. Das Produkt wird somit in einer Reihe von Sprints entwickelt, die jeweils ein Inkrement des Produkts oder der unterstützenden Software liefern. Inkrementelle Entwicklung ist ein grundlegender Bestandteil aller agiler Methoden und ich denke, Scrum hat den richtigen Weg eingeschlagen, darauf zu beharren, dass die Zeit, die für jedes Inkrement aufgewendet wird, gleich sein sollte. In ▶ Abbildung 2.6 zeige ich drei wichtige Vorteile, die sich aus der Verwendung von Sprints mit Time-Boxing ergeben.

Abbildung 2.6: Vorteile der Verwendung von Sprints mit Time-Boxing

Jeder Sprint beinhaltet drei grundlegende Aktivitäten:

1. *Sprint-Planung:* Einträge, die während dieses Sprints abgeschlossen werden sollen, werden ausgewählt und gegebenenfalls verfeinert, um ein Sprint Backlog zu erstellen. Diese Aktivität sollte nicht länger als einen Tag am Beginn des Sprints in Anspruch nehmen.

2. *Sprint-Ausführung:* Das Team arbeitet daran, die Einträge aus dem Sprint Backlog zu implementieren, die für diesen Sprint ausgewählt wurden. Selbst wenn es nicht möglich ist, alle Sprint-Backlog-Einträge fertigzustellen, wird die Zeit für den Sprint nicht verlängert. Stattdessen werden die unfertigen Einträge in das Product Backlog für einen zukünftigen Sprint zurückgestellt.

3. *Sprint Review:* Die während des Sprints geleistete Arbeit wird vom Team und (möglicherweise) externen Interessengruppen überprüft. Das Team reflektiert darüber, was während des Sprints gut gelaufen und was fehlgeschlagen ist, um den Arbeitsprozess zu verbessern.

▶ Abbildung 2.7 zeigt den Zyklus dieser Aktivitäten und eine detailliertere Aufschlüsselung der Sprint-Ausführung. Das Sprint Backlog wird während des Planungsprozesses erstellt und steuert die Entwicklungsaktivitäten bei der Ausführung des Sprints.

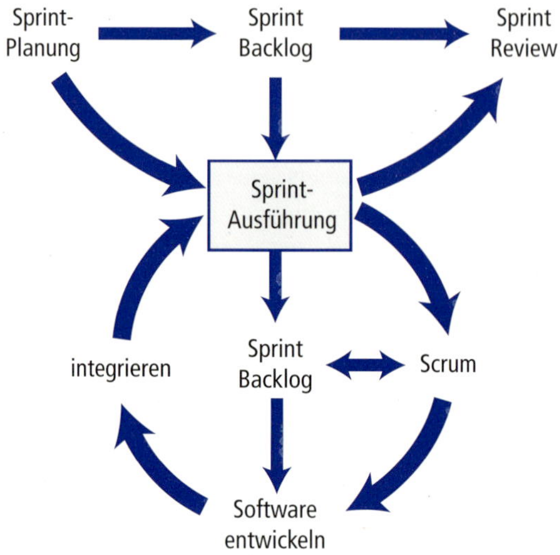

Abbildung 2.7: Sprint-Aktivitäten

Jeder Sprint sollte mit einem Planungstreffen beginnen, bei dem die Teammitglieder gemeinsam über die PBIs entscheiden, die während des Sprints implementiert werden sollen. Die Eingaben für diese Aktivität sind die implementierungsbereiten Einträge aus dem Product Backlog sowie Informationen des Product Owners darüber, welches dieser PBIs die höchste Priorität hat.

Bei der Planung eines Sprints macht das Team drei Dinge:

- einigt sich auf ein Sprint-Ziel;
- entscheidet, welche Einträge aus dem Product Backlog implementiert werden sollen;
- erstellt ein Sprint Backlog, eine detailliertere Version des Product Backlogs, der die während des Sprints zu leistenden Aufgaben erfasst.

Das Sprint-Ziel ist eine prägnante Aussage darüber, was das Team während eines Sprints erreichen will. Das kann die Implementierung einer Produktfunktion, die Entwicklung einer wesentlichen Produktinfrastruktur oder die Verbesserung eines Produktmerkmals wie z.B. der Leistung sein. Es sollte objektiv entschieden werden können, ob das Ziel am Ende des Sprints erreicht wurde oder nicht. ▶ Abbildung 2.8 zeigt die drei Arten von Sprint-Zielen und gibt für jeden Typ ein Beispiel.

Funktionale Sprint-Ziele beziehen sich auf die Implementierung von Systemfunktionen für Endanwender. Leistungs- und Zuverlässigkeitsziele beziehen sich auf Verbesserungen der Leistung, Effizienz, Zuverlässigkeit und Sicherheit des Systems. Die Supportziele umfassen zusätzliche Aktivitäten wie die Entwicklung von Infrastruktursoftware oder den Entwurf der Systemarchitektur.

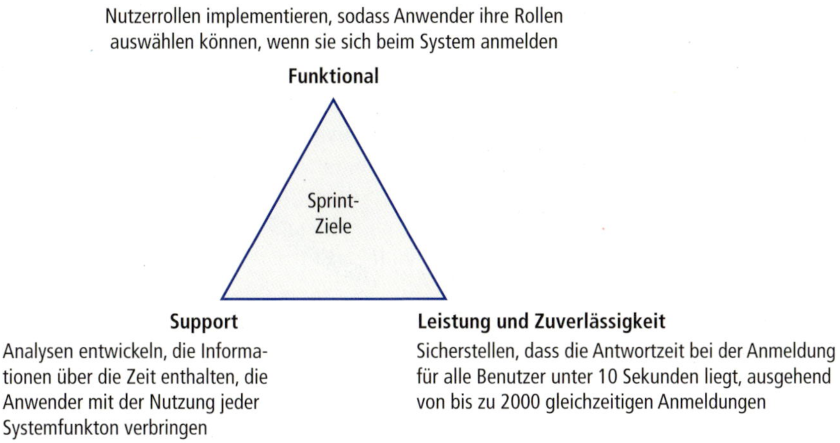

Abbildung 2.8: Sprint-Ziele

Sie sollten bei der Entscheidung für ein Sprint-Ziel immer die Einträge mit der höchsten Priorität im Product Backlog berücksichtigen. Das Team wählt diese zu implementierenden Einträge zur gleichen Zeit wie das Sprint-Ziel aus. Es ist sinnvoll, einen zusammenhängenden Satz von Einträgen mit hoher Priorität zu wählen, die mit dem Sprint-Ziel übereinstimmen. Manchmal werden Einträge mit niedrigerer Priorität im Product Backlog ausgewählt, weil sie eng mit anderen Einträgen verbunden sind, die Teil des übergeordneten Sprint-Ziels sind.

Im Allgemeinen sollte das Sprint-Ziel während des Sprints nicht verändert werden. Manchmal ist dies jedoch unumgänglich, wenn unerwartete Probleme auftreten oder wenn das Team einen Weg findet, eine Funktion schneller als ursprünglich angenommen zu implementieren. In diesen Fällen kann das Ziel reduziert oder erweitert werden.

Sobald ein Sprint-Ziel festgelegt wurde, sollte das Team einen Sprint-Plan besprechen und festlegen. Wie bereits gesagt, sollte allen PBIs eine Aufwandschätzung zugewiesen sein, die eine entscheidende Eingabe für den Prozess der Sprint-Planung ist. Es ist wichtig, dass ein Team nicht versucht, während des Sprints zu viele Einträge zu implementieren. Eine zu hohe Arbeitslast könnte es unmöglich machen, das Sprint-Ziel zu erreichen.

Die Velocity des Teams ist eine weitere wichtige Eingabe für die Sprint-Planung. Die Velocity gibt an, wie viel Arbeit das Team normalerweise in einem Sprint bewältigen kann. Sie könnten, wie bereits erläutert, die Story-Punkte schätzen, wobei die Velocity des Teams die Anzahl der Story-Punkte ist, die es normalerweise in einem zwei- oder vierwöchigen Sprint umsetzen kann. Dieser Ansatz ist offensichtlich sinnvoll für ein Team, das eine stabile Velocity hat.

Die Velocity eines Teams kann jedoch auch instabil sein, was bedeutet, dass die Anzahl der abgeschlossenen PBIs von Sprint zu Sprint variiert. Die Velocity ist eventuell instabil, wenn sich die Teamzusammensetzung ändert, wenn einfachere Einträge eine höhere Priorität erhalten als schwer zu implementierende Einträge oder wenn unerfahrene Mitglieder im Team sind, die sich im Laufe des Projekts verbessern. Ist die Velocity eines Teams instabil oder unbekannt, so müssen Sie einen intuitiveren Ansatz wählen, um die Anzahl der PBIs auszuwählen, die während eines Sprints implementiert werden sollen.

Das Sprint Backlog ist eine Liste von Einträgen, die während des Sprints abgeschlossen werden müssen. Manchmal kann ein PBI direkt in das Sprint Backlog übernommen werden. Normalerweise teilt das Team jedoch jedes PBI in kleinere Aufgaben auf, die dann dem Sprint Backlog hinzugefügt werden. Alle Teammitglieder besprechen dann, wie diese Aufgaben verteilt werden. Jede Aufgabe sollte eine relativ kurze Dauer – höchstens ein bis zwei Tage – haben, damit das Team seinen Fortschritt während des täglichen Sprint-Meetings beurteilen kann. Das Sprint Backlog sollte viel kürzer als das Product Backlog sein, sodass es auf einem gemeinsamen Whiteboard festgehalten werden kann. Das gesamte Team kann sehen, welche Einträge umgesetzt werden sollen und welche Einträge erledigt sind.
Der Fokus eines Sprints liegt auf der Entwicklung von Produktfunktionen oder -infrastruktur und das Team arbeitet daran, das geplante Softwareinkrement zu erstellen. Um die Zusammenarbeit zu erleichtern, koordinieren die Teammitglieder ihre Arbeit jeden Tag in einem kurzen Meeting, das als Scrum bezeichnet wird (▶ Tabelle 2.8). Die Scrum-Methode ist nach diesen Treffen benannt, die ein wesentlicher Bestandteil der Methode sind. Sie bieten dem Team die Möglichkeit zu kommunizieren – ganz anders als bei den Scrums im Rugby.

Ein Scrum ist ein kurzes tägliches Meeting, das normalerweise zu Beginn des Tages stattfindet. Während eines Scrum tauschen alle Teammitglieder Informationen aus, beschreiben ihren Fortschritt seit dem Scrum des Vortages und präsentieren aufgetretene Probleme sowie Pläne für diesen Tag. Das bedeutet, dass jeder im Team weiß, was bei den anderen passiert, und kann, falls Probleme auftauchen, kurzfristig die Arbeit neu planen, um diese zu lösen. Scrum-Meetings sollten kurz und konzentriert sein. Um Teammitglieder davon abzuhalten, sich in langen Diskussionen zu verlieren, werden Scrums manchmal als „Stand-up"-Meetings organisiert, bei denen es keine Stühle im Besprechungsraum gibt. Während eines Scrum wird das Sprint Backlog überprüft. Abgeschlossene Einträge werden daraus entfernt. Neue Einträge können dem Backlog hinzugefügt werden, wenn neue Informationen auftauchen. Das Team entscheidet dann, wer an diesem Tag an welchen Einträgen aus dem Sprint Backlog arbeiten soll.

Tabelle 2.8: Scrums

Zur Scrum-Methode gehören keine bestimmten technischen Entwicklungspraktiken; das Team kann alle agilen Praktiken verwenden, die es für angemessen hält. Einige Teams mögen die Paarprogrammierung, andere bevorzugen, dass die Mitglieder individuell arbeiten. Ich empfehle jedoch zwei Praktiken, die immer in den Sprints zur Codeentwicklung verwendet werden sollten:

1. *Testautomatisierung:* Die Produkttests sollten so weit wie möglich automatisiert werden. Sie sollten eine Reihe von ausführbaren Tests entwickeln, die jederzeit gestartet werden können. Auf dieses Thema gehe ich in ▶ Kapitel 9 weiter ein.
2. *Kontinuierliche Integration:* Wann immer jemand Änderungen an den von ihm entwickelten Softwarekomponenten vornimmt, sollten diese Komponenten sofort mit anderen Komponenten integriert werden, um ein System zu erstellen. Dieses System sollte dann getestet werden, um auf unvorhergesehene Probleme bei der Komponenteninteraktion zu prüfen. Ich erkläre die kontinuierliche Integration in ▶ Kapitel 10.

Ziel eines Sprints ist es, ein „potenziell auslieferbares Produktinkrement" (Potentially Shippable Product Increment) zu entwickeln. Natürlich wird die Software nicht unbedingt an Kunden ausgegeben, aber es sollte keine weitere Arbeit notwendig sein, bevor sie freigegeben werden kann. Dies hat für unterschiedliche Arten von Software eine andere Bedeutung, daher ist es wichtig, dass ein Team eine sogenannte „Definition of done“ etabliert (also eine Definition, wann etwas als „fertig“ gilt), die angibt, was für den Code, der während eines Sprints entwickelt wird, abgeschlossen werden muss. Beispielsweise kann das Team für ein Softwareprodukt, das für externe Kunden entwickelt wird, eine Checkliste erstellen, die für die gesamte zu entwickelnde Software gilt. ▶ Tabelle 2.9 ist ein Beispiel für eine Checkliste, mit der die Vollständigkeit eines implementierten Features beurteilt werden kann.

Zustand	Beschreibung
Überarbeitet (*reviewed*)	Der Code wurde von einem anderen Teammitglied dahingehend überprüft, ob er die vereinbarten Codierungsstandards erfüllt, verständlich ist, angemessen kommentiert und bei Bedarf überarbeitet wurde.
Modultest (*unit tested*)	Alle Modultests wurden automatisch durchgeführt und alle Tests sind erfolgreich abgeschlossen worden.
Integriert (*integrated*)	Der Code wurde in die Projektcodebasis integriert und es wurden keine Integrationsfehler gemeldet.
Integrationstest (*integretion tested*)	Alle Integrationstests wurden automatisch durchgeführt und alle Tests sind erfolgreich abgeschlossen worden.
Akzeptiert (*accepted*)	Gegebenenfalls wurden Abnahmetests durchgeführt und der Product Owner oder das Entwicklerteam hat bestätigt, dass der Eintrag des Product Backlogs abgeschlossen ist.

Tabelle 2.9: Checkliste zur Vollständigkeit des Codes

Wenn es nicht möglich ist, während eines Sprints alle Einträge dieser Checkliste abzuschließen, dann sollten die unfertigen Einträge für eine spätere Implementierung dem Product Backlog hinzugefügt werden. Der Sprint sollte niemals ausgedehnt werden, um unfertige Einträge zu vollenden.

Am Ende eines jeden Sprints findet ein Review-Meeting (Sprint Review) statt, an dem das gesamte Team teilnimmt. Dieses Treffen erfüllt drei Zwecke. Zunächst wird überprüft, ob der Sprint sein Ziel erreicht hat. Zweitens werden alle neuen Probleme und Fragen abgesteckt, die während des Sprints aufgetaucht sind. Und schließlich ist es für das Team eine Möglichkeit, darüber zu reflektieren, wie es seine Arbeitsweise verbessern kann. Die Mitglieder diskutieren, was gut gelaufen ist, was schlecht gelaufen ist und welche Verbesserungen vorgenommen werden können.

An dem Sprint Review können sowohl externe Stakeholder als auch das Entwicklerteam beteiligt sein. Das Team sollte ehrlich hinsichtlich dessen sein, was während des Sprints erreicht wurde und was nicht, sodass das Ergebnis des Reviews eine eindeutige Zustandsbewertung des zu entwickelnden Produkts ist. Wenn Einträge unvollendet sind oder wenn neue Einträge identifiziert wurden, sollten diese dem Product Backlog hinzugefügt werden. Der Product Owner hat die letzte Entscheidungsbefugnis, ob das Ziel des Sprints erreicht wurde. Er sollte bestätigen, dass die Implementierung der ausgewählten Einträge aus dem Product Backlog abgeschlossen ist.

Ein wichtiger Teil eines Sprint Reviews ist ein Prozess-Review, in dem das Team seine eigene Arbeitsweise überdenkt und darüber reflektiert, wie Scrum eingesetzt wurde. Ziel eines Prozess-Reviews ist es, Verbesserungsmöglichkeiten zu identifizieren und zu diskutieren, wie man Scrum noch produktiver verwenden kann. Im Laufe eines Entwicklungsprozesses sollte ein Scrum-Team versuchen, seine Effektivität kontinuierlich zu verbessern.

Während des Reviews kann das Team über Kommunikationsausfälle, gute und schlechte Erfahrungen mit Tools und der Entwicklungsumgebung, übernommene technische Praktiken, wiederverwendbare Software und Bibliotheken, die entdeckt wurden, und andere Themen diskutieren. Wenn Probleme identifiziert wurden, sollte das Team besprechen, wie sie in zukünftigen Sprints behandelt werden sollen. Beispielsweise kann eine Entscheidung getroffen werden, alternative Werkzeuge zu den bislang vom Team verwendeten auszuprobieren. Wenn Aspekte der Arbeit erfolgreich waren, kann das Team explizit Zeit dafür einplanen, Erfahrungen auszutauschen und gute Verfahren im gesamten Team zu verbreiten.

2.3.3 Selbstorganisierte Teams

Ein Grundprinzip aller agilen Entwicklungsmethoden ist, dass das Softwareentwicklerteam selbstorganisiert sein sollte. Selbstorganisierte Teams haben keinen Projektmanager, der Aufgaben zuweist und Entscheidungen für das Team trifft. Vielmehr treffen die Teammitglieder, wie in ▶ Abbildung 2.9 dargestellt, ihre eigenen Entscheidungen. Selbstorganisierte Teams arbeiten, indem sie Themen diskutieren und Entscheidungen im Konsens treffen.

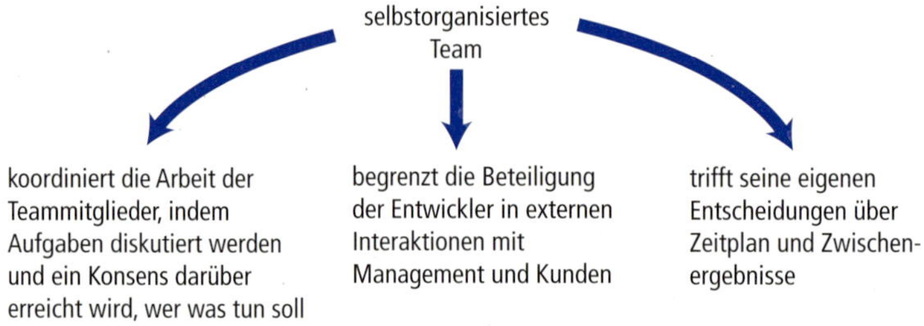

Abbildung 2.9: Selbstorganisierte Teams

Die ideale Scrum-Teamgröße liegt zwischen fünf und acht Personen – groß genug, um vielfältig zu sein, aber auch klein genug, um informell und effektiv zu kommunizieren und sich auf die Prioritäten des Teams zu einigen. Da Teams unterschiedliche Aufgaben bewältigen müssen, ist es wichtig, über ein breites Fachwissen in einem Scrum-Team zu verfügen, wie z.B. Vernetzung, User Experience, Datenbankdesign und so weiter.

In der Realität ist es vielleicht nicht möglich, *ideale* Teams zu bilden. In einem nicht kommerziellen Umfeld wie einer Universität sind die Teams kleiner und bestehen aus Personen mit weitgehend gleichen Fähigkeiten. Es gibt weltweit einen Mangel an Software-Ingenieuren, sodass es manchmal unmöglich ist, Mitarbeiter mit der richtigen Mischung aus Fähigkeiten und Erfahrung zu finden. Die Zusammensetzung eines Teams kann sich während eines Projekts ändern, wenn jemand das Team verlässt oder neue Leute eingestellt werden. Einige Teammitglieder könnten in Teilzeit oder von zu Hause aus arbeiten.

Der Vorteil eines effektiven selbstorganisierten Teams besteht darin, dass es aufeinander eingespielt ist und sich an Veränderungen anpassen kann. Da nicht Einzelpersonen, sondern das Team die Verantwortung für die Arbeit übernimmt, kann das Team als Ganzes damit umgehen, wenn Mitglieder die Gruppe verlassen bzw. neu hinzukommen. Eine gute Teamkommunikation bedeutet, dass die Teammitglieder zwangsläufig etwas über die Fachbereiche der anderen lernen. Sie können daher bis zu einem gewissen Grad kompensieren, wenn jemand das Team verlässt.

In einem hierarchisch geführten Team koordiniert der Projektmanager die Arbeit. Er besieht sich die zu leistende Arbeit und weist den Teammitgliedern Aufgaben zu. Projektmanager müssen die Abläufe so organisieren, dass die Arbeit nicht verzögert wird, weil ein Teammitglied darauf wartet, dass andere Mitarbeiter ihre Arbeit beenden. Sie müssen alle Teammitglieder über Probleme und andere Faktoren informieren, die die Arbeit verzögern könnten. Die Teammitglieder werden nicht ermutigt, die Verantwortung für Koordination und Kommunikation zu übernehmen.

In einem selbstorganisierten Team muss das Team selbst Wege finden, um die Arbeit zu koordinieren und Fragen mit allen Teammitgliedern zu kommunizieren. Die Entwickler von Scrum gingen davon aus, dass sich die Teammitglieder am selben Ort befinden. Sie arbeiten im selben Büro und können informell kommunizieren. Muss ein Teammitglied etwas darüber wissen, was jemand anderes gemacht hat, so spricht man denjenigen einfach darauf an. Es ist für niemanden notwendig, seine Arbeit zu dokumentieren, damit andere sie lesen können. Tägliche Scrums bedeuten, dass alle Teammitglieder wissen, was bisher gemacht wurde und woran andere arbeiten.

Der Scrum-Ansatz verkörpert die wesentlichen Punkte für die Koordination in einem selbstverwalteten Team – nämlich eine gute informelle Kommunikation und regelmäßige Treffen, um sicherzustellen, dass alle auf dem neuesten Stand sind. Die Teammitglieder erläutern ihre Arbeit und wissen um den Teamfortschritt und die möglichen Risiken, die das Team betreffen können. Es gibt jedoch praktische Gründe, warum informelle mündliche Kommunikation nicht immer funktioniert:

1. Scrum geht davon aus, dass alle Teammitglieder in Vollzeit arbeiten und sich einen Arbeitsbereich teilen. Tatsächlich kann es aber sein, dass Teammitglieder in Teilzeit oder an verschiedenen Orten arbeiten. Bei einem studentischen Projekt könnten die Teammitglieder zu unterschiedlichen Zeiten verschiedene Kurse besuchen, sodass es schwierig sein kann, einen Termin zu finden, an dem sich alle Teammitglieder treffen können.

2. Scrum geht davon aus, dass alle Teammitglieder an einem morgendlichen Meeting teilnehmen können, um die Arbeit für den Tag zu koordinieren. Dabei wird nicht berücksichtigt, dass Teammitglieder flexible Arbeitszeiten haben (z.B. weil sie ein Kind zu betreuen haben) oder in Teilzeit an mehreren Projekten arbeiten. Sie sind daher nicht jeden Morgen verfügbar.

Wenn die Arbeit an einem gemeinsamen Ort mit täglichen Meetings nicht möglich ist, dann muss das Team andere Kommunikationswege finden. Messaging-Systeme wie z.B. Slack können für die informelle Kommunikation effektiv sein. Der Vorteil bei der Verwendung von Messaging-Diensten ist, dass alle Nachrichten aufgezeichnet werden, sodass man Unterhaltungen nachlesen kann, wenn man etwas verpasst hat. Messaging hat zwar nicht die Unmittelbarkeit einer Kommunikation von Angesicht zu Angesicht, doch ist besser als E-Mail oder gemeinsame Dokumente zur Koordination.

Miteinander zu sprechen ist der beste Weg für die Teammitglieder, die Arbeit zu koordinieren und zu kommunizieren, was gut gelaufen ist und welche Probleme aufgetreten sind. Tägliche Meetings mögen unmöglich sein, doch agile Teams müssen unbedingt regelmäßige Treffen zur Besprechung des Fortschritts einplanen, selbst wenn nicht alle Mitglieder teilnehmen können oder virtuell per Telefonkonferenz zugeschaltet werden müssen. Mitglieder, die nicht teilnehmen können, sollten eine kurze Zusammenfassung ihrer eigenen Fortschritte vorlegen, damit das Team beurteilen kann, wie gut die Arbeit vorangeht.

Alle Entwicklerteams, auch diejenigen, die in kleinen Start-ups oder an nicht kommerziellen Entwicklungsprojekten arbeiten, haben einige externe Interaktionen. Einige Interaktionen werden dem Team helfen zu verstehen, was Kunden von dem zu entwickelnden Softwareprodukt erwarten. Andere werden mit der Firmenleitung und anderen Teilen des Unternehmens wie Personalmanagement und Marketing sein.

In einem Scrum-Projekt sollten der Scrum Master und der Product Owner gemeinsam für die Steuerung der Interaktion mit Personen außerhalb des Teams verantwortlich sein (▶ Abbildung 2.10).

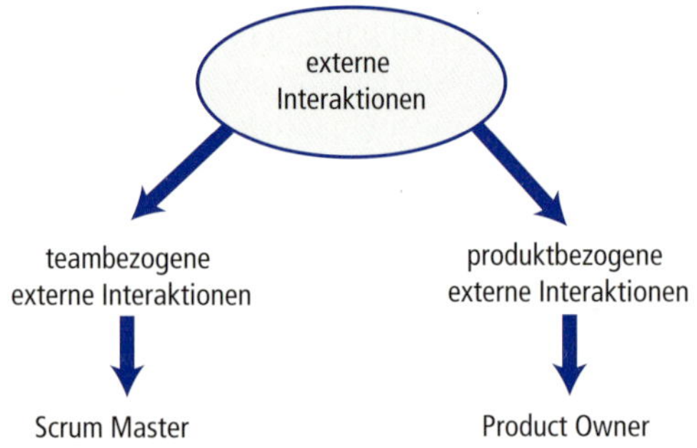

Abbildung 2.10: Verwaltung externer Interaktionen

Der Product Owner ist für die Interaktion mit aktuellen und potenziellen Kunden sowie mit den Vertriebs- und Marketingmitarbeitern des Unternehmens verantwortlich. Seine Aufgabe ist es zu verstehen, was Kunden von einem Softwareprodukt erwarten, und mögliche Hindernisse für die Akzeptanz und Nutzung des zu entwickelnden Produkts zu identifizieren. Er sollte die innovativen Eigenschaften des Produkts verstehen, um festzustellen, wie die Kunden davon profitieren können. Der Product Owner nutzt dieses Wissen, um das Product Backlog zu entwickeln und Backlog-Einträge für die Implementierung zu priorisieren.

Die Rolle des Scrum Masters hat eine Doppelfunktion. Ein Teil der Rolle besteht darin, eng mit dem Team zusammenzuarbeiten, die Teammitglieder in der Anwendung von Scrum zu beraten und an der Entwicklung des Product Backlogs zu arbeiten. In *The Scrum Guide* steht, dass der Scrum Master auch mit Personen außerhalb des Teams zusammenarbeiten sollte, um „Hindernisse aus dem Weg zu räumen", d.h., er sollte sich mit externen Problemen und Fragen befassen und das Team gegenüber der Gesamtorganisation vertreten. Damit ist beabsichtigt, das Team in die Lage zu versetzen, ohne externe Störungen oder Ablenkungen an der Softwareentwicklung arbeiten zu können.

Unabhängig davon, ob ein Team Scrum oder einen anderen agilen Ansatz verwendet oder nicht, müssen Sie auf diese Aspekte achten. In kleinen Teams ist es eventuell nicht möglich, dass sich verschiedene Personen um die Interaktion mit Kunden und die Interaktion mit Managern kümmern. Dann könnte der beste Ansatz darin bestehen, dass eine Person beide Rollen übernimmt und in Teilzeit an der Softwareentwicklung arbeitet. Die Grundvoraussetzung für „externe Kommunikatoren" sind gute Kommunikations- und Sozialkompetenz, damit sie über die Arbeit des Teams so berichten können, dass es auch Personen außerhalb des Teams verstehen und nachvollziehen können.

Die Rolle des Scrum Masters entspricht nicht der eines üblichen Projektmanagers. Seine Aufgabe besteht darin, den Teammitgliedern zu helfen, die Scrum-Methode effektiv einzusetzen, sowie sicherzustellen, dass diese nicht von externen Ansprüchen abgelenkt werden. In allen kommerziellen Projekten muss jedoch jemand die grundlegenden Aufgaben des Projektmanagements übernehmen (► Abbildung 2.11).

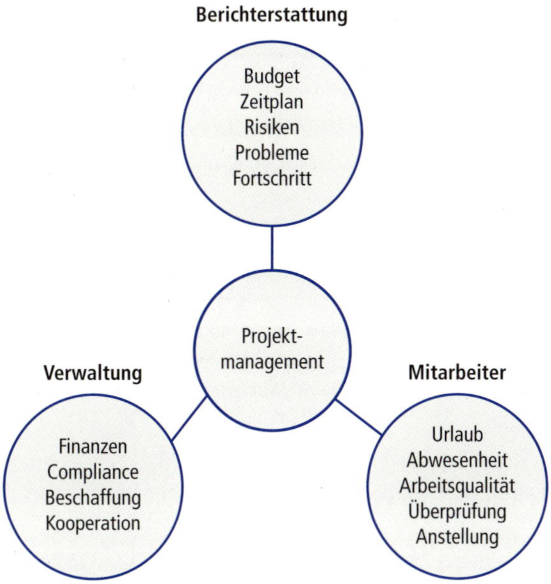

Abbildung 2.11: Verantwortlichkeiten des Projektmanagements

The Scrum Guide und viele Scrum-Bücher (abgesehen von Rubins Buch, das ich bei den Literaturempfehlungen aufgeführt habe) ignorieren diese Themen einfach. Aber sie gehören in allen Unternehmen, außer den sehr kleinen, zum Arbeitsalltag. Ein selbstorganisiertes Team muss ein Teammitglied ernennen, das Managementaufgaben übernimmt. Da die Kontinuität der Kommunikation mit Personen außerhalb der Gruppe gewahrt werden muss, ist es nicht praktikabel, die Managementaufgaben auf die Teammitglieder zu verteilen.

Als mögliche Lösung für dieses Problem weist Rubin darauf hin, dass es manchmal zweckmäßig sein kann, wenn es einen Projektmanager außerhalb des Teams gibt, der für mehrere Scrum-Teams tätig ist. Ich denke, diese Idee ist aus drei Gründen nicht umsetzbar:

1. Kleine Unternehmen verfügen möglicherweise nicht über die Ressourcen, um einen Mitarbeiter als Projektmanager abzustellen.

2 Viele Aufgaben des Projektmanagements erfordern detaillierte Kenntnisse der Arbeit eines Teams. Wenn ein Projektmanager in mehreren Teams arbeitet, ist es ihm eventuell nicht möglich, die Arbeit jedes Teams im Detail zu kennen.

3 Die Mitglieder von selbstorganisierten Teams sind aufeinander eingespielt und lassen sich in der Regel ungern von Leuten außerhalb des Teams sagen, was sie zu tun haben.

Meiner Meinung nach ist es unrealistisch, aus der Rolle des Scrum Masters die Verantwortlichkeiten des Projektmanagements auszuklammern. Scrum Master kennen die Arbeit und sind mit Abstand am besten befähigt, genaue Informationen, Projektpläne und Fortschritte zu liefern.

Zusammenfassung

- Der beste Weg, Softwareprodukte zu entwickeln, ist der Einsatz agiler Software-Engineering-Methoden, die auf eine schnelle Produktentwicklung und -auslieferung ausgerichtet sind.
- Agile Methoden basieren auf iterativer Entwicklung und der Minimierung von Overheads im Entwicklungsprozess.
- Extreme Programming (XP) ist eine einflussreiche agile Methode, die agile Entwicklungspraktiken wie User-Storys, testgetriebene Entwicklung und kontinuierliche Integration einführte. Diese sind heute etablierte Softwareentwicklungsaktivitäten.
- Scrum ist eine agile Methode, die sich auf agile Planung und Management konzentriert. Im Gegensatz zu XP legt Scrum nicht die zu verwendenden technischen Praktiken fest. Das Entwicklerteam kann alle technischen Verfahren anwenden, die es als angemessen für das zu entwickelnde Produkt hält.
- In Scrum wird die zu erledigende Arbeit in einem Product Backlog geführt, einer Liste von zu erledigenden Aufgaben. Jedes Softwareinkrement implementiert einige der Einträge aus dem Product Backlog.
- Sprints sind zeitlich befristete Aktivitäten (in der Regel zwei bis vier Wochen), in denen ein Produktinkrement entwickelt wird. Inkremente sollten potenziell auslieferbar sein, d.h., es sollte keine weitere Arbeit nötig sein, bevor sie ausgeliefert werden.
- Ein selbstorganisiertes Team ist ein Entwicklerteam, das die zu leistende Arbeit durch Diskussion und Abstimmung zwischen den Teammitgliedern organisiert.
- Scrum-Praktiken wie Product Backlog, Sprints und selbstorganisierte Teams können in jedem agilen Entwicklungsprozess eingesetzt werden, auch wenn andere Aspekte von Scrum nicht verwendet werden.

Ergänzende Literatur

Extreme Programming Explained: Dies war das erste Buch über XP und ich denke, es ist immer noch das beste. Der XP-Ansatz wird aus der Perspektive eines seiner Erfinder erklärt, dessen Begeisterung im Buch sehr deutlich zum Ausdruck kommt (K. Beck und C. Andres, Addison-Wesley, 2004).

Essential Scrum: A practical guide to the most popular agile process: Dies ist eine umfassende und gut lesbare Beschreibung der 2011-Version der Scrum-Methode. Die Diagramme sind manchmal recht kompliziert und etwas schwer zu verstehen, aber es ist das beste Buch über Scrum, das ich kenne (K. S. Rubin, Addison-Wesley, 2012).

The Scrum Guide: Dieser ultimative Leitfaden für die Scrum-Methode definiert alle Scrum-Rollen und -Aktivitäten (K. Schwaber und J. Sutherland, 2013).
http://www.scrumguides.org/docs/scrumguide/v1/scrum-guide-us.pdf

„The Agile Mindset": Dieser Blogeintrag plädiert für einen flexiblen Ansatz zu Scrum-Praktiken anstelle des unflexiblen Modells, das in *The Scrum Guide* vorgeschlagen wird. Ich stimme generell mit dem überein, was der Autor hier sagt (D. Thomas, 2014).
http://blog.scottlogic.com/2014/09/18/the-agile-mindset.html

„The Advantages and Disadvantages of Agile Scrum Software Development": Ein Artikel eines Experten für Projektmanagement und keines Scrum-Hardliners, der ein ausgewogenes Bild der Vor- und Nachteile von Scrum vermittelt (S. de Sousa, undatiert).
http://www.my-project-management-expert.com/the-advantages-and-disadvantages-of-agile-scrum-software-development.html

„A Criticism of Scrum": Dieser augenzwinkernde Blogeintrag beschreibt, was der Autor an Scrum wirklich nicht mag. Ich stimme einigen seiner Punkte zu, andere halte ich für übertrieben (A. Gray, 2015).
https://www.aaron-gray.com/a-criticism-of-scrum/

Präsentationen, Videos und Links

https://iansommerville.com/engineering-software-products/static/presentations-videos-and-links/agile-software-engineering

Übungen

Lösungshinweise

1 Erklären Sie, warum es wichtig ist, dass Softwareprodukte schnell entwickelt und ausgeliefert werden. Warum ist es manchmal sinnvoll, ein unfertiges Produkt zu liefern und nach der Lieferung neue Versionen dieses Produkts herauszugeben?

2 Erklären Sie, warum die grundlegenden Ziele des agilen Software-Engineerings mit der beschleunigten Entwicklung und Bereitstellung von Softwareprodukten vereinbar sind.

3 Nennen Sie drei Gründe, warum Extreme Programming so, wie es von seinen Entwicklern angedacht war, nicht weit verbreitet ist.

4 Sie entwickeln ein Softwareprodukt, das hilft, die Zulassung von Studenten an einer Universität zu verwalten. Ihr agiles Entwicklerteam schlägt vor, eine Reihe von kleinen Releases zu erstellen, die von potenziellen Kunden getestet und beurteilt werden können. Kommentieren Sie diese Idee und schlagen Sie vor, warum sie für die Benutzer des Systems möglicherweise nicht akzeptabel ist.

5 Erklären Sie, warum der Product Owner eine wesentliche Rolle in einem Scrum-Entwicklerteam spielt. Wie könnte ein Entwicklerteam, das in einem Umfeld arbeitet, in dem es keine externen Kunden gibt (z. B. ein studentisches Projektteam), diese Rolle des Product Owners nachbilden?

6 Warum ist es wichtig, dass jeder Sprint normalerweise ein potenziell auslieferbares Produktinkrement erzeugt? Wann könnte das Team diese Regel lockern und etwas produzieren, das nicht auslieferbar ist?

7 Erklären Sie, warum die Schätzung des Aufwands, der erforderlich ist, um einen Eintrag des Product Backlogs mit Personenstunden oder Personentagen zu vervollständigen, teilweise erheblich von dem tatsächlichen Aufwand abweicht.

8 Warum kann man annehmen, dass tägliche Scrums die Zeit reduzieren, die normalerweise benötigt wird, bis neue Teammitglieder produktiv werden?

9 Ein Problem bei selbstorganisierten Teams ist, dass erfahrenere Teammitglieder dazu neigen, Diskussionen zu dominieren und somit die Arbeitsweise des Teams zu beeinflussen. Schlagen Sie Möglichkeiten vor, um diesem Problem entgegenzuwirken.

10 Scrum ist für die Nutzung durch ein Team von fünf bis acht Personen konzipiert, die gemeinsam an der Entwicklung eines Softwareprodukts arbeiten. Welche Probleme könnten auftreten, wenn Sie versuchen, Scrum für studentische Teamprojekte einzusetzen, in denen die Mitglieder gemeinsam ein Programm entwickeln? Welche Teile von Scrum könnten in dieser Situation verwendet werden?

Features, Szenarios und Storys

3

ÜBERBLICK

Einige Softwareprodukte entstehen aufgrund einer Inspiration. Die Entwickler dieser Produkte haben eine Vision von der Software, die sie erstellen wollen. Sie haben keinen Produktmanager, sie führen keine Benutzerbefragungen durch, sie sammeln und dokumentieren keine Anforderungen und modellieren nicht, wie Benutzer mit dem System interagieren. Sie entwickeln einfach ein Prototypsystem. Einige der erfolgreichsten Softwareprodukte, wie z.B. Facebook, haben so angefangen.

Doch die überwiegende Mehrheit der Softwareprodukte, die ausschließlich auf der Inspiration eines Entwicklers basieren, sind kommerzielle Misserfolge. Diese Produkte erfüllen entweder nicht die tatsächlichen Bedürfnisse der Benutzer oder passen nicht zu der Art und Weise, wie die Anwender wirklich arbeiten. Inspiration ist zwar wichtig, aber die meisten erfolgreichen Produkte basieren auf dem Verständnis von Geschäfts- und Benutzerproblemen sowie der Benutzerinteraktion. Selbst wenn Inspiration viele Benutzer dazu bringen sollte, ein Produkt anzunehmen – ob sie es auch weiterhin einsetzen, richtet sich danach, wie viel die Entwickler von der Verwendung der Software sowie davon verstehen, welche neuen Funktionen sich die Benutzer wünschen.

Neben der Inspiration gibt es drei Faktoren, die den Entwurf von Softwareprodukten vorantreiben:

1. *Geschäfts- und Verbraucherbedürfnisse, die nicht von den aktuellen Produkten erfüllt werden:* So bieten beispielsweise Buch- und Zeitschriftenverlage sowohl Online- als auch Papierpublikationen, doch nur wenige Softwareprodukte ermöglichen eine nahtlose Umstellung von einem Medium auf das andere.

2. *Unzufriedenheit mit bestehenden Softwareprodukten für den Geschäfts- oder Privatkunden:* Beispielsweise sind viele aktuelle Softwareprodukte mit Funktionen aufgebläht, die nur selten genutzt werden. Neue Unternehmen entscheiden sich vielleicht, einfachere Produkte im gleichen Bereich herzustellen, die den Bedürfnissen der meisten Anwender entsprechen.

3. *Technologische Veränderungen, die völlig neue Produkttypen möglich machen:* Wenn beispielsweise die Virtual-Reality-Technologie (VR) reift und die Hardware billiger wird, könnten neue Produkte in diesem Segment entstehen.

Wie ich in ▶Kapitel 1 erläutert habe, werden Softwareprodukte nicht entwickelt, um die Anforderungen eines bestimmten Kunden zu erfüllen. Daher werden Techniken, die zur Erhebung, Dokumentation und Verwaltung von Softwareanforderungen entwickelt wurden, nicht für die Produktentwicklung verwendet. Sie benötigen kein vollständiges und detailliertes Anforderungsdokument im Rahmen eines Softwareentwicklungsvertrages. Es besteht keine Notwendigkeit für längere Konsultationen, wenn sich die Anforderungen ändern. Die Produktentwicklung ist inkrementell und agil, deshalb können Sie weniger formale Wege zur Definition Ihres Produkts einsetzen.

In der frühen Phase der Produktentwicklung versuchen Sie – anstatt sich mit den Anforderungen eines bestimmten Kunden zu beschäftigen – zu verstehen, welche Produkteigenschaften für die Benutzer nützlich sind und was diese an den bislang verwendeten Produkten mögen und was nicht. Ein Feature ist, kurz gesagt, ein Fragment der Funktionalität, wie z.B. eine Druckfunktion, eine Funktion zum Ändern des Hintergrunds, eine Funktion zur Erstellung eines neuen Dokuments und so weiter. Bevor Sie mit der Programmierung eines Produkts beginnen, sollten Sie eine Liste von Features bzw. Funktionen erstellen, die in Ihr Produkt aufgenommen werden sollen. Dies ist Ihr Ausgangspunkt für das Produktdesign und die Produktentwicklung.

Es ist bei jeder Produktentwicklung sinnvoll, Zeit zu investieren, die potenziellen Anwender und Kunden Ihres Produkts zu verstehen. Es wurden viele Techniken entwickelt, um zu verstehen, wie Menschen arbeiten und wie sie Software nutzen. Dazu gehören Benutzerbefragungen, Umfragen, Ethnografie und Aufgabenanalyse.[1] Einige dieser Techniken sind für kleine Unternehmen zu teuer und unrealistisch. Informelle Benutzeranalysen und -gespräche, bei denen die Anwender lediglich nach ihrer Arbeit, der von ihnen verwendeten Software und deren Stärken und Schwächen gefragt werden, sind jedoch kostengünstig und sehr wertvoll.

Es kann allerdings ein Problem bei informellen Benutzerstudien für betrieblich eingesetzte Produkte geben: Die eigentlichen Anwender wollen schlicht keine neue Software haben. Bei Geschäftsprodukten kauft zwar das Unternehmen das Produkt, aber seine Mitarbeiter sind die Benutzer. Diese Benutzer könnten neue Produkte ablehnen, weil sie ihre gewohnte Arbeitsweise ändern müssen oder weil eine stärkere Automatisierung vielleicht die Anzahl der verfügbaren Stellen reduziert. Geschäftsmanager können zwar vorschlagen, was sie von einem neuen Softwareprodukt erwarten, doch dies spiegelt nicht immer die Bedürfnisse oder Wünsche der tatsächlichen Anwender des Produkts wider.

In diesem Kapitel gehe ich davon aus, dass informelle Benutzergespräche möglich sind. Ich erläutere Möglichkeiten, Benutzer (Personas) zu repräsentieren und mit ihnen und anderen Produktbeteiligten zu kommunizieren. Ich konzentriere mich darauf, wie kurze, natürlichsprachige Beschreibungen (Szenarios und Storys) verwendet werden können, um zu visualisieren und zu dokumentieren, wie Benutzer mit einem Softwareprodukt interagieren können.

▶ Abbildung 3.1 zeigt, dass Personas, Szenarios und User-Storys zu Features führen, die in einem Softwareprodukt implementiert werden können.

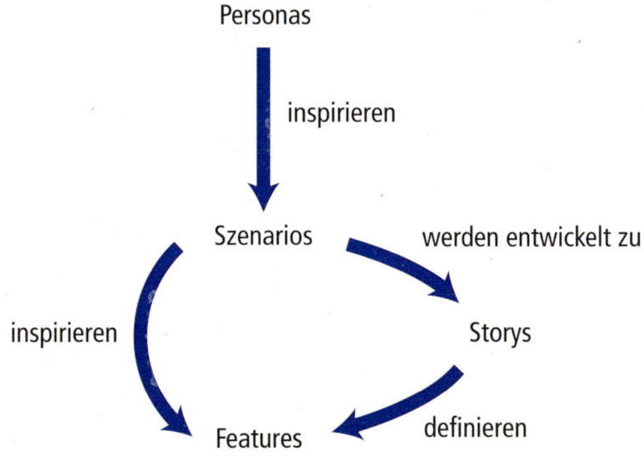

Abbildung 3.1: Der Weg von Personas zu Features

Eine Internetsuche bringt eine Reihe von Definitionen eines „Produktfeatures" zutage, aber ich betrachte ein Feature als ein Fragment der Funktionalität, das einige Benutzer- oder Systemanforderungen implementiert. Der Zugriff auf Features erfolgt über die Benutzeroberfläche eines Produkts. Zum Beispiel gehört zu dem Editor, mit dem ich dieses Buch geschrieben habe, eine Funktion zum Erstellen einer „Neuen Gruppe",

1 Ich diskutiere Techniken der Benutzeranalyse zum Auffinden von Softwareanforderungen in meinem allgemeinen Software-Engineering-Lehrbuch: *Software Engineering*, 10. Auflage (Pearson Studium, 2018).

wobei eine Gruppe eine Menge von Dokumenten ist, auf die über ein Pull-down-Menü zugegriffen wird.
Ein Feature ist etwas, das der Benutzer benötigt oder gerne hätte. Man kann eine User-Story schreiben, um dies explizit zu machen:

Als Autor brauche ich eine Möglichkeit, den Text des Buches, das ich schreibe, in Kapitel und Abschnitte zu organisieren.

Mit der Funktion „Neue Gruppe" erstellen Sie eine Gruppe für jedes Kapitel und die Dokumente innerhalb dieser Gruppe sind die Abschnitte dieses Kapitels. Dieses Feature kann durch eine kurze, narrative Funktionsbeschreibung wiedergegeben werden:

Der Befehl „Neue Gruppe", der durch eine Menüauswahl oder eine Tastenkombination aktiviert wird, erstellt einen benannten Container für eine Menge von Dokumenten und Gruppen.

Alternativ können Sie auch eine Standardvorlage verwenden, wobei Sie das Feature durch seine Eingabe, seine Funktionalität, seine Ausgabe und durch die Art seiner Aktivierung definieren. ▶ Abbildung 3.2 zeigt die Elemente der Standardvorlage und ▶ Abbildung 3.3 zeigt, wie das Feature „Neue Gruppe" mit dieser Vorlage definiert werden kann.

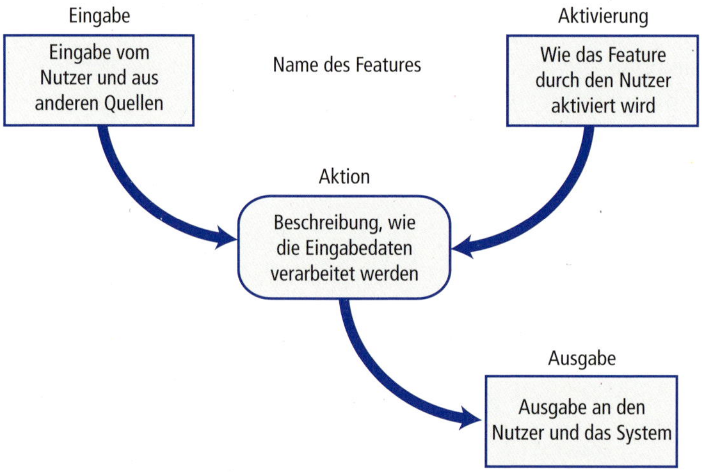

Abbildung 3.2: Beschreibung eines Features

Features können mit dem von mir gezeigten Modell „Eingabe–Aktion–Ausgabe" definiert werden. Allerdings benötigen Systementwickler oft nur eine kurze Beschreibung eines Features, die Details füllen sie dann selbst aus. Dies gilt insbesondere, wenn es sich bei dem Feature um Hilfsfunktionalität (Utility-Feature) handelt, die in anderen Produkten allgemein verfügbar ist. Beispielsweise ist die Funktion „Ausschneiden und Einfügen" (Cut and Paste) allseits bekannt und kann daher wie folgt definiert werden:

Ausschneiden und Einfügen – jedes ausgewählte Objekt kann ausgeschnitten oder kopiert und dann an anderer Stelle im Dokument eingefügt werden.

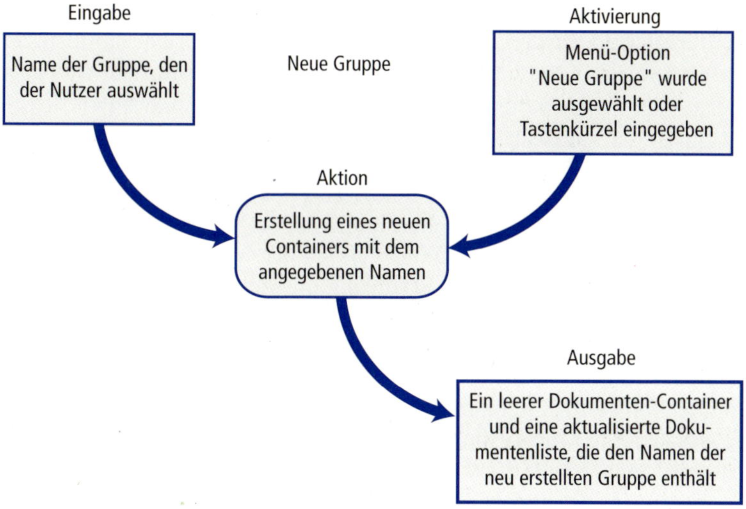

Abbildung 3.3: Beschreibung des Features „Neue Gruppe"

Manchmal muss man nur angeben, dass ein Feature „Ausschneiden und Einfügen" integriert werden sollte, und kann sich dann darauf verlassen, dass der Entwickler weiß, wie er dies zu implementieren hat.

Features sind die wesentlichen Elemente einer agilen Methode namens Feature-Driven Development (FDD). Ich habe keine Erfahrung mit dieser Methode und auch noch niemanden getroffen, der sie für die Produktentwicklung verwendet, also kann ich nicht direkt etwas dazu sagen. Allerdings gibt es einen Aspekt dieses Ansatzes, den ich verwendet habe, und zwar als Vorlage zur Featurebeschreibung:

<Aktion> der | die | das <Ergebnis> <durch | für | von | zu> <Objekt>

Damit könnte das obige Feature „Neue Gruppe" wie folgt beschrieben werden:

Erstelle den Container für Dokumente oder Gruppen

Ein weiteres Beispiel für diesen einfachen Ansatz zur Featurebeschreibung wird in ▶ Abschnitt 3.4.2 „Die Featureliste" vorgestellt.

Ich komme auf das Thema Features in ▶ Abschnitt 3.4 „Identifikation von Features" zurück, nachdem ich Szenarios und User-Storys beschrieben habe. Diese beiden Erzähltechniken können Sie verwenden, um die Liste der Features abzuleiten, die in ein System aufgenommen werden sollen.

3.1 Personas

Eine der ersten Fragen, die Sie sich bei der Entwicklung eines Softwareprodukts stellen sollten, ist: „Wer sind die Zielbenutzer für mein Produkt?" Sie müssen ein gewisses Verständnis für Ihre potenziellen Anwender haben, um Funktionen zu entwickeln, von denen Sie annehmen, dass diese sie nützlich finden, und um eine Benutzeroberfläche zu entwerfen, die zu ihnen passt.

Manchmal kennt man die Benutzer. Wenn Sie ein Softwareentwickler sind, der Softwaretools für andere Ingenieure entwickelt, dann verstehen Sie zumindest bis zu einem gewissen Grad, was sich diese wahrscheinlich wünschen. Wenn Sie eine Smartphone- oder Tablet-App für den allgemeinen Gebrauch entwerfen, dann sprechen Sie vielleicht mit Ihren Freunden und Ihrer Familie, um herauszufinden, was potenzielle Benutzer mögen oder ablehnen könnten. In diesen Situationen könnten Sie mit einer intuitiven Vorstellung davon, wer die Benutzer sind und was diese tun, an den Entwurf gehen. Sie sollten sich jedoch bewusst sein, dass Ihre Benutzergruppe vielfältig ist und dass Ihre eigene Erfahrung möglicherweise kein vollständiges Bild davon vermittelt, was sich die Anwender wünschen und wie deren Arbeitsweise aussieht.

Bei einigen Arten von Softwareprodukten wissen Sie eventuell nicht viel über den Hintergrund, die Fähigkeiten und die Erfahrung potenzieller Benutzer. Die einzelnen Personen im Entwicklerteam haben möglicherweise ihre eigenen Vorstellungen über die Produktbenutzer und deren Fähigkeiten. Dies kann zu Produktinkonsistenzen führen, da sich diese unterschiedlichen Sichten in der Softwareimplementierung widerspiegeln. Im Idealfall sollte das Team eine gemeinsame Vision über die Benutzer, deren Fähigkeiten sowie deren Motivation haben, die Software einzusetzen. Das Konzept der Personas ist eine Möglichkeit, diese gemeinsame Vision darzustellen.

Personas sind eine Art „imaginäre Benutzer" – Charakterportraits von Benutzertypen, von denen Sie denken, dass sie Ihr Produkt anwenden könnten. Ist Ihr Produkt beispielsweise auf die Verwaltung von Terminen für Zahnärzte ausgerichtet, dann können Sie eine Persona „Zahnarzt", eine Persona „Empfang" und eine Persona „Patient" anlegen. Personas verschiedener Benutzertypen helfen Ihnen, sich vorzustellen, was diese Benutzer mit Ihrer Software machen wollen und wie sie sie einsetzen könnten. Sie helfen Ihnen auch Schwierigkeiten vorauszusehen, die Benutzer beim Verstehen und Verwenden von Produktfeatures haben könnten.

Eine Persona sollte ein Bild eines Typs von Produktbenutzer zeichnen. Sie sollten die Hintergründe der Benutzer beschreiben und erläutern, warum diese Ihr Produkt verwenden möchten. Sie sollten auch etwas über deren Ausbildung und technischen Fähigkeiten sagen. Auf diese Weise können Sie beurteilen, ob ein Softwarefeature für typische Produktanwender nützlich und verständlich ist oder nicht.

Ein Beispiel für eine Persona, das ich beim Entwurf des iLearn-Systems (▶ Kapitel 1) geschrieben habe, ist in ▶ Tabelle 3.1 dargestellt. Dies ist die Persona eines Lehrers, der sich im Bereich digitales Lernen engagiert und der glaubt, dass die Verwendung digitaler Geräte den gesamten Lernprozess verbessern kann.

Jack, Grundschullehrer
Jack, 32 Jahre, ist Grundschullehrer in Ullapool, einem großen Küstendorf im schottischen Hochland. Er unterrichtet Kinder im Alter von 9 bis 12 Jahren. Er wurde in einer Fischergemeinde nördlich von Ullapool geboren, wo sein Vater eine Schiffskraftstoffversorgungsfirma betreibt und seine Mutter als Gemeindekrankenschwester arbeitet. Er hat einen Abschluss in Englisch von der Universität Glasgow und nachdem er mehrere Jahre als Autor von Webinhalten für eine große Freizeitgruppe arbeitete, hat er sich zum Lehrer umschulen lassen. Jacks Erfahrung als Webentwickler bringt es mit sich, dass er mit allen Aspekten der digitalen Technologie vertraut ist. Er ist fest davon überzeugt, dass der effektive Einsatz digitaler Technologien, kombiniert mit Präsenzlehre, die Lernerfahrung von Kindern verbessern kann. Sein besonderes Interesse gilt dem Einsatz des iLearn-Systems für den projektbezogenen Unterricht, bei dem die Schüler fächerübergreifend an einem anspruchsvollen Thema arbeiten.

Tabelle 3.1: Persona eines Grundschullehrers

Es gibt keine Standardmethode, eine Persona darzustellen; wenn Sie im Internet suchen, finden Sie eine Reihe verschiedener Empfehlungen. Die gemeinsamen Merkmale dieser Vorschläge sind in ▶ Abbildung 3.4 dargestellt. Die empfohlenen Aspekte einer Personabeschreibung – Personalisierung, Relevanz, Bildung und berufsbezogene Faktoren – werden in ▶ Tabelle 3.2 erläutert.

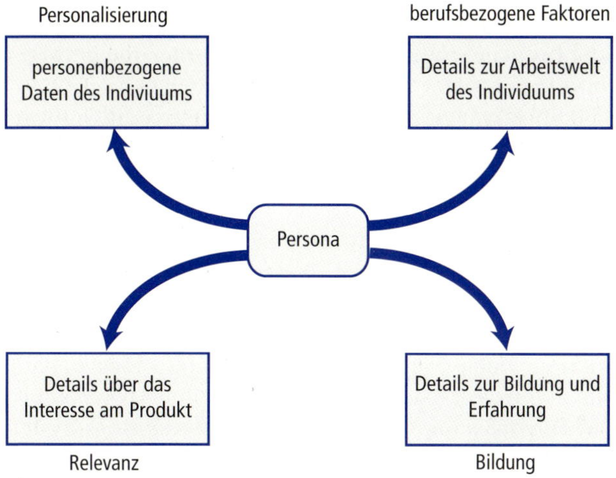

Abbildung 3.4: Beschreibungen von Personas

Aspekt	Beschreibung
Personalisierung	Sie sollten den Personas Namen geben und etwas über ihre persönlichen Umstände sagen. Es ist manchmal hilfreich, ein geeignetes Archivfoto zu verwenden, um die Person in der Persona darzustellen. Einige Studien deuten darauf hin, dass dies den Projektteams hilft, Personas effektiver einzusetzen.
Berufsbezogene Faktoren	Wenn Ihr Produkt auf Unternehmen ausgerichtet ist, sollten Sie etwas über die Arbeit der Personas und (falls erforderlich) darüber sagen, was diese Arbeit beinhaltet. Bei einigen Berufen, wie z. B. einem Lehrer, bei dem die Leser wahrscheinlich mit der Arbeit vertraut sind, ist dies eventuell nicht erforderlich.
Bildung	Sie sollten den Bildungsstand und das Niveau an technischen Fähigkeiten und Erfahrungen der Personas beschreiben. Dies ist insbesondere für den Schnittstellenentwurf wichtig.
Relevanz	Wenn Sie können, sollten Sie sagen, warum die Personas an der Verwendung des Produkts interessiert sein könnten und was sie möglicherweise damit machen wollen.

Tabelle 3.2: Aspekte von Personabeschreibungen

Viele Vorschläge dazu, was eine Personabeschreibung enthalten sollte, gehen in die Richtung, die Ziele von einzelnen Personen zu beschreiben. Dieser Meinung schließe ich mich nicht an, weil es unmöglich ist, genau zu bestimmen, was mit „Zielen" gemeint ist. Ziele sind ein umfassendes Konzept. Einige Menschen haben persönliche

Weiterbildung und Lernen zum Ziel, andere haben berufsorientierte Ziele wie das Vorantreiben ihrer Karriere und eine Beförderung. Und einige Leute haben überhaupt keine Ziele, die mit der Arbeit verbunden sind. Ihre Ziele bestehen einfach darin, den Tag zu überstehen und genug zu verdienen, um sich außerhalb der Arbeit mit Dingen beschäftigen zu können, die ihnen Freude und Zufriedenheit bereiten.

Meiner Erfahrung nach ist es nicht hilfreich zu versuchen, „Benutzerziele“ zu definieren. Ich habe festgestellt, dass die meisten Menschen keine klar definierten Ziele haben, wenn sie Software verwenden. Vielleicht wurde ihnen vorgeschrieben, die Software im Rahmen ihrer Arbeit zu benutzen; es kann sein, dass sie hoffen, mit der Software ihre Arbeit effektiver zu erledigen; oder sie finden die Software für die Organisation ihres Lebens hilfreich. Anstatt zu versuchen, Ziele festzulegen, denke ich, es wäre besser zu erklären, warum die Software nützlich sein könnte, und Beispiele zu geben, was potenzielle Benutzer damit machen könnten.

Ist Ihr Produkt auf eine bestimmte Benutzergruppe ausgerichtet, dann benötigen Sie möglicherweise nur ein oder zwei Personas, die potenzielle Systemnutzer vertreten. Bei einigen Produkten kann die Benutzergruppe jedoch sehr umfassend sein und Sie sind eventuell der Meinung, dass eine große Anzahl von Personas nötig ist. Tatsächlich kann die Verwendung vieler Personas die Gestaltung eines kohärenten Systems erschweren, da sie sich zwangsläufig überschneiden. Im Allgemeinen benötigen Sie nicht mehr als fünf Personas, um die wichtigsten Features eines Systems zu identifizieren.

Personas sollten relativ kurz und gut lesbar sein. Für das iLearn-System haben wir Personas entwickelt, die wir in zwei oder drei Absätzen beschrieben haben. Wir waren der Ansicht, dass diese Abschnitte genügend Informationen lieferten, um von Nutzen zu sein. Zwei der von uns erstellten Personas sind in ▶ Tabelle 3.3 und ▶ Tabelle 3.4 dargestellt.

Emma, Geschichtslehrerin
Emma, 41 Jahre, ist Geschichtslehrerin an einer Sekundarschule in Edinburgh. Sie unterrichtet Schüler im Alter von 12 bis 18 Jahren. Sie wurde in Cardiff in Wales geboren, wo sowohl ihr Vater als auch ihre Mutter Lehrer waren. Nach ihrem Abschluss in Geschichte an der Universität von Newcastle zog sie zu ihrem Partner nach Edinburgh, wo sie eine Ausbildung zur Lehrerin absolvierte. Sie hat zwei Kinder im Alter von 6 und 8 Jahren, die beide die lokale Grundschule besuchen. Sie kommt gerne so früh wie möglich nach Hause, um ihre Kinder zu sehen, daher erledigt sie die Vorbereitung des Unterrichts, Verwaltungstätigkeiten und Benotungen oft von zu Hause aus. Emma nutzt zur Unterrichtsvorbereitung soziale Medien und die übliche Produktivitätssoftware, interessiert sich aber nicht sonderlich für digitale Technologien. Sie hasst die virtuelle Lernumgebung, die derzeit in ihrer Schule eingesetzt wird, und vermeidet die Nutzung, soweit sie kann. Sie glaubt, dass der Präsenzunterricht am effektivsten ist. Eventuell würde sie das iLearn-System zur Verwaltung und zum Zugriff auf historische Filme und Dokumente verwenden. An einem gemischten Digital-/Präsenzansatz für den Unterricht ist sie jedoch nicht interessiert.

Tabelle 3.3: Persona einer Geschichtslehrerin

Elena, IT-Technikerin der Schule
Elena, 28 Jahre, ist eine leitende IT-Technikerin an einer großen Sekundarschule in Glasgow mit über 2000 Schülern. Die gebürtige Polin hat an der Universität Potsdam ein Diplom in Elektronik erworben. Sie zog 2011 nach Schottland, nachdem sie ein Jahr lang nach ihrem Abschluss arbeitslos war. Sie hat einen schottischen Partner, keine Kinder und hofft, ihre Karriere in Schottland weiter aufzubauen. Ursprünglich wurde sie als technische Assistentin eingestellt, doch 2014 wurde sie zu einer leitenden Angestellten befördert, die für alle Schulcomputer verantwortlich ist. Obwohl sie nicht direkt am Unterricht beteiligt ist, wird Elena oft um Hilfe im Informatikunterricht gebeten. Sie ist eine kompetente Python-Programmiererin und sehr erfahren im Umgang mit digitalen Technologien. Ihr langfristiges Karriereziel ist, eine technische Expertin für digitale Lerntechnologien zu werden und an deren Entwicklung mitzuwirken. Sie möchte eine Expertin für das iLearn-System werden und sieht es als experimentelle Plattform zur Unterstützung neuer Anwendungsmöglichkeiten für digitales Lernen.

Tabelle 3.4: Persona für eine IT-Technikerin

Die Persona in ▶ Tabelle 3.3 repräsentiert Benutzer, die keinen technischen Hintergrund haben. Sie wollen einfach nur ein System, das sie bei der Verwaltung unterstützt. Die Persona von Elena in ▶ Tabelle 3.4 repräsentiert technisch versierte Supportmitarbeiter, die für die Einrichtung und Konfiguration der iLearn-Software verantwortlich sein könnten.

Ich habe keine Personas für die Schüler aufgenommen, die ja die Endanwender des iLearn-Systems sein sollten. Der Grund dafür ist, dass wir das iLearn-System als ein Plattformprodukt gesehen haben, das entsprechend den Vorlieben und Bedürfnissen individueller Schulen und Lehrer konfiguriert werden sollte. Die Schüler verwenden iLearn, um auf Tools zuzugreifen. Sie nutzen jedoch keine der Konfigurationsfunktionen, die iLearn zu einem einzigartigen System machen. Obwohl wir geplant hatten, eine Reihe von Standardanwendungen in das System einzubinden, war doch unsere Grundüberzeugung, dass die Personengruppe, die am besten geeignet ist, Lernsysteme zu erstellen, die Lehrer sind, unterstützt von technischen Mitarbeitern vor Ort.

Im Idealfall sollte die Zusammensetzung eines Softwareentwicklerteams breit gefächert sein, mit Menschen unterschiedlichen Alters und Geschlechts. In der Realität sind Softwareproduktentwickler jedoch immer noch überwiegend junge Männer mit einem hohen Niveau an technischem Können. Die Gruppe der Softwareanwender ist vielfältiger und die einzelnen Personen verfügen über unterschiedliche technische Fähigkeiten. Einigen Entwicklern fällt es schwer, die Probleme zu erkennen, die Benutzer mit der Software haben können. Ein wichtiger Vorteil von Personas ist, dass sie den Mitgliedern des Entwicklerteams helfen, sich in die potenziellen Benutzer der Software einzufühlen. Personas sind ein Hilfsmittel, das es den Teammitgliedern ermöglicht, sich in die Lage der Benutzer zu versetzen. Anstatt darüber nachzudenken, was sie selbst in einer bestimmten Situation tun würden, können sie sich nun vorstellen, wie sich eine Persona verhalten und wie sie reagieren würde.

Wenn Sie also eine Idee für ein Feature haben, können Sie fragen: „Wäre diese Persona an dem Feature interessiert?“ und „Wie würde diese Persona auf das Feature zugreifen und es nutzen?“ Personas können Ihnen helfen, Ihre Ideen zu überprüfen, um sicherzustellen, dass Sie keine Produktfunktionen aufnehmen, die eigentlich nicht benötigt werden. Personas helfen Ihnen zu vermeiden, dass Sie – auf der Grundlage Ihres eigenen Wissens – ungerechtfertigte Annahmen treffen oder ein zu kompliziertes oder unbedeutendes Produkt entwickeln.

Personas sollten auf einem guten Grundverständnis der potenziellen Nutzer des Produkts basieren: ihre Arbeitsweisen, ihre Hintergründe und ihre Wünsche. Sie sollten potenzielle Anwender beobachten und befragen, um ein Verständnis dafür zu entwickeln, was diese möchten und wie sie das Produkt verwenden könnten. Aus diesen Daten können Sie die wesentlichen Informationen über die verschiedenen Arten von Produktbenutzern abstrahieren und diese dann als Grundlage für die Erstellung von Personas verwenden. Diese Personas sollten dann wieder mit den Benutzerdaten verglichen werden, um sicherzustellen, dass damit typische Produktanwender widergespiegelt werden.

Wenn Ihr Produkt eine Weiterentwicklung eines bestehenden Produkts ist, dann kann diese Art der Nutzerdatenerhebung möglich sein. Bei neuen Produkten ist es jedoch eventuell nicht machbar, detaillierte Benutzerbefragungen durchzuführen. Es kann sein, dass Sie keinen direkten Zugang zu potenziellen Anwendern haben. Vielleicht haben Sie nicht die Ressourcen, um Benutzerbefragungen durchzuführen, oder Sie möchten Ihr Produkt bis zur Markteinführung geheim halten.

Man kann keine zuverlässigen Personas entwickeln, wenn man keine Kenntnis über den betreffenden Sachbereich hat, also ist ein gewisses Maß an Nutzerforschung vor Beginn unumgänglich. Dies muss kein formaler oder langwieriger Prozess sein. Vielleicht kennen Sie Leute, die in einem Bereich arbeiten und die Ihnen zu Kontakt mit Kollegen verhelfen können, mit denen Sie Ihre Ideen diskutieren könnten. Meine Tochter zum Beispiel ist Lehrerin und hat ein Treffen mit einigen ihrer Kollegen organisiert, bei dem darüber diskutiert wurde, wie diese digitale Technologien einsetzen. Dies war für die Entwicklung der Personas und Szenarios hilfreich.

Personas, die auf Grundlage begrenzter Benutzerinformationen entwickelt werden, nennt man Proto-Personas. Proto-Personas können kollektiv im Team als Übung erstellt werden, indem man alle verfügbaren Informationen über potenzielle Produktanwender zusammenstellt. Diese Proto-Personas können nie so genau sein wie Personas, die aus detaillierten Anwenderstudien heraus entwickelt wurden, aber sie sind besser als nichts. Sie repräsentieren die Produktanwender aus der Sicht des Entwicklerteams und ermöglichen es, dass ein gemeinsames Verständnis für die potenziellen Produktanwender aufgebaut wird.

3.2 Szenarios

Als Produktentwickler sollte es Ihr Ziel sein herauszufinden, welche Produkteigenschaften die Benutzer dazu verleiten, Ihr Produkt anstelle der konkurrierenden Software zu kaufen. Es ist nicht leicht, die „besten" Produktmerkmale zu definieren. Sie müssen nach eigenem Ermessen darüber entscheiden, was in Ihrem Produkt enthalten sein soll. Um die Auswahl und Gestaltung von Features zu erleichtern, empfehle ich Ihnen, sich Szenarios auszudenken, damit Sie sich vorstellen können, wie Benutzer mit dem von Ihnen entworfenen Produkt interagieren könnten.

Ein Szenario ist eine Schilderung, mit der eine Situation beschrieben wird, in der ein Anwender die Features Ihres Produkts benutzt, um damit etwas zu tun. Das Szenario sollte das Problem des Benutzers kurz erklären und einen vorstellbaren Weg aufzeigen, wie das Problem gelöst werden kann. Man muss nicht alles in das Szenario aufnehmen – es handelt sich nicht um eine detaillierte Systemspezifikation.

▶ Tabelle 3.5 ist ein Beispielszenario, das zeigt, wie Jack, dessen Persona ich in ▶ Abschnitt 3.1 „Personas" beschrieben habe, das iLearn-System nutzen könnte.

Fischerei in Ullapool

Jack ist Grundschullehrer in Ullapool und unterrichtet die 6. Klasse. Er hat beschlossen, ein Klassenprojekt zu starten, das die Fischereibranche in der Gegend zum Thema hat. Es sollen die Geschichte, die Entwicklung sowie die wirtschaftliche Bedeutung der Fischerei betrachtet werden.

Als Teil dieses Projekts werden die Schüler aufgefordert, Erinnerungen von Verwandten zusammenzutragen, Zeitungsarchive zu benutzen und alte Fotos zu sammeln, die mit Fischerei und Fischergemeinden der Gegend zu tun haben. Die Schüler nutzen ein iLearn-Wiki, um Geschichten zur Fischerei zusammenzutragen, sowie SCRAN (eine Website für historische Archive), um auf Zeitungsarchive und Bilder zuzugreifen. Jack benötigt trotzdem noch eine Website zum Foto-Sharing, weil er möchte, dass die Schüler Fotos aufnehmen und gegenseitig kommentieren sowie Scans von alten Fotos hochladen, die es vielleicht in ihren Familien gibt. Jack muss in der Lage sein, Beiträge mit Fotos zu moderieren, bevor sie geteilt werden, denn Kinder unter zwölf Jahren können Urheberrechts- und Datenschutzprobleme nicht verstehen.

Jack schickt eine E-Mail an eine Gruppe von Grundschullehrern, in der er Mitglied ist, und fragt an, ob irgendjemand ein passendes System empfehlen kann. Zwei Lehrer antworten und beide schlagen vor, die Seite KidsTakePics zu nehmen, eine Foto-Sharing-Website, die es Lehrern ermöglicht, die Inhalte zu überprüfen und zu moderieren. Da KidsTakePics nicht in dem iLearn-Authentifizierungsdienst integriert ist, richtet er ein Lehrer- und ein Klassenkonto ein.

Er verwendet den Einrichtungsdienst von iLearn, um KidsTakePics zu den Diensten hinzuzufügen, die die Schüler seiner Klasse nach der Anmeldung sehen. So können sie das System direkt verwenden, um Fotos von ihren Smartphones und den Klassencomputern hochzuladen.

Tabelle 3.5: Szenario für Jack: Einsatz des iLearn-Systems für Klassenprojekte

Anhand dieser Beschreibung, wie iLearn für Klassenprojekte eingesetzt werden kann, können Sie einige der Schlüsselelemente eines Szenarios (▶ Abbildung 3.5) erkennen, die Ihnen dabei helfen können, sich Gedanken über die benötigten Produkteigenschaften zu machen.

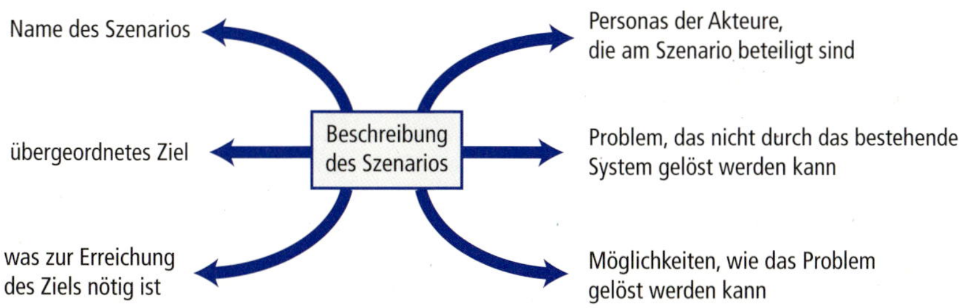

Abbildung 3.5: Elemente einer Szenariobeschreibung

Die wichtigsten Elemente eines Szenarios sind:

1 Eine kurze Darstellung des Gesamtziels. Im Szenario für Jack, das in ▶ Tabelle 3.5 dargestellt ist, geht es darum, ein Klassenprojekt zum Thema Fischerei zu unterstützen.

2 Verweise auf die beteiligte Persona (Jack), damit Sie Informationen zu den Fähigkeiten und die Motivation dieses Benutzers erhalten können.

3 Informationen darüber, was zur Durchführung der Aktivität gehört. Im Szenario für Jack geht es beispielsweise darum, Erinnerungen von Verwandten zu sammeln, auf Zeitungsarchive zuzugreifen und so weiter.

4 Gegebenenfalls eine Erörterung der Probleme, die mit dem bestehenden System nicht ohne Weiteres behoben werden können. Jüngere Kinder verstehen Themen wie Urheberrecht und Datenschutz nicht, daher ist für das Teilen von Fotos eine Website wichtig, auf der ein Lehrer die Beiträge moderieren kann, um sicherzustellen, dass veröffentlichte Bilder legal und zulässig sind.

5 Die Beschreibung einer Möglichkeit, wie das identifizierte Problem angegangen werden kann. Dieser Punkt ist nicht immer enthalten, insbesondere wenn zur Lösung des Problems technisches Wissen erforderlich ist. Im Szenario für Jack ist der bevorzugte Ansatz die Verwendung eines externen Tools, das für Schüler entwickelt wurde.

Die Idee, Szenarios zur Unterstützung des Software-Engineerings einzusetzen, gibt es seit den 1980er Jahren. Es wurden verschiedene Arten von Szenarios vorgeschlagen: von eher allgemein gehaltenen Szenarios wie diesem über Jack bis hin zu detaillierteren und spezifischeren Szenarios, in denen die Schritte beschrieben werden, die bei der Interaktion eines Benutzers mit einem System ablaufen. Szenarios sind die Grundlage sowohl für Anwendungsfälle (*use case*), die in objektorientierten Methoden ausgiebig eingesetzt werden, als auch für User-Storys, die in agilen Methoden verwendet werden. Szenarios werden beim Entwurf von Anforderungen und Systemfunktionen, beim Systemtest und beim Design von Benutzeroberflächen eingesetzt.
Narrative, allgemein gehaltene Szenarios wie das von Jack sind in erster Linie ein Mittel, um die Kommunikation zu erleichtern und die Kreativität der Entwickler anzuregen. Szenarios sind deshalb effektiv in der Kommunikation, weil sie für die Nutzer und für die Personen, die für Finanzierung und Kauf des Systems verantwortlich sind, verständlich und zugänglich sind.[2] Ebenso wie Personas helfen Szenarios den Entwicklern, ein gemeinsames Verständnis für das zu erstellende System zu erarbeiten. Sie sollten sich jedoch immer bewusst sein, dass Szenarios keine Spezifikationen sind. Szenarios fehlen Details, sie können unvollständig sein und sie repräsentieren eventuell nicht alle Arten der Benutzerinteraktionen.
Einige Autoren empfehlen, Szenarios mit verschiedenen Feldern zu strukturieren, wie z.B. was der Benutzer zu Beginn eines Szenarios sieht, eine Beschreibung des normalen Ablaufs von Ereignissen, eine Beschreibung, was misslingen könnte, und so weiter. Wenn Sie Szenarios verwenden, um detaillierte Anforderungen zu ermitteln, bringt Ihnen die Struktur den Vorteil, dass Sie eine konsistente Präsentation haben. Das bedeutet, es wird weniger wahrscheinlich, dass Sie vergessen, Elemente aufzunehmen, die sich auf kritische Systemanforderungen beziehen. Ingenieure mögen diesen strukturierten Ansatz in der Regel. Meine Erfahrung ist jedoch, dass Systemanwender, die die Szenarios lesen und überprüfen, strukturierte Szenarios als einschüchternd und schwer verständlich empfinden.
Wenn Sie also Szenarios in der Frühphase des Produktdesigns verwenden, empfehle ich eher narrative als strukturierte Szenarios. Diese Szenarios können von zwei oder drei Textabsätzen, wie das von Jack in ▶ Tabelle 3.5, bis hin zu längeren Beschreibungen reichen. Wird Ihre Software in bestehenden Prozessen verwendet und muss diese mit anderer Software interagieren, dann müssen Sie möglicherweise längere Beschrei-

2 Ich habe einem Bildungsminister einige der Szenarios für das iLearn-System vorgestellt. Sein Kommentar war, dass dies das erste Mal sei, dass er an einer Sitzung über ein IT-System teilgenommen habe, bei der er tatsächlich verstanden habe, was das System leisten soll.

bungen anfertigen. Ihre Szenarios müssen dann eventuell Beschreibungen von Interaktionen mit anderen Prozessen und mit anderen Softwaresystemen enthalten.
Das Szenario für Emma (▶ Tabelle 3.6) ist ein Beispiel für ein längeres Szenario. Dabei unterstützt das iLearn-System Emma bei Verwaltungsaufgaben, die mit der Vorbereitung einer Klassenfahrt einhergehen.

Emma unterrichtet Geschichte des Ersten Weltkriegs in einer Klasse von 14-jährigen Schülern (9. Klasse). Eine Schülergruppe besucht die historischen Schlachtfelder des Ersten Weltkriegs in Nordfrankreich. Sie möchte eine „Schlachtfeldgruppe" einrichten, in der die Schüler, die an der Reise teilnehmen, ihre Recherchen über die besuchten Orte sowie ihre Bilder und Gedanken zu dem Besuch teilen können. Von zu Hause aus meldet sie sich mit ihren Google-Anmeldeinformationen am iLearn-System an. Emma hat zwei iLearn-Konten – ihr Lehrerkonto und ein Elternkonto, das der lokalen Grundschule zugeordnet ist. Das System erkennt, dass sie mehrere Konten besitzt, und bittet sie, das zu verwendende Konto auszuwählen. Sie wählt das Lehrerkonto aus und das System erzeugt ihren persönlichen Willkommensbildschirm. Neben ihren ausgewählten Anwendungen werden auf diesem auch Managementanwendungen angezeigt, mit denen Lehrer Schülergruppen erstellen und verwalten können. Emma wählt die Anwendung „Gruppenmanagement". Diese Anwendung erkennt sowohl ihre Rolle als auch ihre Schule anhand ihrer Identitätsdaten und richtet eine neue Gruppe ein. Das System fragt nach der Klassenstufe (9. Klasse) und dem Fach (Geschichte) und fügt automatisch alle Schüler dieser Klassenstufe, die Geschichte belegt haben, in die neue Gruppe ein. Emma wählt die Schüler aus, die auf die Reise gehen, und fügt ihre Lehrerkollegen Jamie und Claire zur Gruppe hinzu. Sie benennt die Gruppe und bestätigt, dass diese angelegt werden soll. Die Anwendung richtet auf ihrem iLearn-Bildschirm ein Icon für die Gruppe ein, erstellt einen E-Mail-Alias für die Gruppe und fragt Emma, ob sie die Gruppe teilen möchte. Sie teilt den Zugriff mit allen in der Gruppe, was bedeutet, dass diese auch das Icon auf ihren Bildschirmen sehen. Damit sie nicht zu viele E-Mails von Schülern erhält, beschränkt Emma die Weitergabe des E-Mail-Alias auf Jamie und Claire. Die Anwendung zur Gruppenverwaltung fragt Emma dann, ob sie für die Gruppe eine Webseite, ein Wiki und einen Blog einrichten möchte. Emma bestätigt, dass eine Webseite erstellt werden soll, und gibt einen Text für diese Seite ein. Sie greift dann über das Icon auf ihrem Bildschirm auf Flickr zu, meldet sich an und erstellt eine private Gruppe zum Teilen von Reisefotos, die Schüler und Lehrer aufgenommen haben. Sie lädt einige ihrer eigenen Fotos von früheren Reisen hoch und sendet eine Einladung an die E-Mail-Liste der „Schlachtfeldgruppe", sich der Foto-Sharing-Gruppe anzuschließen. Emma lädt Material von ihrem eigenen Laptop auf iLearn hoch, das sie über die Reise geschrieben hat, und teilt es mit der „Schlachtfeldgruppe". Durch diese Aktion werden ihre Dokumente der Webseite hinzugefügt und es wird eine Mitteilung für die Gruppenmitglieder erzeugt, dass neues Material verfügbar ist.

Tabelle 3.6: Verwendung des iLearn-Systems zur Verwaltung

Das Szenario für Emma unterscheidet sich von dem für Jack, weil es einen üblichen und gut verstandenen Prozess und nicht irgendetwas Neues beschreibt. Das Szenario gibt an, wie Teile des Prozesses (Einrichtung einer E-Mail-Gruppe und Webseite) durch das iLearn-System automatisiert werden. Sie erinnern sich: Emma steht dem E-Learning skeptisch gegenüber – an innovativen Anwendungen ist sie nicht interessiert. Sie wünscht sich ein System, das ihr Leben einfacher macht und den Umfang der routinemäßigen Verwaltungsaufgaben reduziert, die sie durchführen muss.
Bei dieser Art von Szenario ist es viel wahrscheinlicher, dass spezifische Details darüber angegeben werden, was zum System gehören könnte. Das Szenario erklärt zum Beispiel, dass Emma sich mit ihren Google-Anmeldeinformationen im System anmeldet. Das bedeutet, dass sie sich keinen separaten Login-Namen und kein Passwort merken muss. Ich diskutiere diesen Ansatz der Authentifizierung in ▶ Kapitel 7.

Wenn Sie diese Art von Informationen in einem Szenario sehen, müssen Sie prüfen, ob der Benutzer diese wirklich benötigt oder ob sie eine allgemeinere Anforderung darstellen. Die Aussage, dass die Software die Anmeldung mit Google-Anmeldeinformationen unterstützen muss, könnte tatsächlich eine allgemeinere Notwendigkeit widerspiegeln – nämlich einen Anmeldemechanismus bereitzustellen, bei dem sich die Benutzer nicht noch an weitere Anmeldeinformationen erinnern müssen. Sie könnten sich für einen alternativen Ansatz zur Authentifizierung entscheiden, wie z.B. über den Fingerabdruck oder Gesichtserkennung auf einem Mobiltelefon, bei dem keine systemspezifischen Anmeldeinformationen benötigt werden.

3.2.1 Anfertigen von Szenarios

Ihr Ausgangspunkt für das Schreiben von Szenarios sollten die Personas sein, die Sie erstellt haben. Sie sollten normalerweise versuchen, sich mehrere Szenarios für jede Persona vorzustellen. Denken Sie daran, dass diese Szenarios eher dazu gedacht sind, das Denken anzuregen, als eine vollständige Beschreibung des Systems zu liefern. Sie müssen nicht alles abdecken, was Ihrer Meinung nach Benutzer mit Ihrem Produkt machen könnten.

Szenarios sollten immer aus der Sicht des Anwenders geschrieben werden und auf identifizierten Personas oder realen Nutzern basieren. Einige Autoren schlagen vor, dass sich die Szenarios auf Ziele konzentrieren sollten – was der Benutzer tun will – und nicht auf die Mechanismen, die dazu verwendet werden. Sie argumentieren, dass Szenarios keine spezifischen Details einer Interaktion beinhalten sollten, da diese die Freiheit der Entwickler einschränken. Ich bin anderer Meinung. Wie Sie aus dem Szenario für Emma ersehen können, ist es manchmal sinnvoll, über Mechanismen – wie hier die Anmeldung über Google – zu sprechen, die sowohl Produktnutzer als auch Entwickler verstehen.

Darüber hinaus kann es sowohl für Benutzer als auch für Entwickler irritierend sein, wenn Szenarios ganz allgemein geschrieben sind und keine Annahmen über die Implementierung zulassen. Ich denke, dass zum Beispiel „X schneidet Absätze aus dem Zeitungsarchiv aus und fügt diese in das Projekt-Wiki ein" einfacher zu lesen und zu verstehen ist als „X verwendet einen Informationstransfermechanismus, um Absätze aus dem Zeitungsarchiv in das Projekt-Wiki zu verschieben".

Manchmal gibt es eine explizite Anforderung, ein bestimmtes Feature in das System aufzunehmen, da dieses Feature weit verbreitet ist. Im Szenario für Jack in ▶ Tabelle 3.5 wird beispielsweise der Einsatz eines iLearn-Wikis angesprochen. Viele Lehrer verwenden derzeit Wikis, um das gemeinsame Schreiben in Gruppen zu unterstützen, und sie wollen ausdrücklich Wikis im neuen System haben. Solche Benutzeranforderungen können noch spezifischer sein. Als wir zum Beispiel das iLearn-System entwarfen, fanden wir heraus, dass Lehrer nicht nur eine allgemeine Blogging-Funktion wünschten, sondern ausdrücklich Wordpress-Blogs. Daher sollten Sie bestimmte Details in ein Szenario aufnehmen, wenn diese die Realität widerspiegeln.

Das Schreiben von Szenarios ist kein systematischer Prozess und verschiedene Teams gehen unterschiedlich damit um. Ich empfehle, dass jedes Teammitglied die individuelle Verantwortung für die Erstellung einer kleinen Anzahl von Szenarios erhält und daran individuell arbeitet. Natürlich können die Teammitglieder die Szenarios mit Anwendern und anderen Experten diskutieren, aber das ist nicht unbedingt notwendig. Anschließend bespricht das Team die vorgeschlagenen Szenarios. Auf der Grundlage dieser Diskussion wird jedes Szenario verfeinert.

Da es für jeden leicht ist, Szenarios zu lesen und zu verstehen, ist es möglich, Benutzer in deren Entwicklung einzubeziehen. Für das iLearn-System haben wir festgestellt, dass der beste Ansatz darin besteht, ein imaginäres Szenario – basierend auf unserer Auffassung darüber, wie das System verwendet werden könnte – zu entwerfen und die Benutzer dann zu bitten, uns zu sagen, wo wir Fehler gemacht haben. Die Anwender konnten nachfragen, wenn sie etwas nicht verstanden haben, wie z.B. „Warum kann eine Foto-Website wie Flickr nicht im Szenario für Jack eingesetzt werden?" Sie können Vorschläge machen, wie das Szenario erweitert und realistischer gestaltet werden kann.

Wir haben ein Experiment durchgeführt, indem wir eine Gruppe von Benutzern gebeten haben, ihre eigenen Szenarios darüber zu schreiben, wie sie das System nutzen könnten. Das war nicht erfolgreich. Die von den Nutzern erstellten Szenarios basierten einfach darauf, wie sie aktuell arbeiteten. Die Szenarios waren viel zu detailliert und die Verfasser konnten ihre Erfahrungen nur schwer verallgemeinern. Wir konnten diese Szenarios nicht verwenden – wir brauchten etwas, das uns hilft, Ideen zu generieren, und nicht etwas, das die Systeme repliziert, die bereits verwendet werden.

Szenarios sind keine Softwarespezifikationen, sondern eine Möglichkeit, die Menschen zum Nachdenken zu bringen, was ein Softwaresystem leisten sollte. Auf die Frage „Wie viele Szenarios brauche ich?" gibt es keine einfache Antwort. Im iLearn-System wurden 22 Szenarios entwickelt, um verschiedene Aspekte der Systemnutzung abzudecken. Es gab eine ganze Reihe von Überschneidungen zwischen diesen Szenarios, sodass es wahrscheinlich mehr waren, als wir tatsächlich brauchten. Im Allgemeinen empfehle ich, drei oder vier Szenarios pro Persona zu entwickeln, um einen nützlichen Satz an Informationen zu erhalten.

Obwohl Szenarios sicherlich nicht jede mögliche Nutzung eines Systems beschreiben müssen, ist es wichtig, dass Sie sich die Rollen von jeder Persona ansehen, die Sie entwickelt haben, und Szenarios schreiben, die die wesentlichen Zuständigkeiten dieser Rollen abdecken. Die Szenarios für Jack und Emma basieren auf der Verwendung des iLearn-Systems zur Unterstützung der Lehre.

Wie andere Systemprodukte, die zur Nutzung in einem Unternehmen konzipiert sind, muss auch iLearn konfiguriert werden, bevor es verwendet wird. Während ein Teil dieser Konfiguration von technisch versierten Lehrern durchgeführt werden kann, sind in vielen Schulen technische Supportmitarbeiter dafür verantwortlich. Das Szenario für Elena, das in ▶ Tabelle 3.7 dargestellt ist, beschreibt eine Möglichkeit, die iLearn-Software zu konfigurieren.

Elena wurde von David, dem Leiter des Fachbereichs Kunst an ihrer Schule, gebeten, bei der Einrichtung einer iLearn-Umgebung für seinen Fachbereich zu helfen. David möchte eine Umgebung, die Folgendes beinhaltet: Werkzeuge für die Erstellung und den Austausch von Kunst; Zugang zu externen Websites, um Kunstwerke zu studieren; sowie Möglichkeiten für „Ausstellungen", um die Arbeiten der Schüler zu präsentieren. Elena führt zunächst Gespräche mit den Kunstlehrern, um zu erfahren, welche Werkzeuge diese empfehlen und welche Kunst-Websites sie für ihre Studien besuchen. Sie findet auch heraus, dass die eingesetzten Werkzeuge und die besuchten Websites je nach Alter ihrer Schüler variieren. Daher sollten den verschiedenen Schülergruppen eine Auswahl an Werkzeugen zur Verfügung gestellt werden, die auf ihr Alter und ihre Erfahrung abgestimmt sind.
Nachdem Elena die Anforderungen festgestellt hat, meldet sie sich als Administratorin am iLearn-System an und beginnt mit der Konfiguration der Umgebung für den Kunstunterricht mithilfe des Einrichtungsdienstes von iLearn. Sie erstellt Subumgebungen für drei Altersgruppen und eine gemeinsame Umgebung mit Tools und Websites, die von allen Schülern genutzt werden können.
Sie fügt mittels Drag-and-drop lokal vorhandene Werkzeuge sowie die URLs externer Websites in jede dieser Umgebungen ein. Dann weist sie jeder Subumgebung einen Kunstlehrer als Administrator zu, sodass dieser die eingerichtete Tool- und Webseitenauswahl verfeinern kann. Sie veröffentlicht die Umgebungen im „Überarbeitungsmodus" und stellt sie den Kunstlehrern zur Verfügung.
Nachdem sie die Umgebungen mit den Lehrern besprochen hat, zeigt Elena ihnen, wie man diese verfeinern und erweitern kann. Sobald sich alle einig sind, dass diese Umgebung für den Kunstunterricht einsetzbar ist, wird sie für alle Schüler der Schule freigegeben.

Tabelle 3.7: Szenario für Elena: Konfiguration des iLearn-Systems

Das Schreiben von Szenarios gibt Ihnen immer Anregungen für die Features, die Sie in das System aufnehmen können. Sie können diese Ideen dann detaillierter ausarbeiten, indem Sie den Szenariotext analysieren. Dies wird im nächsten Abschnitt erläutert.

3.3 User-Storys

In ▶ Abschnitt 3.2 „Szenarios" habe ich erklärt, dass Szenarios Beschreibungen von Situationen sind, in denen ein Benutzer versucht, etwas mit einem Softwaresystem zu tun. Szenarios sind abstrakte Schilderungen über die Nutzung des Systems. Mit ihrer Hilfe sollte eine Reihe von Interaktionen mit dem System dargestellt werden, doch sie sollten keine Details zu diesen Interaktionen enthalten.
User-Storys sind Schilderungen, die mehr ins Detail gehen und die einen einzelnen Aspekt, den ein Benutzer von einem Softwaresystem erwartet, ausführlicher und strukturierter darstellen. Ich habe zu Beginn des Kapitels eine User-Story vorgestellt:

Als Autor brauche ich eine Möglichkeit, den Text des Buches, das ich schreibe, in Kapitel und Abschnitte zu organisieren.

Diese Story spiegelt das Standardformat einer User-Story wider:

Als <Rolle> <möchte / will / muss> ich <etwas tun>

Ein weiteres Beispiel für eine User-Story aus dem Szenario für Emma könnte sein:

Als Lehrer möchte ich allen Mitgliedern meiner Gruppe mitteilen, wann neue Informationen verfügbar sind.

Eine Variante dieses Standardformats fügt eine Begründung für die Maßnahme hinzu:

Als <Rolle> <möchte / will / muss> ich <etwas tun>, damit <Grund>

Ein Beispiel:

Als Lehrer muss ich in der Lage sein zu berichten, wer an einer Klassenfahrt teilnimmt, damit die Schule die erforderlichen Gesundheits- und Sicherheitsnachweise führt.

Einige Leute sind der Meinung, dass eine Begründung oder Rechtfertigung immer Teil einer User-Story sein sollte. Ich denke, das ist unnötig, wenn die Story für sich genommen sinnvoll ist. Einen der Gründe zu kennen, warum dies sinnvoll sein könnte, hilft den Produktentwicklern nicht. Wenn die Entwickler jedoch damit vertraut sind, was Benutzer tun, kann eine Begründung ihnen helfen zu verstehen, warum die Story aufgenommen wurde. Eine Begründung kann auch helfen, Ideen über alternative Wege anzustoßen, um den Benutzern das gewünschte Systemverhalten zu bieten.

Ein wichtiger Einsatz von User-Storys ist in der Planungsphase und viele Scrum-Anwender stellen das Product Backlog als eine Reihe von User-Storys dar. Dazu sollten sich die User-Storys auf eine klar definierte Systemfunktion (oder einen Aspekt einer Funktion) konzentrieren, die innerhalb eines einzigen Sprints implementiert werden kann. Wenn es sich bei der Story um ein komplexeres Feature handelt, das vermutlich mehrere Sprints erfordert, dann wird es als „Epic" bezeichnet. Ein Beispiel für ein Epic könnte sein:

Als Systemmanager brauche ich eine Möglichkeit, das System zu sichern und einzelne Anwendungen, Dateien, Verzeichnisse oder das gesamte System wiederherzustellen.

Mit dieser User-Story ist sehr viel Funktionalität verbunden. Für die Implementierung sollte es in einfachere Storys aufgeteilt werden, wobei sich jede Story auf einen einzelnen Aspekt des Backup-Systems konzentriert.

Wenn Sie in der Phase sind, über Produktmerkmale nachzudenken, dann sind User-Storys nicht für die Planung, sondern als Hilfe bei der Feature-Identifikation gedacht. Daher müssen Sie sich nicht zu viele Sorgen darüber machen, ob Ihre User-Storys nun einfache Storys oder Epics sind. Sie sollten darauf hinarbeiten, Storys zu entwickeln, die auf eine von zwei Arten hilfreich sind:

- entweder als Möglichkeit, ein Szenario zu erweitern und Details hinzuzufügen oder
- als Teil der Beschreibung des von Ihnen identifizierten System-Features.

Hier ein Beispiel für die Verfeinerung von Szenarios: die ersten Aktionen im Szenario für Emma (▶ Abbildung 3.6) können durch drei User-Storys dargestellt werden. Zur Erinnerung, das Szenario besagt:

> Von zu Hause aus meldet sie sich mit ihren Google-Anmeldeinformationen am iLearn-System an. Emma hat zwei iLearn-Konten – ihr Lehrerkonto und ein Elternkonto, das der lokalen Grundschule zugeordnet ist. Das System erkennt, dass sie mehrere Konten besitzt, und bittet sie, das zu verwendende Konto auszuwählen. Sie wählt das Lehrerkonto aus und das System generiert ihren persönlichen Willkommensbildschirm. Neben ihren ausgewählten Anwendungen werden auf diesem auch Managementanwendungen angezeigt, mit denen Lehrer Schülergruppen erstellen und verwalten können.

Sie können aus diesem Szenario heraus User-Storys erstellen, wie in ▶ Abbildung 3.6 gezeigt.

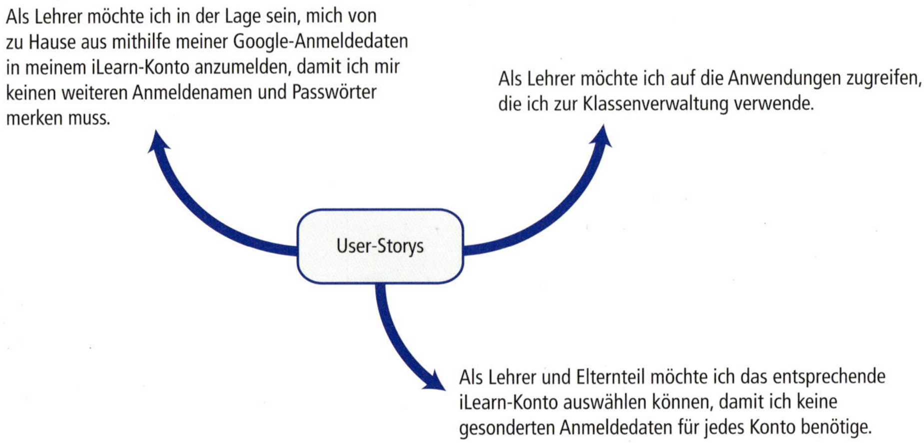

Abbildung 3.6: User-Storys aus dem Szenario für Emma

Aus den Storys in ▶ Abbildung 3.6 können Sie sehen, dass ich eine Begründung in die Story aufgenommen habe, die erklärt, warum Emma so wie im Szenario angegeben arbeiten möchte. Am besten ist es, Begründungen nicht in einem Szenario aufzunehmen, da dadurch der Fluss der Beschreibung gestört werden kann, was das Lesen und Verstehen erschwert.

Wenn Sie User-Storys aus einem Szenario heraus definieren, so stellen Sie den Entwicklern mehr Informationen zur Verfügung, um ihnen bei der Gestaltung der Produktfeatures zu helfen. Ein Beispiel dafür sehen wir in den in ▶ Abbildung 3.6 dargestellten Storys. Emma wünscht einen einfachen Weg, sich am System zu authentifizieren, wahlweise als Lehrerin oder als Elternteil. Sie möchte sich keine weiteren Anmeldeinformationen merken müssen und sie möchte auch nicht zwei Konten mit unterschiedlichen Anmeldedaten haben.

Als Beispiel dafür, wie Storys verwendet werden können, um die Features eines Systems zu beschreiben, behandelt das Szenario für Emma, wie eine Gruppe erstellt werden kann, und erläutert die Systemaktionen, die dabei stattfinden. Die in ▶ Abbildung 3.7 dargestellten User-Storys können aus dem Szenario abgeleitet werden, das das Feature „Gruppen“ im iLearn-System beschreibt.

Die in ▶ Abbildung 3.7 gezeigten Storys bieten keine vollständige Beschreibung der Funktion „Gruppen“. Es gibt keine Story zum Löschen oder Ändern einer Gruppe, zur Zugriffsbeschränkung oder zu anderen Aufgaben. Sie beginnen zwar damit, Storys aus einem Szenario abzuleiten, doch Sie müssen dann darüber nachdenken, welche anderen Storys für eine vollständige Beschreibung der Funktionalität eines Features erforderlich sein könnten.

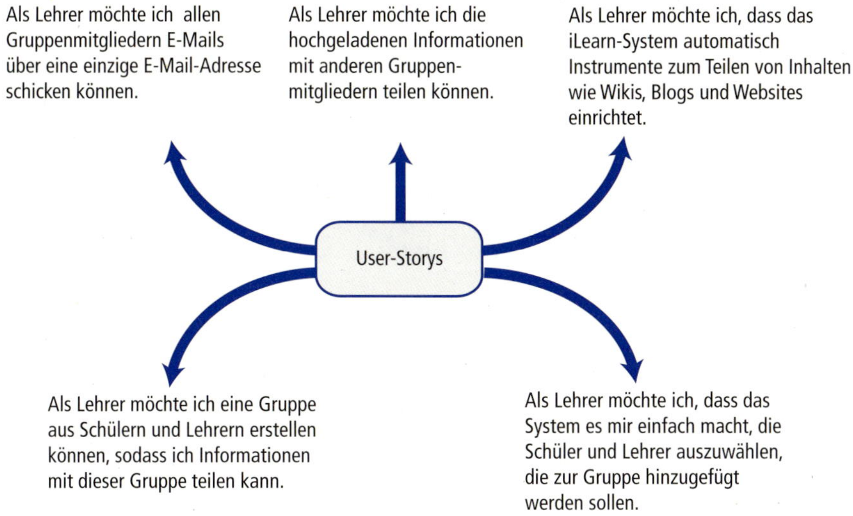

Abbildung 3.7: User-Storys zur Beschreibung der Funktion „Gruppen"

Eine Frage, die manchmal zu User-Storys gestellt wird, ist, ob man „negative Storys" schreiben sollte, die beschreiben, was ein Nutzer nicht will. Beispielsweise könnte man diese negative Story schreiben:

> *Als Benutzer möchte ich nicht, dass das System meine Daten protokolliert und an externe Server übermittelt.*

Wenn Sie Storys schreiben, die Teil eines Product Backlogs sind, sollten Sie negative Storys vermeiden. Es ist unmöglich, Systemtests zu schreiben, die eine Verneinung nachweisen. Jedoch kann es durchaus hilfreich sein, in den frühen Phasen des Produktentwurfs negative Storys zu schreiben, wenn diese eine absolute Einschränkung des Systems definieren. Alternativ können Sie manchmal negative Storys positiv umrahmen. Sie könnten zum Beispiel anstelle der obigen Story schreiben:

> *Als Benutzer möchte ich in der Lage sein, die Informationen zu kontrollieren, die vom System protokolliert und an externe Server übertragen werden, sodass ich sicherstellen kann, dass meine persönlichen Daten nicht weitergegeben werden.*

Einige der von Ihnen entwickelten User-Storys werden so detailliert sein, dass Sie sie direkt in der Planungsphase verwenden können. Sie können sie in ein Product Backlog aufnehmen. Manchmal müssen Sie dazu die Storys jedoch verfeinern, um sie direkter mit der Implementierung des Systems zu verknüpfen.
Es ist möglich, die gesamte Funktionalität, die in einem Szenario beschrieben wird, durch User-Storys auszudrücken. Sie werden sich daher vermutlich die Frage stellen: „Warum nicht einfach direkt User-Storys entwickeln und auf Szenarios verzichten?" Einige agile Methoden basieren ausschließlich auf User-Storys, aber ich denke, dass Szenarios natürlicher und aus den folgenden Gründen hilfreich sind:

1. Szenarios lesen sich natürlicher, weil sie beschreiben, was ein Benutzer eines Systems tatsächlich mit diesem System macht. In der Regel fällt es leichter, sich auf diese spezifischen Informationen zu beziehen als auf die Erklärung von Wünschen oder Bedürfnissen, die in User-Storys dargelegt sind.

2. Wenn Sie reale Nutzer befragen oder ein Szenario mit realen Nutzern überprüfen, dann werden diese nicht in der stilisierten Weise wie in den User-Storys sprechen. Menschen finden eher einen Bezug zu der natürlicheren Schilderung in Szenarios.

3. Szenarios liefern oft mehr Kontextinformationen – Informationen darüber, was Benutzer tun möchten und wie sie normalerweise arbeiten. Dies ist zwar in User-Storys möglich, bedeutet aber, dass es sich dann nicht mehr um einfache Aussagen über die Verwendung einer Systemfunktion handelt.

Szenarios und Storys sind sowohl bei der Auswahl als auch der Gestaltung von Systemfunktionen hilfreich. Allerdings sollten Sie Szenarios und User-Storys als „Instrumente zum Nachdenken" über ein System ansehen und nicht als eine Systemspezifikation. Szenarios und Storys, die zum Denken anregen sollen, müssen nicht vollständig oder konsistent sein und es gibt keine Regeln dazu, wie viele Sie davon benötigen.

3.4 Identifikation von Features

Wie bereits in der Einleitung des Kapitels gesagt, ist Ihr Ziel in dieser frühen Phase des Produktenwurfs, eine Liste von Funktionen zu erstellen, die Ihr Softwareprodukt genau beschreiben. Ein Feature ist eine Möglichkeit, Benutzern den Zugriff und die Nutzung der Funktionalität Ihres Produkts zu ermöglichen, sodass die Liste der Features die Gesamtfunktionalität des Systems definiert. In diesem Abschnitt erläutere ich, wie Szenarios und Storys verwendet werden können, um Produktfunktionen zu identifizieren, die im Idealfall unabhängig, kohärent und relevant sind:

1. *Unabhängigkeit:* Ein Feature sollte nicht davon abhängen, wie andere Systemfunktionen implementiert sind, und sollte nicht von der Reihenfolge der Aktivierung anderer Features beeinflusst werden.

2. *Kohärenz:* Features sollten mit einem einzigen Element der Funktionalität verknüpft sein. Sie sollten nicht mehr als eine Sache tun und sie sollten nie Seiteneffekte haben.

3. *Relevanz:* Die Systemfunktionen sollten die Art und Weise widerspiegeln, wie Benutzer normalerweise eine Aufgabe ausführen. Sie sollten keine obskure Funktionalität bieten, die selten benötigt wird.

Es gibt keine festgelegte Methode für die Auswahl und den Entwurf von Features. Vielmehr können die vier wichtigen, in ▶ Abbildung 3.8 dargestellten Wissensquellen dabei helfen.

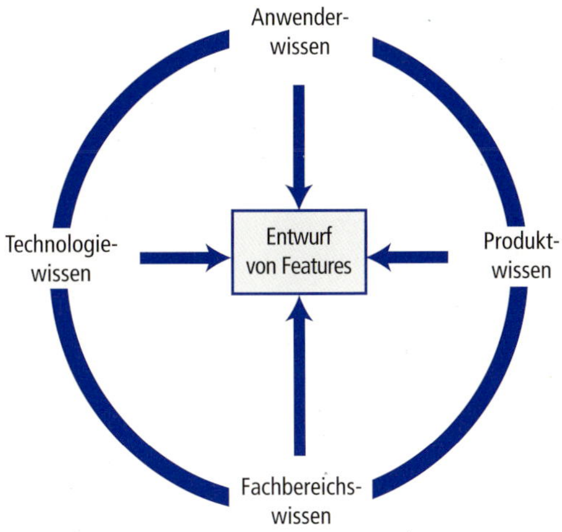

Abbildung 3.8: Entwurf von Features

In ▶ Tabelle 3.8 werden diese Wissensquellen näher erläutert. Natürlich sind diese nicht für alle Produkte gleich wichtig. Beispielsweise ist Fachbereichswissen für Geschäftsprodukte sehr wichtig, aber weniger entscheidend für generische Endverbraucherprodukte. Sie müssen sich daher einige Gedanken über das Wissen machen, das für Ihr spezielles Produkt notwendig ist.

Wissensart	Beschreibung
Anwenderwissen	Mithilfe von Benutzerszenarios und User-Storys können Sie das Team darüber informieren, was Benutzer wünschen und wie sie die Softwarefunktionen nutzen können.
Produktwissen	Möglicherweise haben Sie Erfahrung mit bestehenden Produkten oder Sie wollen recherchieren, welche Rolle diese Produkte in Ihrem Entwicklungsprozess spielen. Manchmal müssen Ihre Features bestehende Funktionen dieser Produkte reproduzieren, da sie grundlegende Funktionalität bieten, die immer erforderlich ist.
Fachbereichswissen	Dies ist die Kenntnis des Fach- oder Arbeitsbereichs (z. B. Finanzen, Veranstaltungsbuchung), den Ihr Produkt unterstützen soll. Wenn Sie den Fachbereich verstehen, können Sie sich neue innovative Wege vorstellen, um die Benutzer dabei zu unterstützen, die gewünschten Aktivitäten auszuführen.
Technologiewissen	Neue Produkte tauchen oft dann auf, wenn sie sich die technologischen Neuerungen zu Nutze machen können, die es seit der Markteinführung von Wettbewerbsprodukten gab. Wenn Sie die neueste Technologie verstehen, können Sie Features entwerfen, die diese verwenden.

Tabelle 3.8: Erforderliches Wissen für den Entwurf von Features

Innovation geht häufig aus einer Kombination von Fach- und Technologiewissen hervor. Ein gutes Beispiel ist das Git-System für die Versionsverwaltung, das ich in ▶ Kapitel 10 behandle. Git arbeitet völlig anders als bisherige Versionsverwaltungssysteme. Diese älteren Systeme basierten auf einem Technologiemodell, bei dem der Speicher teuer war, daher konzentrierten sie sich auf die Begrenzung der Speichernutzung und stellten Daten für die Benutzer bei Bedarf bereit. Der Entwickler von Git erkannte, dass die Speicherung viel billiger geworden war, sodass es für alle Benutzer möglich war, eine vollständige Kopie aller Daten zu erhalten. Dies bereitete den Weg für einen neuen Ansatz, der die Softwareentwicklung durch verteilte Teams drastisch vereinfachte.

Wenn Sie eine Reihe von Produktfeatures entwerfen und entscheiden, wie die Features arbeiten sollen, dann müssen Sie die sechs in ▶ Abbildung 3.9 dargestellten Faktoren berücksichtigen.

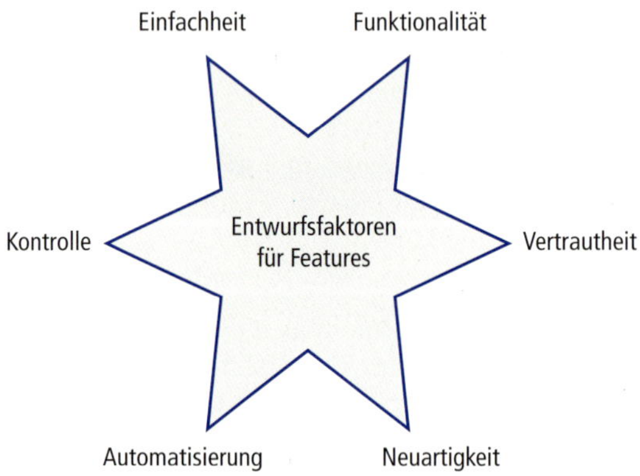

Abbildung 3.9: Faktoren beim Entwurf des Funktionsumfangs

Leider ist es unmöglich, einen Featuresatz zu entwerfen, bei dem alle diese Faktoren optimiert sind, sodass Sie einige Kompromisse eingehen müssen:

1 *Einfachheit und Funktionalität:* Jeder wünscht sich Software, die so einfach wie möglich anzuwenden ist. Gleichzeitig fordern die Nutzer eine Funktionalität, die sie bei den gewünschten Aktivitäten unterstützt. Es ist also Ihre Aufgabe, ein Gleichgewicht zu finden zwischen der Bereitstellung eines einfachen, leicht zu bedienenden Systems einerseits und dem Anbieten von genügend Funktionalität, um Nutzer mit einer Vielzahl von Bedürfnissen anzusprechen.

2 *Vertrautheit und Neuartigkeit:* Die Anwender wünschen, dass neue Software die vertrauten Alltagsaufgaben, die Teil ihrer Arbeit oder ihres Lebens sind, unterstützt. Wenn Sie allerdings nur die Funktionalität eines Produkts, das bereits verwendet wird, reproduzieren, dann gibt es für die Nutzer eigentlich keine Motivation zu wechseln. Um die Benutzer zur Einführung Ihres Systems zu animieren, müssen Sie neue Features integrieren, mit denen Sie die Benutzer davon überzeugen, dass Ihr Produkt mehr kann als die Konkurrenzprodukte.

3 *Automatisierung und Kontrolle:* Vielleicht beschließen Sie, dass Ihr Produkt einige Funktionen automatisch ausführt, was andere Produkte nicht können. Allerdings arbeitet jeder Benutzer zwangsläufig anders. Es kann sein, dass einige Anwender Automatisierung auf Seiten der Software mögen. Andere ziehen es vor, die Kontrolle zu behalten. Sie müssen daher sorgfältig darüber nachdenken, was automatisiert werden kann, wie es automatisiert wird und wie Benutzer die Automatisierung so konfigurieren können, dass das System auf ihre Bedürfnisse zugeschnitten werden kann.

Ihre Wahl hat einen großen Einfluss auf die Features, die in Ihrem Produkt enthalten sein sollen, wie sie sich integrieren und welche Funktionalität sie bieten. Die konkrete Auswahl, die Sie treffen – zum Beispiel sich auf Einfachheit zu konzentrieren – wird den Entwurf Ihres Produkts bestimmen.

Ein Problem, das Produktentwickler beachten und vermeiden sollten, ist der „schleichende Funktionszuwachs", auch Feature-Creep genannt. Das bedeutet, die Anzahl der Funktionen in einem Produkt steigt schleichend an, sobald neue Anwendungsmöglichkeiten des Produkts vorhergesehen werden.

Die Größe und Komplexität vieler großer Softwareprodukte wie Microsoft Office und Adobe Photoshop sind eine Folge dieses schleichenden Funktionszuwachses. Die meisten Anwender nutzen nur eine relativ kleine Teilmenge der Funktionen dieser Produkte. Anstatt einen Schritt zurückzugehen und das ein oder andere zu vereinfachen, haben die Entwickler der Software ständig neue Features hinzugefügt.

Feature-Creep erhöht die Komplexität eines Produkts, was bedeutet, dass Sie wahrscheinlich Fehler und Sicherheitsschwachstellen in die Software einbringen werden. Außerdem wird dadurch in der Regel die Benutzeroberfläche komplexer. Ein großer Funktionsumfang bedeutet oft, dass Sie nur vage zusammenhängende Features miteinander bündeln und über ein übergeordnetes Menü zugänglich machen müssen. Insbesondere für weniger erfahrene Benutzer kann dies unübersichtlich sein.

Aus drei Gründen kommt es zu Feature-Creep:

1. Produktmanager und Marketingleiter besprechen die benötigte Funktionalität mit einer Reihe unterschiedlicher Produktanwender. Verschiedene Benutzer haben etwas andere Bedürfnisse oder tun vielleicht dasselbe, aber auf leicht unterschiedliche Weise. Natürlich will man wichtige Benutzer nicht zurückweisen, sodass am Ende Funktionalität zur Erfüllung aller Benutzerwünsche in das Produkt einfließt.

2. Konkurrenzprodukte werden mit etwas anderer Funktionalität als Ihr Produkt eingeführt. Dadurch entsteht auf der Marketingseite der Druck, vergleichbare Features einzubinden, damit der Marktanteil nicht an diese Wettbewerber verloren geht. Dies kann zu regelrechten „Feature-Kriegen" führen, in deren Verlauf sich die konkurrierenden Produkte immer mehr aufblähen, je mehr sie die Funktionen ihrer Konkurrenten kopieren.

3. Das Produkt versucht, gleichermaßen erfahrene wie unerfahrene Benutzer zu unterstützen. Für die unerfahrenen Anwender werden einfache Möglichkeiten zum Ausführen häufig verwendeter Aktionen hinzugefügt, gleichzeitig bleiben die komplexeren Funktionen zur Bewältigung derselben Aufgabe erhalten, da die erfahrenen Nutzer diese Arbeitweise vorziehen.

Um Feature-Creep zu vermeiden, sollten der Produktmanager und das Entwicklerteam alle Vorschläge für Funktionen überprüfen und neue Vorschläge mit bereits zur Implementierung akzeptierten Features vergleichen. Die in ▶ Abbildung 3.10 dargestellten Fragen können verwendet werden, um unnötige Features zu identifizieren.

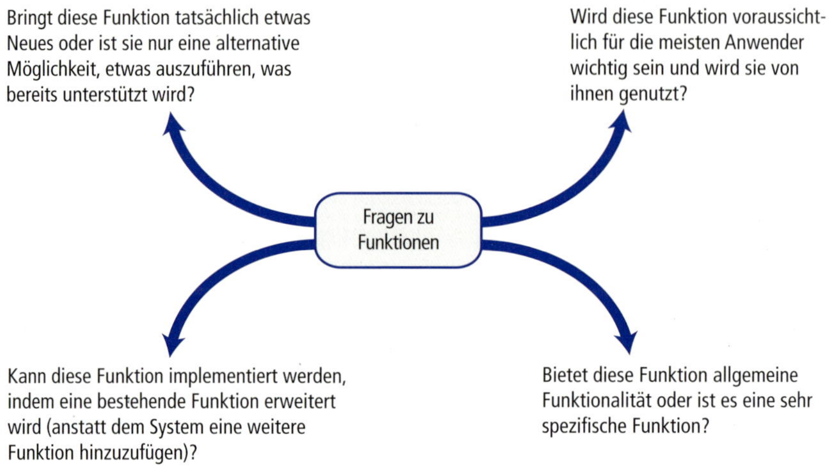

Abbildung 3.10: Vermeidung von schleichendem Funktionszuwachs

3.4.1 Ableitung von Features

Wenn Sie mit einer Produktvision beginnen oder Szenarios schreiben, die auf dieser Vision basieren, fallen Ihnen sofort Produktmerkmale ein. Die Vision zum iLearn-System habe ich in ▶ Kapitel 1 vorgestellt, in ▶ Tabelle 3.9 ist sie noch einmal zu sehen.

FÜR Lehrer und Pädagogen, DIE eine Möglichkeit benötigen, *Schülern bei der Nutzung webbasierter Lernressourcen und -anwendungen zu helfen*, IST DAS iLearn-System EINE offene Lernumgebung, DIE *es ermöglicht, dass Lehrer die von Klassen und Schülern verwendeten Ressourcen für diese Schüler und Klassen selbst einfach konfigurieren können.* ANDERS ALS virtuelle Lernumgebungen wie Moodle liegt der Schwerpunkt von iLearn auf dem Lernprozess und nicht auf der Verwaltung von Materialien, Aufgaben und Kursarbeiten. UNSER PRODUKT *erlaubt es Lehrern, fach- und altersspezifische Umgebungen für ihre Schüler zu erstellen*, wobei sie alle geeigneten webbasierten Ressourcen wie Videos, Simulationen und schriftliche Materialien verwenden können.

Tabelle 3.9: Die Vision zum iLearn-System

In dieser Vision habe ich Sätze hervorgehoben, in denen Funktionen vorgeschlagen werden, die Teil des Produkts sein sollten, unter anderem:

- eine Funktion, die es Benutzern ermöglicht, auf bestehende webbasierte Ressourcen zuzugreifen und diese zu nutzen;
- eine Funktion, die es ermöglicht, dass das System in mehreren verschiedenen Konfigurationen existiert;
- eine Funktion, die Nutzerkonfigurationen des Systems ermöglicht, um eine spezifische Umgebung zu erstellen.

Diese Funktionen unterscheiden das iLearn-System von bestehenden VLEs und sind die zentralen Merkmale des Produkts.

Dieser Ansatz, Satzteile in einer erzählenden Beschreibung hervorzuheben, kann bei der Analyse von Szenarios verwendet werden, um Systemeigenschaften zu finden. Sie lesen die Szenarios durch, suchen nach Benutzeraktionen (normalerweise durch aktive Verben wie „verwenden", „wählen", „senden", „aktualisieren" usw. bezeichnet) und markieren die Teile, in denen diese erwähnt werden. Dann überlegen Sie, welche Produktmerkmale diese Aktionen unterstützen und wie sie umgesetzt werden können. In ▶ Abbildung 3.10 habe ich dies mit dem Szenario für Jack (▶ Tabelle 3.5) vorgeführt, in dem er ein System für die Projektarbeit seiner Schüler erstellt.

Jack ist Grundschullehrer in Ullapool und unterrichtet die 6. Klasse. Er hat beschlossen, ein Klassenprojekt zu starten, das die Fischereibranche in der Gegend zum Thema hat. Es sollen die Geschichte, die Entwicklung und die wirtschaftliche Bedeutung der Fischerei betrachtet werden. Als Teil dieses Projekts werden die Schüler aufgefordert, Erinnerungen von Verwandten zusammenzutragen, Zeitungsarchive zu benutzen und alte Fotos zu sammeln, die mit Fischerei und Fischergemeinden der Gegend zu tun haben. *Die Schüler nutzen ein iLearn-Wiki*, um Geschichten zur Fischerei zusammenzutragen, und *SCRAN (eine Website für historische Archive), um auf Zeitungsarchive und Bilder zuzugreifen*. Jack benötigt trotzdem noch eine Website zum Foto-Sharing, weil er möchte, dass *die Schüler Fotos aufnehmen und gegenseitig kommentieren sowie Scans von alten Fotos hochladen*, die es vielleicht in ihren Familien gibt. Jack muss in der Lage sein, Beiträge mit Fotos zu moderieren, bevor sie geteilt werden, denn Kinder unter zwölf Jahren können Urheberrechts- und Datenschutzprobleme nicht verstehen. Jack *schickt eine E-Mail an eine Gruppe von Grundschullehrern*, in der er Mitglied ist, und fragt an, ob irgendjemand ein passendes System empfehlen kann. Zwei Lehrer antworten und beide schlagen vor, die Seite KidsTakePics zu nehmen, eine Foto-Sharing-Website, die es Lehrern ermöglicht, die Inhalte zu überprüfen und zu moderieren. Da KidsTakePics *nicht in dem iLearn-Authentifizierungsdienst integriert ist*, richtet er ein Lehrer- und ein Klassenkonto ein. *Er verwendet den Einrichtungsdienst von iLearn, um KidsTakePics zu den Diensten hinzuzufügen, die die Schüler seiner Klasse nach der Anmeldung sehen*. So können sie das System direkt verwenden, um Fotos von ihren Smartphones und den Klassencomputern hochzuladen.

Tabelle 3.10: Das Szenario für Jack mit hervorgehobenen Satzteilen

Der hervorgehobene Text kennzeichnet Funktionen und Leistungsmerkmale, die Teil des iLearn-Systems sein sollten:

- ein Wiki für das Schreiben in Gruppen;
- Zugang zum SCRAN-Geschichtsarchiv, das eine gemeinsame nationale Ressource ist, die Schulen und Universitäten Zugang zu historischen Zeitungs- und Zeitschriftenartikeln bietet;
- die Möglichkeit, eine E-Mail-Gruppe einzurichten und darauf zuzugreifen;
- die Möglichkeit, einige Anwendungen mit dem iLearn-Authentifizierungsdienst zu integrieren.

Auch die Notwendigkeit der Konfigurationsfunktion wird bestätigt, die bereits mithilfe der Produktvision identifiziert wurde.

Die Identifikation der Features sollte eine Teamaktivität sein und wenn Funktionen identifiziert sind, dann sollte das Team diese diskutieren und Ideen über verwandte Features entwickeln. Aus dem Szenario für Jack kann man entnehmen, dass es einen Bedarf nach einem gemeinsamen Schreiben in Gruppen gibt. Sie sollten daher über altersgerechte Möglichkeiten nachdenken, um Features zu entwerfen für:

- gemeinsames Schreiben, bei dem mehrere Personen gleichzeitig an einem Dokument arbeiten können;

- Blogs und Webseiten als Möglichkeit zum Informationsaustausch.

Sie können auch überlegen, die durch das Szenario vorgeschlagenen Features zu verallgemeinern. Das Szenario identifiziert die Notwendigkeit, auf ein externes Archiv (SCRAN) zuzugreifen. Möglicherweise sollte jedoch die Funktion, die Sie der Software hinzufügen, den Zugriff auf beliebige externe Archive unterstützen und es den Schülern ermöglichen, Informationen auf das iLearn-System zu übertragen.

Sie können nun den gleichen Prozess für alle von Ihnen entwickelten Szenarios durchlaufen, indem Sie Satzteile hervorheben und diese verwenden, um Produkteigenschaften zu identifizieren und dann zu verallgemeinern. Wenn Sie User-Storys entwickelt haben, um Ihre Szenarios zu verfeinern, kann aus diesen sofort eine Produktfunktion oder eine Leistungsmerkmal erzeugt werden. Die folgende Story wurde zum Beispiel aus dem Szenario für Emma abgeleitet (▶ Tabelle 3.6):

> *Als Lehrer und Elternteil möchte ich in der Lage sein, das passende iLearn-Konto auszuwählen, sodass ich nicht für jedes Konto eigene Zugangsdaten besitzen muss.*

Diese Story besagt, dass die Konto-Funktion des iLearn-Systems dem Konzept, dass ein einzelner Benutzer mehrere Konten haben kann, gerecht werden muss. Jedes Konto ist mit einer bestimmten Rolle verbunden, die der Anwender bei der Nutzung des Systems übernehmen kann. Beim Anmelden sollten die Benutzer in der Lage sein, das Konto auszuwählen, das sie verwenden möchten.

3.4.2 Die Featureliste

Die Ausgabe des Prozesses zur Identifizierung von Merkmalen sollte eine Liste von Funktionen sein, die Sie für die Gestaltung und Implementierung Ihres Produkts einsetzen. In diesem Stadium ist es nicht nötig, die Funktionen detailliert auszuarbeiten. Einzelheiten werden hinzugefügt, wenn Sie das Feature implementieren.

Sie können die Features auf der Liste mit dem Modell Eingabe–Aktion–Ausgabe beschreiben, das in ▶ Abbildung 3.2 dargestellt ist. Alternativ können Sie auch eine Standardvorlage verwenden, die eine erzählende Beschreibung der Funktion, zu berücksichtigende Einschränkungen und andere relevante Kommentare enthält.

▶ Abbildung 3.11 ist ein Beispiel für diese Feature-Vorlage, die zur Beschreibung der Authentifizierungsfunktion im iLearn-System verwendet wird.

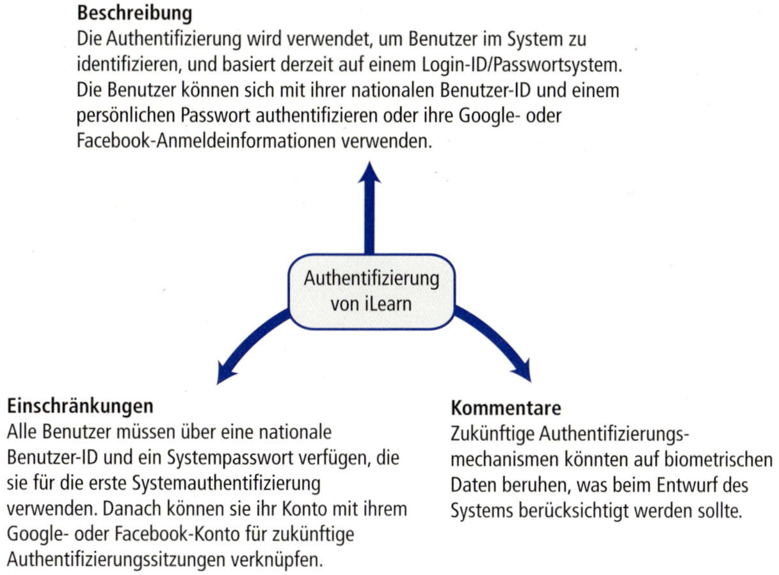

Abbildung 3.11: Die Authentifizierungsfunktion von iLearn

Die mit dem Feature verbundenen Beschreibungen können manchmal sehr einfach sein. Beispielsweise könnte eine Druck-Funktion mit der einfachen Vorlage beschrieben werden, die ich zu Beginn des Kapitels vorgestellt habe:

Drucke das Dokument auf einem ausgewählten Drucker oder als PDF.

Sie können ein Feature aber auch aus einer oder mehreren User-Storys entwickeln. Beschreibungen auf Basis von User-Storys sind besonders dann hilfreich, wenn Sie bei der Entwicklung der Software Scrum und storybasierte Planung einsetzen wollen.
▶ Tabelle 3.11 zeigt, wie Sie die Konfigurationsfunktion des iLearn-Systems mithilfe von User-Storys und der in ▶ Abbildung 3.11 dargestellten Vorlage beschreiben können. In diesem Beispiel habe ich eine alternative, textbasierte Form der Vorlage verwendet. Dies ist sinnvoll, wenn Sie relativ lange Funktionsbeschreibungen haben. Beachten Sie, dass die Tabelle User-Storys vom Systemmanager und von einem Lehrer enthält.
Das Produktentwicklerteam sollte sich treffen, um die Szenarios und Storys zu besprechen, und es ist sinnvoll, die erste Liste der Features auf einem Whiteboard festzuhalten. Dies kann auch mittels webbasierten Diskussionen erfolgen, diese sind allerdings weniger effektiv als persönliche Treffen. Die Featureliste sollte dann in einem gemeinsam genutzten Dokument wie einem Wiki, mit Google Sheets oder einem System zur Fehlerverfolgung wie JIRA gespeichert werden. Die Funktionsbeschreibungen können dann aktualisiert und freigegeben werden, sobald sich neue Informationen zu den Features ergeben.

Systemkonfiguration von iLearn
Beschreibung Als Systemmanager möchte ich eine iLearn-Umgebung erstellen und konfigurieren, indem ich Dienste zu/von dieser Umgebung hinzufüge und entferne, sodass ich Umgebungen für bestimmte Zwecke erzeugen kann. Als Systemmanager möchte ich Subumgebungen einrichten, die eine Teilmenge der Dienste umfassen, die in einer anderen Umgebung enthalten sind. Als Systemmanager möchte ich den erstellten Umgebungen Administratoren zuordnen. Als Systemmanager möchte ich die Rechte der Administratoren einschränken, damit sie nicht versehentlich oder vorsätzlich den Betrieb der Kerndienste stören. Als Lehrer möchte ich Dienste hinzufügen können, die nicht im iLearn-Authentifizierungssystem integriert sind.
Einschränkungen Die Verwendung einiger Werkzeuge kann aus Lizenzgründen eingeschränkt sein, sodass es eventuell erforderlich ist, im Laufe der Konfiguration auf Lizenzmanagementdienste zuzugreifen.
Kommentare Basieren auf den Szenarios von Elena und Jack.

Tabelle 3.11: Beschreibung von Features anhand von User-Storys

Haben Sie eine erste Liste von Features entwickelt, dann sollten Sie entweder Ihren bestehenden Prototyp erweitern oder ein Prototypsystem erstellen, um diese Features zu demonstrieren. Wie bereits in ▶ Kapitel 1 gesagt, ist das Ziel von Software-Prototyping, Produktideen zu testen und zu verdeutlichen und Ihr Produkt dem Management, den Geldgebern und potenziellen Kunden vorzuführen. Sie sollten sich auf die neuartigen und entscheidenden Features Ihres Systems konzentrieren. Routinefunktionen wie Ausschneiden und Einfügen oder Drucken müssen hierfür nicht implementiert oder demonstriert werden.

Wenn Sie einen Prototyp haben und mit ihm experimentiert haben, werden Sie unweigerlich Probleme, Auslassungen und Inkonsistenzen in Ihrer anfänglichen Featureliste entdecken. Aktualisieren und ändern Sie diese Liste dann, bevor Sie mit der Entwicklung Ihres Softwareprodukts beginnen.

Meiner Meinung nach sollten Szenarios und User-Storys immer der Ausgangspunkt für die Identifizierung von Produktmerkmalen sein. Das Problem, Produktentwürfe auf Benutzermodellierung und -forschung zu gründen, besteht jedoch darin, dass man in bestehenden Arbeitsweisen gefangen bleibt. Szenarios zeigen Ihnen, wie Benutzer im Moment arbeiten; sie zeigen nicht, wie sie ihre Arbeitsweise ändern könnten, wenn sie die richtige Software als Unterstützung hätten.

Nutzerforschung allein hilft Ihnen selten, innovativ zu sein und neue Arbeitsweisen zu erfinden. Nokia, damals Weltmarktführer im Bereich der Mobiltelefone, hat umfangreiche Benutzerforschung betrieben und immer bessere konventionelle Telefone produziert. Dann erfand Apple das Smartphone ohne Nutzerforschung – und Nokia ist heute nur noch ein kleiner Akteur im Telefongeschäft.

Wie gesagt sind Storys und Szenarios Werkzeuge, die zum Denken anregen; der wichtigste Vorteil ihres Einsatzes ist, dass Sie ein Verständnis dafür entwickeln, wie Ihre Software verwendet werden könnte. Es ist sinnvoll, zunächst aus Storys und Szenarios einen Funktionskatalog zu identifizieren. Sie sollten aber auch kreativ über alternative oder zusätzliche Features nachdenken, die den Anwendern helfen, effizienter zu arbeiten oder Dinge anders zu machen.

Zusammenfassung

- Ein Feature eines Softwareprodukts ist ein Fragment der Funktionalität, das etwas implementiert, was ein Benutzer eventuell bei der Verwendung des Produkts benötigt oder wünscht.
- Die erste Phase der Produktentwicklung besteht darin, die Liste der Produkteigenschaften zu identifizieren. Benennen Sie jedes Feature dieser Liste und geben Sie eine kurze Beschreibung seiner Funktionalität.
- Personas sind „imaginäre Benutzer" – Charakterportraits von Benutzertypen, von denen Sie denken, dass sie Ihr Produkt verwenden könnten.
- Die Beschreibung einer Persona sollte ein Bild eines typischen Produktanwenders zeichnen. Es sollte den Bildungsstand, die Technologieerfahrung sowie die Gründe für die Verwendung Ihres Produkts beschreiben.
- Ein Szenario ist eine Schilderung, die eine Situation beschreibt, in der ein Benutzer auf Produktfunktionen zugreift, um gewünschte Aktivitäten auszuführen.
- Szenarios sollten immer aus der Sicht des Anwenders geschrieben werden und auf identifizierten Personas oder realen Benutzern basieren.
- User-Storys sind Schilderungen, die mehr ins Detail gehen und strukturiert etwas darstellen, was ein Benutzer von einem Softwaresystem erwartet.
- User-Storys können verwendet werden, um ein Szenario zu erweitern und Details hinzuzufügen, oder dienen als Teil der Beschreibung von Systemfunktionen.
- Die wichtigsten Einflussfaktoren bei der Identifizierung und dem Entwurf von Features sind Benutzerforschung, Fachbereichswissen, Produktwissen und Technologiewissen.
- Sie können Features aus Szenarios und Storys identifizieren, indem Sie Benutzeraktionen in diesen Schilderungen hervorheben und über die Funktionen nachdenken, die Sie zur Unterstützung dieser Aktionen benötigen.

Ergänzende Literatur

„An Introduction to Feature-Driven Development“: Dieser Artikel ist eine Einführung in diese agile Methode, die sich auf Funktionen konzentriert, ein Schlüsselelement von Softwareprodukten (S. Palmer, 2009).
https://dzone.com/articles/introduction-feature-driven

„A Closer Look at Personas: What they are and how they work“: Dieser ausgezeichnete Artikel über Personas erklärt, wie sie in verschiedenen Situationen eingesetzt werden können. Viele Links zu relevanten zugehörigen Artikeln (S. Goltz, 2014).
https://www.smashingmagazine.com/2014/08/a-closer-look-at-personas-part-1/

„How User Scenarios Help to Improve Your UX“: Szenarios werden häufig bei der Gestaltung der User Experience für ein System verwendet. Die Empfehlungen hier sind jedoch ebenso relevant für Szenarios, die helfen sollen, Systemeigenschaften zu finden (S. Idler, 2011).
https://usabilla.com/blog/how-user-scenarios-help-to-improve-your-ux/

„10 Tips for Writing Good User Stories“: Fundierte Ratschläge zum Schreiben von Storys – von einem Autor, der den Wert von User-Storys pragmatisch betrachtet (R. Pichler, 2016).
http://www.romanpichler.com/blog/10-tips-writing-good-user-stories/

„What Is a Feature? A qualitative study of features in industrial software product lines“: Dieser akademische Artikel diskutiert eine Studie zu Funktionen in vier verschiedenen Systemen und versucht festzustellen, was ein „gutes“ Feature ist. Es wird gefolgert, dass gute Features die kundenbezogene Funktionalität genau beschreiben sollten (T. Berger et al., 2015).
https://people.csail.mit.edu/mjulia/publications/What_Is_A_Feature_2015.pdf

Präsentationen, Videos und Links

https://iansommerville.com/engineering-software-products/static/presentations-videos-and-links/features-scenarios-and-stories/

Übungen

Lösungshinweise

1 Beschreiben Sie mithilfe der Vorlage Eingabe–Aktion–Ausgabe, die ich am Anfang dieses Kapitels vorgestellt habe, zwei Funktionen von Software, die Sie häufig verwenden, wie z. B. einen Editor oder ein Präsentationssystem.

2 Erklären Sie, warum es hilfreich ist, eine Reihe von Personas zu entwickeln, die Typen von Systembenutzern repräsentieren, bevor Sie mit dem Schreiben von Szenarios beginnen, wie das System verwendet wird.

3 Schreiben Sie – basierend auf Ihren eigenen Erfahrungen mit Schule und Lehrern – eine Persona für einen naturwissenschaftlichen Lehrer einer weiterführenden Schule, der daran interessiert ist, einfache elektronische Systeme aufzubauen und sie im Klassenunterricht zu verwenden.

4 Erweitern Sie das in ▶ Tabelle 3.5 dargestellte Szenario für Jack um einen Abschnitt, in dem die Schülerinnen und Schüler Audio-Erinnerungen von ihren älteren Freunden und Verwandten aufnehmen und in das iLearn-System einfügen.

5 Was sind Ihrer Meinung nach die Schwächen von Szenarios als Möglichkeit für die Entwickler sich auszumalen, wie Benutzer mit einem Softwaresystem interagieren könnten?

6 Leiten Sie, ausgehend von dem Szenario für Jack (▶ Tabelle 3.5), vier User-Storys über die Nutzung des iLearn-Systems durch Schüler und Lehrer ab.

7 Was sind Ihrer Meinung nach die Schwächen von User-Storys, wenn sie verwendet werden, um Systemeigenschaften und deren Funktionsweisen zu identifizieren?

8 Erklären Sie, warum Fachbereichswissen wichtig ist, um Produkteigenschaften zu identifizieren und zu gestalten.

9 Schlagen Sie vor, wie ein Entwicklerteam Feature-Creep vermeiden kann, wenn das Team mit vielen verschiedenen Vorschlägen für neue Features konfrontiert wird, die einem Produkt hinzugefügt werden sollen.

10 Verwenden Sie die Methode der Hervorhebung von Satzteilen im Szenario wie bei dem in ▶ Tabelle 3.7 dargestellten Szenario für Elena, um vier Funktionen zu identifizieren, die in das iLearn-System integriert werden können.

Softwarearchitektur

4

ÜBERBLICK

Im Mittelpunkt dieses Buches stehen Softwareprodukte – individuelle Anwendungen, die auf Servern, PCs oder mobilen Geräten laufen. Um ein zuverlässiges, sicheres und effizientes Produkt zu entwickeln, müssen Sie auf seine Gesamtorganisation, die Art und Weise, wie die Software in Komponenten zerlegt wird, die Serverorganisation und die Technologien, die zum Erstellen der Software verwendet werden, achten. Kurz gesagt, Sie müssen die Softwarearchitektur entwerfen.

Die Architektur eines Softwareprodukts beeinflusst seine Leistung, Benutzerfreundlichkeit, Sicherheit, Zuverlässigkeit und Wartbarkeit. Architektonische Fragen sind so wichtig, dass ihnen drei Kapitel in diesem Buch gewidmet sind. In diesem Kapitel beschäftige ich mich mit der Zerlegung von Software in Komponenten, der Client-Server-Architektur sowie Technologiefragen, die die Softwarearchitektur betreffen. In ▶ Kapitel 5 geht es um Architekturfragen und Entscheidungen, die Sie treffen müssen, wenn Sie Ihre Software in der Cloud implementieren. In ▶ Kapitel 6 behandele ich die Microservice-Architektur, die besonders wichtig für cloudbasierte Produkte ist.

Wenn Sie im Internet nach „Definition Softwarearchitektur" suchen, finden Sie viele verschiedene Interpretationen des Begriffs. Einige konzentrieren sich auf „Architektur" als Substantiv, die Struktur eines Systems; andere betrachten „Architektur" als Verb, den Prozess der Definition dieser Strukturen. Anstatt mir eine weitere Definition auszudenken, verwende ich eine Definition der Softwarearchitektur, die in einem IEEE-Standard[1] enthalten ist, wie in ▶ Tabelle 4.1 dargestellt.

Softwarearchitektur
Architektur ist die grundlegende Organisation eines Softwaresystems mit all seinen Komponenten, deren Beziehungen zueinander und zur Umgebung sowie die Prinzipien, die den Entwurf und die Entwicklung des Systems leiten.

Tabelle 4.1: IEEE-Definition der Softwarearchitektur

Ein wichtiger Begriff in dieser Definition ist „Komponenten". Hier wird der Begriff sehr allgemein verwendet – eine Komponente kann von einem Programm (großer Maßstab) bis zu einem Objekt (kleiner Maßstab) alles sein. Eine Komponente ist ein Element, das einen zusammenhängenden Satz von Funktionalität oder Features implementiert. Beim Entwurf einer Softwarearchitektur müssen Sie sich nicht entscheiden, wie ein Architekturelement oder eine Komponente implementiert werden soll. Vielmehr entwerfen Sie die Komponentenschnittstelle und verschieben die Implementierung dieser Schnittstelle in ein späteres Stadium des Entwicklungsprozesses.

Am besten stellen Sie sich eine Softwarekomponente als eine Sammlung von einem oder mehreren Services vor, die von anderen Komponenten verwendet werden können (▶ Abbildung 4.1). Ein Service ist ein zusammenhängendes Fragment der Funktionalität. Die Bandbreite reicht von einem großen Dienst, wie beispielsweise einem Datenbankdienst, bis hin zu einem Microservice, der eine sehr spezifische Aufgabe erfüllt. So gibt es beispielsweise einen Microservice, der nur die Gültigkeit einer URL überprüft. Services können direkt implementiert werden, wie ich in ▶ Kapitel 6 über die Microservice-Architektur bespreche. Alternativ können Dienste Teile von Modulen oder Objekten sein

1 IEEE-Standard 1471. Diese wurde nun durch eine spätere Norm ersetzt, die die Definition überarbeitet hat. Meiner Meinung nach ist die überarbeitete Definition keine Verbesserung, sie ist schwieriger zu erklären und zu verstehen. *https://en.wikipedia.org/wiki/IEEE_1471*.

und über eine definierte Komponentenschnittstelle oder eine Programmierschnittstelle (*Application Programming Interface*, API) angesprochen werden.

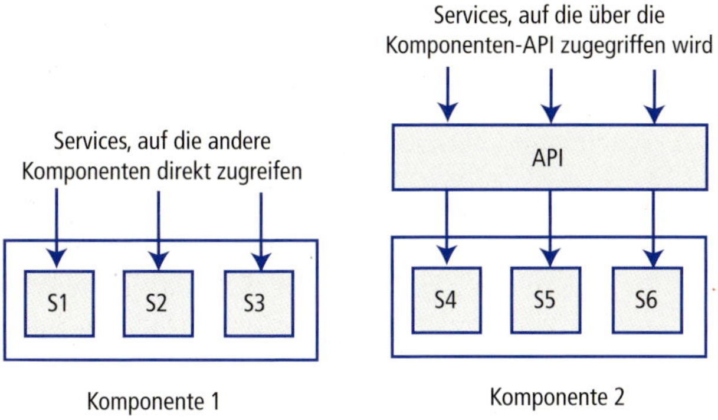

Abbildung 4.1: Zugriff auf Dienste, die von Softwarekomponenten bereitgestellt werden

Die ersten Enthusiasten für agile Entwicklung erfanden Slogans wie „You Ain't Gonna Need It" (YAGNI – „Du wirst es nicht brauchen") und „Big Design Up Front" (BDUF – bedeutet, dass das Design festgelegt wird, bevor die Implementierung beginnt), wobei YAGNI gut und BDUF schlecht ist. Es wurde geraten, dass die Entwickler keine Änderungen in ihren Systemen planen sollten, da Veränderungen nicht vorhergesagt werden können und eventuell auch nie stattfinden. Viele Leute denken, dies bedeutet, dass agile Entwickler nicht an die Notwendigkeit glaubten, die Architektur eines Softwaresystems vor der Implementierung zu entwerfen. Vielmehr sollten Probleme, die während der Entwicklung auftreten, einfach durch Refactoring – Änderung und Reorganisation der Software – behoben werden.

Die Erfinder agiler Methoden sind gute Ingenieure und ich glaube nicht, dass sie gemeint haben, der Entwurf der Softwarearchitektur sollte nicht geplant werden. Ein Prinzip agiler Methoden ist, dass die Systemplanung und -dokumentation minimiert werden sollte. Das bedeutet jedoch nicht, dass Sie die Gesamtstruktur Ihres Systems nicht planen und beschreiben können. Agile Methoden wissen heute um die Bedeutung des Architekturentwurfs und raten, diesen als frühe Aktivität im gesamten Entwicklungsprozess vorzusehen. Sie können dies in einem Scrum-Sprint tun, bei dem das Ergebnis des Sprints ein informelles Architekturdesign ist.

Einige Leute denken, dass es am besten ist, einen einzigen Softwarearchitekten zu haben. Diese Person sollte ein erfahrener Ingenieur sein, der Hintergrundwissen und Fachwissen einsetzt, um eine kohärente Architektur zu schaffen. Das Problem bei diesem Modell besteht jedoch darin, dass das Team die getroffenen architektonischen Entscheidungen möglicherweise nicht versteht. Um sicherzustellen, dass Ihr gesamtes Team die Architektur versteht, sollte meiner Meinung nach jeder in irgendeiner Weise in den architektonischen Entwurfsprozess einbezogen werden. Dies hilft weniger erfahrenen Teammitgliedern zu lernen und zu verstehen, warum Entscheidungen getroffen werden. Darüber hinaus können neue Teammitglieder Kenntnisse und Einblicke in neue oder unbekannte Technologien haben, die bei Entwurf und Implementierung der Software eingesetzt werden können.

Ein Entwicklerteam sollte die Architektur des Softwareprodukts entwerfen und diskutieren, bevor es mit der endgültigen Implementierung beginnt. Man sollte sich auf Prioritäten einigen und die Kompromisse verstehen, die man bei diesen architektonischen

Entscheidungen eingeht. Das Team sollte eine Beschreibung der Produktarchitektur erstellen, die die Grundstruktur der Software festlegt und als Referenz für deren Implementierung dient.

4.1 Warum ist Architektur wichtig?

Ich habe in ▶ Kapitel 1 vorgeschlagen, dass Sie immer einen Produktprototyp entwickeln sollten. Das Ziel eines Prototyps ist es, Ihnen zu helfen, mehr über das Produkt zu erfahren, das Sie entwickeln, und deshalb sollten Sie diesen so schnell wie möglich erstellen. Themen wie Sicherheit, Benutzerfreundlichkeit und langfristige Wartbarkeit sind in diesem Stadium nicht von Bedeutung.
Bei der Entwicklung eines Endprodukts sind jedoch „nichtfunktionale“ Attribute von entscheidender Bedeutung (▶ Tabelle 4.2). Es sind diese Attribute und nicht die Produkteigenschaften, die die Beurteilung der Qualität Ihrer Software durch den Anwender beeinflussen. Wenn Ihr Produkt unzuverlässig, unsicher oder schwer zu bedienen ist, dann ist der Misserfolg so gut wie vorprogrammiert. Die Produktentwicklung dauert viel länger als das Prototyping, da Zeit und Aufwand erforderlich ist, um sicherzustellen, dass Ihr Produkt zuverlässig, wartbar, sicher und so weiter ist.

Attribut	Kernfragen
Reaktionsgeschwindigkeit (*responsiveness*)	Liefert das System dem Nutzer die Resultate in einer angemessenen Zeit?
Zuverlässigkeit (*reliability*)	Verhalten sich die Systemfunktionen wie von Entwicklern und Anwendern erwartet?
Verfügbarkeit (*availability*)	Kann das System seine Dienste zu dem Zeitpunkt anbieten, an dem sie von den Nutzern angefordert werden?
Sicherheit (*security*)	Schützt das System sich selbst und die Anwenderdaten vor unautorisierten Eindringlingen und Angriffen?
Benutzerfreundlichkeit (*usability*)	Können die Systemnutzer auf die Features zugreifen, die sie benötigen, und diese schnell und fehlerfrei verwenden?
Wartbarkeit (*maintainability*)	Kann das System bequem aktualisiert werden und können neue Funktionen ohne übermäßige Kosten hinzugefügt werden?
Resilienz (*resilience*)	Kann das System auch dann Benutzerdienste bereitstellen, wenn es teilweise ausfällt oder einem externen Angriff ausgesetzt ist?

Tabelle 4.2: Nichtfunktionale Attribute der Systemqualität

Architektur ist wichtig, denn sie hat einen grundlegenden Einfluss auf die hier genannten nichtfunktionalen Eigenschaften. ▶ Tabelle 4.3 ist ein Beispiel außerhalb der Computerwelt dafür, wie sich Architekturentscheidungen auf Systemeigenschaften auswirken. Es stammt aus dem Film *Rogue One*, der Teil der *Star-Wars*-Saga ist.

Eine zentralisierte Sicherheitsarchitektur

Im *Star-Wars*-Prequel *Rogue One* (*https://de.wikipedia.org/wiki/Rogue_One:_A_Star_Wars_Story*) hat das böse Imperium die Pläne für all seine Ausrüstung an einem einzigen, hochsicheren, gut bewachten und abgelegenen Ort verwahrt. Dies wird als zentralisierte Sicherheitsarchitektur bezeichnet. Sie basiert auf dem folgenden Prinzip: Wenn Sie all Ihre Informationen an einem Ort aufbewahren, dann können Sie viele Ressourcen einsetzen, um diese Informationen zu schützen und sicherzustellen, dass Eindringlinge sie nicht erhalten.

Leider (für das Imperium) gelang es den Rebellen, diese Sicherheitsmaßnahmen zu durchbrechen. Sie stahlen die Pläne für den Todesstern – ein Ereignis, das die gesamte *Star-Wars*-Saga untermauert. Bei dem Versuch, die Rebellen zu stoppen, zerstörte das Imperium sein gesamtes Archiv der Systemdokumentation, was unvorhersehbare Kosten mit sich brachte. Hätte das Imperium eine verteilte Sicherheitsarchitektur gewählt, bei der verschiedene Teile der Todessternpläne an verschiedenen Orten aufbewahrt sind, dann wäre der Raub der Pläne schwieriger gewesen. Die Rebellen hätten die Sicherheitsschranken an allen Orten durchbrechen müssen, um die kompletten Blaupausen des Todessterns zu stehlen.

Tabelle 4.3: Der Einfluss der Architektur auf die Systemsicherheit

Rogue One ist Science-Fiction, aber es zeigt, dass architektonische Entscheidungen grundlegende Konsequenzen haben. Die Vorteile einer zentralisierten Sicherheitsarchitektur liegen darin, dass die Schutzmaßnahmen einfach zu entwerfen und aufzubauen sind und der effiziente Zugriff auf die geschützten Informationen gewährleistet ist. Wenn Sie jedoch eine Sicherheitslücke haben, dann verlieren Sie alles. Bei einer Verteilung der Informationen auf mehrere Standorte dauert es länger, bis Sie auf alle Informationen zugreifen können, und die Kosten für deren Schutz sind höher. Wird die Sicherheit jedoch an einem Ort verletzt, so verlieren Sie nur die Informationen, die Sie dort gespeichert haben.

▶ Abbildung 4.2 und ▶ Abbildung 4.3 veranschaulichen eine Situation, in der die Systemarchitektur die Wartbarkeit und Leistung eines Systems beeinflusst. ▶ Abbildung 4.2 zeigt ein System mit zwei Komponenten (C1 und C2), die sich eine gemeinsame Datenbank teilen. Dies ist eine gängige Architektur für webbasierte Systeme. Nehmen wir an, dass C1 langsam läuft, weil es die Informationen in der Datenbank reorganisieren muss, bevor es sie verwendet. Der einzige Weg, C1 schneller zu machen, könnte darin bestehen, die Datenbank zu ändern. Das bedeutet, dass auch C2 geändert werden muss, was die Reaktionszeit beeinflussen kann.

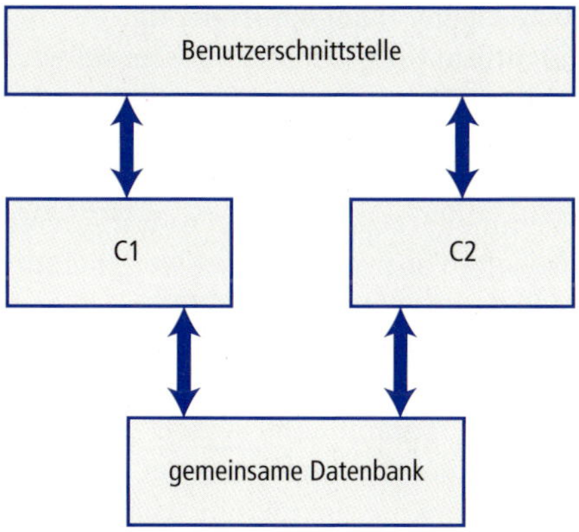

Abbildung 4.2: Architektur mit gemeinsamer Datenbank

▶ Abbildung 4.3 zeigt eine andere Architektur, bei der jede Komponente ihre eigene Kopie derjenigen Teile der Datenbank hat, die sie benötigt. Jede dieser Komponenten kann daher eine andere Datenbankstruktur verwenden und so effizient arbeiten. Wenn eine Komponente die Datenbankorganisation ändern muss, hat dies keinen Einfluss auf die andere Komponente. Außerdem kann das System im Falle eines Datenbankausfalls weiterhin einen Teildienst anbieten. Dies ist in einer zentralisierten Datenbankarchitektur nicht möglich.

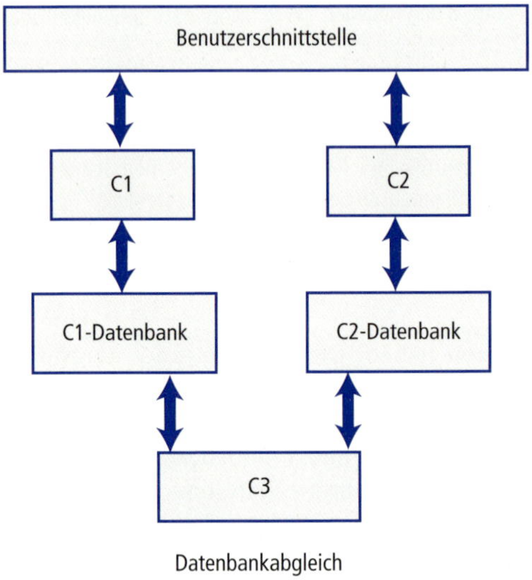

Abbildung 4.3: Architektur mit mehreren Datenbanken

Die verteilte Datenbankarchitektur kann jedoch langsamer laufen und mehr Kosten für die Implementierung und Änderung verursachen. Es muss ein Mechanismus (hier als Komponente C3 dargestellt) vorhanden sein, um sicherzustellen, dass die von C1 und C2 geteilten Daten bei Änderungen konsistent bleiben. Dies braucht Zeit und es kann vorkommen, dass Benutzer gelegentlich inkonsistente Informationen sehen. Darüber hinaus sind mit der verteilten Datenbankarchitektur zusätzliche Speicherkosten und höhere Änderungskosten verbunden, wenn dem System eine neue Komponente hinzugefügt werden muss, die eine eigene Datenbank benötigt.

Es ist nicht möglich, alle nichtfunktionalen Attribute im selben System zu optimieren. Die Optimierung eines Attributs, wie z.B. der Sicherheit, wirkt sich zwangsläufig auf andere Attribute aus, wie z.B. die Benutzerfreundlichkeit und Effizienz des Systems. Sie müssen über diese Probleme und die Softwarearchitektur nachdenken, bevor Sie mit der Programmierung beginnen. Andernfalls ist es fast unvermeidlich, dass Ihr Produkt unerwünschte Eigenschaften aufweist und schwer zu ändern sein wird.

Ein weiterer Grund für die Bedeutung der Architektur ist, dass die von Ihnen gewählte Softwarearchitektur die Komplexität Ihres Produkts beeinflusst. Je komplexer ein System, desto schwieriger und teurer ist es, dieses zu verstehen und zu verändern. Die Wahrscheinlichkeit steigt, dass Programmierer Fehler machen oder Bugs und Sicherheitsschwachstellen einbauen, wenn sie ein komplexes System ändern oder erweitern. Daher sollte die Minimierung der Komplexität ein wichtiges Ziel der Architekturplanung sein.

Die Organisation eines Systems hat tief greifende Auswirkungen auf dessen Komplexität und es ist sehr wichtig, dies beim Entwurf der Softwarearchitektur im Blick zu haben. Ich erkläre die Komplexität der Architektur in ▶ Abschnitt 4.3 „Zerlegung des Systems“ und behandele allgemeine Fragen der Programmkomplexität in ▶ Kapitel 8.

4.2 Architektonischer Entwurf

Architektonisches Design beinhaltet das Verständnis der Probleme, die die Architektur Ihres speziellen Produkts beeinflussen, und die Erstellung einer Beschreibung der Architektur, die die kritischen Komponenten und einige ihrer Beziehungen aufzeigt. Die für die Softwareproduktentwicklung wichtigsten architektonischen Aspekte sind in ▶ Abbildung 4.4 und ▶ Tabelle 4.4 dargestellt.

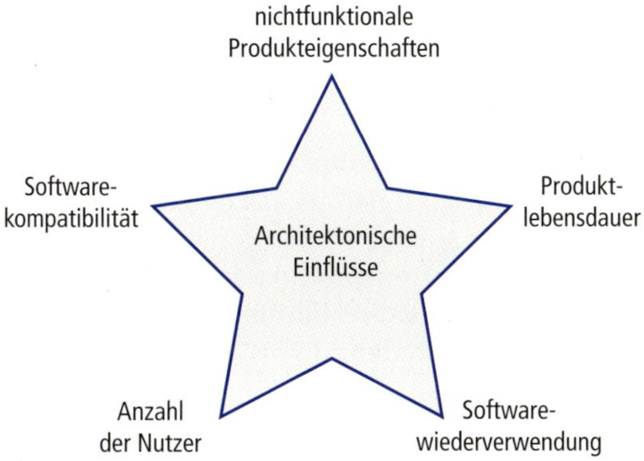

Abbildung 4.4: Themen, die die architektonischen Entscheidungen beeinflussen

Thema	Architektonische Bedeutung
Nichtfunktionale Produkteigenschaften	Nichtfunktionale Produkteigenschaften wie Sicherheit und Leistung betreffen alle Anwender. Wenn Sie diese Aspekte nicht gut umsetzen, ist es unwahrscheinlich, dass Ihr Produkt ein kommerzieller Erfolg wird. Leider widersprechen sich einige Eigenschaften, sodass Sie nur die wichtigste optimieren können.
Produktlebensdauer	Wenn Sie eine lange Produktlebensdauer erwarten, müssen Sie Ihr Produkt regelmäßig überarbeiten. Sie benötigen daher eine Architektur, die sich weiterentwickeln lässt, sodass sie an neue Funktionen und Technologien angepasst werden kann.
Wiederverwendung der Software	Sie können viel Zeit und Mühe sparen, wenn Sie große Komponenten aus anderen Produkten oder Open-Source-Software wiederverwenden. Dies schränkt jedoch Ihre architektonischen Entscheidungen ein, da Sie Ihr Design an die Software anpassen müssen, die wiederverwendet wird.

Tabelle 4.4: Die Bedeutung architektonischer Entwurfsfragen

Thema	Architektonische Bedeutung
Anzahl der Benutzer	Wenn Sie Software für Privatkunden entwickeln, die über das Internet bereitgestellt wird, kann sich die Anzahl der Benutzer sehr schnell ändern. Dies kann zu ernsthaften Leistungseinbußen führen, es sei denn, Sie entwerfen Ihre Architektur so, dass Ihr System schnell nach oben und unten skaliert werden kann.
Softwarekompatibilität	Bei einigen Produkten ist es wichtig, die Kompatibilität mit anderer Software aufrechtzuerhalten, damit Benutzer Ihr Produkt übernehmen und Daten verwenden können, die mit einem anderen System erstellt wurden. Dies kann die Auswahl der Architektur einschränken, z.B. die Datenbanksoftware, die Sie verwenden können.

Tabelle 4.4: Die Bedeutung architektonischer Entwurfsfragen *(Forts.)*

Darüber hinaus beeinflussen personelle und organisatorische Faktoren die Entscheidungen des architektonischen Entwurfs. Dazu gehören der Zeitplan für die Markteinführung des Produkts, die Fähigkeiten Ihres Entwicklerteams und das Budget für die Softwareentwicklung. Wenn Sie eine Architektur wählen, bei der Ihr Team neue Technologien erlernen muss, kann dies die Bereitstellung Ihres Systems verzögern. Es hat keinen Sinn, eine „perfekte" Architektur zu anzustreben, die verspätet geliefert wird, wenn dies bedeutet, dass ein Konkurrenzprodukt den Markt erobert.

Bei der architektonischen Planung geht es darum, diese Themen zu berücksichtigen und wesentliche Kompromisse zu finden, die es Ihnen ermöglichen, ein System zu schaffen, das „gut genug" ist und pünktlich und budgetgerecht geliefert werden kann. Da es unmöglich ist, alles zu optimieren, müssen Sie bei der Wahl der Architektur für Ihr System eine Reihe von Kompromissen eingehen. Einige Beispiele sind:

- Wartbarkeit versus Leistung
- Sicherheit versus Benutzerfreundlichkeit
- Verfügbarkeit versus Markteinführungszeit und Kosten

Die Systemwartbarkeit ist ein Attribut, das widerspiegelt, wie schwierig und teuer es ist, Änderungen an einem System vorzunehmen, nachdem es für Kunden freigegeben wurde. Im Allgemeinen verbessern Sie die Wartbarkeit, indem Sie ein System aus kleinen, in sich geschlossenen Teilen aufbauen, die jeweils ausgetauscht oder bei Bedarf erweitert werden können. Wo immer möglich, sollten Sie gemeinsame Datenstrukturen vermeiden und bei der Datenverarbeitung darauf achten, dass getrennte Komponenten verwendet werden, um Daten zu „produzieren" und zu „konsumieren".

Architektonisch bedeutet dies, dass das System in feinkörnige Komponenten zerlegt werden sollte, die jeweils eine Sache und nur eine Sache tun. Generellere Funktionalität entsteht durch die Zusammenfassung dieser Komponenten zu Netzwerken, in denen sie kommunizieren und Informationen austauschen. Microservice-Architekturen, die in ▶ Kapitel 6 erläutert werden, sind ein Beispiel für diese Art von Architektur. Allerdings kostet die Kommunikation der Komponenten untereinander Zeit. Wenn also viele Komponenten an der Implementierung eines Produktfeatures beteiligt sind, dann wird die Software langsamer. Die Vermeidung gemeinsamer Datenstrukturen hat auch Auswirkungen auf die Leistung. Bei der Übertragung von Daten von einer Komponente zur anderen und bei der Sicherstellung der Konsistenz doppelter Daten kann es zu Verzögerungen kommen.

Das ständige und zunehmende Risiko der Cyberkriminalität bedeutet, dass alle Produktentwickler Sicherheitsmaßnahmen in ihre Software integrieren müssen. Sicherheit ist für die Produktentwicklung so wichtig, dass ich diesem Thema ein eigenes Kapitel (▶ Kapitel 7) widme. Sie können ein sicheres System erhalten, indem Sie den Systemschutz als eine Reihe von Schichten gestalten (▶ Abbildung 4.5). Ein Angreifer muss alle diese Schichten durchdringen, bevor das System kompromittiert wird. Zu den Ebenen können Systemauthentifizierungsebenen, eine separate Authentifizierungsschicht für kritische Funktionen, eine Verschlüsselungsschicht usw. gehören. Architektonisch können Sie jede dieser Schichten als separate Komponente implementieren, sodass, wenn ein Angreifer eine dieser Komponenten gefährdet, die anderen Schichten intakt bleiben.

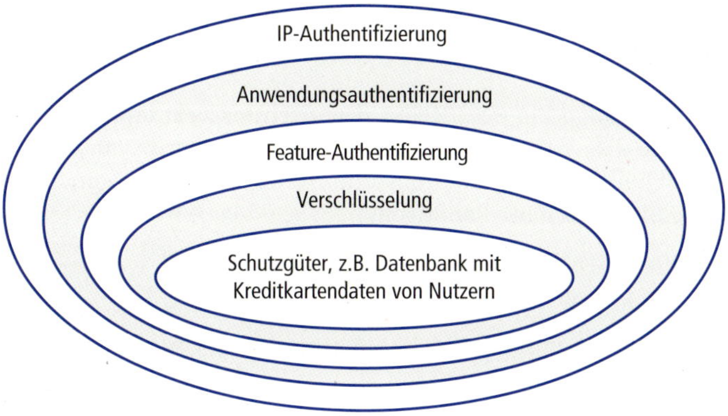

Abbildung 4.5: Authentifizierungsebenen

Leider gibt es Nachteile bei der Verwendung mehrerer Authentifizierungsebenen. Ein mehrschichtiger Sicherheitsansatz beeinflusst die Benutzerfreundlichkeit der Software. Benutzer müssen sich Informationen wie Passwörter merken, die benötigt werden, um in eine Sicherheitsschicht vorzudringen. Die Interaktion mit dem System wird durch die Sicherheitsfunktionen zwangsläufig verlangsamt. Viele Benutzer empfinden dies als lästig und suchen oft nach Möglichkeiten, dies zu umgehen, damit sie sich nicht erneut authentifizieren müssen, um auf Systemfunktionen oder Daten zuzugreifen.

Viele Sicherheitsverletzungen entstehen, weil sich die Benutzer nicht an Sicherheitsstandards halten, indem sie z.B. leicht zu erratende Passwörter auswählen, Passwörter mehrfach benutzen und Systeme ohne Abmelden verlassen. Dies passiert, weil die Anwender frustriert sind von Systemsicherheitsfunktionen, die schwer zu bedienen sind oder den Zugriff auf das System und seine Daten verlangsamen. Um dies zu vermeiden, benötigen Sie eine Architektur, die nicht zu viele Sicherheitsebenen hat, dem Benutzer keine unnötige Sicherheit aufzwingt und nach Möglichkeit Hilfskomponenten bereitstellt, die die Benutzer entlasten.

Die Verfügbarkeit eines Systems ist ein Maß für die Dauer der Betriebszeit dieses Systems. Sie wird normalerweise als Prozentsatz der Zeit ausgedrückt, die ein System für die Bereitstellung von Benutzerdiensten zur Verfügung steht. Eine Verfügbarkeit von 99,9% in einem System, das ständig verfügbar sein soll, bedeutet daher, dass das System für 86313 Sekunden von 86400 Sekunden an einem Tag verfügbar sein sollte. Die Verfügbarkeit ist besonders wichtig bei Unternehmensprodukten, wie z.B. Produkte für die Finanzindustrie, wo ein Betrieb rund um die Uhr erwartet wird.

Architektonisch verbessern Sie die Verfügbarkeit, indem Sie redundante Komponenten in einem System vorsehen. Um die Redundanz zu nutzen, binden Sie Sensorkomponenten ein, die einen Ausfall erkennen, sowie Schaltkomponenten, die den Betrieb auf eine redundante Komponente umstellen, wenn ein Ausfall erkannt wird. Das Problem hierbei ist, dass die Implementierung dieser zusätzlichen Komponenten Zeit in Anspruch nimmt und die Kosten für die Systementwicklung erhöht. Das System wird dadurch komplexer und somit steigt die Gefahr, Fehler und Schwachstellen einzuführen. Aus diesem Grund vermeiden die meisten Produktsoftwareprogramme ein Umschalten zwischen Komponenten bei einem Systemausfall. Wie ich in ▶ Kapitel 8 erkläre, können Sie mit zuverlässigen Programmiertechniken die Wahrscheinlichkeit von Systemausfällen reduzieren.

Sobald Sie sich für die wichtigsten Qualitätsmerkmale Ihrer Software entschieden haben, müssen Sie sich drei Fragen zum architektonischen Entwurf Ihres Produkts stellen:

1. Wie sollte das System als eine Reihe von Architekturkomponenten strukturiert sein, wobei jede dieser Komponenten eine Teilmenge der gesamten Systemfunktionalität bereitstellt? Diese Struktur sollte die Systemsicherheit, Zuverlässigkeit und Leistung bieten, die Sie benötigen.

2. Wie sollten diese architektonischen Komponenten verteilt werden und wie sollen sie miteinander kommunizieren?

3. Welche Technologien sollten beim Aufbau des Systems eingesetzt werden und welche Komponenten sollten wiederverwendet werden?

Ich gehe auf diese drei Fragen in den verbleibenden Abschnitten dieses Kapitels ein.

Architekturbeschreibungen in der Produktentwicklung bilden die Grundlage für das Entwicklerteam, um die Organisation des Systems zu diskutieren. Darüber hinaus haben sie die wichtige Aufgabe, das gemeinsame Verständnis dessen festzulegen, was zu entwickeln ist und welche Annahmen beim Entwurf der Software getroffen wurden. Das endgültige System kann vom ursprünglichen Architekturmodell abweichen – es ist also kein zuverlässiger Weg, die ausgelieferte Software zu dokumentieren.

Informelle Diagramme mit Symbolen zur Darstellung von Entitäten, mit Linien zur Darstellung von Beziehungen und mit erklärendem Text sind meines Erachtens der beste Weg, um Architekturen von Softwareprodukten zu beschreiben und Informationen darüber auszutauschen. Jeder kann am Designprozess teilnehmen. Man kann informelle Diagramme schnell und ohne den Einsatz spezieller Softwarewerkzeuge zeichnen und ändern. Informelle Notationen sind flexibel, sodass Sie unvorhergesehene Änderungen leicht vornehmen können. Neue Mitarbeiter, die einem Team beitreten, können sie ohne Spezialkenntnisse verstehen.

Das Hauptproblem bei informellen Modellen ist, dass diese mehrdeutig sind und nicht automatisch auf Auslassungen und Inkonsistenzen überprüft werden können. Wenn Sie formalere Ansätze verwenden, die auf Architekturbeschreibungssprachen (*Architectural Description Language*, ADL) oder der Unified Modeling Language (UML) basieren, reduzieren Sie Mehrdeutigkeiten und können Prüfwerkzeuge verwenden. Meine Erfahrung ist jedoch, dass formale Notationen dem kreativen Entwurfsprozess im Weg stehen. Sie schränken die Ausdrucksmöglichkeiten ein und verlangen, dass jeder sie versteht, bevor er am Designprozess teilnehmen kann.

4.3 Zerlegung des Systems

Die Idee der Abstraktion ist grundlegend für jedes Softwaredesign. Abstraktion im Softwaredesign bedeutet, dass Sie sich auf die wesentlichen Elemente eines Systems oder einer Softwarekomponente konzentrieren, ohne sich um die jeweiligen Details zu kümmern. Auf der architektonischen Ebene sollte Ihre Aufmerksamkeit auf größeren Komponenten liegen. Eine Zerlegung beinhaltet die Analyse dieser größeren Komponenten und deren Darstellung als eine Reihe von kleineren Komponenten.
▶ Abbildung 4.6 zeigt beispielsweise schematisch die Architektur eines Produkts, mit dem ich vor einigen Jahren beschäftigt war. Dieses System wurde für den Einsatz in Bibliotheken entwickelt und ermöglichte den Benutzern den Zugriff auf Dokumente, die in einer Reihe von privaten Datenbanken gespeichert waren, wie beispielsweise Rechts- und Patentdatenbanken. Der Zugang zu diesen Dokumenten war kostenpflichtig. Das System musste die Rechte an diesen Dokumenten verwalten sowie die Gebühren für den Zugang berechnen und einziehen.

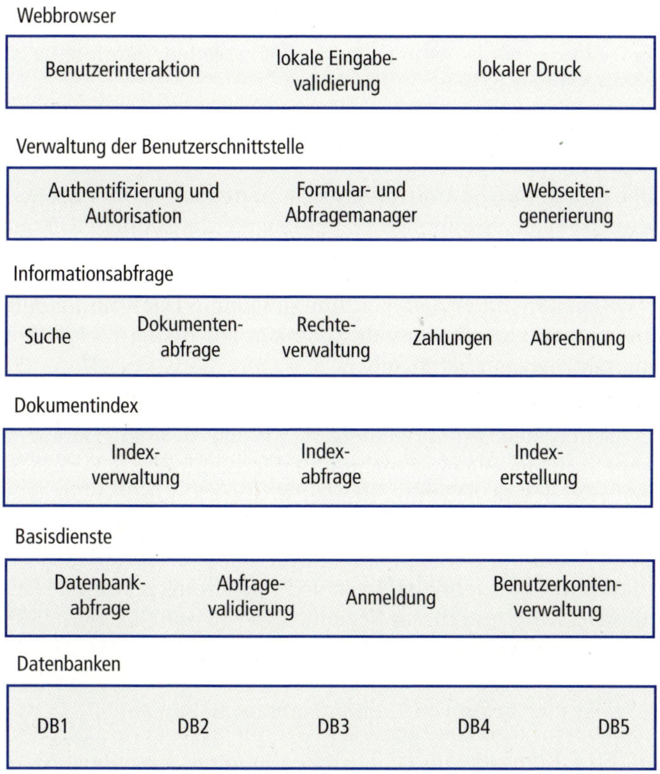

Abbildung 4.6: Architekturmodell eines Dokumentenabfragesystems

In diesem Diagramm enthält jede Schicht im System eine Reihe von logisch zusammenhängenden Komponenten. Informelle Schichtmodelle wie in ▶ Abbildung 4.6 werden häufig verwendet, um zu zeigen, wie ein System in Komponenten zerlegt wird, wobei jede Komponente eine bedeutende Systemfunktionalität bietet.

Webbasierte und mobile Systeme sind ereignisbasierte Systeme. Ein Ereignis der Benutzeroberfläche, wie beispielsweise ein Mausklick, löst die Aktionen aus, die der Benutzer durch seine Auswahl vorgegeben hat. Das bedeutet, der Kontrollfluss verläuft in einem mehrschichtigen System von oben nach unten. Benutzerereignisse in den höheren Schichten lösen Aktionen in dieser Schicht aus, die wiederum Ereignisse in den unteren Schichten auslösen. Im Gegensatz dazu verlaufen die meisten Informationsflüsse im System von unten nach oben. Informationen werden auf den unteren Ebenen erstellt, in die Zwischenebenen transformiert und schließlich an die Benutzer auf der obersten Ebene ausgegeben.
Oftmals herrscht Verwirrung über die Architekturterminologie bezüglich Wörtern wie „Service", „Komponente" und „Modul". Es gibt keine standardisierten, allgemein akzeptierten Definitionen dieser Begriffe, aber ich versuche, sie in diesem Kapitel und an anderer Stelle im Buch konsequent zu verwenden:

1. Ein *Service* oder *Dienst* ist eine zusammenhängende Einheit von Funktionalität. Dies kann auf den verschiedenen Ebenen des Systems unterschiedliche Dinge bedeuten. So kann beispielsweise ein System einen E-Mail-Service anbieten und dieser E-Mail-Service selbst kann Dienste zum Erstellen, Senden, Lesen und Speichern von E-Mails beinhalten.

2. Eine *Komponente* ist eine benannte Softwareeinheit, die einen oder mehrere Dienste für andere Softwarekomponenten oder für die Endbenutzer der Software anbietet. Bei Verwendung durch andere Komponenten werden diese Dienste über eine API angesprochen. Komponenten können mehrere andere Komponenten verwenden, um ihre Dienste zu implementieren.

3. Ein *Modul* ist ein benannter Satz von Komponenten. Die Komponenten in einem Modul sollten etwas gemeinsam haben. So können sie beispielsweise eine Reihe von verwandten Diensten bereitstellen.

Komplexität in einer Systemarchitektur entsteht durch die Anzahl und die Art der Beziehungen zwischen den Komponenten in diesem System. Darauf gehe ich in ▶ Kapitel 8 näher ein. Wenn Sie ein Programm ändern, müssen Sie diese Beziehungen verstehen, um zu wissen, wie sich Änderungen an einer Komponente auf andere Komponenten auswirken. Bei der Zerlegung eines Systems in Komponenten sollten Sie es möglichst vermeiden, unnötige Komplexität in die Software zu bringen.
Komponenten haben unterschiedliche Arten von Beziehungen zu anderen Komponenten (▶ Abbildung 4.7). Aufgrund dieser Beziehungen müssen Sie, wenn Sie eine Änderung an einer Komponente vornehmen, oft Änderungen an mehreren anderen Komponenten vornehmen.
▶ Abbildung 4.7 zeigt vier Arten von Komponentenbeziehungen:

1. *ist-Teil-von:* Eine Komponente ist Teil einer anderen Komponente. So kann beispielsweise eine Funktion oder Methode Teil eines Objekts sein.

2. *benutzt:* Eine Komponente verwendet die Funktionalität, die von einer anderen Komponente bereitgestellt wird.

3. *ist-zusammen-mit:* Eine Komponente wird im gleichen Modul oder Objekt wie eine andere Komponente definiert.

4. *teilt-Daten-mit:* Eine Komponente teilt Daten mit einer anderen Komponente.

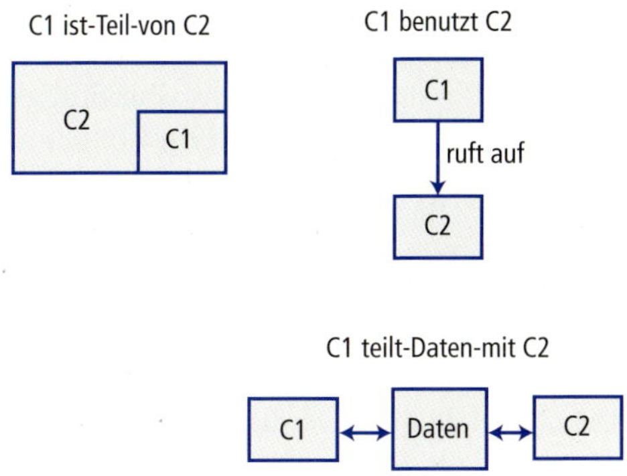

Abbildung 4.7: Beispiele für Komponentenbeziehungen

Mit zunehmender Anzahl der Komponenten steigt auch die Anzahl der Beziehungen – und zwar in der Regel im stärkeren Maße. Aus diesem Grund sind große Systeme komplexer als kleine Systeme. Es ist nicht zu vermeiden, dass die Komplexität mit der Größe der Software zunimmt. Sie können jedoch die Komplexität der Architektur durch zwei Maßnahmen kontrollieren:

1. *Beziehungen lokalisieren:* Wenn es z.B. Beziehungen zwischen den Komponenten A und B gibt, dann sind diese leichter zu verstehen, wenn A und B im selben Modul definiert sind. Sie sollten logische Komponentengruppierungen identifizieren (wie die Schichten in einer mehrschichtigen Architektur), deren Beziehungen sich hauptsächlich innerhalb der jeweiligen Komponentengruppe abspielen.

2. *Gemeinsame Abhängigkeiten reduzieren:* Wo die Komponenten A und B von einer anderen Komponente oder von Daten abhängen, steigt die Komplexität, da Änderungen an der gemeinsamen Komponente bedeuten, dass Sie verstehen müssen, wie sich diese Änderungen auf A und B auswirken. Verwenden Sie deshalb möglichst immer lokale Daten und vermeiden Sie den Datenaustausch.

Drei allgemeine Entwurfsrichtlinien helfen, die Komplexität zu kontrollieren (▶ Abbildung 4.8).

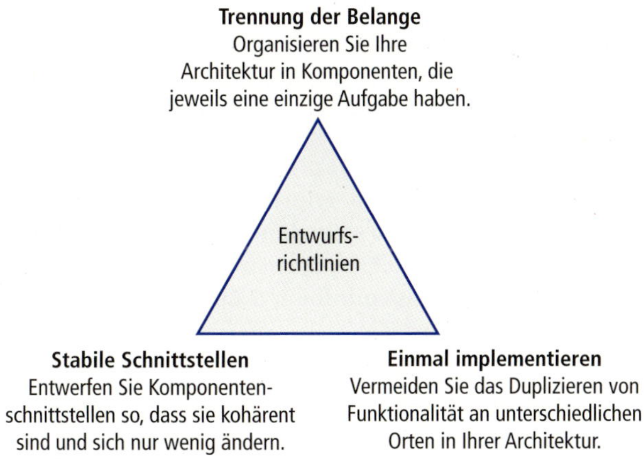

Abbildung 4.8: Architektonische Entwurfsrichtlinien

Die Richtlinie „Trennung der Belange“ (*Separation of Concerns*, SoC) empfiehlt, relevante architektonische Belange bzw. Zuständigkeiten in Gruppen von verwandten Funktionen zu identifizieren. Beispiele für architektonische Zuständigkeiten sind Benutzerinteraktion, Authentifizierung, Systemüberwachung und Datenbankmanagement. Im Idealfall sollten Sie für jede Zuständigkeit die entsprechenden Komponenten oder Gruppierungen von Komponenten in Ihrer Architektur identifizieren können. Auf einer niedrigeren Ebene bedeutet die Trennung der Belange, dass jede Komponente idealerweise nur für eine einzige Aufgabe zuständig sein sollte. Ich werde auf die Trennung der Belange in ▶ Kapitel 8 ausführlicher eingehen.
Die Richtlinie „Einmal implementieren“ empfiehlt, die Funktionalität in Ihrer Softwarearchitektur nicht zu duplizieren. Dies ist wichtig, da Duplikate bei Änderungen zu Problemen führen können. Wenn Sie feststellen, dass mehr als eine Architekturkomponente den gleichen oder einen ähnlichen Service benötigt beziehungsweise bereitstellt, dann sollten Sie Ihre Architektur reorganisieren, um Duplikate zu vermeiden.
Entwerfen und implementieren Sie niemals Software, bei der Komponenten die Implementierung anderer Komponenten kennen und sich auf diese verlassen. Implementierungsabhängigkeiten bedeuten, dass bei der Änderung einer Komponente auch die Komponenten geändert werden müssen, die auf deren Implementierung basieren. Implementierungsdetails sollten hinter einer Komponentenschnittstelle (API) verborgen sein.
Die Richtlinie „Stabile Schnittstellen“ ist wichtig, damit Komponenten, die eine Schnittstelle verwenden, nicht geändert werden müssen, weil sich die Schnittstelle ändert.
Mehrschichtige Architekturen, wie die in ▶ Abbildung 4.6 dargestellte Architektur des Dokumentenabfragesystems, basieren auf diesen allgemeinen Entwurfsrichtlinien:

1. Jede Schicht ist ein Zuständigkeitsbereich und wird getrennt von anderen Schichten betrachtet. Die oberste Schicht befasst sich mit der Benutzerinteraktion, die nächste Schicht mit der Verwaltung der Benutzeroberfläche, die dritte Schicht mit Informationsabruf und so weiter.

2. Innerhalb jeder Schicht sind die Komponenten unabhängig und überschneiden sich nicht in der Funktionalität. Die unteren Schichten enthalten Komponenten, die allgemeine Funktionalität bieten, sodass diese nicht in den Komponenten auf einer höheren Ebene repliziert werden müssen.

3. Das Architekturmodell ist ein abstraktes Modell, das keine Implementierungsinformationen enthält. Im Idealfall sollten z.B. Komponenten auf Ebene X nur mit den APIs der Komponenten auf Ebene X−1 interagieren. Das heißt, Interaktionen sollten zwischen zwei Schichten und nicht innerhalb einer Schicht stattfinden. In der Praxis ist dies jedoch ohne Codeduplizierung oft nicht möglich. Die unteren Schichten des Ebenenstapels bieten grundlegende Dienste, die eventuell von Komponenten benötigt werden, die sich nicht in der unmittelbaren Schicht darüber befinden. Es ist nicht sinnvoll, zusätzliche Komponenten in einer höheren Schicht hinzuzufügen, wenn diese nur für den Zugriff auf untergeordnete Komponenten verwendet werden.

Mehrschichtige Modelle sind informell und leicht zu zeichnen und zu verstehen. Sie können auf einem Whiteboard gezeichnet werden, sodass das gesamte Team die Zerlegung des Systems sehen kann. In einem Schichtmodell sollten Komponenten in unteren Schichten niemals von übergeordneten Komponenten abhängig sein. Alle Abhängigkeiten sollten sich auf untergeordnete Komponenten beziehen. Das bedeutet, wenn Sie eine Komponente auf der Ebene X im Stapel ändern, sollten Sie keine Änderungen an Komponenten auf niedrigeren Ebenen im Stapel vornehmen müssen. Sie müssen nur die Auswirkungen der Änderung auf Komponenten auf höheren Schichten berücksichtigen.

Die Schichten im Architekturmodell sind keine Komponenten oder Module, sondern lediglich logische Gruppierungen von Komponenten. Sie sind relevant, wenn Sie das System entwerfen, aber in der Systemimplementierung können Sie diese Schichten normalerweise nicht identifizieren.

Die allgemeine Idee, Komplexität zu kontrollieren, indem man Zuständigkeiten innerhalb einer einzigen Schicht einer Architektur verortet, ist verlockend. Wenn Sie dies umsetzen können, müssen Sie keine Komponenten in anderen Ebenen ändern, wenn Komponenten in einer Schicht geändert werden. Leider gibt es zwei Gründe, warum das Lokalisieren von Zuständigkeiten nicht immer möglich ist:

1. Aus praktischen Gründen der Benutzerfreundlichkeit und Effizienz kann es notwendig sein, die Funktionalität so zu unterteilen, dass sie in verschiedenen Schichten implementiert ist.
2. Einige Zuständigkeiten sind bereichsübergreifend und müssen auf jeder Schicht im Stapel berücksichtigt werden (*Cross-Cutting Concerns*, CCC).

Ein Beispiel für das Problem der praktischen Trennung von Belangen sehen Sie in ▶ Abbildung 4.6. Die oberste Schicht beinhaltet „lokale Eingabevalidierung" und die fünfte Schicht im Stapel beinhaltet „Abfragevalidierung". Die Aufgabe „Validierung" ist nicht in einer einzigen untergeordneten Serverkomponente implementiert, weil dies wahrscheinlich zu unnötig viel Netzwerkverkehr führen würde.

Wenn die Validierung von Benutzerdaten als Server- statt Browseroperation angelegt ist, so erfordert dies eine Netzwerktransaktion für jedes Formularfeld. Offensichtlich verlangsamt dies das System. Daher ist es sinnvoll, eine lokale Eingabeprüfung, z.B. eine Datumsprüfung, im Browser oder in der mobilen App des Benutzers zu implementieren. Für einige Überprüfungen sind jedoch eventuell Kenntnisse der Datenbankstruktur oder der Berechtigungen eines Benutzers erforderlich, die nur durchgeführt werden können, wenn das gesamte Formular ausgefüllt ist. Wie ich in ▶ Kapitel 7 erläutere, sollte die Überprüfung sicherheitskritischer Felder auch eine serverseitige Operation sein.

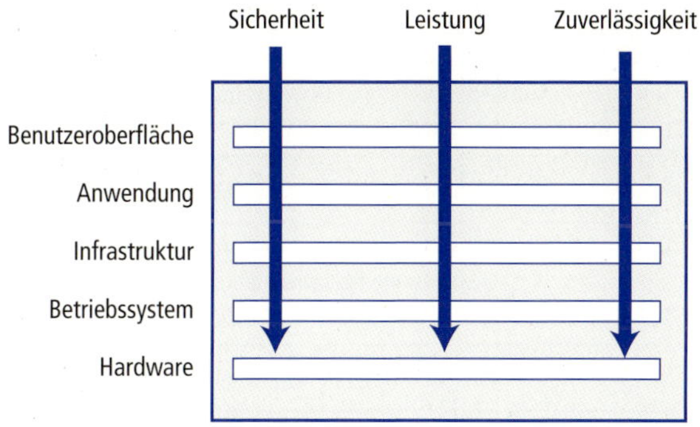

Abbildung 4.9: Cross-Cutting Concerns

Cross-Cutting Concerns (CCC) sind systemische Aufgaben, d.h., sie betreffen das gesamte System. In einer mehrschichtigen Architektur wirken sich CCCs auf alle Ebenen des Systems aus ebenso wie auf die Art und Weise, wie Menschen das System nutzen. ▶ Abbildung 4.9 zeigt drei CCCs – Sicherheit, Leistung und Zuverlässigkeit –, die für Softwareprodukte wichtig sind.
CCCs unterscheiden sich völlig von den funktionalen Zuständigkeiten, die durch Schichten in einer Softwarearchitektur dargestellt werden. Jede Schicht muss die CCCs berücksichtigen und aufgrund dieser Zuständigkeiten kommt es zwangsläufig zu Wechselwirkungen zwischen den Schichten. Diese CCCs erschweren es, die Systemsicherheit nach der Entwicklung zu verbessern. ▶ Tabelle 4.5 erklärt, warum Sicherheit nicht in einer einzelnen Komponente oder Schicht lokalisiert werden kann.

Sicherheitsarchitektur

Auf verschiedenen Schichten werden unterschiedliche Technologien eingesetzt, wie z.B. eine SQL-Datenbank oder ein Firefox-Browser. Angreifer können versuchen, Schwachstellen in diesen Technologien zu nutzen, um sich Zugang zu verschaffen. Daher benötigen Sie Schutz vor Angriffen auf jeder Ebene sowie Schutz auf niedrigeren Ebenen im System vor erfolgreichen Angriffen, die auf höheren Ebenen stattgefunden haben.
Wenn es in einem System nur eine einzige Sicherheitskomponente gibt, stellt dies eine kritische Systemschwachstelle dar. Falls alle Sicherheitskontrollen durch diese Komponente laufen und diese nicht mehr ordnungsgemäß funktioniert oder durch einem Angriff kompromittiert ist, dann haben Sie keine zuverlässige Sicherheit in Ihrem System. Indem Sicherheit auf allen Schichten implementiert ist, wird Ihr System widerstandsfähiger gegen Angriffe und Softwarefehler (erinnern Sie sich an das *Rogue One*-Beispiel weiter vorne im Kapitel).

Tabelle 4.5: Sicherheit als CCC

Nehmen wir an, Sie sind ein Softwarearchitekt und wollen Ihr System in einer Reihe von Schichten organisieren, um die Komplexität zu kontrollieren. Sie stehen dann vor der allgemeinen Frage „Wo fange ich an?“ Glücklicherweise haben viele Softwareprodukte, die über das Web ausgeliefert werden, eine weit verbreitete Schichtenstruktur, die Sie als Ausgangspunkt für Ihr Design verwenden können. Diese allgemeine Struktur ist in ▶ Abbildung 4.10 dargestellt. Die Funktionalität der Schichten in dieser generischen Schichtenarchitektur ist in ▶ Tabelle 4.6 erläutert.

Abbildung 4.10: Eine allgemeine Schichtenarchitektur für eine webbasierte Anwendung

Schicht	Erläuterung
Browserbasierte oder mobile Benutzeroberfläche	Eine Webbrowser-Systemschnittstelle, in der häufig HTML-Formulare verwendet werden, um Benutzereingaben zu erfassen. JavaScript-Komponenten für lokale Aktionen, wie z. B. die Eingabevalidierung, sollten ebenfalls auf dieser Ebene integriert werden. Alternativ kann auch eine mobile Schnittstelle als App implementiert werden.
Authentifizierung und UI-Verwaltung	Eine Verwaltungsschicht für die Benutzeroberfläche, die Komponenten für die Benutzerauthentifizierung und die Erstellung von Webseiten beinhalten kann.
Anwendungsspezifische Funktionalität	Eine „Anwendungsschicht", die die Funktionalität der Anwendung bereitstellt. Manchmal kann dies auf mehr als eine Ebene erweitert werden.
Gemeinsame Basisdienste	Eine Schicht für gemeinsame Dienste, die Komponenten enthält, die Dienste bereitstellen, die von den Komponenten der Anwendungsschicht verwendet werden.
Datenbank- und Transaktionsmanagement	Eine Datenbankschicht, die Dienste wie Transaktionsmanagement und Wiederherstellung bereitstellt. Wenn Ihre Anwendung keine Datenbank verwendet, ist diese Schicht möglicherweise nicht erforderlich.

Tabelle 4.6: Funktionalität verschiedener Schichten einer webbasierten Anwendung

Für webbasierte Anwendungen können die in ▶ Abbildung 4.10 dargestellten Schichten der Ausgangspunkt für Ihren Zerlegungsprozess sein. In der ersten Phase wird darüber nachgedacht, ob dieses Fünf-Schichten-Modell das richtige ist oder ob Sie mehr oder weniger Schichten benötigen. Ihr Ziel sollte es sein, dass Schichten logisch zusammenhängend sind, sodass alle Komponenten einer Schicht etwas gemeinsam haben. Dies kann bedeuten, dass Sie für Ihre anwendungsspezifische Funktionalität eine oder mehrere zusätzliche Schichten benötigen. Manchmal möchten Sie vielleicht eine Authentifizierung in einer separaten Schicht haben und manchmal ist es sinnvoll, gemeinsame Dienste innerhalb der Schicht für das Datenbankmanagement zu integrieren.

Sobald Sie herausgefunden haben, wie viele Schichten Ihr System benötigt, können Sie beginnen, diese Schichten zu füllen. Meiner Erfahrung nach ist der beste Weg dabei, das gesamte Team einzubeziehen und verschiedene Zerlegungen auszuprobieren, um deren Vor- und Nachteile zu verstehen. Dies ist ein Prozess von Versuch und Irrtum – man hört auf, wenn man ein Ergebnis hat, das nach einer praktikablen Zerlegungsarchitektur aussieht.

Die Diskussion über die Systemzerlegung kann von grundlegenden Prinzipien gesteuert werden, die für den Entwurf Ihres Anwendungssystems gelten sollten. Mithilfe dieser Prinzipien werden Ziele abgesteckt, die Sie erreichen möchten. Anschließend können Sie die Entscheidungen über die Architekturplanung anhand dieser Ziele bewerten. ▶ Tabelle 4.7 zeigt zum Beispiel die Prinzipien, die wir bei dem Entwurf der iLearn-Systemarchitektur für am wichtigsten hielten.

Prinzip	Erläuterung
Austauschbarkeit	Es sollte möglich sein, dass Benutzer Anwendungen im System durch Alternativen ersetzen und neue Anwendungen hinzufügen können. Daher sollten die in der Liste enthaltenen Anwendungen nicht fest im System verankert sein.
Erweiterbarkeit	Es sollte möglich sein, dass Benutzer oder Systemadministratoren eigene Versionen des Systems erstellen können, die das „Standardsystem" erweitern oder einschränken.
Altersgerecht	Alternative Benutzeroberflächen sollten unterstützt werden, damit altersgerechte Schnittstellen für Schüler der unterschiedlichen Schulstufen geschaffen werden können.
Programmierbarkeit	Es sollte für den Benutzer einfach sein, seine eigenen Anwendungen zu erstellen, indem er bestehende Anwendungen im System verknüpft.
Minimaler Arbeitsaufwand	Benutzer, die das System nicht ändern möchten, sollten keine zusätzlichen Arbeiten durchführen müssen, damit andere Benutzer Änderungen vornehmen können.

Tabelle 4.7: Architektonische Entwurfsprinzipien von iLearn

Unser Ziel bei der Entwicklung des iLearn-Systems war es, ein anpassungsfähiges, universelles System zu schaffen, das leicht aktualisiert werden konnte, wenn neue Lernwerkzeuge verfügbar wurden. Das heißt, es musste möglich sein, Komponenten und Services im System zu ändern und zu ersetzen (Prinzip 1 und 2). Da das Alter der potenziellen Systembenutzer von 3 bis 18 Jahren reichte, mussten wir altersgerechte Benutzeroberflächen bereitstellen und die Auswahl einer Schnittstelle erleichtern (Prinzip 3). Prinzip 4 trägt ebenfalls zur Systemanpassung bei und Prinzip 5 wurde aufgenommen, um sicherzustellen, dass diese Anpassungsfähigkeit keine negativen Auswirkungen auf Benutzer hat, die sie nicht benötigen.

Leider kann Prinzip 1 manchmal im Widerspruch zu Prinzip 4 stehen. Wenn Sie Benutzern erlauben, neue Funktionen durch Kombinieren von Anwendungen zu erstellen, funktionieren diese kombinierten Anwendungen möglicherweise nicht, wenn eine oder mehrere der elementaren Anwendungen ersetzt werden. Mit dieser Art von Konflikten muss man sich häufig beim Architekturentwurf auseinandersetzen.

Diese Prinzipien führten uns zu der architektonischen Entwurfsentscheidung, dass das iLearn-System serviceorientiert sein sollte. Jede Komponente im System ist ein Service. Jeder Service ist potenziell ersetzbar und neue Dienste können durch die Kombination bestehender Dienste erstellt werden. Für Schüler unterschiedlichen Alters können verschiedene Services mit vergleichbarer Funktionalität angeboten werden.

Die Nutzung von Diensten bedeutet, dass der von mir oben identifizierte potenzielle Konflikt weitgehend vermeidbar ist. Wenn ein neuer Service unter Verwendung eines bestehenden Dienstes erstellt wird und anschließend andere Benutzer eine Alternative einbringen möchten, können sie dies tun. Der ältere Service kann im System beibehalten werden, sodass Benutzer dieses Dienstes keinen größeren Aufwand betreiben müssen, weil ein neuerer Dienst eingeführt wurde.

Wir gingen davon aus, dass nur ein kleiner Teil der Anwender an der Programmierung eigener Systemversionen interessiert ist. Daher haben wir uns entschieden, einen Standardsatz von Anwendungsdiensten anzubieten, der einen gewissen Grad an Integration mit anderen Diensten aufweist. Wir haben erwartet, dass sich die meisten Anwender auf diese Services verlassen und sie nicht ersetzen wollten. Integrierte Anwendungsdienste wie Blogging- und Wiki-Services könnten so konzipiert sein, dass sie Informationen austauschen und übliche gemeinsame Dienste nutzen. Einige Benutzer möchten vielleicht andere Services in ihre Umgebung einbringen, daher haben wir auch Dienste zugelassen, die nicht eng mit anderen Systemdiensten integriert waren.

Wir haben uns entschieden, drei Arten der Integration von Anwendungsdiensten zu unterstützen:

1. *Vollständige Integration:* Services wissen von anderen Diensten und können über ihre APIs mit diesen kommunizieren. Services können Systemdienste und eine oder mehrere Datenbanken gemeinsam nutzen. Ein Beispiel für einen vollständig integrierten Service ist ein speziell programmierter Authentifizierungsdienst, der die Anmeldeinformationen von Systembenutzern überprüft.

2. *Teilintegration:* Dienste können Servicekomponenten und Datenbanken gemeinsam nutzen, wissen aber nichts von anderen Anwendungsdiensten und können nicht direkt mit diesen kommunizieren. Ein Beispiel für einen teilintegrierten Dienst ist ein Wordpress-Service, bei dem das Wordpress-System geändert wurde, um die standardmäßigen Authentifizierungs- und Speicherdienste im System zu verwenden. Office 365, das mit lokalen Authentifizierungssystemen integriert werden kann, ist ein weiteres Beispiel für einen teilintegrierten Service, den wir in das iLearn-System aufgenommen haben.

3. *Unabhängig:* Diese Dienste verwenden keine gemeinsamen Systemdienste oder Datenbanken und sie wissen auch nichts von anderen Diensten im System. Sie können durch jeden anderen vergleichbaren Service ersetzt werden. Ein Beispiel für einen unabhängigen Service ist ein Fotoverwaltungssystem, das seine eigenen Daten verwaltet.

Das von uns entworfene Schichtmodell für das iLearn-System ist in ▸ Abbildung 4.11 dargestellt. Um die „Austauschbarkeit“ von Anwendungen zu unterstützen, haben wir das System nicht um eine gemeinsame Datenbank herum aufgebaut. Wir sind jedoch davon ausgegangen, dass vollständig integrierte Anwendungen gemeinsame Services wie Speicherung und Authentifizierung nutzen würden.

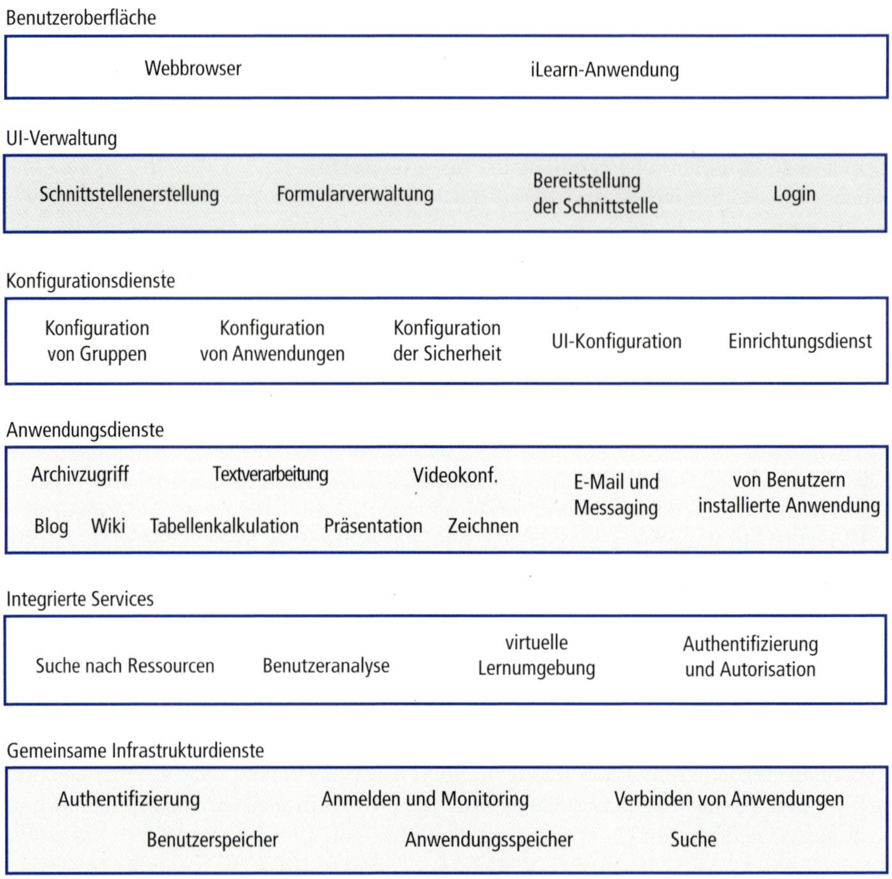

Abbildung 4.11: Mehrschichtiges Architekturmodell des iLearn-Systems

Um die Anforderung zu erfüllen, dass Benutzer in der Lage sein sollten, ihre eigene Version eines iLearn-Systems zu konfigurieren, haben wir eine zusätzliche Schicht in das System eingeführt, die über der Anwendungsschicht liegt. Diese Schicht umfasst mehrere Komponenten, die das Wissen über die installierten Anwendungen integrieren und den Endbenutzern Konfigurationsfunktionen zur Verfügung stellen.

Das System verfügt über eine Reihe von vorinstallierten Anwendungsdiensten. Mithilfe von Funktionen zur Anwendungskonfiguration können zusätzliche Anwendungsdienste hinzugefügt oder bestehende Dienste ersetzt werden. Die meisten dieser Anwendungsdienste sind unabhängig und verwalten ihre eigenen Daten. Einige Dienste sind jedoch teilweise integriert, was den Informationsaustausch vereinfacht und die Erfassung detaillierterer Benutzerinformationen ermöglicht.

Die vollständig integrierten Services müssen speziell programmiert oder aus Open-Source-Software angepasst werden. Dazu sind Kenntnisse über die Bedienung des Systems und den Zugriff auf Benutzerdaten im Speichersystem nötig. Diese Services können andere Dienste auf gleicher Ebene in Anspruch nehmen. Der Benutzeranalysedienst liefert beispielsweise Informationen darüber, wie einzelne Schüler das System nutzen, und kann Lehrer auf Probleme hinweisen. Dieser Dienst muss in der Lage sein, sowohl auf Protokollinformationen als auch auf die Aufzeichnungen der Schüler aus der virtuellen Lernumgebung zuzugreifen.

Die Systemzerlegung muss in Einklang mit der Auswahl der Technologien für Ihr System erfolgen (▶ Abschnitt 4.5 „Technologiefragen"). Der Grund dafür ist, dass die Wahl der in einer bestimmten Schicht verwendeten Technologie die Komponenten in den darüberliegenden Schichten beeinflusst. Beispielsweise könnten Sie sich dafür entscheiden, eine relationale Datenbanktechnologie als unterste Schicht in Ihrem System einzusetzen. Dies ist sinnvoll, wenn Sie es mit gut strukturierten Daten zu tun haben. Ihre Entscheidung betrifft jedoch die Komponenten, die in der Schicht für gemeinsame Dienste aufgenommen werden sollen, da eine Kommunikation mit der Datenbank erforderlich ist. Möglicherweise müssen Sie Komponenten hinzufügen, um die an die Datenbank übergebenen Daten beziehungsweise die von der Datenbank kommenden Daten anzupassen.

Eine weitere wichtige technologiebezogene Entscheidung sind die Schnittstellentechnologien, die Sie einsetzen werden. Diese Wahl hängt davon ab, ob Sie nur Browseroberflächen unterstützen (wie es oft der Fall bei Geschäftssystemen ist) oder auch Schnittstellen auf mobilen Geräten bereitstellen wollen. Wenn Sie mobile Geräte unterstützen, dann müssen Sie Komponenten zur Anbindung an die entsprechenden UI-Entwicklungswerkzeuge für iOS und Android einbinden.

4.4 Verteilungsarchitektur

Die Mehrheit der Softwareprodukte sind heute webbasierte Produkte, sie haben also eine Client-Server-Architektur. In dieser Architektur ist die Benutzeroberfläche auf dem eigenen Computer oder mobilen Gerät des Benutzers implementiert. Die Funktionalität ist zwischen dem Client und einem oder mehreren Serverrechnern verteilt. Während des architektonischen Entwurfsprozesses müssen Sie sich für die „Verteilungsarchitektur" des Systems entscheiden. Diese definiert die Server im System und die Zuordnung von Komponenten zu diesen Servern.

Client-Server-Architekturen sind eine Art der Verteilungsarchitektur, die für Anwendungen geeignet ist, in denen Clients auf eine gemeinsame Datenbank zugreifen und Operationen der Geschäftslogik auf diesen Daten ausführen. ▶ Abbildung 4.12 zeigt eine logische Sicht einer Client-Server-Architektur, die in webbasierten und mobilen Softwareprodukten weit verbreitet ist. Zu diesen Anwendungen gehören mehrere Server, wie z.B. Webserver und Datenbankserver. Der Zugriff auf die Server wird in der Regel durch einen Lastverteiler (Load Balancer) vermittelt, der die Anfragen auf die Server verteilt. Er wurde entwickelt, um sicherzustellen, dass die Rechenlast gleichmäßig auf die Server verteilt wird.

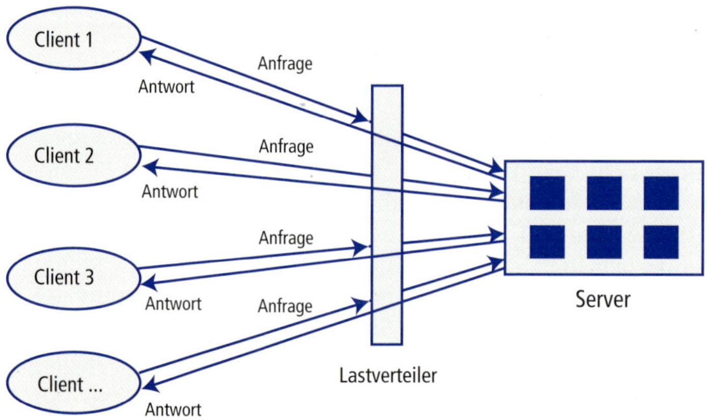

Abbildung 4.12: Client-Server-Architektur

Der Client ist für die Benutzerinteraktion verantwortlich, die auf Daten basiert, die an und vom Server übermittelt werden. Als diese Architektur ursprünglich konzipiert wurde, waren Clients zeichenorientierte Terminals ohne viel lokale Rechenkapazität. Der Server war ein Großrechner. Die gesamte Verarbeitung wurde auf dem Server durchgeführt, wobei der Client nur die Benutzerinteraktion bearbeitete. Heute sind die Clients Computer oder mobile Geräte mit viel Rechenleistung, sodass der Entwurf der meisten Anwendungen eine signifikante clientseitige Verarbeitung umfasst.

Die Interaktion zwischen Client und Server wird in der Regel über das sogenannte Model-View-Controller-Muster (MVC, Modell-Sicht-Steuerung) organisiert. Dieses Architekturmuster wird verwendet, um bei einer Änderung der Daten auf dem Server die Client-Schnittstellen zu aktualisieren (▶ Abbildung 4.13).

Unter dem Begriff „Modell" werden die Systemdaten und die zugehörige Geschäftslogik verstanden. Das Modell wird immer gemeinsam genutzt und auf dem Server gepflegt. Jeder Client hat seine eigene Sicht (*View*) auf die Daten, wobei die Sichten für die Generierung der HTML-Seite und die Formularverwaltung verantwortlich sind. Auf jedem Client kann es mehrere Sichten geben, in denen die Daten auf unterschiedliche Weise dargestellt werden. Jede Sicht registriert sich bei dem Modell, sodass bei Änderungen des Modells alle Sichten aktualisiert werden. Das Ändern der Informationen in einer Sicht führt dazu, dass alle anderen Sichten mit derselben Information aktualisiert werden. Benutzereingaben, die das Modell ändern, werden von der Steuerung (*Controller*) behandelt. Die Steuerung sendet Aktualisierungsanforderungen an das Modell auf dem Server. Sie kann auch für die lokale Eingabeverarbeitung, wie z.B. die Datenvalidierung, zuständig sein.

Das MVC-Muster hat viele Varianten. In einigen Fällen erfolgt die gesamte Kommunikation zwischen der Sicht und dem Modell über die Steuerung. In anderen können Sichten auch Benutzereingaben verarbeiten. Das Wesentliche an all diesen Varianten ist jedoch, dass das Modell von seiner Darstellung entkoppelt ist. Es kann daher auf unterschiedliche Weise dargestellt werden und jede dieser Repräsentationen kann unabhängig aktualisiert werden, wenn Änderungen an den Daten vorgenommen werden.

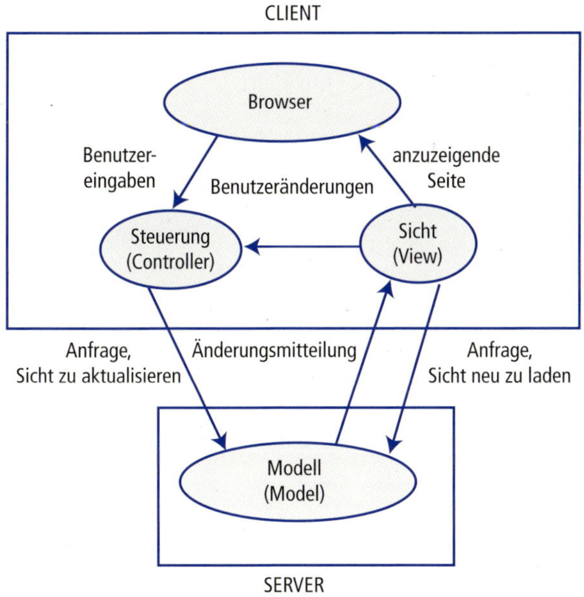

Abbildung 4.13: Das Model-View-Controller-Muster

Bei webbasierten Produkten wird hauptsächlich JavaScript für die clientseitige Programmierung verwendet. Mobile Apps werden überwiegend in Java (Android) und Swift (iOS) entwickelt. Ich habe keine Erfahrung in der Entwicklung mobiler Apps, daher konzentriere ich mich hier auf webbasierte Produkte. Die zugrunde liegenden Prinzipien der Interaktion sind jedoch dieselben.

Die Client-Server-Kommunikation verwendet normalerweise das HTTP-Protokoll, ein textbasiertes Anfrage-/Antwortprotokoll. Der Client sendet eine Nachricht an den Server, die eine Anweisung wie GET oder POST zusammen mit der Kennung einer Ressource (normalerweise eine URL) enthält, auf der diese Anweisung ausgeführt werden soll. Die Nachricht kann auch zusätzliche Informationen enthalten, wie beispielsweise Daten, die über ein Formular erfasst wurden. So kann eine Datenbankaktualisierung verschlüsselt werden durch einen POST-Befehl, eine Kennung für die zu aktualisierenden Informationen sowie für die vom Benutzer eingegebenen geänderten Informationen. Server senden keine Anfragen an Clients und Clients warten immer auf eine Antwort des Servers.[2]

HTTP ist ein reines Textprotokoll, daher müssen strukturierte Daten als Text dargestellt werden. Zwei Arten zur Darstellung dieser Daten sind weit verbreitet – XML und JSON. XML ist eine Auszeichnungssprache, die Tags verwendet, um jedes Datenelement zu identifizieren. JSON ist eine einfachere Darstellung, die auf der Repräsentation von Objekten in der Sprache JavaScript basiert. Normalerweise sind JSON-Darstellungen kompakter und schneller zu parsen als XML-Text. Ich empfehle, JSON für die Datenrepräsentation einzusetzen.

2 Dies gilt nicht unbedingt, wenn eine Technologie wie Node.js verwendet wird, um serverseitige Anwendungen zu erstellen. Diese ermöglicht es sowohl Clients als auch Servern, Anfragen und Antworten zu generieren. Das allgemeine Client-Server-Modell gilt jedoch weiterhin.

JSON ist nicht nur schneller zu verarbeiten als XML, sondern auch einfacher zu lesen. ▶ Listing 4.1 zeigt die JSON-Darstellung zur Katalogisierung eines Lehrbuchs zum Thema Software-Engineering.

```
{
"buch": [
{
"titel": "Software Engineering",
"autor": "Ian Sommerville",
"verlag": "Pearson Studium",
"ort": "Hallbergmoos",
 "jahr": "2018",
"auflage": "10.",
 "ISBN": "978-3-8689-4344-3"
},
 ]
}
```

Listing 4.1: Beispiel für die Darstellung von JSON-Informationen

Es gibt gute JSON-Tutorials im Web, sodass ich nicht näher auf diese Darstellung eingehe.
Viele webbasierte Anwendungen verwenden eine mehrschichtige Architektur mit mehreren miteinander kommunizierenden Servern, die jeweils eigene Verantwortlichkeiten haben. ▶ Abbildung 4.14 veranschaulicht die verteilten Komponenten in einer mehrschichtigen webbasierten Systemarchitektur. Der Einfachheit halber gehe ich davon aus, dass es von jedem dieser Server nur eine einzige Instanz gibt und somit kein Lastverteiler erforderlich ist. Webbasierte Anwendungen umfassen in der Regel drei Arten von Servern:

1. Ein Webserver, der mit Clients über das HTTP-Protokoll kommuniziert. Er liefert Webseiten zum Anzeigen an den Browser und verarbeitet HTTP-Anfragen vom Client.

2. Ein Anwendungsserver, der für anwendungsspezifische Operationen verantwortlich ist. In einem Buchungssystem für ein Theater stellt der Anwendungsserver beispielsweise Informationen über die Vorstellungen sowie grundlegende Funktionalität zur Verfügung, die es einem Theaterbesucher ermöglichen, Plätze für Vorstellungen zu buchen.

3. Ein Datenbankserver, der die Systemdaten verwaltet und diese Daten in die und aus der Systemdatenbank überträgt.

Manchmal kann eine mehrschichtige Architektur zusätzliche spezialisierte Server verwenden. So können beispielsweise in einem Theaterbuchungssystem die Zahlungen des Benutzers über einen Kreditkartenzahlungsserver abgewickelt werden, der von einem Unternehmen bereitgestellt wird, das auf Kreditkartenzahlungen spezialisiert ist. Dies ist für die meisten E-Commerce-Anwendungen sinnvoll, da bei der Entwicklung eines vertrauenswürdigen Zahlungssystems hohe Kosten anfallen. Eine weitere Art von spezialisiertem Server, die häufig verwendet wird, ist ein Authentifizierungsserver. Dieser überprüft die Anmeldeinformationen der Benutzer, wenn sie sich am System anmelden.

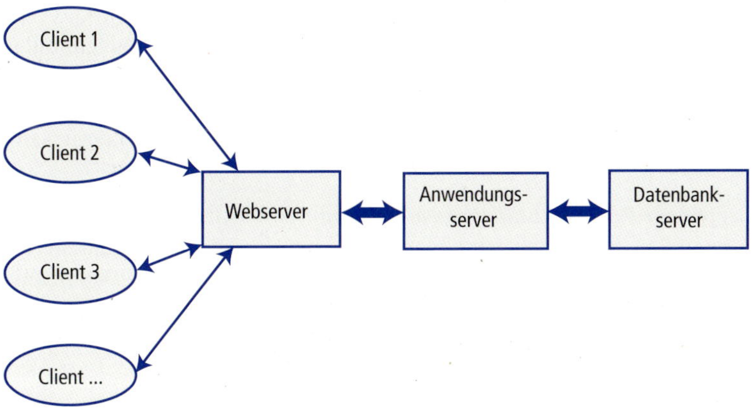

Abbildung 4.14: Mehrschichtige Client-Server-Architektur

Eine Alternative zu einer mehrschichtigen Client-Server-Architektur ist eine serviceorientierte Architektur (▶ Abbildung 4.15), bei der viele Server an der Bereitstellung von Diensten beteiligt sein können. Dienste in einer serviceorientierten Architektur sind zustandslose Komponenten, d.h., sie sind replizierbar und können von einem Rechner auf einen anderen migriert werden. Eine serviceorientierte Architektur ist in der Regel bei steigendem Bedarf leichter skalierbar und ausfallsicher.

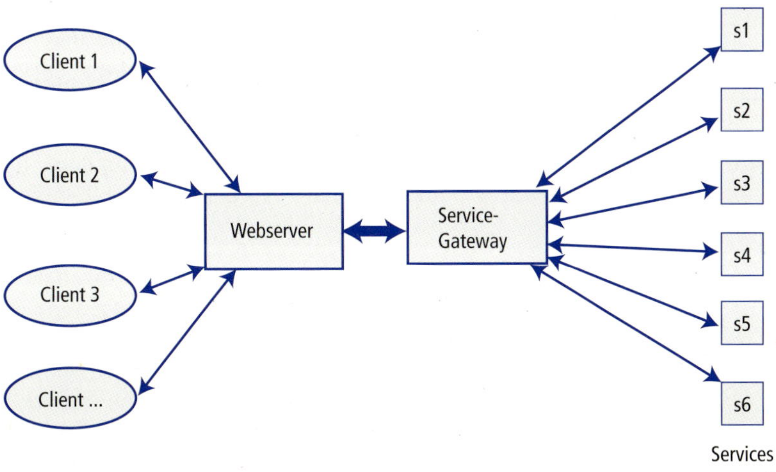

Abbildung 4.15: Serviceorientierte Architektur

Die in ▶ Abbildung 4.15 dargestellten Services sind Dienste, die Funktionen im System unterstützen. Dies sind die Dienste, die von der Anwendungsschicht und darüberliegenden Schichten bereitgestellt werden. Um das Diagramm einfach zu halten, zeige ich keine Interaktionen zwischen den Services sowie keine Infrastrukturdienste, welche Funktionalität von niedrigeren Ebenen der Zerlegung bereitstellen. Serviceorientierte Architekturen werden immer häufiger eingesetzt, ich gehe in ▶ Kapitel 6 näher darauf ein. Für das iLearn-System haben wir eine serviceorientierte Verteilungsarchitektur gewählt, wobei jede der in ▶ Abbildung 4.11 dargestellten Komponenten als separater Dienst implementiert ist. Wir haben uns für diese Architektur entschieden, weil wir es uns leicht

machen wollten, das System mit neuer Funktionalität zu aktualisieren. Es vereinfachte auch das Problem, neue und unvorhergesehene Dienste in das System einzubinden.
Mehrschichtige und serviceorientierte Architekturen sind die Haupttypen der Verteilungsarchitektur für webbasierte und mobile Systeme. Sie müssen sich entscheiden, welche davon für Ihr Softwareprodukt am besten geeignet ist. Die zu berücksichtigenden Aspekte sind:

1. *Datentyp- und Datenaktualisierungen:* Wenn Sie hauptsächlich strukturierte Daten verwenden, die durch verschiedene Systemfunktionen aktualisiert werden können, ist es in der Regel am besten, eine einzige gemeinsame Datenbank zu haben, die Sperr- und Transaktionsverwaltung ermöglicht. Werden Daten mit mehreren Services geteilt, so benötigen Sie eine Möglichkeit, diese konsistent zu halten, was Ihrem System zusätzlichen Overhead verursacht.

2. *Häufigkeit der Änderung:* Wenn Sie davon ausgehen, dass Systemkomponenten regelmäßig geändert oder ersetzt werden, dann vereinfacht die Isolierung dieser Komponenten als separate Dienste diese Änderungen.

3. *Die Systemausführungsplattform:* Wenn Sie planen, Ihr System in der Cloud mit Benutzern zu betreiben, die über das Internet darauf zugreifen, ist es in der Regel am besten, das System als serviceorientierte Architektur zu implementieren, da die Skalierung einfacher ist. Handelt es sich bei Ihrem Produkt jedoch um ein Geschäftssystem, das auf lokalen Servern läuft, so kann eine Mehrschichtenarchitektur sinnvoller sein.

Als ich dieses Buch 2018 schrieb, war die Verteilungsarchitektur der meisten geschäftlichen Softwareprodukte eine mehrschichtige Client-Server-Architektur, bei der die Benutzerinteraktion mithilfe des MVC-Musters realisiert ist. Diese Produkte werden jedoch zunehmend auf serviceorientierte Architekturen umgestellt, die auf Public-Cloud-Plattformen laufen. Ich denke, dass diese Art von Architektur im Laufe der Zeit zur Norm für webbasierte Softwareprodukte werden wird.

4.5 Technologiefragen

Ein wichtiger Teil beim Entwurfsprozess der Softwarearchitektur ist es zu entscheiden, welche Technologien Sie in Ihrem Produkt verwenden werden. Die von Ihnen gewählten Technologien beeinflussen und begrenzen die Gesamtarchitektur Ihres Systems. Es ist schwierig und teuer, diese während der Entwicklung zu ändern, daher ist es wichtig, dass Sie Ihre Technologieauswahl sorgfältig prüfen.
Ein Vorteil der Produktentwicklung im Vergleich zur Entwicklung von Unternehmenssystemen ist, dass Sie sich seltener mit älteren Technologien (auch als Legacy-Technologien bezeichnet) auseinandersetzen müssen. Diese Technologien wurden in alten Systemen eingesetzt und sind immer noch in Betrieb. So sind beispielsweise einige alte Unternehmenssysteme immer noch auf die Datenbanktechnologie der 1970er Jahre angewiesen. Moderne Systeme müssen möglicherweise mit diesen Technologien interagieren, was ihr Design einschränkt.
Sofern Sie nicht mit anderen von Ihrem Unternehmen verkauften Softwareprodukten interagieren müssen, ist die Wahl der Technologie für die Produktentwicklung recht flexibel. ▸ Tabelle 4.8 zeigt einige der wichtigsten technologischen Entscheidungen, die Sie in einer frühen Phase der Produktentwicklung treffen müssen.

Technologie	Entwurfsentscheidung
Datenbank	Sollten Sie eine relationale SQL-Datenbank oder eine unstrukturierte NoSQL-Datenbank verwenden?
Plattform	Sollten Sie Ihr Produkt auf einer mobilen App und/oder einer Webplattform anbieten?
Server	Sollten Sie dedizierte eigene Server verwenden oder Ihr System so gestalten, dass es in einer Public Cloud läuft? Falls Public Cloud, sollten Sie Amazon, Google, Microsoft oder eine andere Option verwenden?
Open-Source-Software	Gibt es geeignete Open-Source-Komponenten, die Sie in Ihre Produkte integrieren können?
Entwicklungswerkzeuge	Gehen Ihre Entwicklungswerkzeuge von architektonischen Annahmen über die zu entwickelnde Software aus, die Ihre architektonischen Entscheidungen einschränken?

Tabelle 4.8: Technologieauswahl

4.5.1 Datenbank

Die meisten Softwareprodukte basieren auf irgendeiner Art von Datenbanksystem. Heute werden häufig zwei Arten von Datenbanken verwendet: relationale Datenbanken, in denen die Daten in strukturierten Tabellen organisiert sind, und NoSQL-Datenbanken, in denen die Daten eine flexiblere, benutzerdefinierte Organisation haben. Die Datenbank hat einen großen Einfluss darauf, wie Ihr System implementiert wird, sodass die Art der zu verwendenden Datenbank eine wichtige Technologiewahl ist.

Relationale Datenbanken wie MySQL eignen sich besonders gut für Situationen, in denen Sie Transaktionsverwaltung benötigen und die Datenstrukturen vorhersehbar und relativ einfach sind. Relationale Datenbanken unterstützen ACID-Transaktionen. Transaktionen garantieren, dass die Datenbank selbst bei einem Scheitern einer Transaktion immer konsistent bleibt, dass Updates serialisiert werden und dass eine Wiederherstellung in einen konsistenten Zustand jederzeit möglich ist. Dies ist sehr wichtig für Finanzinformationen, bei denen Inkonsistenzen unannehmbar sind. Falls Ihr Produkt also mit Finanzdaten zu tun hat oder mit Informationen, bei denen die Konsistenz entscheidend ist, dann sollten Sie eine relationale Datenbank wählen.

Es gibt jedoch viele Situationen, in denen die Daten nicht gut strukturiert sind und in denen es bei den meisten Datenbankoperationen darum geht, Daten zu lesen und zu analysieren, anstatt in die Datenbank zu schreiben. NoSQL-Datenbanken wie MongoDB sind für diese Art von Anwendungen flexibler und potenziell effizienter als relationale Datenbanken. NoSQL-Datenbanken ermöglichen es, Daten hierarchisch zu organisieren und nicht als flache Tabellen, was eine effizientere gleichzeitige „Big Data"-Verarbeitung ermöglicht.

Einige Anwendungen benötigen eine Mischung aus Transaktionen und „Big Data"-Verarbeitung, und weitere Anwendungen dieser Art werden wahrscheinlich in Zukunft entwickelt werden. Die Datenbankanbieter beginnen allmählich, diese Ansätze zu integrieren. Es ist wahrscheinlich, dass während der Lebensdauer dieses Buches effiziente integrierte Datenbanksysteme zur Verfügung stehen werden.

4.5.2 Bereitstellungsplattform

Weltweit greifen mehr Menschen mit Smartphones und Tablets auf das Internet zu als über Browser auf einem Laptop oder Desktop. Die meisten Geschäftssysteme sind immer noch browserbasiert, aber mit zunehmender Mobilität der Mitarbeiter steigt die Nachfrage nach mobilem Zugriff auf Geschäftssysteme.
Neben dem offensichtlichen Unterschied in der Bildschirmgröße und der Tastaturverfügbarkeit gibt es weitere wichtige Unterschiede zwischen der Entwicklung von Software für ein mobiles Gerät und der Entwicklung von Software, die auf einem Client-Rechner läuft. Bei einem Smartphone oder Tablet müssen mehrere Faktoren berücksichtigt werden:

1. *Unterbrochene Verbindung:* Sie müssen in der Lage sein, einen begrenzten Dienst ohne Netzwerkverbindung bereitzustellen.

2. *Prozessorleistung:* Mobile Geräte verfügen über weniger leistungsstarke Prozessoren, sodass Sie rechenintensive Vorgänge minimieren müssen.

3. *Energieverwaltung:* Die Lebensdauer der mobilen Batterie ist begrenzt, daher sollten Sie versuchen, den Stromverbrauch Ihrer Anwendung zu minimieren.

4. *Bildschirmtastatur:* Bildschirmtastaturen sind langsam und fehleranfällig. Sie sollten die Eingaben über die Bildschirmtastatur minimieren, um die Frustration der Benutzer zu verringern.

Um diesen Unterschieden zu begegnen, benötigen Sie in der Regel getrennte browserbasierte und mobile Versionen des Front-Ends Ihres Produkts. Möglicherweise benötigen Sie in diesen verschiedenen Versionen eine völlig andere Zerlegungsarchitektur, um sicherzustellen, dass Leistung und andere Eigenschaften erhalten bleiben.
Als Produktentwickler müssen Sie sich frühzeitig entscheiden, ob Sie sich auf eine mobile oder eine Desktop-Version Ihrer Software konzentrieren wollen. Bei Produkten für private Endkunden könnten Sie sich auf die mobile Bereitstellung konzentrieren, aber bei Geschäftssystemen müssen Sie eine Entscheidung treffen, was Ihre Priorität sein sollte. Der Versuch, gleichzeitig mobile und browserbasierte Versionen eines Produkts zu entwickeln, ist ein teurer Prozess.

4.5.3 Server

Cloud-Computing ist heute allgegenwärtig, sodass eine wichtige Entscheidung, die Sie treffen müssen, darin besteht, ob Sie Ihr System so gestalten, dass es auf einzelnen Servern oder in der Cloud läuft. Natürlich ist es möglich, einen Server von Amazon oder einem anderen Anbieter zu mieten, aber das nutzt die Vorteile der Cloud eigentlich nicht aus. Um für die Cloud zu entwickeln, müssen Sie Ihre Architektur als serviceorientiertes System entwerfen und die vom Cloud-Anbieter bereitgestellten Plattform-APIs zur Implementierung Ihrer Software verwenden. Diese ermöglichen eine automatische Skalierbarkeit und Resilienz des Systems.
Bei Produkten für private Endkunden, die nicht nur mobile Apps sind, halte ich es fast immer für sinnvoll, für die Cloud zu entwickeln. Bei Geschäftsprodukten ist die Entscheidung schwieriger. Einige Unternehmen sind besorgt über Cloud-Sicherheit und ziehen es vor, ihre Systeme auf internen Servern zu betreiben. Die Systemnutzung

könnte ein vorhersehbares Muster haben, sodass die Notwendigkeit geringer ist, die Software so zu gestalten, dass sie mit großen Veränderungen der Nachfrage Schritt hält. Wenn Sie sich für die cloudbasierte Entwicklung entscheiden, ist die nächste Entscheidung die Wahl eines Cloud-Anbieters. Die größten Anbieter sind Amazon, Google und Microsoft, aber leider sind ihre APIs nicht kompatibel. Das bedeutet, dass Sie ein Produkt nicht einfach von einem zum anderen verschieben können. Die Mehrheit der Produkte für private Endkunden läuft wahrscheinlich auf der Cloud von Amazon oder Google, aber Unternehmen bevorzugen oft Microsofts Azure-System wegen seiner Kompatibilität mit ihrer bestehenden .NET-Software. Alternativ gibt es auch andere Cloud-Anbieter wie IBM, die sich auf Unternehmensdienstleistungen spezialisiert haben.

4.5.4 Open-Source-Software

Open-Source-Software ist Software, die frei verfügbar ist und die Sie nach Belieben ändern und modifizieren können. Der offensichtliche Vorteil ist, dass Sie keine neue Software implementieren müssen, sondern Software wiederverwenden können, was die Entwicklungskosten und die Markteinführungszeit reduziert. Die Nachteile von Open-Source-Software sind, dass diese Software Sie einschränkt und Sie keine Kontrolle über deren Entwicklung haben. Eventuell ist es unmöglich, die Software zu ändern, um Ihrem Produkt einen „Wettbewerbsvorteil" gegenüber Wettbewerbern zu verschaffen, die dieselbe Software verwenden. Es gibt auch Lizenzfragen, die berücksichtigt werden müssen. Diese können Ihre Freiheit einschränken, die Open-Source-Software in Ihr Produkt zu integrieren.

Die Entscheidung für Open-Source-Software hängt auch von der Verfügbarkeit, Reife und dem kontinuierlichen Support von Open-Source-Komponenten ab. Die Verwendung eines Open-Source-Datenbanksystems wie MySQL oder MongoDB ist billiger als die Verwendung einer proprietären Datenbank wie dem Datenbanksystem von Oracle. Es sind ausgereifte Systeme mit einer großen Anzahl von mitwirkenden Entwicklern. Sie würden sich normalerweise nur dann für eine proprietäre Datenbank entscheiden, wenn sich Ihr Produkt an Unternehmen richtet, die diese Art von Datenbank bereits nutzen. Auf höheren Ebenen in der Architektur sind, abhängig von der Art des Produkts, das Sie entwickeln, eventuell weniger Open-Source-Komponenten verfügbar, die Komponenten können fehlerhaft sein und ihre weitere Entwicklung kann von einer relativ kleinen Supportgemeinschaft abhängen.

Ihre Wahl der Open-Source-Software sollte von der Art des Produkts, das Sie entwickeln, Ihrem Zielmarkt und der Kompetenz Ihres Entwicklerteams abhängen. Es gibt oft ein Missverhältnis zwischen der „idealen" Open-Source-Software und dem Fachwissen, das Sie zur Verfügung haben. Die ideale Software mag sich vielleicht langfristig als die bessere Wahl erweisen, aber wenn sich Ihr Team erst damit vertraut machen muss, könnte die Markteinführung Ihres Produkts verzögert werden. Sie müssen entscheiden, ob die langfristigen Vorteile diese Verzögerung rechtfertigen. Es hat keinen Sinn, ein besseres System aufzubauen, wenn Ihrem Unternehmen das Geld ausgeht, bevor dieses System ausgeliefert wird.

4.5.5 Entwicklungstechnologie

Entwicklungstechnologien wie ein mobiles Entwicklungswerkzeug oder ein Web-Framework beeinflussen die Architektur Ihrer Software. Diese Technologien kommen mit impliziten Annahmen über Systemarchitekturen und Sie müssen sich an diese Annahmen halten, um das Entwicklungssystem zu nutzen. Zum Beispiel sind viele Web-Frameworks so konzipiert, dass sie Anwendungen auf Basis des MVC-Architekturmusters erstellen.

Die von Ihnen verwendete Entwicklungstechnologie kann auch einen indirekten Einfluss auf die Systemarchitektur haben. Entwickler treffen bevorzugt Architekturentscheidungen, die vertraute, gut verstandene Technologien verwenden. Hat Ihr Team beispielsweise viel Erfahrung mit relationalen Datenbanken, so kann es für deren Einsatz plädieren, anstatt eine NoSQL-Datenbank in Erwägung zu ziehen. Dies kann sinnvoll sein, da das Team keine Zeit damit verbringen muss, ein neues System zu lernen. Es kann jedoch langfristig negative Folgen haben, wenn die bekannte Technologie nicht die richtige für Ihre Software ist.

Zusammenfassung

- Softwarearchitektur ist die grundlegende Organisation eines Systems mit seinen Komponenten, ihren Beziehungen zueinander und zur Umwelt sowie den Prinzipien, die sein Design und seine Entwicklung leiten.
- Die Architektur eines Softwaresystems hat einen wesentlichen Einfluss auf nichtfunktionale Systemeigenschaften wie Zuverlässigkeit, Effizienz und Sicherheit.
- Beim architektonischen Entwurf geht es darum, die für Ihr Produkt kritischen Aspekte zu verstehen und Systembeschreibungen zu erstellen, die Komponenten und deren Zusammenhänge darstellen.
- Die Hauptaufgabe von Architekturbeschreibungen besteht darin, dem Entwicklerteam eine Grundlage für die Diskussion der Systemorganisation zu bieten. Informelle Architekturdiagramme sind in der Architekturbeschreibung effektiv, da sie schnell und einfach zu zeichnen und zu teilen sind.
- Die Systemzerlegung beinhaltet die Analyse von Architekturkomponenten und deren Darstellung als eine Reihe von feineren Komponenten.
- Um die Komplexität zu minimieren, sollten Sie Zuständigkeiten trennen, funktionales Duplizieren vermeiden und sich auf Komponentenschnittstellen konzentrieren.
- Webbasierte Systeme haben oft eine gemeinsame mehrschichtige Struktur, bestehend aus einer Schicht für die Benutzeroberfläche, anwendungsspezifischen Schichten und einer Datenbankschicht.
- Die Verteilungsarchitektur in einem System definiert die Organisation der Server in diesem System und die Zuordnung von Komponenten zu diesen Servern.
- Mehrschichtige Client-Server- und serviceorientierte Architekturen sind die am häufigsten verwendeten Architekturen für webbasierte Systeme.
- Entscheidungen über Technologien wie Datenbank- und Cloud-Technologien zu treffen, ist ein wichtiger Teil des architektonischen Entwurfsprozesses.

Ergänzende Literatur

„Software Architecture and Design": Diese ausgezeichnete Artikelserie bietet fundierte, praktische Ratschläge zu den allgemeinen Prinzipien der Softwarearchitektur und des Designs. Es beinhaltet eine Diskussion über Schichtenarchitekturen in Kapitel 3, unter Architekturmuster und -stile (Microsoft, 2010).
https://docs.microsoft.com/en-us/previous-versions/msp-n-p/ee658093(v%3dpandp.10)

„Five Things Every Developer Should Know about Software Architecture": Dieser Artikel liefert eine gute Erklärung dafür, warum das Design einer Softwarearchitektur mit der agilen Softwareentwicklung vereinbar ist (S. Brown, 2018).
https://www.infoq.com/articles/architecture-five-things

„Software Architecture Patterns": Dies ist eine gute allgemeine Einführung in Schichtenarchitekturen, obwohl ich nicht mit der Meinung übereinstimme, dass Schichtenarchitekturen so schwer zu ändern sind, wie der Autor behauptet (M. Richards, 2015, Login erforderlich).
https://www.oreilly.com/library/view/software-architecture-patterns/9781491971437/

„What is the 3-Tier Architecture?": Dies ist eine sehr umfassende Diskussion über die Vorteile der Verwendung einer dreistufigen Architektur. Der Autor argumentiert, dass es nicht notwendig ist, mehr als drei Ebenen in einem System zu verwenden (T. Marston, 2012).
http://www.tonymarston.net/php-mysql/3-tier-architecture.html

„Five Reasons Developers Don't Use UML and Six Reasons to Use It": Dieser Artikel führt Argumente auf für die Verwendung der UML beim Entwurf von Softwarearchitekturen (B. Pollack, 2010).
https://saturnnetwork.wordpress.com/2010/10/22/five-reasons-developers-dont-use-uml-and-six-reasons-to-use-it/

„Mobile vs. Desktop: 10 key differences": Dieser Blogeintrag fasst die Aspekte zusammen, die bei der Entwicklung von mobilen und Desktop-Produkten zu berücksichtigen sind (S. Hart, 2017).
https://www.paradoxlabs.com/blog/mobile-vs-desktop-10-key-differences/

„To SQL or NoSQL? That's the Database Question": Dies ist eine gute, kurze Einführung in das Für und Wider von relationalen und NoSQL-Datenbanken (L. Vaas, 2016).
https://arstechnica.com/information-technology/2016/03/to-sql-or-nosql-thats-the-database-question/

Literaturempfehlungen zu Cloud-Computing und serviceorientierter Architektur finden sich am Ende von ▶ Kapitel 5 und ▶ Kapitel 6.

Präsentationen, Videos und Links

https://iansommerville.com/engineering-software-products/static/presentations-videos-and-links/software-architecture/

Übungen

Lösungshinweise

1 Erweitern Sie die IEEE-Definition der Softwarearchitektur um eine Definition der Aktivitäten, die mit dem Architekturdesign verbunden sind.

2 Eine Architektur, die zur Unterstützung der Sicherheit entwickelt wurde, kann entweder auf einem zentralisierten Modell basieren, in dem alle sensiblen Informationen an einem sicheren Ort gespeichert sind, oder auf einem verteilten Modell, in dem Informationen überall verteilt und an vielen verschiedenen Orten gespeichert sind. Geben Sie einen Vorteil und einen Nachteil für jeden Ansatz an.

3 Warum ist es wichtig, die Komplexität in einem Softwaresystem zu minimieren?

4 Sie entwickeln ein Produkt, das Sie an Finanzunternehmen verkaufen können. Erörtern Sie die Aspekte, die die architektonische Entscheidungsfindung beeinflussen (▶ Abbildung 4.4) und nennen Sie zwei Faktoren, die wahrscheinlich am wichtigsten sind. Begründen Sie Ihre Antwort.

5 Erklären Sie kurz, wie die Strukturierung einer Softwarearchitektur als Stapel von funktionalen Schichten dazu beiträgt, die Gesamtkomplexität in einem Softwareprodukt zu minimieren.

6 Stellen Sie sich vor, Ihr Vorgesetzter hat Sie gefragt, ob Ihr Unternehmen von informellen Architekturbeschreibungen zu formaleren Beschreibungen auf der Grundlage der UML übergehen sollte oder nicht. Schreiben Sie einen kurzen Bericht, der Ihrem Vorgesetzten Empfehlungen an die Hand gibt. Wenn Sie nicht wissen, was die UML ist, dann müssen Sie sich eventuell ein wenig einlesen, um ein Grundverständnis zu erlangen. Der Artikel von Pollack im Abschnitt „Ergänzende Literatur" kann Ihnen als Ausgangspunkt dienen.

7 Zeigen Sie anhand eines Diagramms, wie die generische Architektur für eine webbasierte Anwendung mit einer mehrschichtigen Client-Server-Architektur implementiert werden kann.

8 Unter welchen Umständen würden Sie in einer Client-Server-Architektur so viel lokale Verarbeitung wie möglich auf den Client übertragen?

9 Erklären Sie, warum es nicht sinnvoll wäre, eine mehrschichtige Client-Server-Architektur für das iLearn-System zu verwenden.

10 Sammeln Sie einige Hintergrundinformationen und beschreiben Sie dann drei grundlegende Unterschiede zwischen relationalen und NoSQL-Datenbanken. Schlagen Sie drei Arten von Softwareprodukten vor, die von der Verwendung von NoSQL-Datenbanken profitieren könnten, und erklären Sie, warum der NoSQL-Ansatz angemessen ist.

Cloudbasierte Software

5

ÜBERBLICK

Die Annäherung von leistungsstarken Multicore-Computern und der Hochgeschwindigkeitsvernetzung hat zur Entwicklung der sogenannten „Cloud“ geführt. Eine Cloud besteht, einfach ausgedrückt, aus einer sehr großen Anzahl von Remote-Servern, die von den Unternehmen, denen sie gehören, zur Miete angeboten werden. Sie können so viele Server mieten, wie Sie benötigen, eigene Software auf diesen Servern ausführen und diese Ihren Kunden zur Verfügung stellen, welche dann von ihren Computern oder anderen vernetzten Geräten wie Tablets oder Fernseher aus auf diese Server zugreifen können. Sie können einen Server mieten und Ihre eigene Software installieren oder für den Zugriff auf Softwareprodukte bezahlen, die in der Cloud verfügbar sind.

Die Remote-Server sind „virtuelle Server“, d.h., sie sind eher als Software denn als Hardware implementiert. Auf jedem Cloud-Hardwareknoten können viele virtuelle Server gleichzeitig ausgeführt werden, was durch eine Virtualisierungssoftware ermöglicht wird, die in der Hardware integriert ist. Der Betrieb mehrerer Server hat dabei nur sehr geringe Auswirkungen auf die Serverleistung, denn die Hardware ist so leistungsfähig, dass ihr der parallele Betrieb mehrerer virtueller Server keine Probleme bereitet.

Cloud-Unternehmen wie Amazon und Google verfügen über Cloud-Managementsoftware, mit der der Erwerb und die Freigabe von Serverkapazitäten ein Kinderspiel ist. Sie bieten ihren Kunden automatische Upgrades für die betriebenen Server, wobei die Cloud-Managementsoftware für Ausfallsicherheit im Falle eines Serverausfalls sorgt. Kunden können einen Server für eine bestimmte Zeit mieten oder für On-Demand-Zugriffe bezahlen. Wenn Sie also nur für kurze Zeit Ressourcen benötigen, bezahlen Sie auch nur den Zeitraum, für den Sie die Ressourcen anfordern.

Die von Ihnen gemieteten Cloud-Server können je nach Ihrem Ressourcenbedarf hoch- und runtergefahren werden. Das bedeutet, dass die in der Cloud laufende Software skalierbar, elastisch und ausfallsicher ist (▶ Abbildung 5.1). Meiner Meinung nach sind Skalierbarkeit, Elastizität und Resilienz die grundlegenden Unterschiede zwischen cloudbasierten Systemen und solchen, die auf dedizierten Servern gehostet werden.

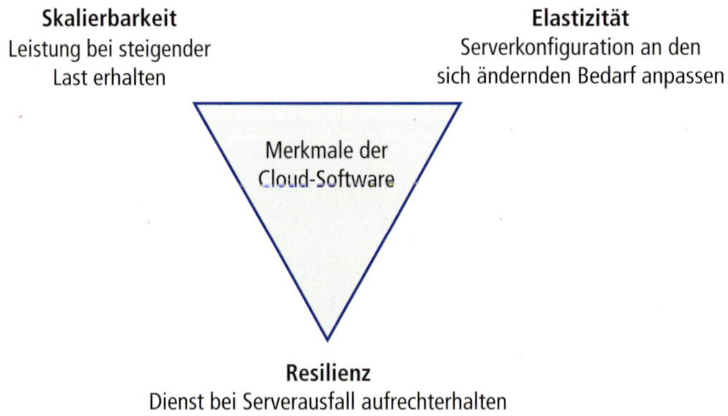

Abbildung 5.1: Skalierbarkeit, Elastizität und Resilienz

Die Skalierbarkeit gibt an, inwiefern Ihre Software mit einer steigenden Anzahl von Benutzern fertig wird. Wenn die Last auf Ihre Software steigt, passt sich die Software automatisch an, um die Systemleistung und die Reaktionszeit zu gewährleisten. Systeme können durch Hinzufügen neuer Server oder durch Migration auf einen leistungsfähigeren Server skaliert werden. Wenn ein leistungsfähigerer Server verwendet

wird, spricht man von Scaling-Up, und wenn neue Server des gleichen Typs hinzugefügt werden, von Scaling-Out. Bei einem Scaling-Out Ihrer Software werden Kopien von Ihrer Software erstellt und auf den hinzugefügten Servern ausgeführt.
Elastizität hängt mit der Skalierbarkeit zusammen, ermöglicht aber neben dem Scaling-Up auch ein Scaling-Down. Das heißt, Sie können die Nachfrage nach Ihrer Anwendung überwachen und Server dynamisch hinzufügen oder entfernen, wenn sich die Anzahl der Benutzer ändert. Das bedeutet, dass Sie nur für die von Ihnen benötigten Server bezahlen, wenn Sie sie auch wirklich in Anspruch nehmen.
Resilienz bedeutet, dass Sie Ihre Softwarearchitektur so gestalten, dass Serverausfälle kompensiert werden. Sie können mehrere Kopien Ihrer Software gleichzeitig bereitstellen. Fällt eine davon aus, ist der Service über die anderen weiterhin verfügbar. Auch der Ausfall eines Cloud-Datenzentrums lässt sich kompensieren. Halten Sie einfach redundante Server an verschiedenen Standorten vor.
Wenn Sie ein neues Softwareunternehmen gründen oder ein neues Entwicklungsprojekt in Angriff nehmen, rechnet es sich nicht, Serverhardware zur Unterstützung der Softwareentwicklung zu kaufen. Verwenden Sie stattdessen lieber cloudbasierte Server, auf die Sie von Ihren Entwicklungsrechnern aus zugreifen können. Die Vorteile dieses Ansatzes gegenüber dem Kauf eigener Server sind in ▶ Tabelle 5.1 aufgeführt.

Faktor	Vorteile
Kosten	Sie vermeiden die Anschaffungskosten für die Hardware.
Startzeit	Sie müssen nicht auf die Lieferung der Hardware warten, bevor Sie mit der Arbeit beginnen können. Durch Nutzung der Cloud können Sie in wenigen Minuten auf einsatzbereite Server zugreifen.
Serverwahl	Wenn Sie feststellen, dass die Server, die Sie mieten, nicht leistungsstark genug sind, können Sie auf leistungsstärkere Systeme umsteigen. Für kurzfristige Anforderungen, wie z. B. Lasttests, können Sie Server hinzufügen.
Verteilte Entwicklung	Wenn Sie ein verteiltes Entwicklerteam haben, das von verschiedenen Standorten aus an einem Projekt arbeitet, haben alle Teammitglieder die gleiche Entwicklungsumgebung und können direkt alle Informationen und Daten teilen.

Tabelle 5.1: Vorteile der Cloud für die Softwareentwicklung

Wenn Sie neue Softwareprodukte entwickeln, empfehle ich, die Cloud standardmäßig sowohl für die Entwicklung als auch die Produktbereitstellung als Cloud-Service zu nutzen. Die einzige Ausnahme sollte sein, wenn Sie Produkte für eine spezielle Hardwareplattform bereitstellen oder die Sicherheitsanforderungen Ihrer Kunden die Nutzung externer Systeme verbieten.
Alle großen Softwareunternehmen bieten ihre Software inzwischen als Cloud-Service an. Kunden greifen über einen Browser oder eine Smartphone-App auf den Remote-Service zu, anstatt ihn auf ihren eigenen Rechnern zu installieren. Bekannte Beispiele für Software, die als Service bereitgestellt wird, sind Mailsysteme wie Gmail und Produktivitätsprodukte wie Office 365.
Dieses Kapitel geht auf einige grundlegende Probleme der cloudbasierten Software ein, die Einfluss auf Ihre Architekturentscheidungen haben. Ich erläutere das Konzept des Containers als leichtgewichtigen Mechanismus zur Softwarebereitstellung. Ich beschreibe, wie Software als Service bereitgestellt werden kann, und ich gehe auf die

allgemeinen Probleme beim Entwurf einer cloudbasierten Softwarearchitektur ein. ▶ Kapitel 6 widmet sich dann dem serviceorientierten Architekturmuster – speziell der Microservice-Architektur, die insbesondere für cloudbasierte Systeme relevant ist.

5.1 Virtualisierung und Container

Alle Cloud-Server sind virtuelle Server. Ein virtueller Server läuft auf einem physischen Computer und besteht aus einem Betriebssystem und einer Reihe von Softwarepaketen, die die erforderliche Serverfunktionalität bereitstellen. Die Grundidee ist, dass ein virtueller Server ein eigenständiges System ist, das auf jeder Hardware in der Cloud laufen kann.

Dieses „Läuft-überall"-Merkmal beruht darauf, dass der virtuelle Server keine externen Abhängigkeiten hat. Eine externe Abhängigkeit bedeutet, dass Sie eine Fremdsoftware benötigen, die nicht von Ihnen selbst entwickelte wurde, z.B. ein Datenbankmanagementsystem. Wenn Sie beispielsweise in Python entwickeln, benötigen Sie einen Python-Compiler, einen Python-Interpreter, verschiedene Python-Bibliotheken und so weiter.

Wenn Sie Software auf verschiedenen Rechnern ausführen, stoßen Sie häufig auf Probleme, zum Beispiel wenn einige der externen Softwareprogramme, auf die Sie angewiesen sind, nicht verfügbar sind oder sich in irgendeiner Weise von der Version unterscheiden, die Sie verwenden. Mit einem virtuellen Server lassen sich diese Probleme vermeiden. Sie laden einfach die gesamte von Ihnen benötigte Software auf den Server, sodass Sie sich nicht auf Software verlassen müssen, die von jemand anderem zur Verfügung gestellt wird.

Für die Implementierung virtueller Server eignen sich virtuelle Maschinen (VM), die auf physischer Serverhardware laufen (▶ Abbildung 5.2). Die Details sind komplex, aber Sie können sich den Hypervisor als eine Schicht vorstellen, die mittels Hardware-Emulation den Betrieb der zugrunde liegenden Hardware simuliert. Mehrere parallel laufende Hardware-Emulatoren teilen sich dabei die physische Hardware. Sie können in jedem Hardware-Emulator ein anderes Betriebssystem ausführen und darauf dann jeweils Serversoftware installieren.

Virtuelle Server in virtuellen Maschinen zu implementieren, hat den Vorteil, dass allen die gleiche Hardwareplattform als physischer Server dient. Dies ermöglicht es Ihnen, verschiedene Betriebssysteme in virtuellen Maschinen auszuführen, die auf demselben Rechner gehostet sind. ▶ Abbildung 5.2 zeigt zum Beispiel, dass es möglich ist, Linux und Windows gleichzeitig in separaten VMs auszuführen. Dies könnte dann wünschenswert sein, wenn Sie Software ausführen möchten, die nur für ein bestimmtes Betriebssystem verfügbar ist.

Das Problem bei der Implementierung virtueller Server auf virtuellen Maschinen besteht darin, dass das Erstellen einer VM das Laden und Hochfahren eines großen und komplexen Betriebssystems (BS) bedingt. Die Zeit, die für die Installation des Betriebssystems und die Einrichtung der eigentlichen Software auf der VM benötigt wird, liegt bei Public-Cloud-Anbietern wie AWS in der Regel zwischen 2 und 5 Minuten. Das bedeutet, dass Sie nicht sofort auf eine veränderte Nachfrage reagieren können, indem Sie VMs starten und abschalten.

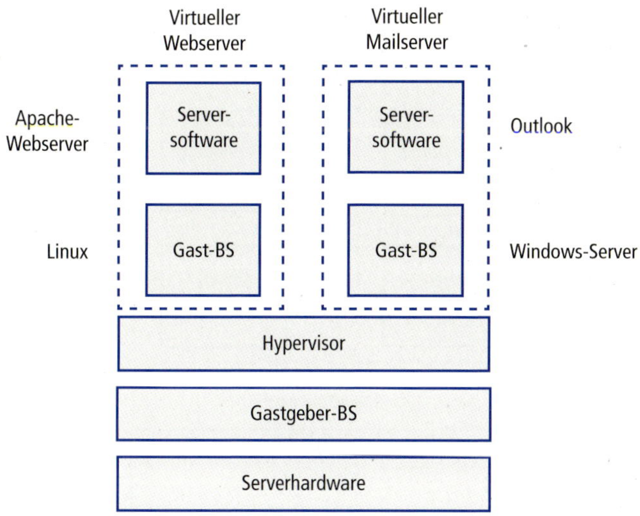

Abbildung 5.2: Implementierung eines virtuellen Servers als virtuelle Maschine

In vielen Fällen benötigen Sie den allgemeinen Charakter einer virtuellen Maschine eigentlich nicht. Wenn Sie ein cloudbasiertes System mit vielen Anwendungs- oder Dienstinstanzen betreiben, verwenden diese alle das gleiche Betriebssystem. Für eine solche Situation würde es reichen, eine einfachere, schlankere Virtualisierungstechnologie einzusetzen, die auf Containern basiert.

Durch die Verwendung von Containern wird der Prozess der Bereitstellung virtueller Server in der Cloud erheblich beschleunigt. Container liegen in der Regel im Megabyte-Bereich, während VMs sich in der Größenordnung von Gigabyte bewegen. Das Starten und Abschalten der Container dauert nur wenige Sekunden und nicht wie bei den VMs mehrere Minuten. Viele Unternehmen, die cloudbasierte Software anbieten, haben inzwischen von VMs auf Container umgestellt, weil Container schneller zu laden sind und weniger Ressourcen beanspruchen.

Container sind eine BS-Virtualisierungstechnologie, die es unabhängigen Servern ermöglicht, sich ein Betriebssystem zu teilen. Container eignen sich besonders gut für die Bereitstellung von isolierten Anwendungsdiensten, bei denen jeder Benutzer seine eigene Version einer Anwendung sieht. Dies wird in ▶ Abbildung 5.3 veranschaulicht, wo eine Grafikdesign-Software grundlegende Grafikbibliotheken und ein Fotomanagementsystem verwendet. Für jeden Benutzer der Software wird ein Container mit der Grafikunterstützungssoftware und der Anwendung erstellt.

Bevor Sie einen Container benutzen können, müssen Sie ihn mithilfe von Client-Software erstellen und Software in diesen Container laden. Anschließend stellen Sie den von Ihnen erzeugten Container auf einem Linux-Server bereit. Mit grundlegenden Betriebssystemfunktionen gewährleistet das Containermanagementsystem, dass der im Container ausgeführte Prozess von allen anderen Prozessen vollständig isoliert ist.

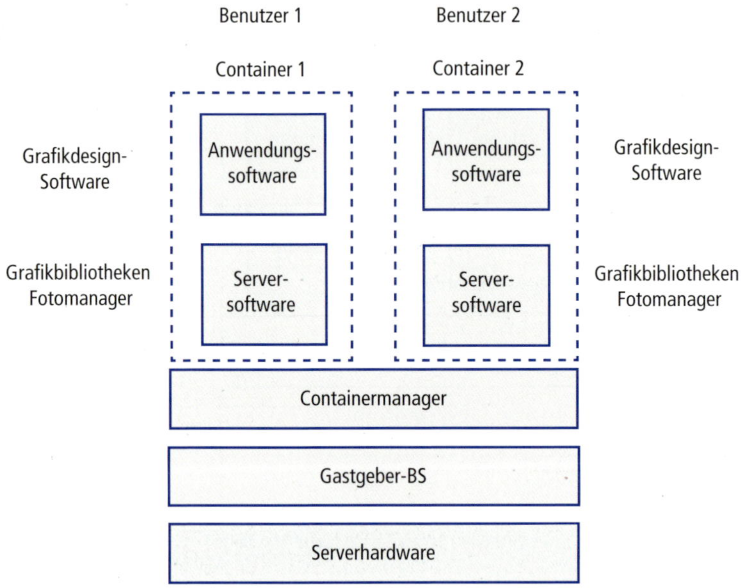

Abbildung 5.3: Einsatz von Containern zu Bereitstellung von isolierten Diensten

Container sind ein leichtgewichtiger Mechanismus für die Ausführung von Anwendungen in der Cloud und eignen sich besonders gut für kleinere Anwendungen wie eigenständige Dienste. Zum Zeitpunkt der Erstellung dieses Buches im Jahr 2018 wird jedoch noch davon abgeraten, Container einzusetzen, um große, gemeinsam genutzte Datenbanken auszuführen. Sollte Ihre Anwendung von einer großen, gemeinsam genutzten Datenbank mit kontinuierlichem Service abhängen, ist die Ausführung dieser Datenbank in einer VM immer noch die beste Option. VMs und Container können auf demselben physischen System koexistieren, sodass die in Containern ausgeführten Anwendungen effizient auf die Datenbank zugreifen können.

Container wurden erstmals Mitte der 2000er Jahre im Rahmen von Entwicklungen für das Linux-Betriebssystem eingeführt. Mehrere Unternehmen wie Google und Amazon entwickelten und nutzten ihre eigene Containerversion, um große Servercluster zu verwalten. Erst um 2015 herum etablierten sich Container wirklich als Mainstream-Technologie. Aus einem Open-Source-Projekt namens Docker entwickelte sich ein äußerst bedienungsfreundliches Standard-Tool für Containermanagement. Docker ist heute die am weitesten verbreitete Containertechnologie, weshalb ich hier auf das Containermodell von Docker eingehen möchte.

Docker ist ein Containermanagementsystem, das seinen Benutzern erlaubt, die Software, die in einem Container enthalten sein soll, als Docker-Image zu definieren. Es beinhaltet außerdem ein Laufzeitsystem, das Container mit diesen Docker-Images erstellen und verwalten kann. ▶ Abbildung 5.4 zeigt die verschiedenen Elemente des Docker-Containersystems und deren Zusammenspiel. Die jeweilige Funktion der Elemente im Docker-Containersystem wird in ▶ Tabelle 5.2 erläutert.

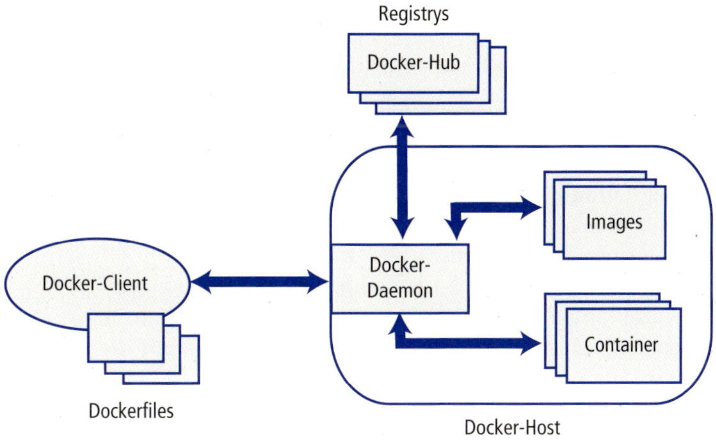

Abbildung 5.4: Das Docker-Containersystem

Element	Funktion
Docker-Daemon	Hierbei handelt es sich um einen Prozess, der auf einem Hostserver läuft und zum Erstellen, Starten, Stoppen und Überwachen von Containern sowie zum Aufbau und Verwalten lokaler Images verwendet wird.
Docker-Client	Diese Software wird von Entwicklern und Systemmanagern verwendet, um Container zu definieren und zu steuern.
Dockerfiles	Dockerfiles definieren ausführbare Anwendungen (Images) als eine Reihe von Setup-Befehlen, die die in einem Container aufzunehmende Software angeben. Jeder Container muss von einem zugehörigen Dockerfile definiert sein.
Image	Aus einem Dockerfile lässt sich ein Docker-Image erzeugen. Dabei handelt es sich um einen Satz von Verzeichnissen, deren Struktur garantiert, dass die angegebene Software und die dazugehörigen Daten an den richtigen Stellen installiert sind. Images werden als lauffähige Docker-Anwendungen eingerichtet.
Docker-Hub	Dies ist die Standard-Registry zur Aufnahme der erstellten Images, die entweder zur Erzeugung von Containern wiederverwendet werden können oder als Ausgangspunkt für die Definition neuer Images dienen.
Container	Container sind Behälter zur Ausführung von Images. Ein Image wird in einen Container geladen und die durch das Image definierte Anwendung startet. Container können unverändert von Server zu Server verschoben und so auf vielen Servern repliziert werden. Sie können aber auch Änderungen an einem Docker-Container vornehmen (z.B. durch Dateiänderungen), müssen diese Änderungen aber dann festschreiben, um ein neues Image zu erstellen, und den Container neu starten.

Tabelle 5.2: Die Elemente des Docker-Containersystems

Docker-Images sind Verzeichnisse, die archiviert, geteilt und auf verschiedenen Docker-Hosts ausgeführt werden können. Alles, was zum Ausführen eines Softwaresystems erforderlich ist – Binärdateien, Bibliotheken, Systemwerkzeuge usw. –, ist im Verzeichnis enthalten. Deshalb ist das Image für den virtuellen Server ein eigenständiges Dateisystem. Aufgrund der Art und Weise, wie Docker sein Dateisystem implementiert hat, enthält das Image nur die Dateien, die sich von den Standard-Betriebssystemdateien unterscheiden. Alle anderen Betriebssystemdateien, die unverändert sind, sind nicht enthalten. Deshalb sind die Images in der Regel kompakt und daher schnell zu laden.

Das in den Docker-Images verwendete Dateisystem wird als Union-Dateisystem (UnionFS) bezeichnet. Ohne hier allzu sehr ins Detail zu gehen, sei gesagt, dass ein UnionFS in etwa einem inkrementellen Backup entspricht, bei dem Sie einfach nur die geänderten Dateien zu Ihrem Backup hinzufügen. Die Backup-Software führt dann diese Dateien mit den früheren Backups zusammen, um Ihr gesamtes Dateisystem wiederherzustellen. In einem UnionFS ist die Ausgangsbasis ein Basis-Dateisystem, ergänzt um Updates, die spezifisch für ein Image sind, das auf diese Basis aufsetzt. Jedes Update wird als neue Schicht hinzugefügt. Die Dateisystem-Software führt die Schichten zu einem kompletten, isolierten Dateisystem zusammen.

Ein Docker-Image besteht aus einer Basisschicht, die normalerweise der Docker-Registry entstammt, und einer Schicht darüber, die Ihre Software und Daten enthält. Dank diesem mehrschichtigen Modell kann die Aktualisierung von Docker-Anwendungen schnell und effizient erfolgen. Jedes Update des Dateisystems wird als eigene Schicht auf dem bestehenden System abgelegt. Zum Aktualisieren Ihrer Anwendungen müssen Sie lediglich die Änderungen übertragen, die Sie an ihrem Image vorgenommen haben, wobei es sich oft nur um eine kleine Anzahl von Dateien handelt. Dateien, die nicht verändert wurden, sind davon nicht betroffen.

Wenn ein Container erzeugt wird, wird das Image geladen und die Dateien in diesem Image als schreibgeschützt markiert. Der Docker-Daemon fügt zur Verwaltung lokaler Containerdaten eine Lese-/Schreibschicht hinzu und das Containermanagementsystem richtet verschiedene Initialisierungsparameter ein. Anschließend wird ein Prozess initialisiert, um die im Image definierte Software auszuführen.

Docker verfügt über einen Mechanismus, der als Brückennetzwerk bezeichnet wird und es Containern ermöglicht, miteinander zu kommunizieren. Das bedeutet, dass Sie Systeme erstellen können, die aus kommunizierenden Komponenten bestehen, die jeweils in einem eigenen Container laufen. So können Sie schnell eine große Anzahl von kommunizierenden Containern einsetzen, um ein komplexes verteiltes System zu implementieren. Mit einem Managementsystem wie Kubernates können Sie den Satz der eingesetzten Container verwalten.

Sie müssen die Kommunikationsmechanismen von Docker nicht verstehen, um das Containerprinzip zu verstehen, sodass das Thema nicht weiter vertieft werden soll. Links zu Informationen über die Containerkommunikation finden Sie im Abschnitt „Ergänzende Literatur“ am Ende dieses Kapitels.

Aus der Sicht des Cloud-Software-Engineerings bieten Container vier wichtige Vorteile:

1. Sie lösen das Problem der Softwareabhängigkeiten. Sie müssen sich keine Sorgen mehr darum machen, dass die Bibliotheken und andere Softwareprodukte auf dem Applikationsserver sich von denen auf Ihrem Entwicklungsserver unterscheiden. Anstatt Ihr Produkt als eigenständige Software auszuliefern, können Sie einen Container ausliefern, der alle die für Ihr Produkt erforderliche Software umfasst.

2. Sie bieten einen Mechanismus für die Portierbarkeit von Software über verschiedene Clouds hinweg. Docker-Container können auf jedem System oder Cloud-Anbieter ausgeführt werden, bei dem der Docker-Daemon verfügbar ist.

3. Sie bieten einen effizienten Mechanismus für die Implementierung von Software-Services und unterstützen so die Entwicklung von serviceorientierten Architekturen, die in ▶ Kapitel 6 behandelt werden.

4. Sie erleichtern den Einsatz von DevOps. Hierbei handelt es sich um einen Ansatz der Softwareunterstützung, bei der das gleiche Team sowohl für die Entwicklung als auch für den Support von Betriebssoftware verantwortlich ist. DevOps sind Thema von ▶ Kapitel 10.

5.2 Everything as a Service

Nur sehr wenige von uns beschäftigen einen persönlichen Friseur in Vollzeit. Stattdessen „mieten" wir ihn, wenn wir einen neuen Haarschnitt brauchen. Der Friseur bietet eine Dienstleistung an und wir bezahlen für die Zeit, die wir diese Dienstleistung in Anspruch nehmen. Der gleiche Ansatz lässt sich auch auf Softwareprodukte anwenden. Anstatt ein Softwareprodukt zu kaufen, mieten wir es, wenn wir es brauchen.
Diese Idee eines Dienstes, der gemietet werden kann und nicht gekauft werden muss, bildet die Grundlage für Cloud-Computing. Anstatt sich Hardware anzuschaffen, können Sie die von Ihnen benötigte Hardware auch von einem Cloud-Provider mieten. So können Sie zum Beispiel Ihre Softwareprodukte mittels dieser gemieteten Hardware Ihren Kunden bereitstellen. Im Cloud-Computing entwickelte sich daraus der Begriff „Everything as a Service" (EaaS, Alles als Service).
Für die Entwickler von Softwareprodukten gibt es derzeit drei Ebenen, für die EaaS eine sehr große Rolle spielt. Diese Ebenen einschließlich einiger Beispiele für mögliche Dienste werden in ▶ Abbildung 5.5 dargestellt.

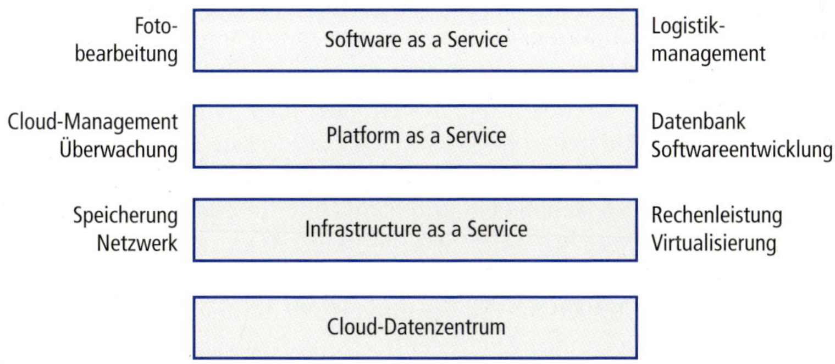

Abbildung 5.5: Everything as a Service

1. *Infrastructure as a Service (IaaS):* Dies ist eine grundlegende Dienstebene, die alle großen Cloud-Anbieter im Programm haben. Sie bieten verschiedene Arten von Infrastrukturdiensten an, wie beispielsweise einen Rechen-, einen Netzwerk- und einen Speicher-Service. Diese Infrastrukturdienste können zur Implementierung virtueller cloudbasierter Server verwendet werden. Der Hauptvorteil von IaaS be-

steht darin, dass die Investitionskosten für den Kauf von Hardware entfallen und Sie Ihre Software problemlos von einem Server auf einen anderen leistungsfähigeren Server migrieren können. Die Verantwortung für die Installation der Software auf dem Server obliegt Ihnen, wobei Sie von vielen vorkonfigurierten Paketen unterstützt werden. Über die Verwaltungskonsole (Control Panel) des Cloud-Anbieters können Sie bei Bedarf weitere Server hinzufügen, wenn die Last auf Ihrem System steigt.

2 *Platform as a Service (PaaS):* Hierbei handelt es sich um eine Zwischenebene, auf der Sie Bibliotheken und Frameworks des Cloud-Anbieters zur Implementierung Ihrer Software nutzen. Diese bieten Zugriff auf eine Reihe von Funktionen, einschließlich SQL- und NoSQL-Datenbanken. Mithilfe von PaaS ist es ganz einfach, eine automatisch skalierende Software zu entwickeln. Sie können Ihr Produkt so implementieren, dass mit zunehmender Last automatisch zusätzliche Rechen- und Speicherkapazitäten hinzugefügt werden.

3 *Software as a Service (SaaS):* Ihr Softwareprodukt läuft in der Cloud und wird von Benutzern über einen Webbrowser oder eine Smartphone-App aufgerufen. Wir alle kennen und nutzen diese Art von Cloud-Diensten fast jeden Tag – Mail-Dienste wie Gmail, Speicherdienste wie Dropbox, Social-Media-Dienste wie Twitter und so weiter. SaaS wird im nächsten Abschnitt näher behandelt.

Für einen Unternehmer einer kleinen oder mittelständischen Softwarefirma ist es oft nicht rentabel, Serverhardware zu kaufen. Die Server, die er für die Entwicklung und die Tests benötigt, kann er mithilfe von Infrastrukturdiensten implementieren. Er kann mit einer Kreditkarte ein Cloud-Konto einrichten und ist in nur wenigen Minuten startbereit. Er muss keinen Kredit aufnehmen, um Hardware zu kaufen, und kann auf sich ändernde Nachfrageanforderungen ganz einfach durch Up- und Downscaling seines Systems in der Cloud reagieren. Er kann sein Produkt in der Cloud mithilfe von PaaS implementieren und als Softwaredienst bereitstellen.

Inzwischen gibt es bereits viele Firmen, die Public-Cloud-Dienste für Unternehmen anbieten, darunter große bekannte Anbieter wie Amazon, Google und Microsoft. Sie alle verwenden unterschiedliche Schnittstellen und Control Panels, sodass hier nicht näher auf die Details der Anmietung und Einrichtung von Servern in der Cloud eingegangen werden soll. Alle Cloud-Anbieter verfügen über Einführungstutorials, die Ihnen die einzelnen Schritte genau erklären. Links zu diesen Tutorials finden Sie im Abschnitt „Ergänzende Literatur".

Ein wichtiger Unterschied zwischen IaaS und PaaS sind die Zuständigkeiten beim Systemmanagement. ▶ Abbildung 5.6 zeigt, wer bei SaaS, IaaS und PaaS jeweils wofür zuständig ist.

Wenn Sie IaaS verwenden, tragen Sie die Verantwortung dafür, die Datenbank, die Systemsicherheit sowie die Anwendung zu installieren und zu verwalten. Verwenden Sie PaaS, dann können Sie die Verantwortung für die Datenbankverwaltung und die Sicherheit an den Cloud-Anbieter abgeben. Im Falle von SaaS verwaltet der Softwareanbieter nur die Anwendung – vorausgesetzt, er betreibt das System in einer Cloud. Alles andere liegt im Zuständigkeitsbereich des Cloud-Anbieters.

Bei der Einführung von Clouds (um das Jahr 2010 herum) gab es eine klare Trennung zwischen IaaS und PaaS. Amazon präsentierte Amazon Web Services (AWS) als IaaS, während Google seine Cloud-Plattform als PaaS-Umgebung anpries, in der mit den hauseigenen Cloud-Primitiven automatisch skalierende Umgebungen und andere Features erstellt werden konnten. In der Praxis gibt es heute kaum noch echte Unterschiede zwischen diesen Ebenen; allerdings unterstützen alle Cloud-Anbieter eine Form von PaaS.

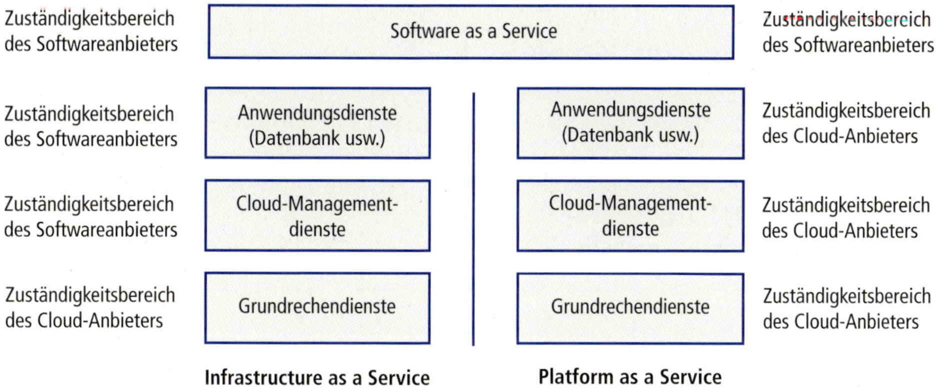

Abbildung 5.6: Managementzuständigkeiten für SaaS, IaaS und PaaS

Vielleicht ist Ihnen auch schon mal der Begriff „Function as a Service“ (FaaS) begegnet, der durch den Lambda-Service von Amazon unterstützt wird. Diese relativ junge Entwicklung erlaubt es, einen Cloud-Service zu implementieren und diesen bei jeder Nutzung zu starten und anschließend zu stoppen. Alles, was Sie tun müssen, ist, die Software, die den Dienst implementiert, beim Cloud-Provider hochzuladen, der dann den Dienst automatisch erstellt. Beim Zugriff darauf wird automatisch ein Server gestartet, der diesen Dienst ausführt.
FaaS bietet zwei wesentliche Vorteile:

1. Sie können Ihren Dienst ausführen, ohne sich um die Serververwaltung kümmern zu müssen. Dies übernimmt der Cloud-Provider, der dafür die volle Verantwortung trägt.

2. Sie bezahlen nur für die Zeit, die die Funktion ausgeführt wird, und mieten nicht den ganzen Server, auf dem die Funktion läuft. Dies führt zu erheblichen Einsparungen bei Dienstleistungen, wie z.B. Wiederherstellungsdienste, die nur bei Bedarf verfügbar sein müssen und nicht kontinuierlich genutzt werden.

FaaS ist eine Dienstleistung, die sich noch in der Entwicklung befindet, aber meiner Meinung nach zunehmend an Bedeutung gewinnen wird. Zum Zeitpunkt der Erstellung dieses Buches im Jahr 2018 ist der Service jedoch noch nicht ausgereift genug, um in einem einführenden Lehrbuch ausführlicher behandelt zu werden.

5.3 Software as a Service

Die ersten Softwareprodukte, die auf dem Markt kamen, mussten noch auf den Rechnern des Kunden installiert werden. Manchmal mussten die Käufer die Software an ihre eigene Betriebsumgebung anpassen und sich um die Software-Updates kümmern. Die aktualisierte Software war jedoch nicht immer mit ihren anderen Softwareprodukten kompatibel, sodass die Softwarebenutzer zur Vermeidung von Kompatibilitätskonflikten in der Regel ihre älteren Versionen des Produkts ausführten. Dies bedeutete, dass die Softwarefirmen mehrere verschiedene Versionen ihrer Produkte gleichzeitig warten und vorhalten mussten.

Viele Softwareprodukte werden noch immer auf diese Weise ausgeliefert, aber sie werden auch immer häufiger als Dienst bereitgestellt. Wenn Sie Ihr Softwareprodukt als Service anbieten, führen Sie die Software auf Ihren Servern aus, die Sie bei einem Cloud-Anbieter mieten können. Ihre Kunden müssen keine Software installieren, sondern greifen über einen Webbrowser oder eine spezielle Smartphone-App auf das entfernte System zu (▶ Abbildung 5.7). Das Zahlungsmodell für SaaS ist in der Regel das Abonnementmodell. Benutzer zahlen eine monatliche Gebühr für die Nutzung der Software, anstatt sie direkt zu kaufen.

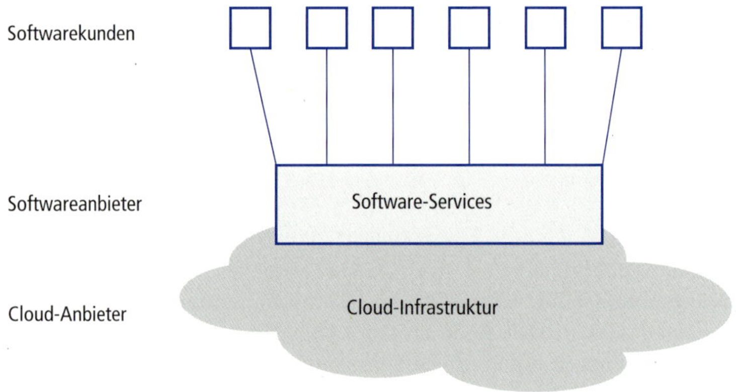

Abbildung 5.7: Software as a Service

Viele Softwareanbieter stellen ihre Software als Cloud-Service zur Verfügung, erlauben aber auch das Herunterladen einer Softwareversion, sodass Nutzer auch ohne Netzwerkverbindung arbeiten können. Beispielsweise bietet Adobe seinen Foto-Editor Lightroom nicht nur als Cloud-Service, sondern auch als Download-Version an, die auf dem Computer des Benutzers installiert wird. Damit lässt sich das Problem der Leistungseinbußen aufgrund langsamer Netzwerkverbindungen umgehen.

Bei den meisten webbasierten Softwareprodukten wären deren Entwickler gut beraten, diese als Service anzubieten. ▶ Tabelle 5.3 zeigt, welche Vorteile dieser Ansatz für Produktanbieter hat.

Nutzen	Erläuterung
Cashflow	Kunden zahlen entweder eine regelmäßige Abonnementgebühr oder eine nutzungsabhängige Gebühr. Das bedeutet für Sie, dass Sie regelmäßige Einnahmen haben, die sich über das ganze Jahr erstrecken. Sie vermeiden das Problem großer Einnahmen bei der Markteinführung des Produkts, gefolgt von Zeiten schwacher Einnahmen bis zum nächsten Produkt-Release.

Tabelle 5.3: Der Nutzen von SaaS für die Anbieter von Softwareprodukten

Nutzen	Erläuterung
Update-Management	Sie haben die Kontrolle über die Aktualisierungen für Ihr Produkt und alle Kunden erhalten das Update zur gleichen Zeit. Sie vermeiden, dass mehrere Versionen gleichzeitig in Benutzung sind und gepflegt werden müssen. Dies reduziert Ihre Kosten und erleichtert die Wartung einer einheitlichen Codebasis.
Kontinuierliche Bereitstellung	Sobald Änderungen vorgenommen und getestet wurden, können Sie diese in einer neuen Softwareversion bereitstellen. Das bedeutet, dass Sie Fehler schnell beheben und so die Zuverlässigkeit Ihrer Software kontinuierlich verbessern können.
Flexible Bezahlung	Sie können verschiedene Zahlungsoptionen anbieten und so einen größeren Kundenkreis ansprechen. Kleine Unternehmen oder Einzelpersonen brauchen nicht zu fürchten, dass schon gleich zu Beginn hohe Softwarekosten auf sie zukommen.
Test vor Kauf	Sie können schnell kostenlose oder kostengünstige Vorabversionen der Software zur Verfügung stellen, um Kundenfeedback zu Fehlern einzuholen und zu erfahren, wie das endgültige Produkt freigegeben werden könnte.
Datenerhebung	Sie können auf einfache Weise Daten über die Nutzung des Produkts sammeln und so Verbesserungspotenziale identifizieren. Möglicherweise können Sie auch Kundendaten erfassen, die es Ihnen ermöglichen, andere Produkte an diese Kunden zu verkaufen.

Tabelle 5.3: Der Nutzen von SaaS für die Anbieter von Softwareprodukten *(Forts.)*

Kunden profitieren von SaaS, da sie damit hohe Investitionskosten für Software vermeiden und immer auf die neueste Version zugreifen können. Allerdings hat dieses Bereitstellungsmodell auch einige Nachteile, die viele davon Abstand nehmen lassen, Software auf diese Weise zu nutzen. Diese Vor- und Nachteile sind in ▶ Abbildung 5.8 zusammengefasst.

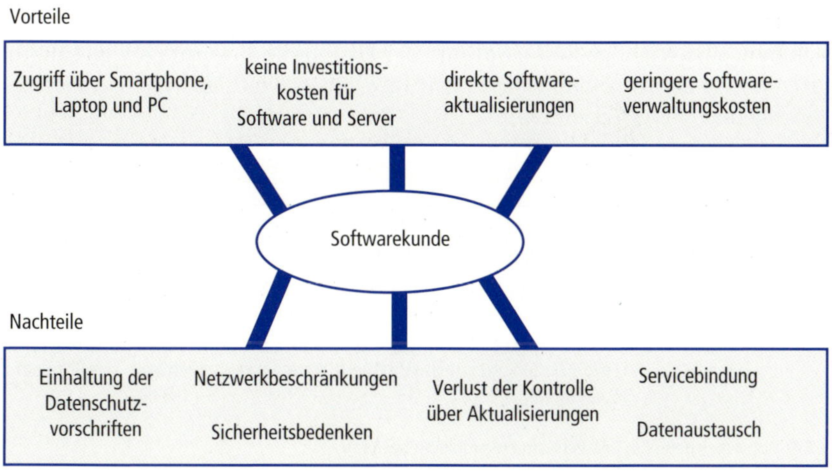

Abbildung 5.8: Vor- und Nachteile von SaaS für Kunden

Einer der wichtigsten wirtschaftlichen Vorteile von SaaS ist, dass den Kunden keine Kosten für den Kauf von Servern oder Software entstehen. Der Kunden-Cashflow wird verbessert, da für die Software nur monatliche Betriebskosten anfallen und keine großen Investitionen getätigt werden müssen. Allerdings müssen Kunden für den Zugang zu einem servicebasierten Softwareprodukt regelmäßig zahlen, auch wenn sie die Software nur selten nutzen. Als Alternative können Sie die von Ihnen benötigte Software auch gegen einen einmaligen Betrag kaufen. Sobald Sie die Software gekauft haben, können Sie sie ohne weitere Zahlungen unbeschränkt nutzen.

Der universelle Einsatz von Smartphones und Co hat zur Folge, dass Kunden nicht nur von Desktoprechnern und Laptops, sondern auch von diesen Geräten aus auf Software zugreifen wollen. Die Bereitstellung von Software als Service bedeutet, dass Kunden jederzeit und von jeder Plattform aus auf die Software zugreifen. Sie wollen die Software von verschiedenen Geräten aus nutzen, ohne die Software vorab installieren zu müssen. Voraussetzung hierfür ist, dass Softwareentwickler mobile Apps für mehrere Plattformen entwickeln, um einen möglichst großen Kundenkreis anzusprechen.

Ein weiterer Vorteil von SaaS ist, dass Kunden kein Personal für die Installation und Aktualisierung des Systems beschäftigen müssen. Die Aufgabe, einen zuverlässigen und konsistenten Service zu gewährleisten, wird einschließlich der damit einhergehenden Probleme auf den SaaS-Anbieter statt auf lokale Systemadministratoren übertragen. Dies kann jedoch zu einem Verlust an lokalem Fachwissen führen, und Kunden, denen das Fachwissen fehlt, haben dann unter Umständen Schwierigkeiten, bei Bedarf auf selbst gehostete Software zurückzugreifen.

Ein Merkmal von SaaS ist, dass Updates schnell bereitgestellt werden können. Neue Funktionen sind sofort für alle Kunden verfügbar. Wie in ▶ Kapitel 10 erläutert, setzen viele Unternehmen inzwischen das Konzept der kontinuierlichen Bereitstellung ein, bei dem täglich neue Versionen der Software ausgeliefert werden. Dadurch verlieren Kunden jedoch die Kontrolle darüber, wann Software-Upgrades installiert werden. Kommt es durch das Update zu Inkompatibilitäten mit der Arbeitsweise des Kunden, muss er sofort Änderungen vornehmen, um die Software weiterhin nutzen zu können.

Weitere Nachteile von SaaS bestehen bei der Speicherung und dem Datenmanagement (▶ Tabelle 5.4). Diese spielen für einige Kunden, insbesondere für große multinationale Unternehmen, eine wichtige Rolle. Sie sind der Hauptgrund, warum einige Unternehmen nach wie vor zögern, cloudbasierte Software einzusetzen, und die Software lieber auf ihren eigenen Servern ausführen.

Problem	Erläuterung
Vorschriften und Bestimmungen	Einige Länder, wie z. B. die EU-Länder, haben strenge Gesetze bezüglich der Speicherung personenbezogener Daten. Diese sind unter Umständen mit den Gesetzen und Vorschriften des Landes, in dem der SaaS-Anbieter seinen Sitz hat, unvereinbar. Wenn ein SaaS-Anbieter nicht garantieren kann, dass seine Speicherorte den landesspezifischen Vorschriften und Gesetzen des Kunden entsprechen, zögern Unternehmen eventuell, sein Produkt zu verwenden.

Tabelle 5.4: Datenspeicherungs- und Verwaltungsprobleme bei SaaS

Problem	Erläuterung
Datenübertragung	Wenn die Softwarenutzung mit einer hohen Datenübertragungsrate verbunden ist, kann die Reaktionszeit der Software durch die Netzwerkgeschwindigkeit begrenzt sein. Dies stellt insbesondere für Einzelnutzer und kleinere Unternehmen ein Problem dar, die es sich nicht leisten können, für sehr schnelle Netzwerkverbindungen zu bezahlen.
Datensicherheit	Unternehmen, die sensible Informationen verarbeiten, sind möglicherweise nicht bereit, die Kontrolle über ihre Daten an einen externen Softwareanbieter abzugeben. Wie wir in einigen prominenten Fällen gesehen haben, hatten selbst große Cloud-Anbieter mit Sicherheitsverletzungen zu kämpfen. Kunden können nicht davon ausgehen, dass ihre Daten bei diesen Anbietern sicherer sind als auf den kundeneigenen Servern.
Datenaustausch	Wenn Sie Daten zwischen einem Cloud-Service und anderen Diensten oder lokalen Softwareanwendungen tauschen müssen, kann dies schwierig sein, wenn der Cloud-Service keine API bietet, die für den externen Zugriff ausgelegt ist.

Tabelle 5.4: Datenspeicherungs- und Verwaltungsprobleme bei SaaS *(Forts.)*

Wenn Sie ein System entwickeln, das weder personenbezogene noch finanzielle Daten verarbeitet, empfiehlt es sich in der Regel, Ihr Softwareprodukt als SaaS bereitzustellen. Gelten jedoch nationale oder internationale Datenschutzbestimmungen, ist die Entscheidung schwieriger. Sie müssen einen Cloud-Provider wählen, der Ihre Daten an zulässigen Orten speichert. Wenn dies nicht möglich ist, sollten Sie die Software in einer Version ausliefern, die beim Kunden installiert werden kann und die Daten auf den Servern des Kunden speichert.

In gewisser Weise unterscheidet sich die Entwicklung von Software als Service nicht von der Entwicklung von Software mit einer Browseroberfläche, die auf Firmenservern läuft. In letzterem Fall können Sie jedoch Annahmen über die verfügbare Netzgeschwindigkeit und -bandbreite, die verfügbare elektrische Energie und die Benutzer des Systems machen. Bei SaaS kommen Ihre Kunden aus verschiedenen Unternehmen. Sie greifen von unbekannten Geräten aus auf das System zu, was Sie bei Ihrem Softwaredesign beachten müssen. Die zu berücksichtigenden Faktoren sind in ▶ Abbildung 5.9 dargestellt.

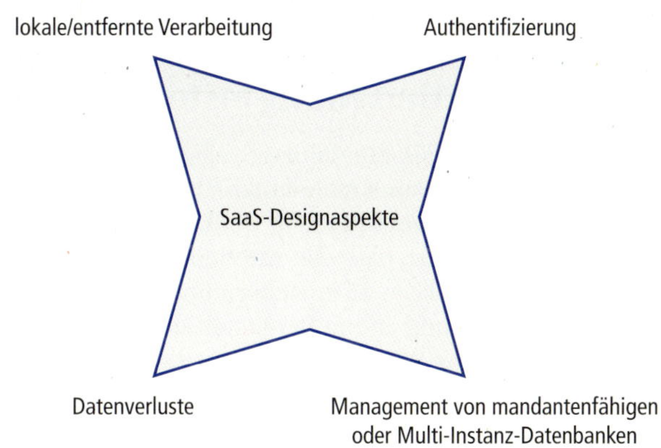

Abbildung 5.9: Entwurfsaspekte bei SaaS

Ein Softwareprodukt kann so konzipiert sein, dass einige Funktionen lokal im Browser oder in der mobilen App des Benutzers ausgeführt werden und andere auf einem Remote-Server. Die lokale Ausführung reduziert den Netzwerkverkehr, was sich positiv auf die Reaktionszeit der Benutzer auswirkt. Davon profitieren vor allem Benutzer, die ein langsames Netz haben. Die lokale Verarbeitung erhöht allerdings den Stromverbrauch des Systems. Dies stellt kein Problem dar, wenn ein Anschluss an das Stromnetz vorhanden ist, kann aber zu einem Problem werden, wenn batteriebetriebene mobile Geräte für den Zugriff auf die Anwendung verwendet werden. Wie sich lokale und entfernte Verarbeitung am besten verteilen lassen, hängt von der Art der Anwendung und den Erwartungen an die Nutzung des Systems ab. Daher ist es schwierig, in diesem Fall allgemeine Ratschläge zu geben außer „auszuprobieren, was geht, und im Bedarfsfall Änderungen vorzunehmen".

Auf gemeinsam genutzten Systemen müssen sich Benutzer in der Regel authentifizieren, um nachzuweisen, dass sie für die Nutzung des Systems zugelassen sind. Die Einrichtung eines eigenen Authentifizierungssystems ist möglich, bedeutet aber, dass sich die Benutzer einen weiteren Satz von Authentifizierungsdaten merken müssen. Da dies bei Benutzern auf Ablehnung stößt, bieten ihnen viele Systeme die Möglichkeit, sich mit den Anmeldedaten von Google, Facebook oder LinkedIn zu authentifizieren. Dies ist jedoch keine Lösung für Unternehmen, die lieber wollen, dass ihre Benutzer sich mit den Anmeldedaten ihres Unternehmens authentifizieren. Möglicherweise müssen Sie ein verknüpftes Authentifizierungssystem einrichten, das die Authentifizierung an das Unternehmen delegiert, in dem der Benutzer arbeitet. Verknüpfte Authentifizierung ist Thema von ▶ Kapitel 7.

Datenverluste und -lecks stellen ein besonderes Risiko für cloudbasierte Software dar. Wenn Sie mehrere Benutzer aus verschiedenen Unternehmen haben, besteht ein Sicherheitsrisiko darin, dass die Daten eines Unternehmens zu anderen Unternehmen durchsickern. Dies kann auf verschiedene Weise geschehen, sodass Sie bei der Gestaltung Ihres Sicherheitssystems sehr vorsichtig sein müssen, um dies zu vermeiden.

Mandantenfähig (*multi-tenancy*) bedeutet, dass das System die Informationen verschiedener Unternehmen in einem einzigen Repository verwaltet, anstatt separate Kopien des Systems und der Datenbank vorzuhalten. Dies kann den Betrieb effizienter machen. Der Entwickler muss jedoch die Software so gestalten, dass jedes Unternehmen ein virtuelles System sieht, das seine eigene Konfiguration und Daten enthält. In einem Multi-Instanz-System wird für jeden Kunden eine eigene Instanz der Software und seiner Datenbank eingerichtet.

5.4 Mandantenfähige und Multi-Instanz-Systeme

Viele cloudbasierte Systeme sind mandantenfähige Systeme, d.h., allen Kunden stehen eine einzige Instanz des Systems und eine mandantenfähige Datenbank zur Verfügung. Geschäftskunden interagieren mit einem scheinbar dedizierten System ihres Unternehmens. Die Datenbank ist so partitioniert, dass den Kundenunternehmen jeweils ein eigener Bereich zugeordnet ist, um ihre Daten zu speichern und darauf zuzugreifen.

Eine alternative SaaS-Implementierung ist die Bereitstellung einer separaten Kopie des Systems und der Datenbank für jeden Benutzer. Diese werden als Multi-Instanz-Systeme bezeichnet. Hierauf wird in ▶ Abschnitt 5.4.2 „Multi-Instanz-Systeme" eingegangen.

5.4.1 Mandantenfähige Systeme

Eine mandantenfähige Datenbank zeichnet sich dadurch aus, dass ein einzelnes, vom SaaS-Anbieter definiertes Datenbankschema von allen Benutzern des Systems gemeinsam genutzt wird. Alle Elemente in der Datenbank werden mit einer Mandantenkennung versehen, die jeweils ein Unternehmen repräsentiert, das Daten im System gespeichert hat. Die Datenbankzugriffssoftware verwendet diese Mandantenkennung zur „logischen Isolierung", was bedeutet, dass die Benutzer mit ihrer eigenen Datenbank zu arbeiten scheinen. ▶ Abbildung 5.10 veranschaulicht diesen Fall anhand einer vereinfachten Datenbanktabelle für die Lagerverwaltung. Die Mandantenkennung (Spalte 1) dient zur Identifizierung der Datenbankzeilen, die ausschließlich für diesen Mandanten bestimmt sind.

Lagerverwaltung					
Mandant	Schlüssel	Posten	Bestand	Lieferant	Bestelldatum
M516	100	Widg 1	27	L13	2017/2/12
M632	100	Obj 1	5	L13	2017/1/11
M973	100	Thing 1	241	L13	2017/2/7
M516	110	Widg 2	14	L13	2017/2/2
M516	120	Widg 3	17	L13	2017/1/24
M973	100	Thing 2	132	L26	2017/2/12

Abbildung 5.10: Ein Beispiel für eine mandantenfähige Datenbank

Die Vor- und Nachteile einer mandantenfähigen Datenbank sind in ▶ Tabelle 5.5 dargestellt.

Vorteile	Nachteile
Ressourcennutzung Der SaaS-Anbieter hat die Kontrolle über alle von der Software genutzten Ressourcen und kann die Software optimieren, damit diese Ressourcen effektiv genutzt werden.	**Inflexibilität** Alle Kunden müssen das gleiche Datenbankschema verwenden und haben nur begrenzt Spielraum, um dieses Schema an ihre individuellen Bedürfnisse anzupassen. Mögliche Datenbankanpassungen werden später in diesem Abschnitt erklärt.
Sicherheit Beim Design von mandantenfähigen Datenbanken hat Sicherheit die oberste Priorität, da die Daten für alle Kunden in derselben Datenbank liegen. Daher weisen sie wahrscheinlich weniger Sicherheitsschwachstellen auf als Standard-Datenbankprodukte. Das Sicherheitsmanagement wird dadurch vereinfacht, dass nur eine einzige Kopie der Datenbanksoftware gepatcht werden muss, wenn eine Sicherheitsschwachstelle entdeckt wird.	**Sicherheit** Da die Daten aller Kunden in derselben Datenbank gespeichert werden, besteht theoretisch die Möglichkeit, dass Daten von einem Kunden zum anderen gelangen können. Tatsächlich gibt es nur sehr wenige nachgewiesene Fälle. Schwerwiegender ist vielleicht, dass im Falle einer Verletzung der Datenbanksicherheit alle Kunden davon betroffen sind.

Tabelle 5.5: Vor- und Nachteile von mandantenfähigen Datenbanken

Vorteile	Nachteile
Update-Management Es ist einfacher, eine einzelne Software-Instanz zu aktualisieren als mehrere Instanzen. Updates werden an alle Kunden zur gleichen Zeit ausgeliefert, sodass alle immer die neueste Version der Software verwenden.	**Komplexität** Mandantenfähige Systeme sind in der Regel komplexer als Multi-Instanz-Systeme, da viele Benutzer verwaltet werden müssen. Daher ist die Wahrscheinlichkeit höher, dass Fehler in der Datenbanksoftware auftreten.

Tabelle 5.5: Vor- und Nachteile von mandantenfähigen Datenbanken *(Forts.)*

Mittlere und große Unternehmen, die Software als Service kaufen, wollen selten generische mandantenfähige Software verwenden. Sie wollen eine Version der Software, die an ihre eigenen Bedürfnisse angepasst ist und auf ihre Mitarbeiter zugeschnitten wird. ▶Tabelle 5.6 fasst einige Geschäftsanforderungen für die Anpassung von SaaS zusammen.

Anpassung	Unternehmensbedarf
Authentifizierung	Unternehmen wollen unter Umständen, dass Benutzer sich mit den Anmeldedaten ihres Unternehmens und nicht mit denen des Softwareanbieters authentifizieren. Ich erkläre in ▶Kapitel 7, wie dies mithilfe der verknüpften Authentifizierung möglich ist.
Branding	Unternehmen wollen unter Umständen eine Benutzeroberfläche, die das Corporate Design des Unternehmens widerspiegelt.
Unternehmensregeln	Unternehmen wollen unter Umständen für ihre Daten eigene Geschäftsregeln und -abläufe definieren.
Datenschemata	Unternehmen wollen unter Umständen das in der Systemdatenbank verwendete Standard-Datenmodell erweitern, damit es ihren eigenen Geschäftsanforderungen besser entspricht.
Zugriffskontrolle	Unternehmen wollen unter Umständen in der Lage sein, ein eigenes Zugriffskontrollmodell zu definieren, das festlegt, welche Benutzer oder Benutzergruppen auf welche Daten zugreifen und welche Operationen auf diesen Daten ausführen dürfen.

Tabelle 5.6: Anpassungsmöglichkeiten für SaaS

In einem mandantenfähigen System, in dem sich alle Benutzer eine einzige Kopie des Systems teilen, bedeutet die Bereitstellung dieser Funktionen, dass die Benutzeroberfläche und das Zugangskontrollsystem der Software konfigurierbar sein müssen und es möglich sein muss, „virtuelle Datenbanken" für jeden Geschäftskunden einzurichten. Die Konfigurierbarkeit der Benutzeroberfläche ist relativ einfach zu implementieren, da für jeden Kunden ein Benutzerprofil angelegt wird (▶Abbildung 5.11). Dieses Benutzerprofil enthält Informationen über das Erscheinungsbild des Systems für die Benutzer sowie Sicherheitsprofile, die die Zugriffsberechtigungen sowohl des Unternehmens als auch der einzelnen Benutzer definieren. Die Abbildung zeigt Profile für alle Unternehmen, wobei Fa2 und Fa5 keine angemeldeten Benutzer haben.
Wenn ein SaaS-Produkt feststellt, dass der Benutzer einem bestimmten Unternehmen zugeordnet werden kann, sucht es nach dem Benutzerprofil für dieses Unternehmen.

Die Software verwendet diese Profilinformationen, um eine personalisierte Version der Benutzeroberfläche zu erstellen, die den Benutzern präsentiert wird. Um einen Benutzer zu erkennen, können Sie ihn bitten, entweder sein Unternehmen auszuwählen oder seine geschäftliche E-Mail-Adresse anzugeben. Neben einem Geschäftsprofil kann für jeden Benutzer auch ein eigenes Profil angelegt werden, das definiert, auf welche Funktionen und Systemdaten er zugreifen darf.

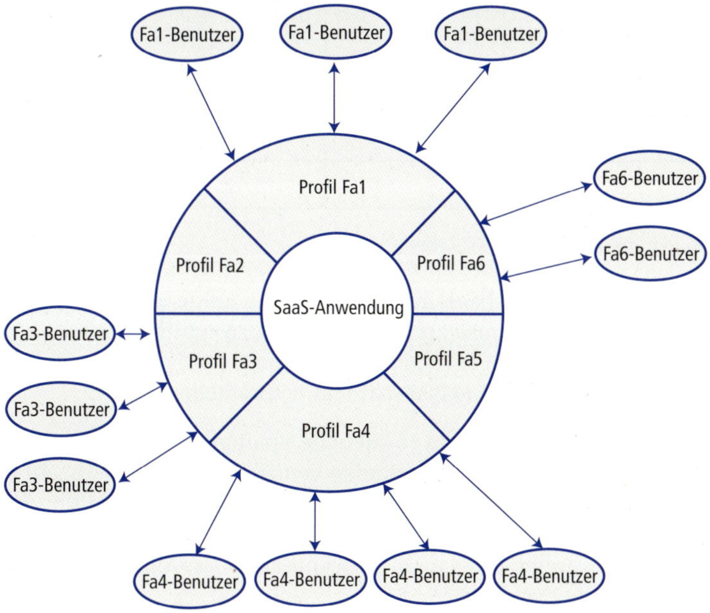

Abbildung 5.11: Benutzerprofile für SaaS-Zugriff

Die Benutzeroberfläche ist mit generischen Elementen wie Firmenname und Logo gestaltet. Zur Laufzeit werden bei der Erzeugung der Webseiten diese generischen Elemente durch den Firmennamen und das Logo aus dem Profil ersetzt, das jedem Benutzer zugeordnet ist. Daneben können auch Menüs angepasst werden, indem einige Funktionen deaktiviert werden, wenn sie vom Unternehmen des Benutzers nicht benötigt werden.

Individuelle Benutzer akzeptieren in der Regel ein für alle fest vorgegebenes Schema in einer mandantenfähigen Datenbank und sind bereit, ihre Arbeit an dieses Schema anzupassen. Firmenanwender hingegen sind eher daran interessiert, das Schema zu erweitern oder an ihre Unternehmensbedürfnisse anzupassen. Wenn Sie ein relationales Datenbanksystem verwenden, gibt es hierfür zwei Möglichkeiten:

1. Fügen Sie jeder Tabelle einige zusätzliche Felder hinzu und erlauben Sie Ihren Kunden, diese Felder nach Belieben zu verwenden.

2. Fügen Sie jeder Tabelle ein Feld hinzu, das eine separate „Erweiterungstabelle" identifiziert, und erlauben Sie Ihren Kunden, diese Erweiterungstabellen angepasst an ihre Bedürfnisse zu erstellen.

Veranschaulicht wird dies in ▶ Abbildung 5.12 und ▶ Abbildung 5.13.

Lagerverwaltung								
Mandant	Schlüssel	Posten	Bestand	Lieferant	Bestelldatum	Erw 1	Erw 2	Erw 3
M516	100	Widg 1	27	L13	2017/2/12			
M632	100	Obj 1	5	L13	2017/1/11			
M973	100	Thing 1	241	L13	2017/2/7			
M516	110	Widg 2	14	L13	2017/2/2			
M516	120	Widg 3	17	L13	2017/1/24			
M973	100	Thing 2	132	L26	2017/2/12			

Abbildung 5.12: Datenbankerweiterung über zusätzliche Felder

Es ist relativ einfach, die Datenbank durch zusätzliche Felder zu erweitern. Sie fügen jeder Datenbanktabelle einige zusätzliche Spalten hinzu und definieren ein Kundenprofil, das die vom Kunden gewünschten Spaltennamen auf diese zusätzlichen Spalten abbildet. Dieser Ansatz weist jedoch zwei große Probleme auf:

1. Es ist schwer zu sagen, wie viele zusätzliche Spalten Sie am besten anlegen sollten. Sind es zu wenig, werden die Kunden bemängeln, dass die Anzahl nicht ausreicht, um das zu tun, was sie tun müssen. Wenn Sie jedoch den Kunden gerecht werden wollen, die viele zusätzliche Spalten benötigen, werden Sie feststellen, dass die meisten Kunden diese nicht verwenden, sodass Sie viel Platz in Ihrer Datenbank verschwenden.

2. Verschiedene Kunden benötigen meistens verschiedene Arten von Spalten. Beispielsweise könnten einige Kunden Spalten wünschen, deren Elemente vom Typ String sind; andere möchten Spalten vom Typ Integer. Sie können dies umgehen, indem Sie für alle Spalten als Typ String angeben. Dies bedeutet jedoch, dass entweder Sie oder Ihre Kunden eine Konvertierungssoftware zur Hand haben müssen, um Posten des korrekten Typs zu erstellen.

Ein alternativer Ansatz zur Erweiterbarkeit der Datenbank besteht darin, beliebig viele zusätzliche Felder hinzuzufügen und die Namen, Typen und Werte dieser Felder zu definieren. Die Namen und Typen dieser Werte werden in einer separaten Tabelle gehalten, auf die über die Mandantenkennung zugegriffen wird. Leider erhöht die Arbeit mit Zusatztabellen die Komplexität der Datenbankmanagementsoftware. Es müssen zusätzliche Tabellen verwaltet und darin enthaltene Daten mit der Hauptdatenbank verknüpft werden.

▶ Abbildung 5.13 veranschaulicht ein Beispiel für eine Datenbank, die in der Erweiterungsspalte (Erw 1) eine Kennung enthält, über die die Werte der zusätzlichen Felder identifiziert werden. Die Namen und Typen dieser Felder werden in einer separaten Tabelle gespeichert. Sie sind über eine Mandantenkennung mit den Werten verknüpft. Die Tabelle Tab1 ist die Hauptdatenbanktabelle, die die Daten über den Bestand verschiedener Posten verwaltet. In diesem Beispiel gibt es drei Mandanten, die eine Erweiterung benötigen: M516, M632 und M973.

Hauptdatenbanktabelle

Tab1

Lagerverwaltung						
Mandant	ID	Posten	Bestand	Lieferant	Bestelldatum	Erw
M516	100	Widg 1	27	L13	2017/2/12	E123
M632	100	Obj 1	5	L13	2017/1/11	E200
M973	100	Thing 1	241	L13	2017/2/7	E346
M516	110	Widg 2	14	L13	2017/2/2	E124
M516	120	Widg 3	17	L13	2017/1/24	E125
M973	100	Thing 2	132	L26	2017/2/12	E347

Tab2

Feldnamen		
Mandant	Name	Typ
M516	Standort	String
M516	Gewicht	Integer
M516	Zerbrechlich	Bool
M632	Geliefert	Datum
M632	Ort	String
M973	Geliefert	Datum

Erweiterungstabelle mit den zusätzlichen Feldnamen für jede Firma, die Datenbankerweiterungen benötigt

Tab3

Feldwerte		
Datensatz	Mandant	Wert
E123	M516	'A17/S6'
E123	M516	'4'
E123	M516	'False'
E200	M632	'2017/1/15'
E200	M632	'Dublin'
E346	M973	'2017/2/10'
...		

Wertetabelle mit den Werten der Erweiterungsfelder für jeden Datensatz

Abbildung 5.13: Datenbankerweiterung über Tabellen

Tab1 hat ein einzelnes Erweiterungsfeld (Erw 1), das auf eine separate Tabelle, Tab3, verweist. Jede verknüpfte Zeile in Tab1 hat eine oder mehrere Zeilen in Tab3, wobei die Anzahl der Zeilen die Anzahl der Erweiterungsfelder angibt. Beispielsweise hat Zeile 1 in Tab1 drei Erweiterungsfelder. Die Werte dieser Felder sind in der Tabelle Tab3 und die Feldnamen in der Tabelle Tab2 angegeben. Daher lauten die Erweiterungsfelder für T516/Posten 100 „Standort“, „Gewicht“ und „Zerbrechlich“. Die dazugehörigen Werte sind „A17/S6“, „4“ und „False“. Die Erweiterungsfelder für M634/Posten 100 lauten „Geliefert“ und „Ort“ mit den Werten „2017/1/15“ und „Dublin“.

Firmennutzer können auch eigene Validierungsregeln und Zugriffsberechtigungen für ihre Datenbank definieren. Dies lässt sich mithilfe eines Kundenprofils implementieren, das diese Informationen speichert. Doch auch dadurch wird Ihre Software komplexer.

Das Hauptanliegen von Firmenkunden, die mandantenfähige Datenbanken nutzen, ist die Sicherheit. Da die Daten aller Kunden in derselben Datenbank gespeichert sind, kann ein Softwarefehler oder ein Angriff auf die Datenbank dazu führen, dass die Daten einiger oder aller Kunden anderen zugänglich sind. Das bedeutet, dass Sie in jedem mandantenfähigen System strenge Sicherheitsvorkehrungen treffen müssen. Ich möchte nicht detailliert auf die Sicherheitsproblematik eingehen, aber kurz zwei wichtige Themen erwähnen: mehrstufige Zugangskontrolle und Verschlüsselung.

Mehrstufige Zugriffskontrolle bedeutet, dass der Zugriff auf die Daten sowohl auf Unternehmensebene als auch auf individueller Ebene kontrolliert werden muss. Eine Zugriffskontrolle auf Unternehmensebene ist erforderlich, um sicherzustellen, dass alle Datenbankoperationen nur auf den Daten genau dieses Unternehmens ausgeführt werden. Der erste Schritt besteht also darin, die Operation auf die Datenbank auszuführen, und zwar genau auf den Elementen, die mit der Kennung des Unternehmens versehen sind. Einzelne Benutzer, die auf die Daten zugreifen, sollten darüber hinaus eigene Zugriffsrechte erhalten. Daher müssen Sie in der Datenbank eine weitere Auswahl treffen, um nur die Datenelemente anzuzeigen, auf die ein identifizierter Benutzer zugreifen darf.

Die Verschlüsselung von Daten in einer mandantenfähigen Datenbank gibt Unternehmen die Gewissheit, dass ihre Daten bei einem Systemausfall nicht von Personen anderer Unternehmen eingesehen werden können. Verschlüsselung bedeutet, wie in ▶ Kapitel 7 noch besprochen wird, dass eine Funktion auf die Daten angewendet wird, um ihren Wert zu verdecken. Die verschlüsselten Daten werden nur bei Zugriff mit dem entsprechenden Schlüssel gespeichert und entschlüsselt. Allerdings sind Ver- und Entschlüsselung rechenintensive Vorgänge und verlangsamen den Datenbankbetrieb, weshalb mandantenfähige Datenbanken mit Verschlüsselungsfunktion in der Regel nur sensible Daten verschlüsseln.

5.4.2 Multi-Instanz-Systeme

Multi-Instanz-Systeme sind SaaS-Systeme, bei denen jeder Kunde sein eigenes, an seine Bedürfnisse angepasstes System hat, einschließlich einer eigenen Datenbank und Sicherheitskontrollen. Cloudbasierte Multi-Instanz-Systeme sind konzeptionell einfacher als mandantenfähige Systeme und vermeiden Sicherheitsprobleme wie Datenlecks von einem Unternehmen zum anderen.

Es gibt zwei Arten von Multi-Instanz-Systemen:

1. *VM-basierte Multi-Instanz-Systeme:* In diesen Systemen laufen die Softwareinstanz und die Datenbank für jeden Kunden in einer eigenen virtuellen Maschine. Diese Option mag teuer erscheinen, ist aber sinnvoll, wenn sich Ihr Produkt an Firmenkunden richtet, die rund um die Uhr Zugriff auf ihre Software und Daten benötigen. Alle Benutzer dieses Kunden können auf die gemeinsam genutzte Systemdatenbank zugreifen.

2. *Containerbasierte Multi-Instanz-Systeme:* In diesen Systemen hat jeder Benutzer eine isolierte Version der Software und Datenbank, die in einem Satz von Containern läuft. Im Allgemeinen verwendet die Software eine Microservice-Architektur, wobei jeder Dienst in einem Container läuft und seine eigene Datenbank verwaltet. Dieser Ansatz eignet sich für Produkte, bei denen die Benutzer weitgehend unabhängig arbeiten und nur relativ wenige Daten austauschen. Daher eignet er sich am besten für Produkte, die sich eher an Einzelpersonen als an Geschäftskunden richten, oder für Geschäftslösungen, die nicht datenintensiv sind.

Es ist möglich, Container auf einer virtuellen Maschine auszuführen, folglich ist es auch möglich, hybride Systeme zu erstellen, in denen ein Unternehmen sein eigenes VM-basiertes System haben kann, um dann Container für einzelne Benutzer darauf auszuführen. Da sich die Containertechnologie weiterentwickelt, gehe ich davon aus, dass wir dieser Art von System demnächst häufiger begegnen.

Die Vor- und Nachteile von Multi-Instanz-Datenbanken sind in ▶ Tabelle 5.7 dargestellt.

Vorteile	Nachteile
Flexibilität Jede Instanz der Software kann individuell angepasst und auf die Bedürfnisse des Kunden zugeschnitten werden. Kunden können völlig unterschiedliche Datenbankschemata verwenden und es ist einfach, Daten aus einer Kundendatenbank in die Produktdatenbank zu übertragen.	**Kosten** Der Einsatz von Multi-Instanz-Systemen ist aufgrund der Kosten für die Anmietung vieler VMs in der Cloud und der Kosten für die Verwaltung mehrerer Systeme teurer. Wegen der langsamen Startzeit müssen möglicherweise VMs gemietet und kontinuierlich betrieben werden, auch wenn die Nachfrage nach dem Dienst sehr gering ist.
Sicherheit Jeder Kunde hat seine eigene Datenbank, sodass es keine Möglichkeit für Datenlecks von einem Kunden zum anderen gibt.	**Update-Management** Viele Instanzen müssen aktualisiert werden, sodass Updates komplexer werden, insbesondere wenn die Instanzen auf spezifische Kundenbedürfnisse zugeschnitten sind.
Skalierbarkeit Die Instanzen des Systems können entsprechend der Bedürfnisse der einzelnen Kunden skaliert werden. So benötigen unter Umständen einige Kunden leistungsfähigere Server als andere.	
Resilienz Tritt ein Softwarefehler auf, ist wahrscheinlich nur ein einzelner Kunde betroffen. Andere Kunden können wie gewohnt weiterarbeiten.	

Tabelle 5.7: Vor- und Nachteile von Multi-Instanz-Datenbanken

Erste Anbieter von SaaS, wie Salesforce.com, legten ihre Systeme als mandantenfähige Systeme aus, da dies der kostengünstigste Weg war, um den Benutzern ein reaktionsschnelles System zur Verfügung zu stellen. Die gemeinsam genutzte Datenbank konnte auf leistungsstarken Servern laufen und alle Daten waren verfügbar, sobald sich ein Benutzer am System anmeldete. Die Alternative waren damals VM-basierte Multi-Instanz-Systeme, die deutlich teurer waren.

Containerbasierte Multi-Instanz-Systeme sind jedoch nicht unbedingt wesentlich teurer im Betrieb als mandantenfähige Systeme. Es ist nicht erforderlich, dass VMs ständig verfügbar sind, da Container auf Benutzerwunsch schnell gestartet werden können. Wie ich jedoch in ▶ Kapitel 6 noch ausführen werde, sind containerbasierte Datenbanken nicht für transaktionsbasierte Anwendungen geeignet, bei denen die Datenbank zu allen Zeiten konsistent sein muss.

5.5 Softwarearchitektur für Cloud-Systeme

Im Laufe des Architekturentwurfs für Ihre Software sollten Sie die wichtigsten Softwareattribute festlegen sowie entscheiden, welche Bereitstellungsplattform und Technologie Sie verwenden wollen. Wenn Sie sich für die Cloud als Bereitstellungsplattform entscheiden, müssen Sie eine Reihe von cloudspezifischen Architekturentscheidungen treffen. Diese sind in Form von Fragen in ▶ Abbildung 5.14 formuliert.

Die Wahl der am besten geeigneten Cloud-Plattform für die Entwicklung und Bereitstellung Ihrer Anwendung ist wichtig. Wie Sie der ▶ Abbildung 5.14 entnehmen können, spielen die Antworten auf Fragen zur Datenbankorganisation, Skalierbarkeit und Resilienz sowie zur Softwarestruktur eine Rolle bei dieser Entscheidung.

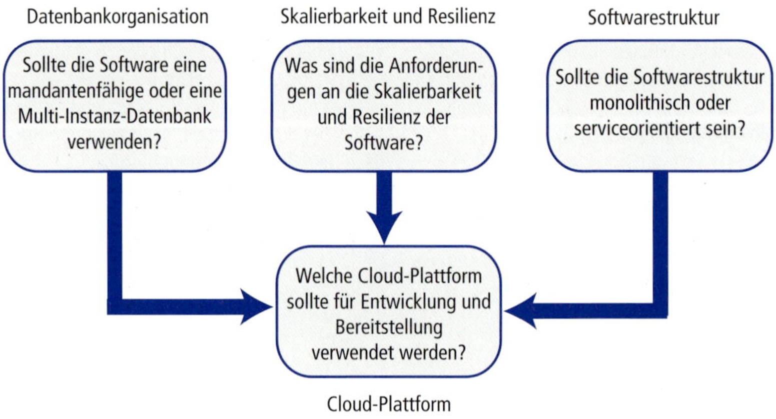

Abbildung 5.14: Architekturentscheidungen für Cloud-Software-Engineering

5.5.1 Datenbankorganisation

Es gibt drei Möglichkeiten, eine Kundendatenbank in einem cloudbasierten System bereitzustellen:

1. Als mandantenfähiges System, das von allen Kunden Ihres Produkts genutzt wird. Dies kann in der Cloud über große, leistungsstarke Server gehostet werden.
2. Als Multi-Instanz-System, bei dem jede Kundendatenbank auf einer eigenen virtuellen Maschine läuft.
3. Als Multi-Instanz-System, bei dem jede Datenbank in einem eigenen Container läuft. Die Kundendatenbank kann auf mehrere Container verteilt sein.

Die Entscheidung, welcher Ansatz verfolgt werden soll, ist wichtig für die Softwarearchitektur. In ▶ Tabelle 5.8 zeige ich einige der Fragen, die Sie sich bei dieser Entscheidung stellen müssen.

Faktor	Schlüsselfragen
Zielkunden	Benötigen die Kunden verschiedene Datenbankschemata und eine Personalisierung der Datenbank? Haben die Kunden Sicherheitsbedenken bezüglich einer gemeinsam genutzten Datenbank? Wenn ja, verwenden Sie eine Multi-Instanz-Datenbank.
Transaktionsanforderungen	Ist es wichtig, dass Ihre Produkte ACID-Transaktionen unterstützen, bei denen die Daten die ganze Zeit über konsistent sein müssen? Wenn ja, verwenden Sie eine mandantenfähige oder eine VM-basierte Multi-Instanz-Datenbank.
Datenbankgröße und Konnektivität	Wie groß ist die von Ihren Kunden verwendete Datenbank in der Regel? Wie viele Beziehungen gibt es zwischen den Datenbankelementen? Ein mandantenfähiges Modell ist normalerweise am besten für sehr große Datenbanken geeignet, da Sie Ihre Bemühungen auf die Leistungsoptimierung konzentrieren können.
Datenbankinteroperabilität	Wollen die Kunden Daten aus bestehenden Datenbanken übernehmen? Welche Unterschiede gibt es zwischen den Schemata dieser Datenbanken und denen einer möglichen mandantenfähigen Datenbank? Welche Softwareunterstützung erwarten sie für den Datentransfer? Bei vielen verschiedenen Schemata der Kunden sollte eine Multi-Instanz-Datenbank verwendet werden.
Systemstruktur	Verwenden Sie eine serviceorientierte Architektur für Ihr System? Können Kundendatenbanken in mehrere einzelne Service-Datenbanken aufgeteilt werden? Wenn ja, verwenden Sie containerisierte Multi-Instanz-Datenbanken.

Tabelle 5.8: Zu beantwortende Fragen bei Auswahl einer Datenbankorganisation

Wie bereits erwähnt wurde, haben verschiedene Kundengruppen unterschiedliche Erwartungen an Softwareprodukte. Sind die Zielgruppe Endverbraucher oder kleine Unternehmen, erwarten diese weder Branding noch Personalisierung, lokale Authentifizierung oder wechselnde individuelle Zugriffsberechtigungen. Das bedeutet, dass Sie eine mandantenfähige Datenbank mit nur einem Schema verwenden können.

Große Unternehmen wünschen sich eher eine Datenbank, die an ihre Bedürfnisse angepasst ist. Dies ist mit einem mandantenfähigen System teilweise möglich, wie in ▶ Abschnitt 5.4 „Mandantenfähige und Multi-Instanz-Systeme" erläutert wurde. Es ist jedoch einfacher, ein maßgeschneidertes Produkt anzubieten, wenn Sie eine Multi-Instanz-Datenbank verwenden.

Wenn Ihr Produkt zum Beispiel in der Finanzbranche verwendet wird, in der Datenbanken zu jeder Zeit konsistent sein müssen, benötigen Sie ein transaktionsbasiertes System. Das bedeutet, dass Sie entweder eine mandantenfähige Datenbank verwenden sollten oder eine Datenbank pro Kunde, die auf einer virtuellen Maschine läuft. Alle Benutzer eines einzelnen Kunden teilen sich diese VM-basierte Datenbank.

Wenn Ihre Kunden eine einzige große relationale Datenbank mit vielen verknüpften Tabellen benötigen, ist ein mandantenfähiger Ansatz in der Regel die beste Wahl. Wenn Ihre Datenbank jedoch in ihrer Größe begrenzt werden kann und nicht mit allzu vielen Tabellen verknüpft ist, kann es möglich sein, die Datenbank in kleinere unabhängige Datenbanken aufzuteilen. Jede dieser Datenbanken kann dann als separate Instanz implementiert werden, die in einem eigenen Container läuft.

Wenn Ihre Zielgruppe Geschäftskunden sind, möchten diese bei der Verwendung Ihres Produkts unter Umständen Daten zwischen ihren lokalen Datenbanken und Ihrer cloudbasierten Datenbank austauschen. Da diese Kunden nicht alle die gleichen Datenbanktechnologien und -schemata verwenden, ist es viel einfacher, für jeden Kunden eine eigene Datenbank zu verwenden. Anschließend können Sie deren Datenorganisation in der Kundeninstanz übernehmen. Die Zeit, die in einem mandantenfähigen System benötigt wird, um die Daten an das mandantenfähige Schema anzupassen, erhöht die Reaktionszeit des Systems.

Wenn Sie Ihr System als serviceorientiertes System aufbauen, sollten Ihre Dienste jeweils über eine eigene unabhängige Datenbank verfügen. In diesem Fall sollten Sie eine Multi-Instanz-Datenbank verwenden. Sie müssen Ihre Datenbank als separates verteiltes System gestalten. Dies erhöht natürlich die Komplexität und kann Einfluss darauf haben, ob Sie sich für einen serviceorientierten oder objektorientierten Designansatz entscheiden.

5.5.2 Skalierbarkeit und Resilienz

Die Skalierbarkeit eines Systems spiegelt seine Fähigkeit wider, sich automatisch an Änderungen der Systemlast anzupassen. Die Resilienz eines Systems spiegelt seine Fähigkeit wider, auch im Falle eines Systemausfalls oder einer bösartigen Systemnutzung kritische Dienste bereitzustellen.

Für ein skalierbares System, das auf steigende Lasten reagieren kann, müssen Sie die Möglichkeit schaffen, entweder neue virtuelle Server hinzuzufügen (Scaling-out) oder die Leistung des Systemservers zu erhöhen (Scaling-up). In cloudbasierten Systemen wird normalerweise auf Scaling-Out gesetzt und nicht auf Scaling-Up. Das bedeutet, dass Ihre Software so organisiert sein muss, dass einzelne Softwarekomponenten repliziert und parallel ausgeführt werden können. Mit lastausgleichender Hard- oder Software werden Anfragen an verschiedene Instanzen dieser Komponenten geleitet. Wenn Sie Ihre Software mit der Unterstützung des Cloud-Anbieters für PaaS entwickeln, kann Ihre Software bei steigender Nachfrage automatisch skaliert werden.

Bei einem resilienten System müssen Sie Ihre Software nach einem Hard- oder Softwareausfall schnell neu starten können. ▶ Abbildung 5.15 zeigt, wie dies erreicht werden kann.

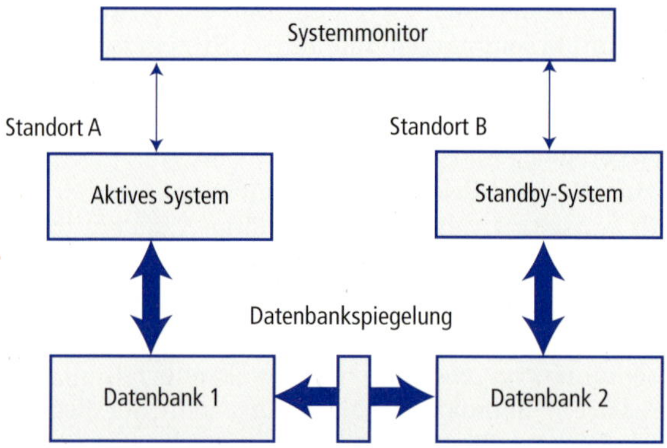

Abbildung 5.15: Resilienz mit einem Standby-System garantieren

Mehrere Varianten der in ▶ Abbildung 5.15 dargestellten Systemorganisation verwenden den gleichen grundlegenden Ansatz:

1. Kopien von Software und Daten werden an verschiedenen Orten gespeichert.
2. Datenbank-Updates werden gespiegelt, sodass die Standby-Datenbank eine Arbeitskopie der operativen Datenbank ist.
3. Ein Systemmonitor überprüft kontinuierlich den Systemstatus. Er kann bei Ausfall des Betriebssystems automatisch zum Standby-System wechseln.

Um sich vor Hardwareausfällen oder Ausfällen der Cloud-Management-Software zu schützen, müssen Sie Ihr Hauptsystem und Ihr Backup-System an verschiedenen Standorten betreiben. Sie sollten virtuelle Server verwenden, die nicht auf demselben physischen Computer gehostet werden. Im Idealfall sollten sich diese Server in verschiedenen Datenzentren befinden. Wenn ein physischer Server ausfällt oder ein größerer Ausfall das Datenzentrum lahmlegt, kann der Betrieb automatisch von den woanders gespeicherten Softwarekopien weitergeführt werden.

Wenn Softwarekopien parallel ausgeführt werden, kann die Umschaltung völlig transparent und ohne Folgen für den Benutzer erfolgen. ▶ Abbildung 5.15 zeigt ein „Hot-Standby"-System, bei dem die Daten an den verschiedenen Standorten synchronisiert werden, sodass es nur zu einer minimalen Verzögerung beim Aufrufen des neuen Systems kommt. Eine kostengünstigere Alternative ist die Verwendung eines „Cold-Standby"-Ansatzes. In einem Cold-Standby-System werden die Daten aus einem Backup wiederhergestellt und die Transaktionen wieder ausgeführt, um das Backup auf den Systemzustand zu bringen, wie er unmittelbar vor dem Ausfall war. Wenn Sie einen Cold-Standby-Ansatz verwenden, ist Ihr System erst nach Abschluss der Backup-Wiederherstellung verfügbar.

Die Systemüberwachung kann von der regelmäßigen Überprüfung der Funktionsfähigkeit und Servicebereitstellung Ihres Systems bis hin zur umfassenderen Überwachung der Last und der Reaktionszeiten Ihrer Software reichen. Diese Monitordaten können verwendet werden, um zu entscheiden, ob Sie Ihr System vergrößern oder verkleinern müssen. Systemmonitore können auch Frühwarnungen bei Problemen mit Ihrer Software oder Ihrem Server liefern oder in speziellen Fällen externe Angriffe erkennen und diese an den Cloud-Provider melden.

5.5.3 Softwarestruktur

Seit Mitte der 90er Jahre wird beim Software-Engineering vornehmlich ein objektorientierter Ansatz verfolgt. Dieser Ansatz eignet sich für die Entwicklung von Client-Server-Systemen, denen eine gemeinsame Datenbank zugrunde liegt. Das System selbst ist somit ein monolithisches System verteilt auf mehrere Server, die große Softwarekomponenten ausführen. Die traditionelle mehrschichtige Client-Server-Architektur, die ich in ▶ Kapitel 4 erläutert habe, basiert auf diesem verteilten Systemmodell. Die gesamte Geschäftslogik und Verarbeitung ist in einem einzigen System implementiert. Die Alternative zu einem monolithischen Ansatz der Softwareorganisation ist ein serviceorientierter Ansatz, bei dem das System in feingranulare, zustandslose Dienste zerlegt wird. Aufgrund der Zustandslosigkeit ist jeder Dienst unabhängig und kann von einem Server auf einen anderen repliziert, verteilt und migriert werden. Der serviceorientierte Ansatz eignet sich besonders für cloudbasierte Software mit Diensten, die in Containern laufen.

Ich empfehle Ihnen, für die Erstellung Ihres Prototyps und vielleicht der ersten Version Ihres Softwareprodukts einen monolithischen Ansatz zu verwenden. Entwicklungs-Frameworks bieten in der Regel Unterstützung bei der Implementierung von Systemen, die auf einem Model-View-Controller-Modell basieren. Damit können monolithische MVC-Systeme relativ schnell erstellt werden. Wenn Sie mit einem System experimentieren, ist es in der Regel einfacher, dies mit nur einem Programm zu machen, ohne gezwungen zu sein, Dienste zu identifizieren, viele verteilte Dienste zu verwalten, mehrere Datenbanken zu unterstützen usw.

Softwareprodukte werden häufig sowohl auf mobilen Geräten als auch auf browserbasierten Systemen bereitgestellt. Verschiedene Teile müssen möglicherweise zu unterschiedlichen Zeiten aktualisiert werden, und Sie müssen möglicherweise schnell auf Infrastrukturänderungen reagieren, wie beispielsweise ein Handybetriebssystem-Upgrade. Manchmal müssen Sie Teile eines Systems skalieren, um der zunehmenden Last gerecht zu werden, auch wenn andere Teile davon nicht betroffen sind. In diesen Fällen empfehle ich, eine serviceorientierte Architektur basierend auf Microservices zu verwenden.

5.5.4 Cloud-Plattform

Mittlerweile sind viele verschiedene Cloud-Plattformen verfügbar. Dies können universelle Clouds wie Amazon Web Services sein oder weniger bekannte Plattformen wie SAP Cloud Platform, die auf eine bestimmte Anwendung ausgerichtet sind. Es gibt auch kleinere nationale Anbieter, die eingeschränkte Dienste anbieten, aber möglicherweise eher bereit sind, ihre Dienste an die Bedürfnisse der verschiedenen Kunden anzupassen. Es gibt keine „beste" Plattform; Sie sollten sich auf der Basis Ihrer Erfahrungen, der Art des von Ihnen entwickelten Produkts und den Erwartungen Ihrer Kunden für einen Cloud-Anbieter entscheiden.

Bei der Auswahl einer Cloud-Plattform für Ihr Produkt müssen Sie sowohl technische als auch wirtschaftliche Aspekte berücksichtigen. ▶ Abbildung 5.16 zeigt die wichtigsten technischen Probleme bei der Auswahl der Cloud-Plattform.

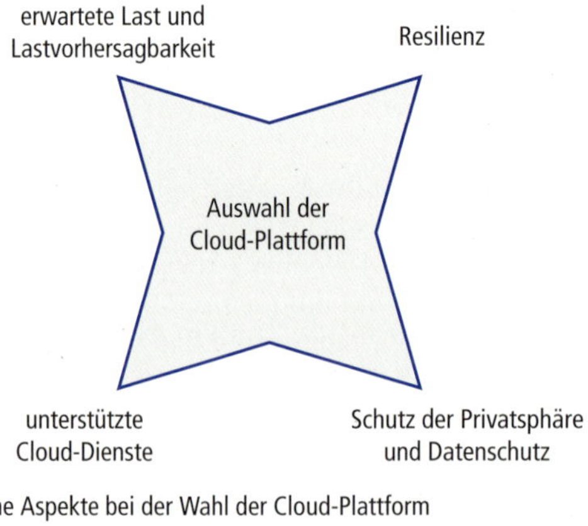

Abbildung 5.16: Technische Aspekte bei der Wahl der Cloud-Plattform

Zusätzlich zu ihren grundlegenden IaaS-Diensten bieten Cloud-Anbieter meistens andere Dienste wie Datenbankdienste, „Big Data"-Dienste usw. an. Die Nutzung dieser Dienste kann Ihre Entwicklungskosten und die Markteinführungszeit reduzieren, daher sollten Sie sich für einen Anbieter entscheiden, dessen Dienste Ihren Anwendungsbereich am besten unterstützen. Möglicherweise müssen Sie auch die Softwarekompatibilität berücksichtigen. Wenn Sie beispielsweise Geschäftsprodukte für eine .NET-Umgebung entwickelt haben, können Sie diese in der Regel recht problemlos in die Microsoft Azure Cloud übertragen.

Einige Systeme haben ein voraussagbares Nutzungsmuster und es besteht keine Notwendigkeit, im Entwurf unerwartete Nutzungsspitzen zu berücksichtigen. Wenn es jedoch wahrscheinlich ist, dass Ihr System große Nachfragespitzen aufweist, sollten Sie sich für einen Anbieter entscheiden, der PaaS-Bibliotheken anbietet, die das Schreiben elastischer Software erleichtern. Wie ich bereits erwähnt habe, hängt Resilienz von der Replikation ab, sodass Sie einen Anbieter verwenden müssen, der Datenzentren an verschiedenen Standorten hat und die Replikation über diese Standorte hinweg unterstützt.

Datenschutz und Schutz der Privatsphäre sind in technischer und wirtschaftlicher Hinsicht interessant. Einige Länder und Staatenverbunde, wie die Europäische Union, haben strenge Anforderungen an den Datenschutz und den Speicherort der Daten. Wenn Sie also Kunden in verschiedenen Ländern haben, müssen Sie aus technischer Sicht einen Cloud-Provider wählen, der über internationale Datenzentren verfügt und Garantien für Speicherorte bieten kann.

Die wirtschaftlichen Aspekte, die Sie bei der Wahl eines Cloud-Anbieters berücksichtigen müssen, sind in ▶ Abbildung 5.17 dargestellt.

Abbildung 5.17: Wirtschaftliche Aspekte bei der Wahl der Cloud-Plattform

Die Kosten sind natürlich ein kritischer Faktor bei der Wahl einer Cloud-Plattform, insbesondere für kleine Produktunternehmen. Die Kosten für die Cloud-Dienste verschiedener Anbieter sind sehr unterschiedlich, insbesondere bei Software mit variierendem Nutzungsmuster. Aber es ist schwierig, die tatsächlichen Kosten zu ermitteln und den Trade-off zwischen direkten und indirekten Kosten (wie Cloud-Management) herauszufinden. Obwohl es verlockend sein kann, den Anbieter mit den niedrigsten Kosten zu wählen, müssen Sie sich immer fragen, warum dieser Anbieter billiger ist und welche Kompromisse eingegangen wurden, um einen kostengünstigeren Service anzubieten.

Wenn Ihr Entwicklerteam Erfahrung mit einer bestimmten Cloud-Plattform hat, ist es sinnvoll, diese Plattform nach Möglichkeit weiterhin zu nutzen. Ihr Team muss sich nicht in ein neues System einarbeiten, sodass sich die Gesamtentwicklungszeit für das Produkt verkürzt.

Wenn Sie Unternehmensprodukte anbieten, müssen Sie sorgfältig erwägen, welche Erwartungen Ihre Kunden haben. Es kann kommerziell von Vorteil sein, Ihre Software mit anderer kundengenutzter Software interagieren zu lassen. Viele Unternehmen betreiben ihre Software auf Plattformen wie Salesforce und Microsoft Azure, daher sollten Sie diese als Bereitstellungsplattform für Ihr Produkt durchaus in Betracht ziehen. Einige Unternehmen ziehen es vor, mit vertrauenswürdigen Anbietern wie IBM zu arbeiten, und favorisieren daher Software, die auf der Cloud dieses Anbieters läuft. Wenn Sie sich an einen bestimmten Markt wenden, z.B. an Benutzer von SAP-Software, sollten Sie natürlich die Cloud-Plattform wählen, die von dieser Software verwendet wird.

Service Level Agreements (SLA, Dienstgütevereinbarungen) definieren die Leistung und Verfügbarkeit von Diensten, die Kunden bereitgestellt werden. Ihre Kunden erwarten einen bestimmten Servicegrad und, um diesen zu erreichen, benötigen Sie einen vergleichbaren Servicegrad von Ihrem Cloud-Provider. Cloud-SLAs legen den Service fest, den ein Cloud-Anbieter garantiert, und die Strafen, wenn er dies nicht tut. Wenn Sie spezifische Anforderungen haben und ein großer Kunde sind, sollten Sie einen Anbieter wählen, der SLAs aushandelt. Große Anbieter wie Amazon und Google bieten den meisten Kunden einfach eine SLA auf „Alles oder Nichts"-Basis ohne Verhandlungsspielraum.

Portabilität und Cloud-Migration sind sowohl unter technischen als auch wirtschaftlichen Gesichtspunkten wichtig. Bei der Wahl eines Anbieters müssen Sie über die Möglichkeit nachdenken, dass Sie mit Ihrer Software in Zukunft möglicherweise zu einem anderen Anbieter wechseln möchten. Vielleicht sind Sie mit dem bereitgestellten Dienst unzufrieden, oder Sie benötigen Dienste, die bei Ihrem derzeitigen Anbieter nicht verfügbar sind. Container haben die Probleme der Cloud-Migration vereinfacht, da sie eigenständige Einheiten sind, die von allen Cloud-Anbietern unterstützt werden. Sie können Ihre Software einfach in einem Container eines anderen Anbieters neu starten.

Wenn Sie in Ihrer Softwareimplementierung jedoch Cloud-Provider-Plattformdienste nutzen, müssen diese auf einem anderen System neu implementiert werden. Nicht alle Dienste von Amazon sind beispielsweise bei Google verfügbar und umgekehrt. Daher muss diese Software bei einer Migration neu geschrieben werden.

Zusammenfassung

- Die Cloud besteht aus einer großen Anzahl von virtuellen Servern, die Sie für Ihre Zwecke mieten können. Sie und Ihre Kunden greifen per Fernzugriff über das Internet auf diese Server zu und bezahlen für die verbrauchte Serverzeit.
- Virtualisierung ist eine Technologie, die es ermöglicht, mehrere Serverinstanzen auf demselben physischen Computer auszuführen. Das bedeutet, dass Sie isolierte Instanzen Ihrer Software zur Bereitstellung in der Cloud erzeugen können.
- Virtuelle Maschinen sind physische Serverreplikate, auf denen Sie Ihr eigenes Betriebssystem, Ihren eigenen Technologiestack und Ihre eigenen Anwendungen ausführen.
- Container sind eine leichtgewichtige Virtualisierungstechnologie, die eine schnelle Replikation und Bereitstellung von virtuellen Servern ermöglicht. Alle Container laufen auf demselben Betriebssystem. Docker ist die derzeit am weitesten verbreitete Containertechnologie.
- Ein wesentliches Merkmal der Cloud ist, dass „alles" als Service bereitgestellt und über das Internet abgerufen werden kann. Ein Service wird gemietet und mit anderen Benutzern geteilt. Er ist nicht Eigentum des Benutzers.
- Infrastructure as a Service (IaaS) bedeutet, dass Computing, Speicherung und andere Dienste in der Cloud verfügbar sind. Es ist nicht erforderlich, eigene physische Server zu betreiben.
- Platform as a Service (PaaS) bedeutet, die Dienste eines Cloud-Plattform-Anbieters zu nutzen, um Ihre Software entsprechend der Nachfrage automatisch skalieren zu können.
- Software as a Service (SaaS) bedeutet, dass Benutzern Anwendungssoftware als Service bereitgestellt wird. Dies hat nicht nur für die Anwender wichtige Vorteile, z. B. niedrigere Investitionskosten, sondern auch für Softwarehersteller, z. B. eine einfachere Bereitstellung neuer Software-Releases.
- Mandantenfähige Systeme sind SaaS-Systeme, bei denen alle Benutzer die gleiche Datenbank nutzen, die zur Laufzeit an ihre individuellen Bedürfnisse angepasst werden kann. Multi-Instanz-Systeme sind SaaS-Anwendungen, bei denen jeder Benutzer seine eigene separate Datenbank hat.
- Die wichtigsten Architekturprobleme für cloudbasierte Software sind die zu verwendende Cloud-Plattform, die Wahl zwischen einer mandantenfähigen Datenbank oder einer Multi-Instanz-Datenbank, Anforderungen an Skalierbarkeit und Resilienz sowie die Verwendung von Objekten oder Diensten als Grundkomponenten des Systems.

Ergänzende Literatur

„SaaS vs. PaaS vs. IaaS – An Ultimate Guide on When to Use What": Diese kurze Einführung in Everything as a Service geht nicht nur auf die Begriffe ein, sondern beschreibt auch, wie diese Dienste am besten eingesetzt werden (S. Patel, 2015).

https://www.linkedin.com/pulse/saas-vs-paas-iaas-ultimate-guide-when-use-what-sonia-patel

Tutorials der Cloud-Anbieter:

Die folgenden Links führen zu den Tutorials der großen Public-Cloud-Anbieter (Amazon, Google und Microsoft), die bei der Einrichtung ihrer Dienste helfen und die ersten Schritte beschreiben.

https://aws.amazon.com/getting-started/
https://cloud.google.com/docs/tutorials#getting_started
https://docs.microsoft.com/en-us/azure/

„A Beginner-Friendly Introduction to Containers, VMs and Docker": Dieser leicht zu lesende Artikel beschreibt die VM- und Containertechnologie sowie Docker, das am weitesten verbreitete Containersystem (P. Kasireddy, 2016).

https://www.preethikasireddy.com/post/a-beginner-friendly-introduction-to-containers-vms-and-docker

„The Docker Ecosystem: Networking and Communications": Die meisten Artikel zur Containerkommunikation verlieren sich in Detailfragen und bieten keine umfassende Übersicht über das Thema. Dieser Artikel bildet eine Ausnahme und ich empfehle, erst diesen Artikel zu lesen, bevor Sie sich mit den ausführlicheren Tutorials beschäftigen (J. Ellingwood, 2015).

https://www.digitalocean.com/community/tutorials/the-docker-ecosystem-networking-and-communication

„Multi tenancy vs. Multi instance in CCaaS/UCaaS Clouds": Die meisten Artikel zu diesem Thema favorisieren die eine oder andere Lösung, während dieser ausgewogene Artikel die Vor- und Nachteile von jedem Ansatz beleuchtet (A. Gangwani, 2014).

http://www.contactcenterarchitects.com/dont-make-the-common-mistake-of-believing-multi-tenancy-is-the-same-as-multi-user-or-multi-enterprise-clouds-multi-tenancy-vs-multi-instance-in-ccaas-ucaas-clouds/

Präsentationen, Videos und Links

https://iansommerville.com/engineering-software-products/static/presentations-videos-and-links/cloud-based-software

Übungen

Lösungshinweise

1. Warum sollten Unternehmen, die Softwareprodukte entwickeln, ihren Entwicklungsprozess durch die Verwendung von Cloud-Servern unterstützen?
2. Erklären Sie den grundlegenden Unterschied zwischen Virtualisierung bei Verwendung einer VM und Virtualisierung bei Verwendung eines Containers.
3. Erklären Sie, warum es einfach ist und schnell geht, ein Replikat eines Containers auf einem neuen Server bereitzustellen.
4. Erläutern Sie, was unter IaaS und PaaS zu verstehen ist. Erklären Sie, warum die Unterscheidung zwischen diesen Service-Kategorien immer unschärfer wird und beide in naher Zukunft zusammengeführt werden könnten.
5. Welche Vorteile hat die Bereitstellung von Software als Service für Anbieter von Softwareprodukten? In welchen Fällen könnten Sie sich dagegen entscheiden?
6. Erklären Sie anhand eines Beispiels, warum die EU-Datenschutzvorschriften Unternehmen, die SaaS anbieten, Schwierigkeiten bereiten können.
7. Worin besteht der grundlegende Unterschied zwischen einem mandantenfähigen SaaS-System und einem Multi-Instanz-SaaS-System?
8. Was sind die wichtigsten Punkte bei der Entscheidung, ob für SaaS eine mandantenfähige oder eine Multi-Instanz-Datenbank implementiert werden soll?
9. Warum sind die Kosten nicht der wichtigste Faktor bei der Wahl einer Cloud-Plattform für Entwicklung und Softwarebereitstellung?
10. Was müssen Sie tun, um ein resilientes cloudbasiertes System bereitzustellen, das Ihre Software als Service anbietet?

Microservice-Architektur

6

ÜBERBLICK

Eine der wichtigsten Entscheidungen, die ein Softwarearchitekt treffen muss, ist die Frage, wie sich ein System in Komponenten zerlegen lässt. Diese Zerlegung ist von großer Bedeutung, da die Komponenten dann von verschiedenen Personen oder Teams parallel entwickelt werden können. Komponenten lassen sich weiterverwenden und ersetzen, wenn sich die zugrunde liegende Technologie ändert, und sie können auf mehrere Computer verteilt werden.

Um die Vorteile der cloudbasierten Software – Skalierbarkeit, Zuverlässigkeit und Elastizität – nutzen zu können, müssen Sie Komponenten verwenden, die sich leicht replizieren, parallel ausführen und zwischen virtuellen Servern verschieben lassen. Dies ist schwierig bei Komponenten, wie z. B. Objekten, die den lokalen Zustand speichern, da Sie einen Weg finden müssen, die Zustandskonsistenz über Komponenten hinweg zu wahren. Daher ist es am besten, zustandslose Softwaredienste zu verwenden, die persistente Daten in einer lokalen Datenbank speichern.

Ein Softwaredienst ist eine Softwarekomponente, auf die von entfernten Computern aus über das Internet zugegriffen werden kann. Für jeden Input erzeugt der Service einen entsprechenden Output, ohne Nebenwirkungen. Der Zugriff auf den Dienst erfolgt über seine veröffentlichte Schnittstelle, während die Details der Service-Implementierung verborgen bleiben. Der Manager eines Dienstes wird als Service-Provider und der Benutzer eines Dienstes als Servicenehmer bezeichnet.

Die Dienste speichern keine internen Zustände. Zustandsdaten werden entweder in einer Datenbank oder beim Servicenehmer gespeichert. Im Falle einer Serviceanfrage können die Zustandsdaten als Teil der Anfrage mitgeschickt und die aktualisierten Zustandsdaten als Teil des Serviceergebnisses zurückgeschickt werden. Da es keinen lokalen Zustand gibt, können Dienste dynamisch von einem virtuellen Server auf einen anderen verlagert werden. Sie können als Reaktion auf die zunehmenden Serviceanfragen repliziert werden, was die Erstellung von lastabhängig skalierbaren Anwendungen vereinfacht.

Software-Services sind keine neue Idee. Der Begriff der „serviceorientierten Architektur“ wurde bereits Ende der 90er Jahre geprägt. Damit wurde der Grundsatz eingeführt, dass Dienste unabhängig und eigenständig sein sollten, mit definierten und öffentlich zugänglichen Schnittstellen; außerdem sollten die Dienste in demselben System mit verschiedenen Technologien implementiert werden können.

Für den effizienten Betrieb müssen die Dienste ein Standardprotokoll für die Kommunikation und ein Standardformat für die Schnittstellenbeschreibung verwenden. Nach verschiedenen Experimenten in den 90er Jahren mit serviceorientiertem Computing kamen Anfang der 2000er Jahre die Webservices auf. Diese basierten auf XML-basierten Protokollen und Standards, wie z. B. SOAP für die Service-Interaktion und WSDL für die Schnittstellenbeschreibung. Sie wurden um eine Reihe zusätzlicher XML-basierter Standards ergänzt, die sich unter anderem auf die Serviceorchestrierung (Kombination der Services zu neuer Funktionalität), zuverlässiges Messaging und Dienstgüte bezogen.

Webservice-Standards und -Protokolle erfordern den Austausch von großen und komplexen XML-Texten. Die Analyse der XML-Nachrichten und die Extraktion der codierten Daten ist sehr zeitintensiv, was die mit diesen Webservices erstellten Systeme verlangsamt. Selbst bei kleinen Webservices, die nur eine Funktion anbieten, ist der Overhead für das Nachrichtenmanagement erheblich.

Die meisten Softwaredienste sind jedoch einfach und kommen ohne den allgemeinen Charakter der Webdienstprotokolle aus. Deshalb verwenden moderne serviceorientierte Systeme einfachere, „schlankere“ Service-Interaktionsprotokolle mit einem geringeren Overhead, die sich schneller ausführen lassen. Diese haben einfache Schnittstellen und verwenden in der Regel ein effizienteres Format zur Codierung von Nachrichtendaten.

Bei der Entwicklung von serviceorientierten Ideen überdachten Unternehmen wie Amazon das Konzept eines Services noch einmal ganz neu. Webservices wurden im Allgemeinen als Implementierungen traditioneller Softwarekomponenten betrachtet, die über ein Netzwerk verteilt werden konnten. Es gab also Business Services, User Interface (UI) Services, Logging Services usw. Diese Dienste teilten sich in der Regel eine Datenbank und verfügten über eine API, die vom Benutzeroberflächenmodul des Systems verwendet wurde. Es erwies sich in der Praxis als relativ schwierig, einzelne Dienste zu skalieren oder zu verschieben, ohne dass dies Auswirkungen auf andere Teile des Systems hatte.

Amazon stellte den Gedanken, was ein Service sein sollte, auf den Kopf. Seiner Meinung nach sollte ein Service mit einer einzigen Geschäftsfunktion verbunden sein. Anstatt sich auf eine gemeinsame Datenbank und die anderen Dienste im System zu verlassen, sollten die Dienste völlig unabhängig sein und eine eigene Datenbank haben. Sie sollten auch ihre eigene Benutzeroberfläche verwalten. Dieses Konzept sollte es möglich machen, Dienste zu ersetzen oder zu replizieren, ohne Änderungen an anderen Diensten im System vornehmen zu müssen.

Diese Art von Service ist inzwischen als „Microservice“ bekannt. Microservices sind kleine, zustandslose Dienste, die nur eine Aufgabe haben. Bei Softwareprodukten, die Microservices verwenden, spricht man davon, dass sie eine Microservice-Architektur haben. Wenn Sie cloudbasierte Softwareprodukte entwickeln müssen, die anpassungsfähig, skalierbar und resilient sein sollen, empfehle ich Ihnen, eine Microservice-Architektur zugrunde zu legen.

Eine Microservice-Architektur basiert auf Diensten, die als feingranulare Komponenten nur eine Aufgabe ausführen. Während beispielsweise grobgranulare Authentifizierungskomponenten oder -dienste Benutzernamen verwalten, Passwörter überprüfen, vergessene Passwörter wiederherstellen und Texte für die Zwei-Faktor-Authentifizierung senden können, haben Sie in einem microservicebasierten System für jede dieser Aufgaben einen speziellen Microservice, wie „Anmeldename abfragen“, „Passwort prüfen“ usw.

Bevor ich auf Microservices näher eingehe, möchte ich anhand eines kleinen Beispiels veranschaulichen, was Microservices sind. Betrachten Sie ein System, das ein Authentifizierungsmodul mit den folgenden Features verwendet:

- Benutzerregistrierung, bei der Benutzer Daten zu ihrer Person, sicherheitsrelevante Informationen, Mobiltelefonnummer und E-Mail-Adresse angeben;
- Authentifizierung mit Benutzer-ID (UID)/Passwort;
- Zwei-Faktor-Authentifizierung mittels Code, der an das Mobiltelefon geschickt wird;
- Benutzerdatenverwaltung – zum Beispiel die Möglichkeit, Passwort oder Mobiltelefonnummer zu ändern;
- Passwort zurücksetzen.

Im Prinzip kann jedes dieser Features als separater Dienst implementiert werden, der eine zentrale gemeinsame Datenbank zur Speicherung der Authentifizierungsdaten verwendet. Ein Benutzerschnittstellendienst kann dann alle Aspekte der Benutzerkommunikation verwalten.

In einer Microservice-Architektur sind diese Features jedoch für Microservices zu groß. Um die Services zu identifizieren, die im Authentifizierungssystem als Microservices verwendet werden können, müssen Sie die grobgranularen Features in kleinere Funktionen zerlegen. ▶ Abbildung 6.1 zeigt, wie diese Funktionen für die Benutzerregistrierung und die UID/Passwort-Authentifizierung aussehen könnten.

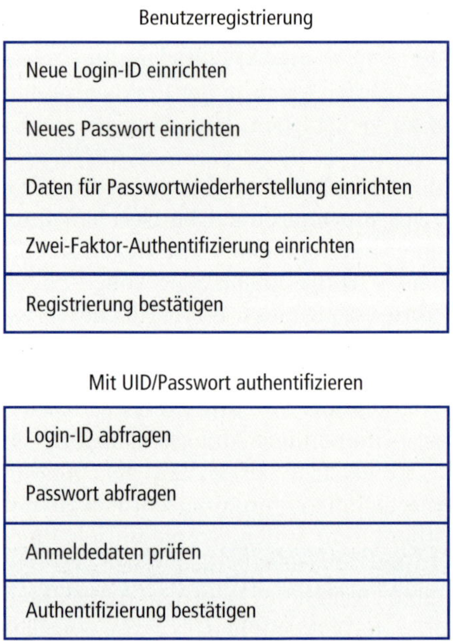

Abbildung 6.1: Funktionale Zerlegung des Features „Authentifizierung"

Jetzt könnten Sie denken, dass Sie die von ihnen benötigten Microservices identifiziert haben. Jede der in ▶ Abbildung 6.1 dargestellten Funktionen könnte als separater Microservice implementiert werden. Ich möchte jedoch noch einmal erwähnen, dass jeder Microservice seine eigenen Daten verwalten muss. Wenn Sie sehr spezifische Dienste haben, müssen Daten oft über mehrere Dienste hinweg repliziert werden. Es gibt verschiedene Möglichkeiten, Daten konsistent zu halten, aber alle verlangsamen mehr oder weniger das System. Wie replizierte Daten abgeglichen werden können, wird weiter hinten im Kapitel besprochen.

Alternativ können Sie sich die für die Authentifizierung verwendeten Daten ansehen und einen Microservice für jedes zu verwaltende logische Datenelement identifizieren. Dies minimiert den Aufwand für die Verwaltung der replizierten Daten. Dann haben Sie vielleicht einen UID-Managementservice, einen Passwort-Managementservice usw. Die von diesen Diensten unterstützten Operationen ermöglichen das Erstellen, Lesen und Ändern von Daten.

Wie ich später bespreche, lassen sich diese Operationen auf Operationen abbilden, die für REST-konforme Dienste verfügbar sind. ▶ Abbildung 6.2 zeigt die Microservices, die zur Implementierung der Benutzerauthentifizierung verwendet werden können. Natürlich wären für die Registrierung andere Services erforderlich. Ich verwende durchgängig in den Abbildungen in diesem Kapitel das abgerundete Rechteck für Microservices und die Ellipse für Servicedaten.

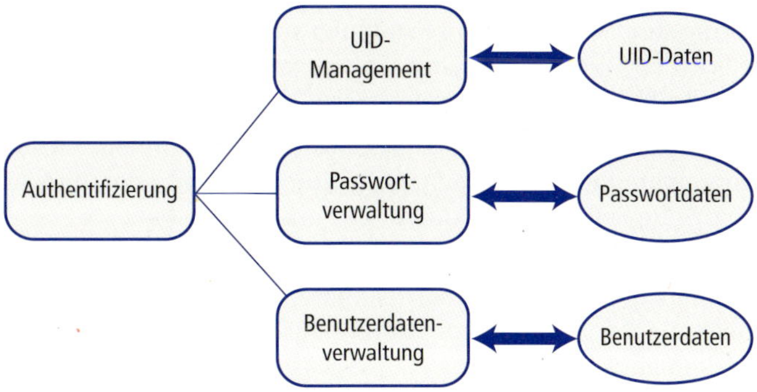

Abbildung 6.2: Microservices für die Authentifizierung

6.1 Microservices

Microservices sind kleine Dienste, die zu Anwendungen kombiniert werden können. Sie sollten unabhängig sein, damit die Serviceschnittstelle nicht von Änderungen an anderen Services betroffen ist. Es sollte möglich sein, einen Dienst zu ändern und neu bereitzustellen, ohne andere Dienste im System zu ändern oder zu stoppen. ▶ Tabelle 6.1 fasst diese wesentlichen Merkmale von Microservices zusammen.

Merkmal	Erläuterung
In sich abgeschlossen	Microservices haben keine externen Abhängigkeiten. Sie verwalten ihre eigenen Daten und implementieren eine eigene Benutzeroberfläche.
Leichtgewichtig	Microservices kommunizieren über abgespeckte Protokolle, sodass der Overhead für die Servicekommunikation gering ist.
Implementierungsunabhängig	Microservices können mit verschiedenen Programmiersprachen implementiert werden und bei ihrer Implementierung verschiedene Technologien (z. B. verschiedene Arten von Datenbanken) einsetzen.
Unabhängig einsetzbar	Jeder Microservice läuft in einem eigenen Prozess und ist über automatisierte Systeme unabhängig einsetzbar.
Unternehmensorientiert	Microservices sollten Business-Fähigkeiten und -Anforderungen implementieren und nicht nur einen technischen Service anbieten.

Tabelle 6.1: Eigenschaften der Microservices

Microservices kommunizieren durch den Austausch von Nachrichten. Eine Nachricht, die zwischen Diensten gesendet wird, enthält einige administrative Angaben, eine Serviceanfrage und die Daten, die für die Ausführung des angeforderten Services erforderlich sind. So kann beispielsweise ein Authentifizierungsdienst eine Nachricht an einen Anmeldedienst senden, der den vom Benutzer eingegebenen Namen enthält. Services senden eine Antwort auf die Serviceanfrage. Diese Antwort enthält Daten, die die Erwiderung auf die Serviceanfrage darstellen. Die Rückantwort des Anmeldedienstes kann ein Token sein, das mit einem gültigen Benutzernamen verknüpft ist, oder eine Fehlermeldung, die besagt, dass es keinen registrierten Benutzer gibt.

Ihr Ziel bei der Entwicklung eines Microservices sollte ein Dienst mit hoher Kohäsion und loser Kopplung sein. Kohäsion und Kopplung sind Begriffe, die in den 1970er Jahren entwickelt wurden, um die Abhängigkeiten von Komponenten in einem Softwaresystem auszudrücken. Kurz gesagt:

- Kopplung ist ein Maß für die Anzahl der Beziehungen, die eine Komponente zu anderen Komponenten im System hat. Lose Kopplung bedeutet, dass eine Komponente nur wenige Beziehungen zu anderen Komponenten hat.
- Kohäsion ist ein Maß für die Anzahl der Beziehungen, die Teile einer Komponente untereinander haben. Starke Kohäsion bedeutet, dass alle Komponententeile, die zur Gewährleistung der Komponentenfunktionalität benötigt werden, in der Komponente enthalten sind.

Eine lose Kopplung ist bei Microservices wichtig, da sie zu unabhängigen Diensten führt. Solange Sie die Schnittstelle pflegen, können Sie einen Service aktualisieren, ohne andere Services im System ändern zu müssen. Eine starke Kohäsion ist wichtig, da sie bedeutet, dass der Dienst während seiner Ausführung nicht viele andere Dienste aufrufen muss. Der Aufruf anderer Dienste ist mit einem Kommunikationsaufwand verbunden, der ein System verlangsamen kann.

Das Ziel, stark kohäsive Dienste zu entwickeln, hat zu einem Grundprinzip geführt, das dem Microservice-Design zugrunde liegt: dem „Single-Responsibility-Prinzip" (Prinzip der eindeutigen Verantwortlichkeit). Jedes Element in einem System sollte nur eine Sache erledigen und das möglichst gut. Das Problem dabei ist jedoch, dass es schwierig ist, „nur eine Sache" so zu definieren, dass sie für alle Dienste gilt.

Wenn Sie das Single-Responsibility-Prinzip wörtlich nehmen, würden Sie separate Dienste zum Anlegen und Ändern eines Passworts und zur Überprüfung der Richtigkeit eines Passworts implementieren. Diese einfachen Dienste müssten jedoch alle eine gemeinsame Passwortdatenbank verwenden. Dies ist unerwünscht, da es die Kopplung zwischen diesen Diensten verstärkt. Verantwortlichkeit sollte daher nicht immer eine einzige funktionale Aktivität bedeuten. In diesem Fall würde ich eine eindeutige Verantwortlichkeit interpretieren als Verantwortlichkeit für die Verwaltung gespeicherter Passwörter und würde einen einzigen Microservice dafür entwerfen.

Der Begriff „Microservices" impliziert, dass Dienste kleine Komponenten sind, sodass sich Entwickler oft fragen, wie groß ein Microservice sein sollte. Leider ist es nicht einfach, diese Frage zu beantworten. Ich halte es nicht für sinnvoll, die Anzahl der Codezeilen zugrunde zu legen, zumal die Dienste in verschiedenen Programmiersprachen geschrieben werden können. Am sinnvollsten ist es meiner Meinung nach, die „Zweier-Regel" auf die Größe der Microservices anzuwenden:

- Es sollte für ein Entwicklerteam möglich sein, einen Microservice innerhalb von zwei Wochen oder weniger zu entwickeln, zu testen und bereitzustellen.
- Die Teamgröße sollte so bemessen sein, dass das gesamte Team von nicht mehr als zwei großen Pizzen ernährt werden kann (Amazon-Richtlinie). Dies setzt eine Obergrenze für die Teamgröße auf acht bis zehn Personen (je nachdem, wie hungrig sie sind).

Sie glauben vielleicht, dass der Code von Microservices nicht sehr umfangreich sein kann, da die Microservices jeweils immer nur einer Aufgabe gewidmet sind. Sie sind doch fast so etwas wie eine Funktion oder eine Klasse in einem Programm, oder? Bleibt die Frage, wozu dann ein Entwicklerteam von acht bis zehn Personen benötigt wird? Die Größe des Teams ist vertretbar, denn das Team ist nicht nur für die Implementierung der Servicefunktionalität verantwortlich, sondern muss auch den gesamten Code entwickeln, der erforderlich ist, um sicherzustellen, dass ein Microservice völlig unabhängig ist, z.B. den UI-Code, Sicherheitscode usw.

Darüber hinaus sind die Mitglieder des Serviceteams in der Regel auch für das Testen der Dienste, die Wartung der vom Team verwendeten Entwicklungsumgebung und nach der Bereitstellung sogar für den Support des Dienstes verantwortlich. Die Tests bestehen nicht nur aus einfachen Modultests der Servicefunktionalität, sondern umfassen auch Tests ihrer Interaktionen mit anderen Diensten im Gesamtsystem. Der Testprozess ist normalerweise automatisiert und es ist sehr zeit- und arbeitsaufwendig, diese umfangreichen Servicetests zu programmieren.

Obwohl sich Microservices auf eine einzige Verantwortlichkeit konzentrieren sollten, bedeutet dies nicht, dass sie mit Funktionen verglichen werden können, die nur eine Aufgabe haben. Verantwortlichkeit ist ein umfassenderes Konzept als Funktionalität und das Serviceentwicklerteam muss jede einzelne Funktion implementieren, die die Verantwortlichkeit des Services implementieren. Um dies zu veranschaulichen, zeigt ▶ Abbildung 6.3 den Funktionsumfang eines Microservices zur Passwortverwaltung.

Benutzerfunktionen	Unterstützende Funktionen
Passwort erzeugen	Passwort auf Gültigkeit prüfen
Passwort ändern	Passwort löschen
Passwort prüfen	Passwortdatenbank sichern
Passwort wiederherstellen	Passwortdatenbank wiederherstellen
	Datenbankintegrität prüfen
	Passwortdatenbank reparieren

Abbildung 6.3: Funktionalität der Passwortverwaltung

Zusätzlich zu dieser Funktionalität bedeutet die Unabhängigkeit von Microservices, dass jeder Service Unterstützungscode enthalten muss, der in einem monolithischen System gemeinsam genutzt werden kann. ▶ Abbildung 6.4 zeigt Unterstützungscode, der in allen Microservices benötigt wird. Bei vielen Diensten umfasst der Unterstützungscode mehr Zeilen als der Code, der die Service-Funktionalität bereitstellt.

Microservice X

Service-Funktionalität	
Nachrichten-verwaltung	Fehler-management
UI-Implementierung	Datenkonsistenz-management

Abbildung 6.4: Unterstützungscode für Microservices

Der Code für das Nachrichtenmanagement in einem Microservice verarbeitet alle eingehenden und ausgehenden Nachrichten. Eingehende Nachrichten müssen auf ihre Gültigkeit überprüft werden, wozu die aus dem Nachrichtenformat extrahierten Daten verwendet werden. Ausgehende Nachrichten müssen in das richtige Format für die Servicekommunikation gepackt werden.

Der Fehlermanagementcode in einem Microservice hat zwei Aufgaben. Erstens muss er mit Fällen fertig werden, bei denen der Microservice eine angefragte Operation nicht ordnungsgemäß abschließen kann. Und zweitens muss er für den Fall, dass externe Interaktionen erforderlich sind, wie der Aufruf eines anderen Dienstes, mit der Situation umgehen, dass diese Interaktion nicht erfolgreich war, weil der externe Dienst einen Fehler zurückgegeben oder nicht geantwortet hat.

Datenkonsistenzmanagement ist erforderlich, wenn die in einem Microservice verwendeten Daten auch von anderen Diensten verwendet werden. In diesen Fällen muss es eine Möglichkeit geben, aktualisierte Daten zwischen den Diensten zu kommunizieren und sicherzustellen, dass die in einem Dienst vorgenommenen Änderungen allen Diensten, die die Daten verwenden, zur Verfügung stehen. Konsistenzmanagement und Ausfall- bzw. Fehlermanagement werden weiter hinten in diesem Kapitel besprochen.

Um vollständig unabhängig zu sein, sollte jeder Microservice eine eigene Benutzeroberfläche haben. Die Microservice-Supportteams müssen sich auf Konventionen für diese Schnittstelle einigen und im Rahmen dieser Konventionen kann jeder Microservice eine Benutzeroberfläche anbieten, die auf die Verantwortlichkeit des Microservices zugeschnitten ist.

6.2 Microservice-Architektur

Eine Microservice-Architektur lässt sich nicht mit einer geschichteten Anwendungsarchitektur vergleichen, die einen Satz von Komponenten definiert, die allen Anwendungen einer bestimmten Art gemeinsam sind. Eine Microservice-Architektur ist eher ein *Architekturstil* – eine bewährte Vorgehensweise, um eine logische Softwarearchitektur zu implementieren. Dieser Architekturstil wird für webbasierte Anwendungen verwendet, um logische Client-Server-Architekturen zu implementieren, bei denen der Server als ein Satz von interagierenden Microservices implementiert ist.

Der Architekturstil von Microservices zielt darauf ab, zwei grundlegende Probleme der mehrschichtigen Softwarearchitektur für verteilte Systeme zu lösen, die Thema von ▶ Kapitel 4 waren:

1. Wenn eine monolithische Architektur verwendet wird, muss bei jeder Änderung das gesamte System erneut erzeugt, getestet und bereitgestellt werden. Dieser Prozess kann ein langsamer sein, da Änderungen an einem Teil des Systems andere Komponenten negativ beeinflussen können. Häufige Anwendungsaktualisierungen sind daher nicht möglich.

2. Wenn die Last auf dem System steigt, muss das gesamte System skaliert werden, auch wenn die Last auf eine kleine Anzahl von Systemkomponenten beschränkt ist, die die gängigsten Systemfunktionen implementieren. Es werden größere Server benötigt, was zur Folge hat, dass die Mietkosten für die Cloud-Server zur Softwareausführung beträchtlich steigen. Je nach Virtualisierung kann der Start eines größeren Servers mehrere Minuten dauern, wobei der Systemdienst beeinträchtigt wird, bis der neue Server betriebsbereit ist.

Microservices sind in sich geschlossen und werden in separaten Prozessen ausgeführt. In cloudbasierten Systemen kann jeder Microservice in einem eigenen Container bereitgestellt werden. Dies bedeutet, dass ein Microservice gestoppt und neu gestartet werden kann, ohne dass andere Teile des Systems davon betroffen sind. Wenn die Nachfrage nach einem Service steigt, können schnell Replikate vom Service erstellt und bereitgestellt werden. Diese erfordern keinen leistungsfähigeren Server, sodass Scaling-Out (zusätzliche virtuelle Server) in der Regel viel billiger ist als Scaling-Up (ein neuerer, größerer Server).

Betrachten wir ein Beispiel, das ein System mit einer zugrunde liegenden Microservice-Architektur zeigt. ▶ Tabelle 6.2 ist eine kurze Beschreibung eines Fotodrucksystems.

Stellen Sie sich vor, Sie entwickeln einen Fotodruckservice für mobile Geräte. Benutzer können Fotos von ihrem Handy auf Ihren Server hochladen oder auf ihrem Instagram-Account Fotos auswählen, die gedruckt werden sollen. Der Druck kann in verschiedenen Größen und auf verschiedenen Druckträgern erfolgen. Die Benutzer können die Druckgröße und den Druckträger wählen. Sie können beispielsweise angeben, dass das Bild auf eine Tasse oder ein T-Shirt gedruckt werden soll. Anschließend werden die Ausdrucke oder die bedruckten Objekte vorbereitet und ihnen zugeschickt. Die Benutzer bezahlen diesen Service entweder über einen Zahlungsdienst wie Google Pay oder Apple Pay oder indem sie eine Kreditkarte beim Druckdienst-Provider registrieren lassen.

Tabelle 6.2: Ein Fotodrucksystem für mobile Geräte

In einem monolithischen Client-Server-System würde die Fotodruckfunktionalität in der Geschäftslogikschicht implementiert, wobei alle Informationen in einer gemeinsamen Datenbank gespeichert werden. Im Gegensatz dazu verwendet eine Microservice-Architektur für jede Funktionalität eigene Dienste. ▶ Abbildung 6.5 ist ein Diagramm einer möglichen High-Level-Systemarchitektur für ein Fotodrucksystem. Einige der aufgeführten Dienste könnten in noch speziellere Microservices zerlegt werden, was hier aber nicht dargestellt wird.

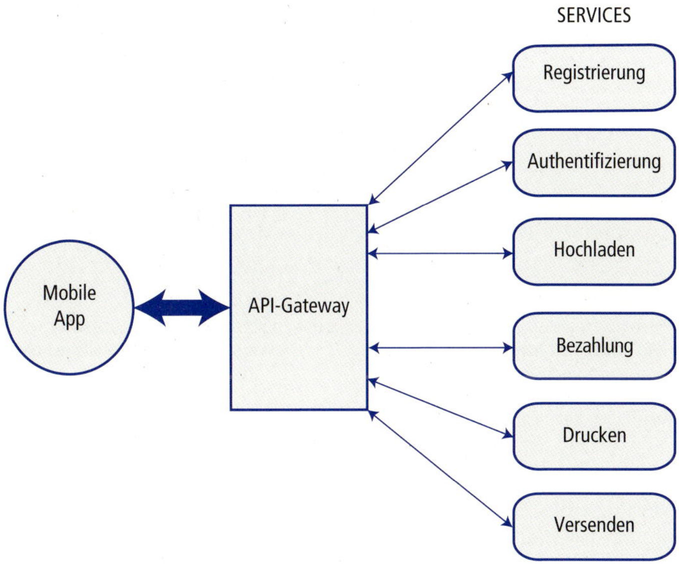

Abbildung 6.5: Eine Microservice-Architektur für ein Fotodrucksystem

Das in ▶ Abbildung 6.5 dargestellte API-Gateway ist eine wichtige Komponente, die die Benutzer-App von den Microservices des Systems isoliert. Das Gateway ist ein zentraler Zugangspunkt für alle Anfragen und übersetzt die Serviceanfragen aus der App in Aufrufe der im System befindlichen Microservices. Das bedeutet, dass die App nicht wissen muss, welches Kommunikationsprotokoll der Service verwendet. Die Verwendung eines Gateways bedeutet auch, dass es möglich ist, die Zerlegung der Services durch weiteres Aufteilen oder Zusammenfassen von Diensten zu ändern, ohne die Client-App zu beeinträchtigen.

6.2.1 Entscheidungen beim Architekturentwurf

In einem auf Microservices basierenden System sind die Entwicklerteams der einzelnen Dienste autonom. Sie treffen die Entscheidungen, wie sie den Service am besten bereitstellen. Das bedeutet, dass der Systemarchitekt keine technologischen Entscheidungen für einzelne Services treffen sollte; diese obliegen dem Team, das den Service implementiert. Aus praktischen Gründen sollten Teams jedoch nicht zu viele verschiedene Technologien einsetzen. Die Unterstützung der verwendeten Technologien verursacht Kosten, wie z.B. für den Kauf und die Wartung einer Entwicklungsumgebung. Außerdem ist es für Entwickler, die von einem Team zum anderen wechseln, zeit- und arbeitsaufwendig, neue Technologien kennenzulernen.
Obwohl die einzelnen Microservices unabhängig sind, müssen sie kommunizieren und sich abstimmen, um den Gesamtdienst bereitzustellen. Um eine Microservice-Architektur zu entwerfen, müssen Sie daher die in ▶ Abbildung 6.6 dargestellten zentralen Entwurfsprobleme berücksichtigen.

Abbildung 6.6: Kernfragen beim Entwurf einer Microservice-Architektur

Eine der wichtigsten Aufgaben für einen Systemarchitekten ist es zu entscheiden, in welche Microservices das Gesamtsystem zerlegt werden soll. Wie ich bereits eingangs erläutert habe, geht es nicht darum, aus jeder Systemfunktion einen Microservice zu machen. Zu viele Microservices in einem System zu haben bedeutet, dass es viel Kom-

munikation zwischen den Services gibt, und die für die Prozesskommunikation benötigte Zeit verlangsamt das System. Zu wenige Microservices bedeutet, dass in jedem Service mehr Funktionalität enthalten sein muss. Die Dienste werden größer, mit mehr Abhängigkeiten, sodass Änderungen daran schwieriger werden.
Leider gibt es kein einfaches Verfahren, an das Sie sich bei der Zerlegung eines Systems in Microservices halten können. Einige allgemeine Richtlinien könnten jedoch hilfreich sein:

1. *Versuchen Sie, feingranulare Funktionalität und Systemleistung auszutarieren:* Bei Services mit nur einer Funktion sind Änderungen in der Regel auf wenige Services beschränkt. Wenn jeder Ihrer Services jedoch nur einen einzigen, sehr spezifischen Service anbietet, ist es unvermeidlich, dass Sie mehr Servicekommunikation benötigen, um die Benutzerfunktionalität zu implementieren. Dies verlangsamt ein System, da jeder Dienst die Nachrichten, die von anderen Diensten gesendet werden, bündeln und entbündeln muss.

2. *Befolgen Sie das „Common Closure"-Prinzip:* Das bedeutet, dass sich Elemente eines Systems, die wahrscheinlich gleichzeitig geändert werden, in ein und demselben Service befinden sollten. Die meisten neuen und geänderten Anforderungen sollten daher nur einen einzigen Service betreffen.

3. *Verbinden Sie die Services mit Business-Fähigkeiten:* Eine Business-Fähigkeit ist ein bestimmter Bereich der Business-Funktionalität, der in der Verantwortung einer Person oder Gruppe liegt. So wird beispielsweise der Anbieter eines Fotodrucksystems eine Gruppe haben, die für den Versand der Fotos an die Benutzer zuständig ist (Versand-Fähigkeit), eine Reihe von Druckmaschinen (Druck-Fähigkeit), jemanden, der für die Finanzen verantwortlich ist (Bezahldienst), usw. Sie sollten die Services identifizieren, die zur Unterstützung all dieser Business-Fähigkeiten erforderlich sind.

4. *Berücksichtigen Sie beim Entwurf eines Services, dass dieser nur auf die von ihm benötigten Daten zugreifen kann:* In Fällen, in denen sich die Nutzung der Daten durch verschiedene Services überschneidet, benötigen Sie einen Mechanismus, der sicherstellt, dass Datenänderungen in einem Service an die andere Services weitergegeben werden, die dieselben Daten verwenden.

Ein möglicher Ausgangspunkt für die Identifizierung der Microservices sind die Daten, die die Services verwalten müssen. In der Regel ist es sinnvoll, Microservices um logisch zusammenhängende Daten wie Passwörter, Benutzer-IDs usw. herum zu entwickeln. Dadurch vermeiden Sie das Problem, dass die Aktionen der verschiedenen Services koordiniert werden müssen, um die Konsistenz der gemeinsamen Daten zu gewährleisten.
Erfahrene Microservice-Entwickler behaupten, dass der beste Weg, Microservices in einem System zu identifizieren, darin besteht, mit einer monolithischen Architektur zu beginnen, die auf dem traditionellen, mehrschichtigen Client-Server-Modell basiert, das in ▶ Kapitel 4 beschrieben wurde. Sobald Sie Erfahrungen mit einem System haben und über Daten bezüglich seiner Verwendung verfügen, ist es viel einfacher, die in Microservices zu kapselnde Funktionalität zu identifizieren. Anschließend sollten Sie Ihre monolithische Software in eine Microservice-Architektur umwandeln.

6.2.2 Servicekommunikation

Services kommunizieren durch den Austausch von Nachrichten. Diese Nachrichten enthalten Informationen über den Absender der Nachricht sowie die Eingabe- oder Ausgabedaten der Anfrage. Die Struktur der ausgetauschten Nachrichten wird durch ein Nachrichtenprotokoll vorgegeben, das definiert, was in jeder Nachricht enthalten sein muss und wie die einzelnen Komponenten der Nachricht identifiziert werden können.

Wenn Sie eine Microservice-Architektur entwerfen, müssen Sie einen Kommunikationsstandard festlegen, an den sich alle Microservices zu halten haben. Folgende Entscheidungen sind wichtig:

- Soll die Serviceinteraktion synchron oder asynchron erfolgen?
- Sollen die Services direkt oder über die Middleware eines Nachrichtenbrokers kommunizieren?
- Welches Protokoll soll für den Nachrichtenaustausch zwischen den Services verwendet werden?

▶ Abbildung 6.7 veranschaulicht den Unterschied zwischen synchroner und asynchroner Interaktion.

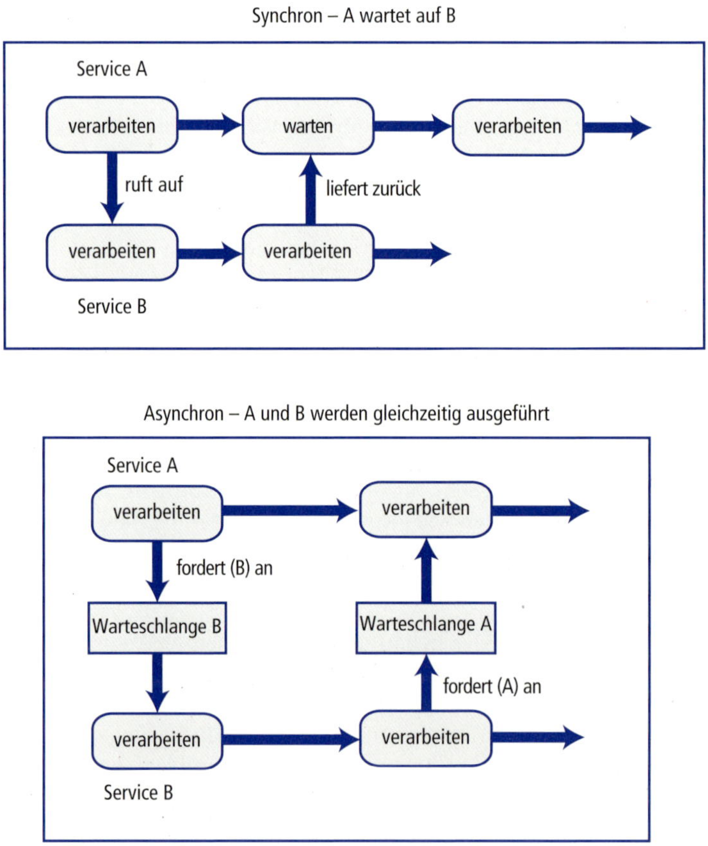

Abbildung 6.7: Synchrone und asynchrone Microservice-Interaktionen

Bei einer synchronen Interaktion sendet Service A eine Anfrage an Service B. Service A stoppt daraufhin die Verarbeitung, während Service B die Anfrage verarbeitet. Service A wartet, bis Service B die erforderlichen Informationen zurückgegeben hat, bevor er mit der Ausführung fortfährt.

Bei einer asynchronen Interaktion sendet Service A eine Anfrage, die zur Verarbeitung durch Service B in die Warteschlange gestellt wird. Service A setzt dann seine Verarbeitung fort, ohne darauf zu warten, dass Service B die Anfrage aus der Warteschlange holt und bearbeitet. Wenn Service B dann später die Anfrage von Service A erledigt hat, stellt er das Ergebnis in die Warteschlange, von wo es von Service A abgerufen werden kann. Daher muss Service A seine Warteschlange regelmäßig überprüfen, um festzustellen, ob ein Ergebnis verfügbar ist.

Synchrone Interaktionen sind weniger komplex als asynchrone. Dadurch sind synchrone Programme leichter zu schreiben und zu verstehen. Außerdem ist die Zahl der schwer nachvollziehbaren Fehler geringer. Asynchrone Interaktionen dagegen sind oft effizienter als synchrone, da die Services nicht untätig sind, während sie auf eine Antwort warten. Services, die asynchron interagieren, sind lose gekoppelt, sodass Änderungen meistens leichter sind. Serviceentwickler mit nur wenig Erfahrung in der nebenläufigen Programmierung brauchen in der Regel etwas länger, ein zuverlässiges asynchrones System zu entwickeln.

Ich empfehle, mit dem einfachsten Ansatz, d.h. der synchronen Interaktion, zu beginnen. Sie sollten sich jedoch darauf einstellen, einige Services neu schreiben zu müssen, um asynchron zu interagieren, wenn Sie feststellen, dass die Leistung des synchronen Systems nicht gut genug ist.

Die direkte Servicekommunikation setzt voraus, dass die interagierenden Services ihre Adressen untereinander kennen. Die Services interagieren, indem sie Anfragen direkt an diese Adressen senden. Bei der indirekten Kommunikation wird die Anfrage unter Angabe des benötigten Service an einen Nachrichtenbroker (manchmal auch Nachrichtenbus genannt) gesendet werden. Der Nachrichtenbroker ist dann dafür verantwortlich, den Service zu finden, der die Serviceanfrage bedienen kann. ▶ Abbildung 6.8 zeigt diese Kommunikationsalternativen.

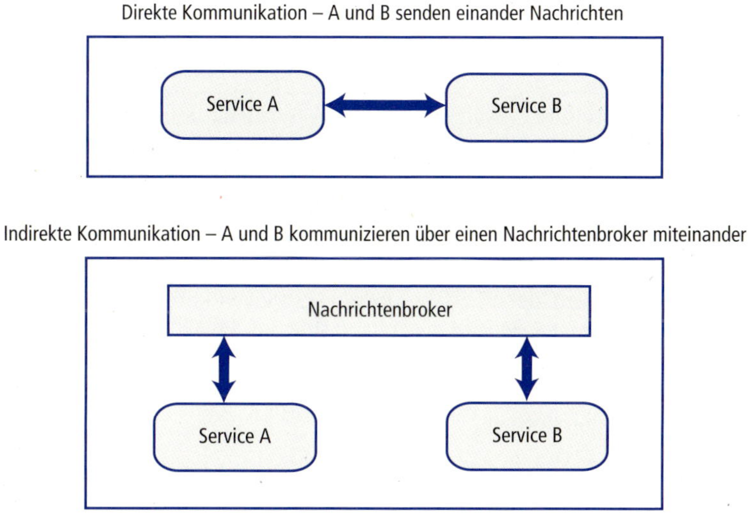

Abbildung 6.8: Direkte und indirekte Servicekommunikation

Die direkte Servicekommunikation ist in der Regel schneller, bedeutet aber, dass der anfragende Service die URI (Uniform Resource Identifier) des angeforderten Services kennen muss. Wenn sich diese URI ändert, schlägt die Serviceanfrage fehl.

Die indirekte Kommunikation erfordert zusätzliche Software (einen Nachrichtenbroker) und die Services werden mit Namen und nicht über eine URI angefordert. Der Nachrichtenbroker ermittelt die Adresse des angeforderten Services und leitet die Anfrage an ihn weiter. Dies ist besonders nützlich, wenn Services in mehreren Versionen existieren. Der anfragende Service muss nicht wissen, welche Version verwendet wird. Standardmäßig kann der Nachrichtenbroker Anfragen an die neueste Version weiterleiten.

Nachrichtenbroker, wie das in ▶ Abbildung 6.5 dargestellte API-Gateway, leiten eine Serviceanfrage an den richtigen Service weiter. Sie können auch Nachrichten von einem Format in ein anderes übersetzen. Ein Service, der über einen Nachrichtenbroker auf einen anderen Service zugreift, muss nicht wissen, wo sich dieser Service befindet oder welches Nachrichtenformat er aufweist. RabbitMQ ist ein Beispiel für einen weit verbreiteten Nachrichtenbroker.

Nachrichtenbroker unterstützen synchrone und asynchrone Interaktionen. Ein anfragender Service sendet einfach eine Serviceanfrage an den Nachrichtenbroker und wartet dann entweder auf eine Antwort oder setzt die Verarbeitung fort. Wenn die Serviceanfrage abgeschlossen ist, sorgt der Nachrichtenbroker dafür, dass die Antwort das richtige Format aufweist, und informiert den ursprünglichen Service, dass sie verfügbar ist.

Wenn Sie einen Nachrichtenbroker verwenden, ist es einfacher, Services zu ändern und zu ersetzen, ohne damit Clients, die diese Services nutzen, zu beeinträchtigen. Diese Flexibilität hat jedoch zur Folge, dass das Gesamtsystem komplexer wird. Die direkte Servicekommunikation ist einfach und leicht verständlich. In der Regel lassen sich Produkte, die direkte Servicekommunikation verwenden, schneller entwickeln.

Ein Nachrichtenprotokoll ist eine Vereinbarung zwischen den Services, die festlegt, wie die Nachrichten zwischen diesen Services strukturiert sein müssen. Protokolle können streng definiert sein, wie das Advanced Message Queuing Protocol (AMQP), das von RabbitMQ und anderen Nachrichtenbrokern unterstützt wird. Die Protokolldefinition legt fest, welche Daten in einer Nachricht unverzichtbar sind und wie sie organisiert sein müssen. Der Nachrichtenbroker lehnt alle Nachrichten ab, die dieser Definition nicht entsprechen.

Der am weitesten verbreitete Ansatz der direkten Servicekommunikation hat jedoch keine formale Definition. REST-konforme Services halten sich an den REST-Architekturstil, wobei die Nachrichtendaten mithilfe von JSON dargestellt werden. Die von diesen Services angebotenen Operationen verwenden die vom HTTP-Internetprotokoll unterstützten Methoden GET, PUT, POST und DELETE. Der Service wird als Ressource dargestellt, die eine eigene URI hat.

Aufgrund der Allgegenwart der REST-konformen Services konzentriere ich mich auf die Verwendung dieses Ansatzes und berücksichtige den komplexeren Ansatz, der auf Nachrichtenbroker und AMQP basiert, nicht weiter. In ▶ Abschnitt 6.3 „REST-konforme Services" erkläre ich die Grundlagen von REST-konformen Services und zeige, wie sie organisiert werden können.

6.2.3 Datenverteilung und gemeinsame Datennutzung

Für die Entwicklung von Microservices gilt generell, dass jeder Microservice seine eigenen Daten verwalten sollte. Im Idealfall wären die von jedem Service verwalteten Daten völlig unabhängig. Das hieße, es wäre nicht nötig, Datenänderungen, die in einem Service vorgenommen wurden, an andere Services weiterzugeben.

In der Realität ist eine vollständige Datenunabhängigkeit jedoch nicht möglich. Es wird immer Überschneidungen zwischen den Daten geben, die in verschiedenen Services verwendet werden. Daher müssen Sie als Architekt sorgfältig über den Datenaustausch und die Gewährleistung der Datenkonsistenz nachdenken. Sie müssen die Microservices als interagierendes System und nicht als einzelne Einheiten betrachten. Das bedeutet:

1. Sie sollten die Daten in jedem Systemservice isolieren und möglichst wenig gemeinsame Datennutzung zulassen.

2. Wenn die gemeinsame Nutzung von Daten unvermeidlich ist, sollten Sie die Microservices so gestalten, dass die Nutzung größtenteils schreibgeschützt erfolgt und nur eine minimale Anzahl von Services die Daten aktualisieren dürfen.

3. Wenn Services in Ihrem System repliziert sind, müssen Sie einen Mechanismus vorsehen, der die von den replizierten Services verwendeten Datenbankkopien konsistent halten kann.

Mehrschichtige Client-Server-Systeme verwenden eine gemeinsame Datenbankarchitektur, bei der alle Systemdaten in einer gemeinsamen Datenbank verwaltet werden. Der Zugriff auf diese Daten wird von einem Datenbankmanagementsystem (DBMS) verwaltet. Das DBMS kann sicherstellen, dass die Daten immer konsistent sind und gleichzeitige Datenaktualisierungen sich nicht gegenseitig stören.

Ausfälle von Services im System und gleichzeitige Aktualisierungen von gemeinsam genutzten Daten können zu Inkonsistenzen in der Datenbank führen. Wenn es keine Kontrollen gibt und die Services A und B die gleichen Daten aktualisieren, hängt der Wert dieser Daten vom Zeitpunkt der Aktualisierungen ab. Mittels ACID-Transaktionen serialisiert das DBMS jedoch die Updates und vermeidet Inkonsistenzen.

Eine ACID-Transaktion bündelt einen Satz von Datenaktualisierungen zu einer Einheit, sodass entweder alle Aktualisierungen abgeschlossen werden oder keine. Die Datenbank ist somit immer konsistent, da es im Falle eines Ausfalls keine Teilaktualisierungen der Daten gibt. Für einige Arten von Systemen benötigen Sie einen solchen Mechanismus. Wenn Sie beispielsweise Geld von Konto A auf Konto B derselben Bank überweisen, wäre es inakzeptabel, dass Konto A belastet wird, ohne dass der gleiche Betrag dem Konto B gutgeschrieben wird.

Wenn Sie eine Microservice-Architektur verwenden, ist diese Art von Transaktion nur schwer effizient zu implementieren, es sei denn, Sie können die an der Transaktion beteiligten Daten auf einen einzigen Microservice beschränken. Dies bedeutet jedoch mit ziemlicher Sicherheit, dass Sie die Regel verletzen müssen, dass ein Microservice eine eindeutige Verantwortlichkeit hat. Wenn Sie also ein System wie ein Bankensystem implementieren, bei dem zu jeder Zeit absolute Datenkonsistenz gewährleistet sein muss, sollten Sie möglichst eine gemeinsame Datenbankarchitektur verwenden.

In jedem verteilten System gibt es einen Kompromiss zwischen Datenkonsistenz und Leistung. Je strenger die Anforderungen an die Datenkonsistenz, desto mehr Rechenleistung müssen Sie aufwenden, um die Datenkonsistenz zu gewährleisten. Darüber hinaus müssen Sie möglicherweise Sperren auf Daten implementieren, um sicherzustellen, dass sich Updates nicht gegenseitig stören. Das bedeutet, dass Services langsam sein können, weil die Daten, die sie benötigen, gesperrt sind. Der Service, der die Daten verwendet, muss seine Operation beenden und die Sperre auf den Daten aufheben.

Systeme, die Microservices nutzen, müssen vom Entwurf her ein gewisses Maß an Dateninkonsistenz tolerieren. Die von verschiedenen Services oder replizierten Services verwendeten Datenbanken müssen nicht immer absolut konsistent sein. Natürlich brauchen Sie ein Instrument, um sicherzustellen, dass die gemeinsamen Daten am Ende konsistent sind. Diese Operation kann ausgeführt werden, wenn die Last auf dem System relativ gering ist, sodass die Gesamtsystemleistung nicht beeinträchtigt wird. Sie haben es mit zwei Arten von Inkonsistenzen zu tun:

1. *Abhängige Dateninkonsistenz:* Die Aktionen oder Ausfälle eines Services können bewirken, dass die von einem anderen Service verwalteten Daten inkonsistent werden.

2. *Replikatinkonsistenz:* Mehrere Replikate desselben Dienstes können gleichzeitig ausgeführt werden. Sie alle haben ihre eigene Datenbankkopie und aktualisieren jeweils ihre eigene Kopie der Servicedaten. Sie benötigen eine Möglichkeit, diese Datenbanken „irgendwann einmal konsistent" zu machen, sodass alle Replikate mit den gleichen Daten arbeiten.

Um diese Inkonsistenzprobleme zu veranschaulichen, betrachten Sie ein einfaches Beispiel für einen Benutzer, der eine Onlinebestellung für ein Buch aufgibt. Damit löst er eine Reihe von Diensten aus:

- einen Lagerverwaltungsservice, der die Anzahl der auf Lager befindlichen Bücher um 1 senkt und die Anzahl der Bücher, die „zum Verkauf anstehen" um 1 erhöht;
- einen Bestellservice, der die Bestellung in eine Auftragswarteschlange stellt.

Diese Services sind voneinander abhängig, da ein Ausfall des Bestellservices bedeutet, dass der Lagerbestand für das bestellte Buch nicht stimmt. Um diese Situation zu lösen, müssen Sie in der Lage sein, Serviceausfälle zu erkennen. Wenn ein Ausfall erkannt wird, müssen Sie Maßnahmen ergreifen, um den Lagerbestand für das Buch zu korrigieren.

Eine Möglichkeit, diese Inkonsistenz zu lösen, besteht darin, eine „Kompensationstransaktion" zu verwenden, d.h. eine Transaktion, die die vorherige Operation rückgängig macht. In diesem Fall kann, wenn ein Ausfall des Bestellservices festgestellt wurde, eine Kompensationstransaktion erzeugt werden. Diese wird von der Lagerverwaltung bearbeitet, die den Lagerbestand für das nicht bestellte Buch erhöht, sodass es wieder verfügbar ist.

Kompensationstransaktionen garantieren jedoch nicht, dass sich alle Probleme vermeiden lassen. So könnte beispielsweise in der Zeitspanne zwischen dem Ausfall des Bestellservices und dem Anstoßen der Kompensationstransaktion eine weitere Bestellung eingehen. Wenn die fehlgeschlagene Bestellung die Anzahl der Bücher im Bestand auf null reduziert hätte, dann wäre die neue Bestellung nicht erfolgreich.

Um das Problem der Inkonsistenz bei replizierten Services zu veranschaulichen, betrachten Sie eine Situation, in der zwei identische Instanzen eines Bestandsverwaltungsdienstes (A und B) verwendet werden. Jede hat ihre eigene Lagerdatenbank. Stellen Sie sich das folgende Szenario vor:

- Service A aktualisiert die Anzahl der auf Lager befindlichen Exemplare von Buch X.
- Service B aktualisiert die Anzahl der auf Lager befindlichen Exemplare von Buch Y.

Die in den beiden Services jeweils verwendeten Lagerdatenbanken sind nun inkonsistent. Service A hat nicht den richtigen Lagerbestand für Buch Y und Service B nicht den richtigen Lagerbestand für Buch X. Es muss für jede Service-Instanz eine Möglichkeit geben, ihre eigene Datenbank zu aktualisieren, damit alle replizierten Datenbanken konsistent sind. Dazu verwenden Sie den Ansatz der „Eventual Consistency".

Eventual Consistency bedeutet, dass das System garantiert, dass die Datenbanken irgendwann konsistent sein werden. Sie können eine Eventual Consistency implementieren, indem Sie ein Transaktionsprotokoll führen, wie in ▶ Abbildung 6.9 dargestellt. Wenn eine Datenbankänderung vorgenommen wird, wird sie in dem Protokoll „Anstehende Updates" aufgezeichnet. Andere Service-Instanzen sehen sich dieses Protokoll an, aktualisieren ihre eigene Datenbank und geben an, dass sie die Änderung vorgenommen haben. Nachdem alle Dienste ihre eigene Datenbank aktualisiert haben, wird die Transaktion aus dem Protokoll entfernt.

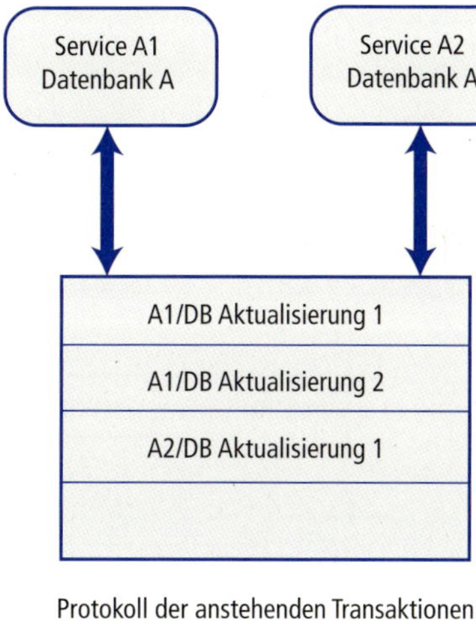

Abbildung 6.9: Protokoll der anstehenden Transaktionen

Wenn ein Service mit der Verarbeitung einer Anfrage beginnt, überprüft der replizierte Service, der die Anfrage abwickelt, das Protokoll, um zu sehen, ob die in dieser Anfrage benötigten Daten aktualisiert wurden. Wenn ja, aktualisiert der Service seine eigenen Daten aus dem Protokoll und leitet dann seine eigene Operation ein. Ansonsten kann die Datenbank aus dem Protokoll aktualisiert werden, wenn die Last auf den Service relativ gering ist.

In der Praxis benötigen Sie manchmal einen komplexeren Ansatz als ein einfaches Transaktionsprotokoll, um die Zeitprobleme zu lösen, die bei gleichzeitigen Datenbank-Updates auftreten können. Ich möchte hier jedoch nicht näher auf diese komplexeren Aspekte der Eventual Consistency eingehen.

6.2.4 Servicekoordination

Die meisten Benutzersitzungen umfassen mehrere Interaktionen, wobei die Operationen in einer bestimmten Reihenfolge durchgeführt werden müssen. Dies wird als Workflow bezeichnet. Als Beispiel betrachten Sie in ▶ Abbildung 6.10 den Workflow für die UID/Passwort-Authentifizierung, die nur eine vorgegebene Anzahl von Authentifizierungsversuchen erlaubt. Der Einfachheit halber wird der Fall nicht berücksichtigt, dass Benutzer ihr Passwort oder ihr Kennwort vergessen haben. Operationen werden durch Rechtecke mit gerundeten Ecken dargestellt, relevante Zustandswerte durch einfache Rechtecke und Entscheidungen durch Rauten.

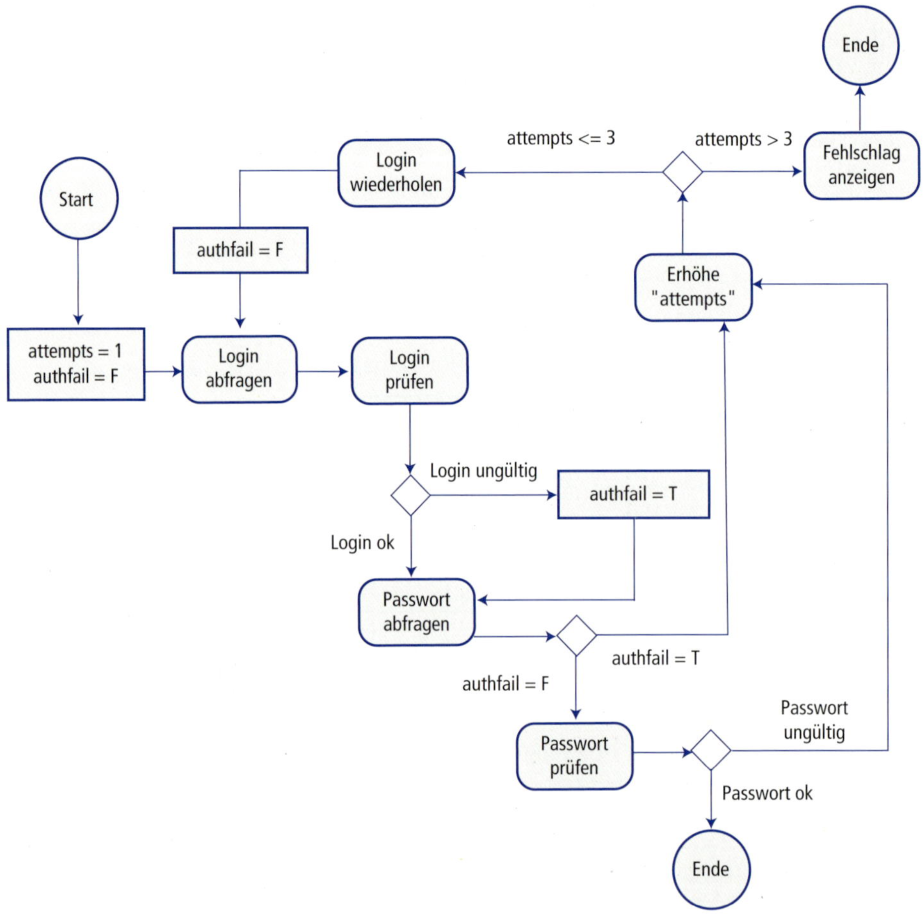

Abbildung 6.10: Workflow zur Authentifizierung

In diesem Beispiel-Workflow hat der Benutzer drei Anmeldeversuche, bevor das System anzeigt, dass die Anmeldung fehlgeschlagen ist. Der Benutzer muss jedes Mal sowohl einen Benutzernamen als auch ein Passwort eingeben. Das Passwort wird auch dann abgefragt, wenn der Benutzername ungültig war. Es wird empfohlen, die Authentifizierung so zu implementieren, dass ein böswilliger Benutzer nicht weiß, ob ein falscher Anmeldename oder ein falsches Passwort den Fehler verursacht hat.

Eine Möglichkeit, diesen Workflow zu implementieren, besteht darin, den Workflow explizit zu definieren (entweder in einer Workflow-Sprache oder in Code) und einen separaten Service vorzusehen, der den Workflow ausführt, indem er die Komponentendienste nacheinander aufruft. Das nennt man „Orchestrierung", in Anlehnung an die Vorstellung, dass ein Orchesterleiter den Musikern ihren Einsatz gibt. In einem orchestrierten System gibt es einen Hauptcontroller. Der in ▶ Abbildung 6.10 dargestellte Workflow würde zum Beispiel von einer Authentifizierungs-Controller-Komponente verwaltet.

Ein alternativer Ansatz, der oft für Microservices empfohlen wird, heißt „Choreographie". Dieser Begriff leitet sich vom Tanz und nicht von der Musik ab und unterscheidet sich von der Orchestrierung insofern, als es für Tänzer keinen „Dirigenten" gibt. Stattdessen geht der Tanz nur weiter, indem sich die Tänzer gegenseitig beobachten. Ihre Entscheidung, zum nächsten Teil des Tanzes überzugehen, hängt davon ab, was die anderen Tänzer machen.

In einer Microservice-Architektur hängt die Choreographie davon ab, dass jeder Service ein Ereignis aussendet, um anzuzeigen, dass er seine Bearbeitung abgeschlossen hat. Die anderen Services halten nach Ereignissen Ausschau und reagieren entsprechend, wenn Ereignisse festgestellt werden. Es gibt keinen expliziten Service-Controller. Um Servicechoreographie zu implementieren, benötigen Sie zusätzliche Software, wie z.B. einen Nachrichtenbroker, der einen Publish-Subscribe-Mechanismus unterstützt. Publish-Subscribe bedeutet, dass Services Ereignisse für andere Services „veröffentlichen" (*publish*) und die Ereignisse „abonnieren" (*subscribe*), die sie bearbeiten können.

▶ Abbildung 6.11 zeigt den Unterschied zwischen Choreographie und Orchestrierung.

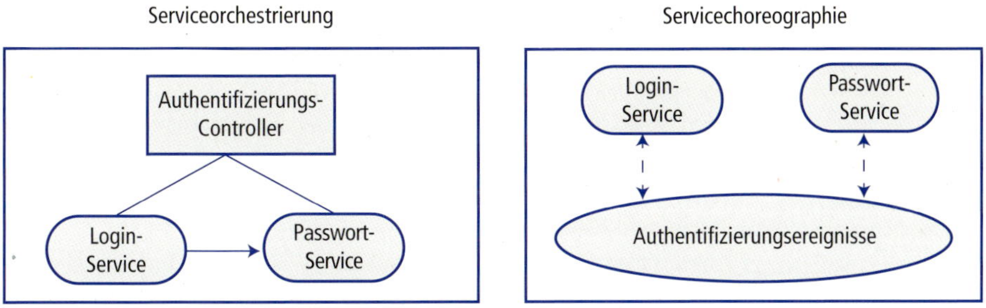

Abbildung 6.11: Orchestrierung und Choreographie

Ein Problem bei der Servicechoreographie ist, dass der Workflow sich nicht eins zu eins mit der aktuell stattfindenden Bearbeitung deckt. Dies erschwert das Debugging von choreografierten Workflows. Tritt bei der Workflowbearbeitung ein Fehler auf, ist nicht sofort ersichtlich, welcher Service diesen ausgelöst hat. Darüber hinaus ist das Wiederherstellen nach einem Serviceausfall in einem choreographierten System manchmal schwierig zu implementieren.

Wenn bei einem orchestrierten Ansatz ein Service ausfällt, weiß der Controller, welcher Service das ist und wo der Fehler im gesamten Prozess aufgetreten ist. Bei einem choreographierten Ansatz müssen Sie ein Serviceüberwachungssystem einrichten, das Serviceausfälle und Nichtverfügbarkeiten erkennen und darauf korrigierend reagieren kann. In dem in ▶ Abbildung 6.10 dargestellten Beispiel benötigen Sie eventuell einen Berichtsdienst, der die Authentifizierungsereignisse untersucht und dem Benutzer

Ausfälle meldet, falls Sie diesen Workflow mittels Servicechoreographie implementieren.

In seinem Buch *Building Microservices* empfiehlt Sam Newman,[1] die Servicechoreographie der Serviceorchestrierung vorzuziehen. Er argumentiert, dass die Servicechoreographie zu einem loser gekoppelten System führt, das folglich leichter zu verändern ist als ein orchestriertes System.

Ich schließe mich dieser Empfehlung nicht an, nicht zuletzt wegen der von mir erwähnten Probleme beim Debugging und beim Fehlermanagement. Die Servicekoordination mittels Orchestrierung ist einfacher zu implementieren als die Servicechoreographie. Ich rate Ihnen, mit dem einfachsten Ansatz (Orchestrierung) zu beginnen. Sie sollten Ihre Software nur dann auf Servicechoreographie umschreiben, wenn Sie feststellen, dass die Inflexibilität orchestrierter Services Ihre Software verlangsamt, oder wenn Sie Probleme haben, Softwareänderungen vorzunehmen.

6.2.5 Fehlermanagement

Allen Großsystemen ist inhärent, dass sie mit Fehlern behaftet sind und dass Dinge schieflaufen. Selbst wenn Fehler der einen oder anderen Art eine sehr geringe Wahrscheinlichkeit haben, steigt bei Tausenden von Service-Instanzen in einem cloudbasierten System die Gefahr, dass es zu Ausfällen kommt. Daher muss bereits beim Entwurf der Services die Fehlerbehandlung berücksichtigt werden.

Drei Arten von Fehlern, mit denen Sie in einem Microservicesystem zu tun haben, sind in ▶ Tabelle 6.3 dargestellt.

Fehlerart	Erläuterung
Interner Servicefehler	Dies sind Zustände, die vom Service erkannt werden und dem Servicenehmer in einer Fehlermeldung gemeldet werden können. Ein Beispiel für diese Art von Fehler ist ein Service, der eine URL als Eingabe übernimmt und feststellt, dass es sich um einen ungültigen Link handelt.
Externer Servicefehler	Bei diesen Fehlern ist es eine externe Ursache, die die Verfügbarkeit eines Services beeinträchtigt. Ein Fehler kann dazu führen, dass der Service nicht mehr reagiert und Maßnahmen ergriffen werden müssen, um den Service neu zu starten.
Serviceleistungsausfall	Die Leistung des Services verschlechtert sich auf ein inakzeptables Maß. Dies kann auf eine hohe Last oder ein internes Problem des Services zurückzuführen sein. Eine externe Überwachung des Services kann helfen, Performanzfehler und nicht reagierende Services zu erkennen.

Tabelle 6.3: Fehlerarten in Microservicesystemen

Der einfachste Weg, Microservicefehler zu melden, ist die Verwendung von HTTP-Statuscodes, die anzeigen, ob eine Anfrage erfolgreich war oder nicht. Serviceantworten sollten einen Status enthalten, der den Erfolg oder Misserfolg der Serviceanfrage widerspiegelt. Statuscode 200 bedeutet, dass die Anfrage erfolgreich war, und die Codes 300 bis 500 geben an, welche Art Servicefehler vorliegt. Anfragen, die von einem Service erfolgreich bearbeitet wurden, sollten immer den Statuscode 200 zurückgeben.

1 Sam Newman, *Building Microservices*. O'Reilly Media, Sebastopol, 2015.

Stellen Sie sich eine Situation vor, in der ein Service von einem aufrufenden Service eine URL erhält, die aber aus irgendeinem Grund nicht erreichbar ist. Eine HTTP-GET-Anfrage an die nicht erreichbare URL liefert den Statuscode 404. Der aufgerufene Service muss dann den Servicenehmer darüber informieren, dass der Vorgang nicht erfolgreich abgeschlossen wurde. Anschließend wird der Code 404 an den aufrufenden Service zurückgegeben, um anzuzeigen, dass die Serviceanfrage aufgrund einer nicht erreichbaren Ressource fehlgeschlagen ist.

Systemarchitekten müssen sicherstellen, dass es einen Standard gibt, der definiert, was die HTTP-Statuscodes tatsächlich bedeuten, sodass alle Services bei gleicher Art von Fehler den gleichen Statuscode zurückgeben. HTTP-Statuscodes wurden für die Webinteraktion konzipiert, Ihre Services aber werden andere Arten von Fehlern aufweisen, die mithilfe von Statuscodes gemeldet werden sollten.

Wenn ein Service beispielsweise eine Eingabestruktur akzeptiert, die die Form einer Bestellung hat, und diese Bestellung in irgendeiner Weise fehlerhaft ist, können Sie den Statuscode 422 verwenden, der per Definition für „unprocessable entity" (nicht verarbeitbare Einheit) steht. Wenn alle Ihre Services verstehen, dass dieser Code bedeutet, dass ein Service eine fehlerhafte Eingabe erhalten hat, dann können sie kooperieren, um dem Client hilfreiche Fehlerinformationen zu liefern.

Eine Möglichkeit herauszufinden, ob ein von Ihnen angeforderter Service nicht verfügbar oder in der Ausführung langsam ist, besteht darin, ein Time-out auf die Anfrage zu setzen. Ein Time-out ist ein Zähler, der den Serviceanfragen zugeordnet ist und mit der Zählung beginnt, wenn die Anfrage erfolgt. Sobald der Zähler einen vordefinierten Wert, z.B. 10 Sekunden, erreicht hat, geht der aufrufende Service davon aus, dass die Serviceanfrage fehlgeschlagen ist, und reagiert entsprechend.

Martin Fowler[2] erklärt, dass das Problem mit dem Time-out-Ansatz darin besteht, dass jeder Serviceaufruf eines „fehlgeschlagenen Services" um den Time-out-Wert verzögert wird, was das gesamte System verlangsamt. Anstatt Time-outs explizit zu verwenden, wenn ein Serviceaufruf erfolgt, schlägt er vor, einen Schutzschalter (*circuit breaker*) einzubauen. Wie ein elektrischer Schutzschalter verhindert dieser direkt den Zugriff auf einen fehlgeschlagenen Service, ohne dass es zu den Verzögerungen kommt, die mit Time-outs verbunden sind.

▶ Abbildung 6.12 veranschaulicht die Funktion eines solchen Schutzschalters. In diesem Beispiel stellt Service S1 eine Anfrage an Service S2. Anstatt einen Service direkt aufzurufen, wird der Serviceaufruf über einen Schutzschalter geleitet.

Der Schutzschalter beinhaltet einen Time-out-Mechanismus, der startet, wenn Service S1 eine Anfrage an Service S2 sendet. Wenn Service S2 schnell reagiert, wird die Antwort an den aufrufenden Service zurückgegeben. Wenn jedoch Service S2 nach mehreren Wiederholungsversuchen nicht reagiert, geht der Schutzschalter davon aus, dass Service S2 ausgefallen ist, und wird geöffnet. Das bedeutet, dass bei einem späteren Aufruf des Services, der das Zeitlimit überschritten hat, der Schutzschalter sofort mit einem Fehlerstatuscode antwortet. Der anfragende Service muss nicht auf das Time-out des angeforderten Services warten, bevor er ein Problem erkennt.

2 *https://martinfowler.com/bliki/CircuitBreaker.html.*

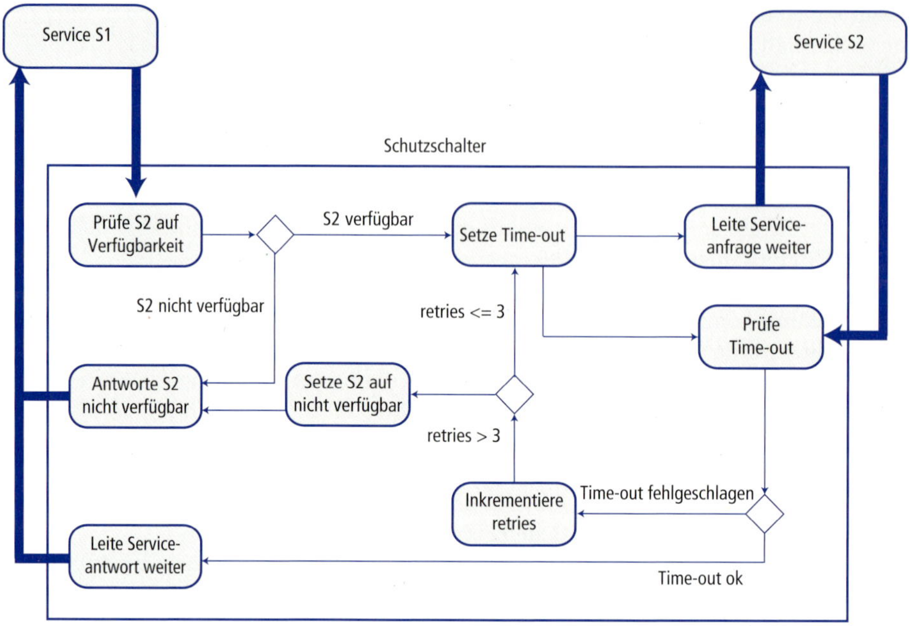

Abbildung 6.12: Verwendung eines Schutzschalters zur Behandlung von Servicefehlern

Wenn Sie einen Schutzschalter verwenden, können Sie Code darin aufnehmen, der prüft, ob der fehlgeschlagene Service wiederhergestellt wurde. Der Schutzschalter sendet regelmäßig eine Anfrage an den fehlerhaften Service. Wenn der aufgerufene Service schnell reagiert, schließt der Schutzschalter den Kreis wieder, sodass zukünftige externe Serviceaufrufe an den jetzt wieder verfügbaren Service weitergeleitet werden. Um das Diagramm einfach zu halten, wurde dieser Fall jedoch nicht in ▶ Abbildung 6.12 berücksichtigt.

Ein Schutzschalter ist ein Beispiel für ein Serviceüberwachungssystem. In einem Microservicesystem für Softwareprodukte ist es wichtig, die Leistung der Services genau zu überwachen. Neben der allgemeinen Serviceantwortzeit können Sie die Antwortzeit jeder einzelnen Serviceoperation überwachen. Dies hilft Ihnen, mögliche Engpässe im System zu identifizieren. Sie sollten auch die von den Services festgestellten Fehler überwachen, da dies Hinweise darauf geben kann, wie sich der Service verbessern lässt. In der Regel erstellen Servicemonitore detaillierte Protokolle, die dann mithilfe eines „Monitoring Dashboards" analysiert und den Systemmanagern präsentiert werden.

6.3 REST-konforme Services

Microservices können synchron oder asynchron kommunizieren, wobei sie verschiedene Protokolle für die Nachrichtenorganisation und -kommunikation verwenden. Aus Platzgründen kann hier nicht näher auf alle möglichen Protokolle eingegangen werden, sodass ich mich auf einen der am häufigsten verwendeten Ansätze für die Serviceinteraktion konzentriere – nämlich das REST-konforme „Protokoll".

Streng genommen gibt es so etwas wie REST-konforme Protokolle nicht, da dieser Ansatz nicht standardisiert wurde. Vielmehr handelt es sich um eine Reihe von Konventionen für die Servicekommunikation, die auf dem HTTP-Internetprotokoll und der hierarchischen Darstellung von Ressourcen basieren. REST-konforme Services folgen dem REST-Architekturstil (*REpresentational State Transfer*) und kommunizieren über das HTTP-Protokoll.

Der REST-Architekturstil basiert auf der Idee, Darstellungen von digitalen Ressourcen von einem Server auf einen Client zu übertragen. Dies ist der grundlegende Ansatz im Web, wo die Ressource eine Seite ist, die im Browser des Benutzers angezeigt werden soll. Vom Server wird eine HTML-Darstellung als Reaktion auf eine HTTP-GET-Anfrage erzeugt und an den Client übertragen, um von einem Browser oder einer speziellen App angezeigt zu werden.

Die gleiche Ressource kann auf unterschiedliche Weise dargestellt werden. Wenn Sie beispielsweise dieses Buch als Ressource betrachten, so gibt es mindestens vier elektronische Darstellungen:

1. Eine Darstellung in einem Format, das als Markdown bekannt ist. Dieses Textformat wird vom Ulysses-Editor verwendet, mit dem ich das Buch geschrieben habe.
2. Eine Darstellung in Microsoft Word. In diesem Format habe ich das Buch zum Lektorieren und Setzen an den Verlag geschickt.
3. Eine Darstellung in Adobe InDesign, der Satzdarstellung für den Buchdruck.
4. Eine PDF-Darstellung, in der einige elektronische Versionen des Buches bereitgestellt werden.

Prinzip	Erläuterung
Verwenden Sie HTTP-Methoden	Für den Zugriff auf die vom Service zur Verfügung gestellten Operationen müssen die im HTTP-Protokoll definierten Basismethoden (GET, PUT, POST, DELETE) verwendet werden.
Zustandslose Services	Services dürfen niemals den internen Zustand speichern. Wie ich bereits erläutert habe, sind Microservices zustandslos, gehorchen also diesem Prinzip.
URI-adressierbar	Alle Ressourcen müssen eine URI mit hierarchischer Struktur haben, die für den Zugriff auf Subressourcen verwendet wird.
Verwenden Sie XML oder JSON	Ressourcen sollten möglichst in JSON oder XML oder beidem beschrieben werden. Wo es passt, können andere Darstellungen, wie z.B. Audio- und Videodarstellungen, verwendet werden.

Tabelle 6.4: Prinzipien von REST-konformen Services

Der Server, der die Ressource verwaltet, ist für die Bereitstellung dieser Ressource in dem vom Client angeforderten Format verantwortlich. Für REST-konforme Microservices ist JSON das am häufigsten verwendete Format für digitale Ressourcen. Alternativ kann auch XML verwendet werden. XML ist, wie HTML, eine Auszeichnungssprache, bei der jedes Element öffnende und schließende Tags hat. Dabei handelt es sich um strukturierte Notationen auf der Basis von Klartext, die zur Darstellung strukturierter Daten wie z.B. Datenbankeinträge verwendet werden können. Beispiele für jede dieser Darstellungen finden Sie weiter hinten in diesem Abschnitt, in ▶ Tabelle 6.7.

Der REST-Architekturstil geht von einer Interaktion zwischen Client und Server aus und wird durch eine Reihe von REST-konformen Prinzipien definiert (▶ Tabelle 6.4).

Auf Ressourcen wird über ihre eindeutige URI[3] zugegriffen und REST-konforme Services arbeiten auf diesen Ressourcen. Sie können sich eine Ressource als eine beliebige Datenmenge vorstellen, z.B. Kreditkartendaten, die Krankenakte einer Person, eine Zeitschrift oder Zeitung, einen Bibliothekskatalog und so weiter. Daher kann die folgende URI verwendet werden, um das hier vorliegende Buch in einem Verlagskatalog zu referenzieren:

http://bookpublisher.com/catalog/computer-science/software-engineering/Sommerville/Engineering-Software-Products

Es gibt vier grundlegende Operationen, die sich auf Ressourcen ausführen lassen. ▶ Tabelle 6.5 listet diese Operationen auf und erklärt, wie sie auf die Standard-HTTP-Methoden abgebildet werden.

Aktion	Implementierung
Create	Implementiert mit POST aus HTTP, erstellt die Ressource mit der angegebenen URI. Wenn die Ressource bereits angelegt wurde, wird ein Fehler zurückgegeben.
Read	Implementiert mit GET aus HTTP, liest die Ressource und gibt ihren Wert zurück. GET-Operationen sollten niemals eine Ressource aktualisieren, sodass aufeinanderfolgende GET-Operationen ohne dazwischenliegende PUT-Operationen immer den gleichen Wert liefern.
Update	Implementiert mit PUT aus HTTP, modifiziert eine bestehende Ressource. PUT sollte nicht für die Erzeugung einer Ressource verwendet werden.
Delete	Implementiert mit DELETE aus HTTP, sorgt dafür, dass über die angegebene URI nicht auf die Ressource zugegriffen werden kann. Die Ressource kann physisch gelöscht sein oder nicht.

Tabelle 6.5: Operationen von REST-konformen Services

Um zu veranschaulichen, wie dies funktioniert, stellen Sie sich ein System vor, das Informationen über Verkehrsereignisse wie Verzögerungszeiten, Baustellen und Unfälle auf den Nationalstraßen speichert. Auf dieses System kann über einen Browser unter Angabe folgender URL zugegriffen werden:

https://trafficinfo.net/incidents/

Benutzer können das System abfragen, um sich über die Verkehrsbedingungen auf den von ihnen geplanten Strecken zu informieren.

Bei einem REST-konformen Webservice müssen Sie die Ressourcenstruktur so aufbauen, dass die Ereignisse hierarchisch organisiert sind. So können beispielsweise Ereignisse nach der Straßenkennung (z.B. A90), dem Standort (z.B. Stonehaven), der

3 Eine URI (*Uniform Resource Identifier*) ist ein Mittel, Ressourcen zu identifizieren. Der Einfachheit halber können Sie die URI mit einer URL gleichsetzen. Es gibt feine Unterschiede, die unter *https://danielmiessler.com/study/url-uri/#gs.uK=UmgM* erläutert werden.

Fahrtrichtung (z.B. Nord) und einer Ereignisnummer (z.B. 1) erfasst werden. Daher kann auf jedes Ereignis über seine URI zugegriffen werden:

https://trafficinfo.net/incidents/A90/stonehaven/north/1

Der Zugriff auf diese URI liefert eine Zusammenfassung des Ereignisses, einschließlich der Zeitangabe, des Schweregrads (z.B. geringfügig, signifikant oder ernst) und einer kurzen Beschreibung (▶ Tabelle 6.6).

Ereignis-ID: A90N17061714391 Datum: 17. Juni 2017 Zeitangabe: 1439 Schweregrad: Signifikant Beschreibung: Liegengebliebener Bus auf der Schnellstraße Richtung Norden. Eine Spur gesperrt. Es ist mit einer Zeitverzögerung von 30 Minuten zu rechnen.

Tabelle 6.6: Beschreibung eines Verkehrsereignisses

Vier Operationen werden von diesem Informationsdienst unterstützt:

1. *Retrieve* liefert Informationen über ein oder mehrere gemeldete Ereignisse, auf die über GET zugegriffen wird.
2. *Add* fügt Informationen über ein neues Ereignis ein; der Zugriff erfolgt über POST.
3. *Update* aktualisiert die Informationen über ein gemeldetes Ereignis; der Zugriff erfolgt über PUT.
4. *Delete* löscht ein Ereignis. DELETE wird verwendet, wenn ein Ereignis entfernt wurde.

REST-konforme Microservices akzeptieren HTTP-Anfragen, die auf dem REST-konformen Stil basieren, verarbeiten diese Anfragen und erzeugen dazugehörige HTTP-Antworten (▶ Abbildung 6.13).

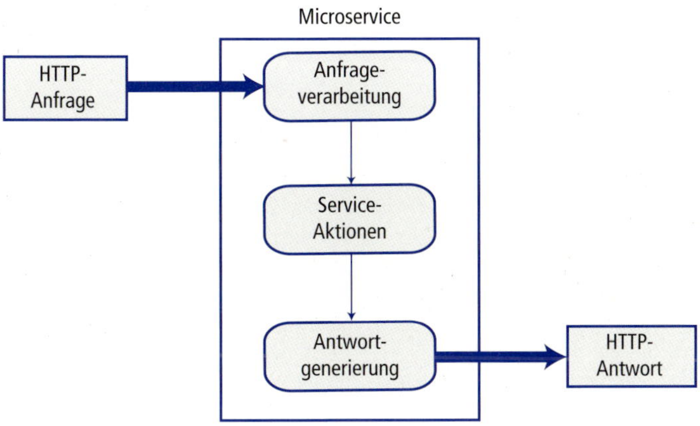

Abbildung 6.13: Verarbeitung von HTTP-Anfragen und -Antworten

▶ Abbildung 6.14 zeigt, wie Anfragen an einen REST-konformen Service und die Antworten von diesem Service als HTTP-Nachrichten strukturiert und organisiert sind.

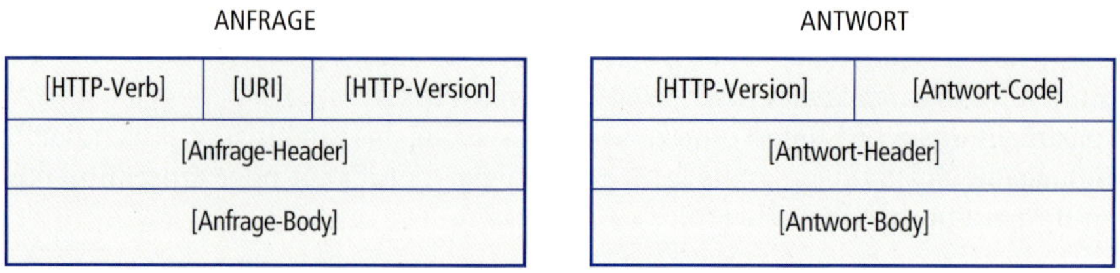

Abbildung 6.14: Organisation von HTTP-Anfrage- und -Antwortnachrichten

Die Anfrage- und Antwort-Header von Nachrichten enthalten Metadaten über den Nachrichtentext sowie Informationen über den Server, die Länge der Nachricht usw. Die meisten dieser Details sind unwichtig und einige Elemente werden normalerweise automatisch von Ihrer Webentwicklungsumgebung erstellt. Für Microservices sind die kritischen Elemente folgende:

1 *Accept* spezifiziert die Inhaltstypen, die vom anfragenden Service verarbeitet werden können und daher in der Serviceantwort zulässig sind. Häufig verwendete Typen sind text/plain und text/json. Diese legen fest, dass die Antwort entweder als Klartext oder im JSON-Format vorliegen kann.

2 *Content-Type* gibt den Inhaltstyp des Anfrage- oder des Response-Body an. Text/json gibt beispielsweise an, dass der Antwort-Body strukturierten JSON-Text enthält.

3 *Content-Length* gibt die Länge des Textes im Antwort-Body an. Wenn dieser Wert gleich null ist, bedeutet dies, dass es keinen Text im Anfrage-/Antwort-Body gibt.

Der Body der Anfrage oder Antwort beinhaltet die Serviceparameter und wird in der Regel in JSON oder XML dargestellt. ▶ Tabelle 6.7 zeigt, wie ein Nachrichten-Body in XML und JSON aufgebaut sein kann.

XML	JSON

<id>
A90N17061714391
</id>
<datum>
20170617
</datum>
<zeit> 1437
</zeit>
. . .
<beschreibung>
Liegengebliebener Bus auf der Schnellstraße Richtung Norden. Eine Spur gesperrt. Es ist mit einer Zeitverzögerung von 30 Minuten zu rechnen.
</beschreibung>
	{
	id: "A90N17061714391",
	"datum": "20170617",
	"zeit": "1437",
	"straßen_id": "A90",
	"ort": "Stonehaven",
	"richtung": "Norden",
	"schwere": "signifikant",
	"beschreibung": "Liegengebliebener Bus auf der Schnellstraße Richtung Norden. Eine Spur gesperrt. Es ist mit einer Zeitverzögerung von 30 Minuten zu rechnen."
	}

Tabelle 6.7: Beschreibung von Verkehrsereignissen in XML und JSON

XML ist eine flexible Notation, aber es fällt ein erheblicher Overhead beim Parsen und Erstellen von XML-Nachrichten an. Wie in ▶ Kapitel 4 erläutert, ist JSON eine einfacher strukturierte Notation, die weiter verbreitet ist als XML, weil sie leichter zu lesen und zu verarbeiten ist. ▶ Abbildung 6.15 zeigt die Struktur einer GET-Anfrage nach Informationen über Ereignisse in Stonehaven und die vom Server als Reaktion auf diese Anfrage erzeugte Nachricht. Wenn es keine Ereignisse gibt, liefert der Service den Statuscode 204 zurück, der anzeigt, dass die Anfrage erfolgreich bearbeitet wurde, aber kein Inhalt vorhanden ist.

ANFRAGE

```
GET | incidents/A90/stonehaven/ | HTTP/1.1

Host: trafficinfo.net
...
Accept: text/json, text/xml, text/plain
Content-Length: 0
```

ANTWORT

```
HTTP/1.1 | 200

...
Content-Length: 461
Content-Type: text/json

{
  "nummer": "     A90N17061714391        ",
  "datum": "20170617",
  "zeit": "1437",
  "str_id": "A90",
  "ort": "Stonehaven",
  "richtung": "Norden",
  "schwere": "signifikant",
  "beschreibung": "Liegengebliebener Bus auf der
Schnellstraße Richtung Norden. Eine Spur gesperrt.
Es ist mit einer Zeitverzögerung von 30 Minuten zu
rechnen."
}
{
  "nummer": "A90S17061713001",
  "datum": "20170617",
  "zeit": "1300",
  "str_id": "A90",
  "ort": "Stonehaven",
  "richtung": "Süden",
  "schwere": "minor",
  "beschreibung": "Mäharbeiten am Straßenbankett.
Geringe Verzögerungen."
}
```

Abbildung 6.15: Eine GET-Anfrage und die dazugehörige Antwort

Das Diagramm ist weitgehend selbsterklärend, aber das sind die Kernpunkte:

1 Die GET-Anfrage hat keinen Nachrichtentext und entsprechend eine Content-Length von null. GET-Anfragen benötigen nur dann einen Nachrichtentext, wenn Sie angeben müssen, dass ein Selektor auf die zurückzugebenden Informationen angewendet werden soll.

2 Die in der GET-Anfrage angegebene URI enthält keinen Hostservernamen. Dieser Name wird separat angegeben. Es ist zwingend erforderlich, einen Hostnamen im Anfrage-Header anzugeben.

3 Die Antwort beinhaltet den Antwortcode 200, was bedeutet, dass die Anfrage erfolgreich bearbeitet wurde.

Da das von den meisten REST-konformen Services verwendete HTML-Übertragungsprotokoll ein Anfrage-/Antwortprotokoll ist, sind REST-konforme Services normalerweise synchrone Services.

6.4 Servicebereitstellung

Nachdem ein System entwickelt und ausgeliefert wurde, muss es auf Servern bereitgestellt, auf Probleme überwacht und jedes Mal aktualisiert werden, wenn neue Versionen verfügbar sind. Traditionell wurde das Management von operationellen Systemen getrennt von deren Entwicklung betrachtet. Systemadministratoren hatten also andere Fähigkeiten als Systementwickler.

Wenn ein System aus Dutzenden oder sogar Hunderten von Microservices besteht, ist die Bereitstellung des Systems komplexer als bei monolithischen Systemen. Die Serviceentwicklerteams entscheiden, welche Programmiersprache, Datenbank, Bibliotheken und andere unterstützende Software zur Implementierung ihres Service verwendet werden sollen. Folglich gibt es keine „standardmäßige" Bereitstellungskonfiguration für alle Services. Darüber hinaus können sich Services sehr schnell ändern und es besteht die Gefahr eines „Bereitstellungsengpasses", wenn ein separates Systemadministrationsteam vor dem Problem steht, mehrere Services gleichzeitig zu aktualisieren.

Wenn also eine Microservice-Architektur verwendet wird, ist das Entwicklerteam inzwischen nicht nur für die Softwareentwicklung, sondern auch für die Bereitstellung und das Servicemanagement verantwortlich. Dieser Ansatz wird als DevOps bezeichnet – eine Kombination aus „Development" und „Operation". Allgemeine Probleme von DevOps und die Vorteile dieses Ansatzes sind Thema von ▶ Kapitel 10.

Ein allgemeines Prinzip der microservicebasierten Entwicklung ist, dass das Entwicklerteam die volle Verantwortung für den von ihm entwickelten Service trägt, einschließlich der Verantwortung für die Entscheidung, wann neue Versionen dieses Services bereitgestellt werden. Inzwischen ist es gute Praxis, eine kontinuierliche Bereitstellung anzubieten. Kontinuierliche Bereitstellung bedeutet, dass, sobald eine Änderung an einem Service vorgenommen und validiert wurde, der geänderte Service neu bereitgestellt wird.

Diese Vorgehensweise steht im Gegensatz zu dem Ansatz, wie er bei Softwareprodukten verfolgt wird, die auf Privatrechnern installiert sind. Hierbei wird die Software in mehreren Releases bereitgestellt, d.h., neue Versionen der Software werden regelmäßig, in der Regel drei- bis viermal jährlich veröffentlicht. Jedes neue Release besteht aus einem Bündel von Änderungen am System, mit denen neue Funktionen eingeführt und unkritische Fehler behoben werden. Kritische Bugfixes werden zwischendurch als Patches zum Download angeboten.

Kontinuierliche Bereitstellung basiert auf Automatisierung, d.h., nach jeder Änderung wird eine Reihe von automatisierten Aktivitäten getriggert, um die Software zu testen. Wenn die Software diese Tests „besteht", tritt sie in eine andere Automatisierungspipeline ein, wo sie paketiert und bereitgestellt wird. ▶ Abbildung 6.16 ist eine vereinfachte Darstellung des kontinuierlichen Bereitstellungsprozesses.

Die Bereitstellung einer neuen Serviceversion beginnt damit, dass der Programmierer die Codeänderungen an ein Codemanagementsystem bzw. Versionsverwaltungssystem wie Git übermittelt (▶ Kapitel 10). Dadurch werden automatisch mehrere automatisierte Tests auf dem geänderten Service gestartet. Wenn alle Servicetests erfolgreich verlaufen sind, wird eine neue Version des Systems erstellt, die den geänderten Service enthält. Anschließend werden andere automatisierte Systemtests durchgeführt. Erst wenn auch diese erfolgreich ausgeführt werden, kann der Service bereitgestellt werden.

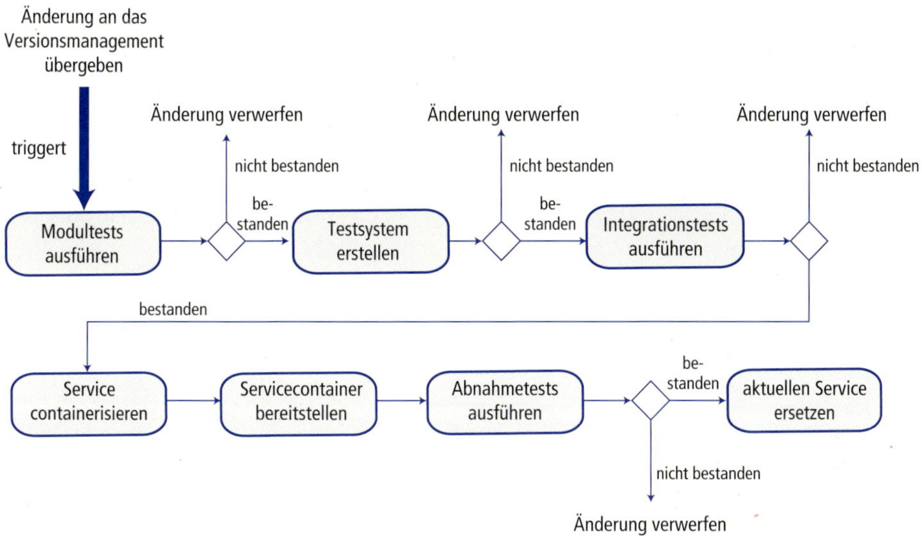

Abbildung 6.16: Pipeline der kontinuierlichen Bereitstellung

Bereitstellung bedeutet, dass der neue Service als Container paketiert und dann auf einem Server installiert wird. Anschließend werden automatisierte Tests auf dem „Gesamtsystem" durchgeführt. Wenn diese Systemtests erfolgreich verlaufen, wird die neue Version des Services in Betrieb genommen.

Container (▶ Kapitel 5) sind normalerweise die beste Lösung, um einen Cloud-Service für die Bereitstellung zu paketieren. Zur Erinnerung: Ein Container ist eine virtualisierte Umgebung, die alle Softwarekomponenten enthält, die ein Service benötigt. Ein Container ist eine Bereitstellungseinheit, die auf verschiedenen Servern ausgeführt werden kann, sodass die Serviceentwickler sich nicht mehr um die Serverkonfiguration kümmern müssen. Da es möglich ist, Serviceabhängigkeiten vorzudefinieren und einen Servicecontainer zu erstellen, besteht das Bereitstellen eines Microservices einfach darin, den ausführbaren Code in den Container zu laden und diesen Container dann auf einem oder mehreren Servern bereitzustellen.

Ein großes System von Microservices kann bedeuten, dass Dutzende oder gar Hunderte von Containern verwaltet werden müssen, die in der Cloud bereitgestellt werden. Da die Bereitstellung und Verwaltung einer großen Anzahl von kommunizierenden Containern sehr problematisch ist, werden diese Aufgaben von Containermanagementsystemen wie Kubernetes automatisiert. Kubernetes bietet unter anderem Docker-Containerplanung auf Serverclustern, Serviceerkennung, Lastverteilung und Serverressourcenmanagement. Das Thema Containermanagement würde den Rahmen dieses Buches sprengen, weshalb ich hier nicht näher darauf eingehe. Sie finden jedoch am Ende dieses Kapitels im Abschnitt „Ergänzende Literatur" einen Link zu Informationen über Kubernetes.

Dabei stellen die unerwarteten Probleme, die durch die Interaktionen zwischen der neuen Serviceversion und den bestehenden Services verursacht werden, ein allgemeines Risiko bei der Bereitstellung neuer Softwaredienste dar. Tests können dieses Risiko nie ganz ausschließen. Daher müssen Sie in einer Microservice-Architektur die bereitgestellten Services überwachen, um Probleme zu erkennen. Wenn ein Service nicht funktioniert, sollten Sie auf eine ältere Version des Services zurückgreifen.

Wenn Sie, wie in ▶ Abbildung 6.5 dargestellt, ein API-Gateway verwenden, können Sie z.B. über einen Link, der auf die aktuelle Version zeigt („Aktuelle-Version-Link“), auf die Services zugreifen. Wenn Sie eine neue Serviceversion einführen, behalten Sie die alte Version, ändern aber diesen Link, sodass er auf den neuen Service zeigt. Wenn das Überwachungssystem Probleme erkennt, richtet es den Link wieder auf den älteren Service. Dies ist in ▶ Abbildung 6.17 illustriert.

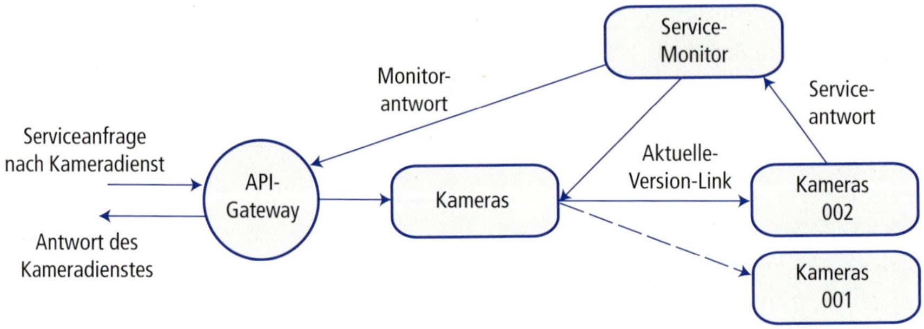

Abbildung 6.17: Versionierte Services

In ▶ Abbildung 6.17 wird eine Serviceanfrage für einen Kameradienst, wie er in einem Informationssystem für Verkehrsereignisse enthalten sein könnte, an die Version 002 dieses Dienstes weitergeleitet. Die Antwort wird über den Servicemonitor zurückgegeben. Wenn der Monitor ein Problem mit Version 002 erkennt, schaltet er den „Aktuelle-Version-Link“ zurück zu Version 001 des Kameradienstes.

Viele Serviceänderungen sind für andere Services transparent. Da diese Änderungen die API des Services nicht ändern, sollten abhängige Services davon nicht betroffen sein. Allerdings ist eine Änderung der Service-APIs manchmal unumgänglich. Dann müssen Services, die den geänderten Service verwenden, angepasst werden, aber auch so ausgelegt sein, dass sie über die ältere API auf den Service zugreifen können, bis diese Änderungen vorgenommen wurden.

Hierzu müssen Sie nur sicherstellen, dass die Kennung eines jeden Services auch seine Versionsnummer enthält. Wenn Sie beispielsweise REST-konforme Services verwenden, können Sie diese Versionsnummer als Teil der URI der Ressource angeben:

https://trafficinfo.net/incidents/cameras/001/A90/stonehaven/north/1

In diesem Beispiel lautet die Versionsnummer 001. Wenn Sie eine neue Version des Services einführen, aktualisieren Sie die Versionsnummer. Es ist sinnvoll, eine Konvention für die Nummerierung zu verwenden, damit Sie erkennen können, ob eine neue Version mit einer API-Änderung verbunden war. Beispielsweise können Sie API-Änderungen anzeigen, indem Sie die erste Ziffer der Versionsnummer so ändern, dass aus Version 001 Version 101 wird:

https://trafficinfo.net/incidents/cameras/101/A90/stonehaven/north/1

Benutzerservices können über die API-Änderung informiert werden und rechtzeitig geändert werden, um die neue Serviceversion mit der aktualisierten API zu verwenden.

Zusammenfassung

- Ein Microservice ist eine unabhängige und in sich geschlossene Softwarekomponente, die in einem eigenen Prozess läuft und über leichtgewichtige Protokolle mit anderen Microservices kommuniziert.
- Die Microservices in einem System können mit verschiedenen Programmiersprachen und Datenbanktechnologien implementiert werden.
- Microservices haben eine eindeutige Verantwortlichkeit und sollten so konzipiert sein, dass sie leicht geändert werden können, ohne andere Microservices im System ändern zu müssen.
- Die Microservice-Architektur ist ein Architekturstil, bei dem das System aus kommunizierenden Microservices besteht. Er eignet sich gut für cloudbasierte Systeme, bei denen jeder Microservice in einem eigenen Container ausgeführt werden kann.
- Die beiden wichtigsten Aufgaben eines Architekten von Microservicesystemen bestehen darin zu entscheiden, wie das System in Microservices zerlegt werden soll und wie Microservices kommunizieren bzw. wie sie koordiniert werden sollen.
- Kommunikations- und Koordinationsentscheidungen umfassen Microservice-Kommunikationsprotokolle, gemeinsame Datennutzung, Fehlermanagement sowie Entscheidungen darüber, ob Services zentral koordiniert werden sollen.
- Der REST-konforme Architekturstil wird häufig in microservicebasierten Systemen eingesetzt. Die Services sind so konzipiert, dass sich die HTTP-Methoden – GET, POST, PUT und DELETE – auf die Serviceoperationen abbilden lassen.
- Der REST-konforme-Stil basiert auf digitalen Ressourcen, die in einer Microservice-Architektur mit XML oder, häufiger, mit JSON dargestellt werden können.
- Die kontinuierliche Bereitstellung ist ein Prozess, bei dem neue Versionen eines Services eingesetzt werden, sobald eine Serviceänderung vorgenommen wurde. Es handelt sich um einen vollständig automatisierten Prozess, der auf automatischen Tests basiert, um zu überprüfen, ob die neue Version einsatzfähig ist.
- Wenn Sie sich für eine kontinuierliche Bereitstellung entscheiden, müssen Sie möglicherweise mehrere Versionen der bereitgestellten Services vorhalten, damit Sie auf eine ältere Version wechseln können, wenn Probleme in einem neu bereitgestellten Service entdeckt werden.

Ergänzende Literatur

Building Microservices: Dieses Buch gibt einen ausgezeichneten und lesenswerten Überblick über Microservices und die Probleme beim Erstellen von Microservice-Architekturen (S. Newman, O'Reilly, 2015).

„Microservices": Dies ist wahrscheinlich die lesenswerteste Einführung in Microservices, die ich bisher gefunden habe. Ich kann sie nur wärmstens empfehlen (J. Lewis und M. Fowler, 2014).
https://martinfowler.com/articles/microservices.html

„RESTful Web Services: A Tutorial": Es gibt viele Tutorials zu REST-konformen Webservices, die sich verständlicherweise alle sehr ähnlich sind. Dieses Tutorial ist eine umfassende und klare Einführung in den REST-konformen Ansatz der Webservice-Implementierung (M. Vaqqas, 2014).
http://www.drdobbs.com/web-development/restful-web-services-a-tutorial/240169069

„Is REST Best in a Microservices Architecture?": Dieser Artikel diskutiert, ob der REST-konforme Ansatz der beste für die Microservice-Architektur ist. Meiner Meinung nach wäre es in vielen Fällen besser, asynchrones Messaging über einen Nachrichtenbroker zu verwenden (C. Williams, 2015).
https://capgemini.github.io/architecture/is-rest-best-microservices/

„Kubernetes Primer": Hierbei handelt es sich um eine gute Einführung in das Containermanagementsystem Kubernetes (CoreOS, 2017).
https://coreos.com/resources/index.html#ufh-i-339012759-kubernetes-primer

„Continuous Delivery": Kontinuierliche Auslieferung wird oft als Synonym für kontinuierliche Bereitstellung verwendet. Dieser Blog umfasst eine Reihe von Artikeln hierzu, die sich ausführlich mit dem Thema dieses Kapitels befassen (J. Humble, 2015).
https://continuousdelivery.com/

Präsentationen, Videos und Links

https://iansommerville.com/engineering-software-products/static/presentations-videos-and-links/microservices-architecture

Übungen

Lösungshinweise

1. Welche Vorteile haben Services als grundlegende Komponente in einem verteilten Softwaresystem?

2. Entwickeln Sie basierend auf der Zerlegung der in ▶ Abbildung 6.1 dargestellten Features zur Authentifizierung eine entsprechende Zerlegung für die Zwei-Faktor-Authentifizierung und Passwortwiederherstellung.

3. Erklären Sie, warum Microservices eine lose Kopplung und starke Kohäsion aufweisen sollten.

4. Was sind die Hauptprobleme bei mehrschichtigen Softwarearchitekturen? Wie kann eine Microservice-Architektur bei diesen Problemen helfen?

5. Erklären Sie die Unterschiede zwischen synchronen und asynchronen Microservice-Interaktionen.

6. Erläutern Sie, warum jeder Microservice seine eigenen Daten speichern sollte. Erklären Sie, wie Daten in replizierten Services konsistent gehalten werden können.

7. Was ist ein Time-out und wie wird es im Servicefehler-Management verwendet? Erklären Sie, warum ein Schutzschalter ein effizienterer Mechanismus ist als ein Time-out, um externe Servicefehler zu beheben.

8. Erklären Sie, was mit einer „Ressource" gemeint ist. Wie adressieren REST-konforme Services Ressourcen und wie arbeiten sie damit?

9. Betrachten Sie den Upload-Service für zu druckende Fotos in ▶ Abbildung 6.5. Überlegen Sie, wie Sie dies implementieren können, und entwerfen Sie dann eine REST-konforme Schnittstelle für diesen Service, in der die Funktion jeder einzelnen HTTP-Methode erläutert wird. Identifizieren Sie für jede Operation den Input und den Output.

10. Warum sollten Sie sich in einer Microservice-Architektur für die kontinuierliche Bereitstellung entscheiden? Erläutern Sie kurz die einzelnen Schritte der kontinuierlichen Bereitstellungspipeline.

Sicherheit und Datenschutz

7

ÜBERBLICK

Für Produktentwickler und Anwender sollte Softwaresicherheit immer an erster Stelle stehen. Wenn Sie der Sicherheit keine Priorität einräumen, sind Sie und Ihre Kunden ein leichtes Ziel von böswilligen Angriffen, die unweigerlich mit Verlusten verbunden sind. Die Angriffe könnten darauf abzielen, Daten zu stehlen oder einen Computer zu kriminellen Zwecken zu kapern. Einige Angreifer versuchen, Geld von einem Benutzer zu erpressen, indem sie Daten verschlüsseln und eine Gebühr für den Entschlüsselungscode verlangen, oder indem sie mit einem Denial-of-Service-Angriff (DOS-Angriff) auf seinen Server drohen.

Im schlimmsten Fall können diese Angriffe den Produktanbieter in den Ruin treiben. Wenn beispielsweise Anbieter ein Produkt als Service anbieten, der dann nicht verfügbar ist, oder wenn Kundendaten kompromittiert werden, so kündigen die Kunden in der Regel ihr Abonnement auf. Selbst wenn sich die Anbieter von den Angriffen erholen, wird sie dies viel Zeit und Mühe kosten, die sie besser in die Arbeit an ihrer Software investiert hätten.

▶ Abbildung 7.1 zeigt die drei wichtigsten Bedrohungen, denen Computersysteme ausgesetzt sind. Einige Angriffe kombinieren unter Umständen diese Bedrohungen. Ein Lösegeldangriff durch sogenannte Ransomware stellt beispielsweise eine Bedrohung für die Integrität eines Systems dar, da er die Daten durch Verschlüsselung unbrauchbar macht. Dies verhindert einen normalen Service. Insofern ist ein solcher Angriff auch eine Bedrohung für die Verfügbarkeit eines Systems.

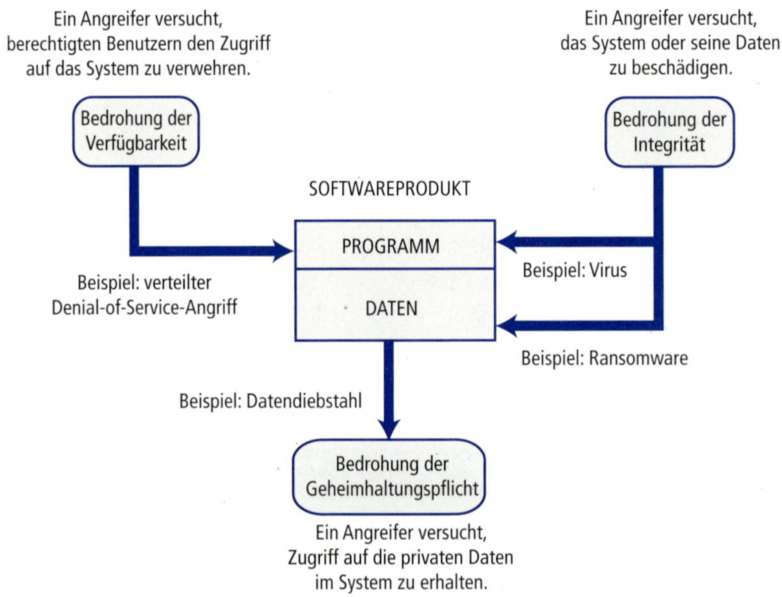

Abbildung 7.1: Sicherheitsrisiken

Sicherheit ist ein systemweites Problem. Anwendungssoftware hängt von einer Ausführungsplattform ab, die ein Betriebssystem, einen Webserver, ein sprachspezifisches Laufzeitsystem und eine Datenbank umfasst. Außerdem sind wir auf Frameworks und Codegenerierungstools angewiesen, um Software wiederzuverwenden, die andere entwickelt haben. ▶ Abbildung 7.2 zeigt schematisch einen Stapel der Infrastruktursysteme, die Ihr Softwareprodukt verwenden kann.

Abbildung 7.2: Systeminfrastrukturstapel

Angriffe können auf jeder Ebene in diesem Stack auftreten, von den Routern, die das Netzwerk kontrollieren, bis hin zu den wiederverwendbaren Komponenten und Bibliotheken, die von Ihrem Produkt genutzt werden. Angreifer konzentrieren sich jedoch in der Regel auf die Softwareinfrastruktur – Betriebssystem, Webbrowser, Messaging-Systeme und Datenbanken. Diese werden von allen genutzt und sind daher die effektivsten Ziele für externe Angriffe.

Die Sicherheit Ihrer Softwareinfrastruktur zu gewährleisten ist eher eine Frage des Systemmanagements als der Softwareentwicklung. Sie benötigen Managementverfahren und -richtlinien, um das Risiko eines erfolgreichen Angriffs zu minimieren, der letztendlich Ihr Anwendungssystem gefährden könnte (▶ Tabelle 7.1). Softwarekomponenten wie Browser und Betriebssysteme müssen aktualisiert werden, um sicherzustellen, dass Sicherheitsmängel beseitigt werden. Sie müssen korrekt konfiguriert werden, damit keine Schlupflöcher entstehen, über die sich Angreifer Zugriff verschaffen können.

Verfahren	Erläuterung
Authentifizierung und Autorisierung	Die von Ihnen verwendeten Authentifizierungs- und Autorisierungsstandards und -verfahren sollten sicherstellen, dass alle Benutzer über eine starke Authentifizierung verfügen und ihre Zugriffsberechtigungen ordnungsgemäß eingerichtet sind. Dies minimiert das Risiko, dass nicht autorisierte Benutzer auf die Systemressourcen zugreifen.
Systeminfrastrukturmanagement	Die Infrastruktursoftware sollte richtig konfiguriert sein und Updates zum Schließen von Sicherheitslücken sollten bei Verfügbarkeit möglichst sofort ausgeführt werden.

Tabelle 7.1: Sicherheitsmanagement

Verfahren	Erläuterung
Angriffsüberwachung	Das System sollte regelmäßig auf potenzielle unberechtigte Zugriffe überprüft werden. Werden Angriffe erkannt, dann können im Bedarfsfall Abwehrstrategien eingesetzt werden, die die Auswirkungen des Angriffs minimieren.
Sicherung	Backup-Richtlinien sollten implementiert werden, um sicherzustellen, dass Sie unversehrte Kopien von den Programm- und Datendateien aufbewahren. Diese können dann nach einem Angriff wiederhergestellt werden.

Tabelle 7.1: Sicherheitsmanagement *(Forts.)*

Die operationelle Sicherheit konzentriert sich darauf, den Anwendern dabei zu helfen, die Sicherheit aufrechtzuerhalten. Angriffe auf Benutzer kommen sehr häufig vor. Im Allgemeinen wollen die Angreifer die Benutzer dazu bringen, ihre Anmeldeinformationen preiszugeben oder auf eine bestimmte Website zuzugreifen, die Malware wie Key-Logging-Systeme enthält. Um die operationelle Sicherheit aufrechtzuerhalten, benötigen Sie Verfahren und Praktiken, die Benutzer über die sichere Verwendung Ihres Systems informieren und sie regelmäßig an diese Verfahren erinnern.

Wenn Sie Ihr Produkt als cloudbasierten Dienst anbieten, sollten Sie Features vorsehen, die die Benutzer bei der Wahrung der operationellen Sicherheit und bei der Bewältigung eventuell auftretender Sicherheitsprobleme unterstützen. Zum Beispiel:

1. Die automatische Abmeldung löst das Problem, dass Benutzer häufig vergessen, sich von einem Computer an einem gemeinsam genutzten Arbeitsplatz abzumelden. Dieses Feature reduziert das Risiko, dass eine unbefugte Person Zugriff auf das System erhält.

2. Die Protokollierung von Benutzerbefehlen ermöglicht es, die Aktionen von Benutzern nachzuvollziehen, die absichtlich oder versehentlich einige Systemressourcen beschädigt haben. Dieses Feature hilft, Probleme zu diagnostizieren und sie zu beheben, und schreckt außerdem böswillige berechtigte Benutzer ab, da sie wissen, dass ihr Verhalten aufgezeichnet wird.

3. Die Multi-Faktor-Authentifizierung reduziert das Risiko, dass ein Eindringling mit gestohlenen Anmeldedaten Zugang zum System erhält.

Sicherheit ist ein großes Thema und mein Ziel hier ist es, einige wichtige Aspekte zu beleuchten, die für Produktentwickler relevant sind. Dieses Kapitel gibt Ihnen ein grundlegendes Verständnis für die Probleme, geht aber nicht detailliert auf die Implementierung von Sicherheit ein.

7.1 Angriffe und Verteidigungsstrategien

Es gibt viele verschiedene Angriffe, die einem Softwaresystem Schaden zufügen können. Die Art des Angriffs hängt von der Art des Systems, der Art der Implementierung, den potenziellen Schwachstellen im System und der Umgebung ab, in der das System verwendet wird. Ich konzentriere mich hier auf einige der häufigsten Angriffe auf webbasierte Software.

Die Angriffe auf ein Computersystem können gegen den Systemanbieter oder gegen die Benutzer des Systems gerichtet sein. Verteilte DOS-Angriffe auf Server (▶ Abschnitt 7.1.4 „Denial-of-Service-Angriffe“) zielen darauf ab, den Zugang zu einem System zu sperren, sodass die Benutzer ausgesperrt werden und der Systemanbieter dadurch Einnahmen verliert. Angriffe mittels Ransomware deaktivieren in irgendeiner Weise einzelne Systeme und verlangen von den Benutzern ein Lösegeld für die Freischaltung ihrer Rechner. Bei Datendiebstahl-Angriffen haben es die Angreifer entweder auf persönliche Daten abgesehen, die sie dann zum Verkauf anbieten, oder auf Kreditkartennummern, die illegal verwendet werden können.

Eine grundlegende Voraussetzung für die meisten Angriffe ist, dass sich die Angreifer gegenüber Ihrem System authentifizieren können. Davor müssen sie sich jedoch normalerweise erst die Anmeldedaten eines berechtigten Benutzers beschaffen. Dies geschieht am häufigsten über den Einsatz von Social-Engineering-Techniken, bei denen Benutzer auf einen scheinbar echten Link in einer E-Mail klicken. Dies kann sie zu einer ähnlichen Website führen, auf der sie ihre Anmeldedaten eingeben und diese so dem Angreifer verfügbar machen. Alternativ kann der Link sie zu einer Website führen, die Malware wie einen Key-Logger installiert, der die Tastenanschläge des Benutzers aufzeichnet und an die Angreifer sendet.

7.1.1 Injection-Angriffe

Injection-Angriffe zeichnen sich dadurch aus, dass ein böswilliger Benutzer ein gültiges Eingabefeld verwendet, um Schadcode oder schadhafte Datenbankbefehle einzugeben. Diese Anweisungen werden dann ausgeführt und verursachen Schäden im System. So kann beispielsweise Code eingeschleust werden, der Systemdaten an die Angreifer weiterleitet. Häufig erfolgen die Angriffe über Pufferüberläufe oder mittels SQL-Injections.

Angriffe über Pufferüberläufe kommen vor allem bei Systemen vor, die in C oder C++ programmiert sind. Diese Sprachen prüfen nicht automatisch, ob eine Zuweisung an ein Arrayelement innerhalb der Arraygrenzen liegt. Sie können einen Puffer als Array einer bestimmten Länge deklarieren, aber das Laufzeitsystem prüft nicht, ob eine Eingabe die Länge dieses Puffers überschreitet.

Ein Angreifer, der weiß, wie der Systemspeicher organisiert ist, kann gezielt eine Zeichenfolge einschleusen, die ausführbare Anweisungen enthält. Dadurch wird der Speicher überschrieben, und wenn es sich dabei um die Rücksprungadresse einer Funktion handelt, übernimmt eventuell der Schadcode die Kontrolle.

Moderne Softwareprodukte werden in der Regel nicht in C oder C++ entwickelt, sodass Angriffe dieser Art für webbasierte und mobile Softwareprodukte keine größere Gefahr mehr darstellen dürften. Die meisten Programmiersprachen prüfen zur Laufzeit auf Pufferüberläufe und weisen lange, schädliche Eingaben zurück. Betriebssysteme und Bibliotheken hingegen sind häufig in C oder C++ geschrieben. Werden Eingaben direkt von Ihrem System an eine zugrunde liegende Systemfunktion übergeben, ist ein Pufferüberlauf nicht auszuschließen.

Angriffe mittels SQL-Injection haben vornehmlich Softwareprodukte im Visier, die eine SQL-Datenbank verwenden. Sie machen sich eine Situation zunutze, in der eine Benutzereingabe Teil eines SQL-Befehls ist. Der folgende SQL-Befehl dient beispielsweise dazu, einen Datenbanksatz für einen bestimmten Kontoinhaber abzurufen:

```
SELECT * FROM AccountHolders WHERE accountnumber = '34200645'
```

Diese Anweisung sollte alle Datensätze in der Tabelle AccountHolders zurückgeben, bei denen das Feld accountnumber den Wert '34200645' hat. Die einfachen Anführungszeichen markieren eine Zeichenkette, die mit dem genannten Feld abgeglichen werden soll.
Normalerweise wird die Kontonummer über ein Formular eingegeben. Nehmen wir an, Sie verwenden eine Funktion namens getAccountNumber, um die Nummer abzufragen. Dazu können Sie diesen SQL-Befehl erstellen:

```
accNum = getAccountNumber ()
SQLstat = "SELECT * FROM AccountHolders WHERE accountnumber = '"
+ accNum + "';"
database.execute (SQLstat)
```

Dies erzeugt eine gültige SQL-Anweisung, bei der der SELECT-Teil mit der Eingabevariablen accNum verkettet wird und ein Semikolon den Abschluss der SQL-Anweisung bildet. Es müssen noch einfache Anführungszeichen eingefügt werden, da der Wert von accNum ersetzt wird. Diese generierte SQL-Anweisung kann dann gegen die Datenbank ausgeführt werden. Stellen Sie sich nun vor, dass ein böswilliger Benutzer als Kontonummer den Wert '10010010' OR '1' = '1' eingibt. Wenn dieser String in die SQL-Abfrage eingefügt wird, wird er zu

```
SELECT * from AccountHolders WHERE accountnumber = '10010010' OR '1' = '1';
```

Die Endbedingung ist offensichtlich immer wahr, sodass die Abfrage äquivalent ist zu

```
SELECT * from AccountHolders
```

Damit werden die Details aller Kontoinhaber zurückgegeben und dem böswilligen Benutzer angezeigt.
Angriffe per SQL-Injection sind nur möglich, wenn das System die Gültigkeit der Eingaben nicht überprüft. Da wir in diesem Fall wissen, dass Kontonummern achtstellig sind, sollte die Eingabefunktion getAccountNumber eine Eingabeprüfung auf andere Zeichen als Ziffern enthalten. Diese würde dann den eingeschleusten SQL-Code zurückweisen. Die Validierung aller Benutzereingaben ist der Schlüssel zur Bekämpfung von Angriffen mittels Injection. Wie die Eingabevalidierung implementiert werden kann, erfahren Sie in ▶ Kapitel 8.

7.1.2 Angriffe durch Cross-Site-Scripting

Cross-Site-Scripting-Angriffe (XSS) sind eine weitere Form von Injection-Angriffen. Hierbei fügt ein Angreifer bösartigen JavaScript-Code in eine Webseite ein, die von einem Server an einen Client zurückgegeben wird. Dieses Skript wird ausgeführt, wenn die Seite im Browser des Benutzers angezeigt wird. Das bösartige Skript kann Kundendaten stehlen oder Kunden auf eine andere Website leiten, die möglicherweise versucht, persönliche Daten abzugreifen oder Werbung anzuzeigen. Auch können Cookies gestohlen werden, was einen Session-Hijacking-Angriff möglich macht.
Die verschiedenen Arten von Cross-Site-Scripting-Angriffen werden in einem XSS-Tutorial beschrieben, zu dem Sie im Abschnitt „Ergänzende Literatur“ nähere Angaben finden. Alle Angriffe weisen, wie ▶ Abbildung 7.3 zeigt, die gleiche allgemeine Form auf, die einen Angriff zum Stehlen eines Session-Cookies darstellt.

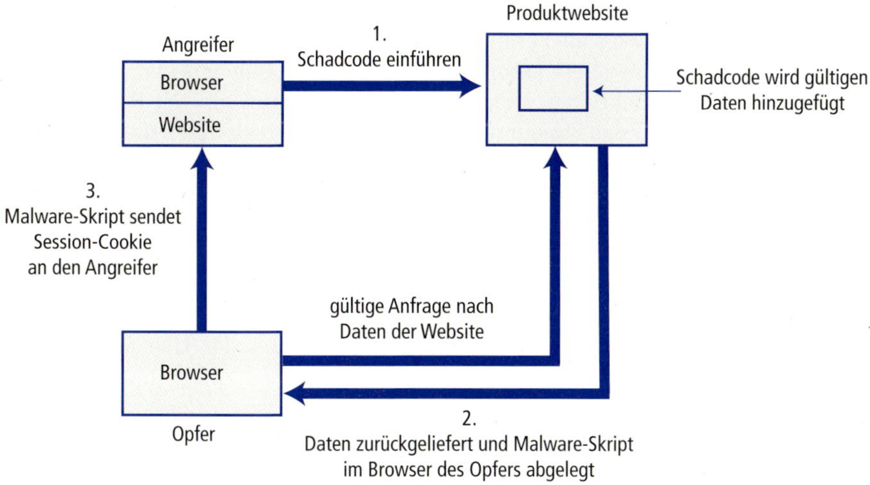

Abbildung 7.3: Cross-Site-Scripting-Angriff

In dem Szenario in ▶ Abbildung 7.3 gibt es drei Akteure: einen Angreifer, eine seriöse Website, die Benutzerdienste anbietet, und ein Angriffsopfer, das auf die seriöse Website zugreift.

In seiner einfachsten Form sieht ein Cross-Site-Scripting-Angriff so aus, dass der Angreifer einige legitime Informationen auf der Website durch ein bösartiges Skript ersetzt. Wenn das Opfer auf diese Informationen zugreift, wird eine Webseite generiert, die das bösartige Skript sowie die vom Opfer angeforderten legitimen Informationen enthält. Diese wird an den Browser des Opfers gesendet, wo der bösartige Code ausgeführt wird. In diesem Beispiel stiehlt die Malware das Session-Cookie. Dadurch erhält der Angreifer Zugriff auf Benutzerinformationen auf der Produktwebsite.

Wie bei anderen Injection-Angriffen lassen sich Cross-Site-Scripting-Angriffe durch eine Validierung der Eingabe vermeiden. Angreifer fügen das bösartige Skript oft über ein ganz normales Formular in die Datenbank ein. Wird dieses Formular auf ungültige Eingaben überprüft, kann das bösartige Skript rechtzeitig zurückgewiesen werden. Eine andere Verteidigungslinie besteht darin, die Eingaben aus der Datenbank zu überprüfen, bevor sie einer generierten Seite hinzugefügt werden. Schließlich ist es möglich, den HTML-Befehl zum Codieren zu verwenden, der besagt, dass Informationen, die einer Webseite hinzugefügt werden, nicht ausführbar sind, sondern vom Browser des Clients als Daten behandelt werden sollten.

7.1.3 Session-Hijacking-Angriffe

Wenn sich ein Benutzer bei einer Webanwendung authentifiziert, wird eine Sitzung (*session*) eröffnet. Eine Sitzung ist ein Zeitraum, in dem die Authentifizierung des Benutzers gültig ist. Der Benutzer muss sich für nachfolgende Systeminteraktionen nicht erneut authentifizieren. Die Sitzung wird geschlossen, wenn sich der Benutzer von dem System abmeldet. Alternativ kann die Sitzung geschlossen werden, wenn das System ein „Time-out“ definiert hat, das der Benutzer überschreitet, wenn er eine Zeit lang keine Benutzereingaben tätigt.

Bei der Authentifizierung wird ein Token auf den Computer oder das mobile Gerät des Benutzers abgelegt. Dies wird als Session-Cookie bezeichnet. Es wird zu Beginn einer Sitzung vom Server an den Client gesendet. Das Session-Cookie wird vom Server verwendet, um die Benutzeraktionen zu verfolgen. Jedes Mal, wenn der Benutzer eine HTTP-Anfrage stellt, wird das Session-Cookie an den Server gesendet, damit dieser es mit früheren Aktionen verknüpfen kann.

Session-Hijacking, wie das Kapern einer Sitzung allgemein genannt wird, ist ein Angriff, bei dem ein Angreifer ein gültiges Session-Cookie erwirbt und es dazu benutzt, sich als legitimer Benutzer auszugeben. Es gibt mehrere Möglichkeiten, wie ein Angreifer den Wert eines Session-Cookies herausfinden kann, einschließlich XSS-Angriffen und der Überwachung des Datenverkehrs. Bei einem XSS-Angriff sendet die installierte Malware Session-Cookies an die Angreifer. Bei der Überwachung des Datenverkehrs fangen die Angreifer den Verkehr zwischen dem Client und dem Server ab. Durch die Analyse des Datenaustausches kann das Session-Cookie identifiziert werden. Die Überwachung des Datenverkehrs ist relativ einfach, wenn in ungesicherten WLAN-Netzwerken unverschlüsselte Daten ausgetauscht werden.

Session-Hijacking kann aktiv oder passiv erfolgen. Beim aktiven Session-Hijacking übernimmt der Angreifer eine Benutzersitzung und führt Benutzeraktionen auf einem Server aus. Wenn ein Benutzer bei einer Bank angemeldet ist, kann der Angreifer ein neues Empfängerkonto einrichten und Geld auf dieses Konto überweisen. Von passivem Session-Hijacking spricht man, wenn der Angreifer lediglich den Datenverkehr zwischen dem Client und dem Server überwacht und nach wertvollen Daten wie Passwörtern und Kreditkartennummern sucht.

▶ Tabelle 7.2 zeigt verschiedene Aktionen, die Sie ergreifen können, um die Wahrscheinlichkeit eines Session-Hijacking-Angriffs zu verringern.

Aktion	Erläuterung
Verschlüsselung des Datenverkehrs	Verschlüsseln Sie immer den Netzwerkverkehr zwischen den Clients und Ihrem Server. Dies bedeutet, dass Sitzungen mit HTTPS statt HTTP eingerichtet werden. Wenn der Verkehr verschlüsselt ist, ist es schwieriger, ihn zu überwachen und Session-Cookies zu finden.
Multi-Faktor-Authentifizierung	Verwenden Sie immer die Multi-Faktor-Authentifizierung und verlangen Sie bei neuen Aktionen, die schädlich sein können, grundsätzlich eine Bestätigung. Bevor beispielsweise eine neue Zahlungsempfängeranfrage akzeptiert wird, könnten Sie den Benutzer bitten, seine Identität durch die Eingabe eines Codes zu bestätigen, der an sein Telefon gesendet wird. Sie könnten auch vor jeder potenziell schädlichen Aktion, wie z. B. einer Überweisung, die Eingabe eines Passworts verlangen.
Kurze Time-outs	Verwenden Sie relativ kurze Time-outs für Sitzungen. Wenn in einer Sitzung einige Minuten lang keine Aktivität stattgefunden hat, sollte die Sitzung beendet und zukünftige Anfragen an eine Authentifizierungsseite geleitet werden. Dies verringert die Wahrscheinlichkeit, dass ein Angreifer auf ein Konto zugreifen kann, wenn ein berechtigter Benutzer vergisst, sich nach Beendigung der Arbeit abzumelden.

Tabelle 7.2: Aktionen, die die Wahrscheinlichkeit eines Session-Hijacking verringern

7.1.4 Denial-of-Service-Angriffe

Denial-of-Service-Angriffe (DOS) sind gegen Softwaresysteme gerichtet und zielen darauf ab, diese Systeme für den normalen Gebrauch zu sperren. Böswillige Angreifer bedienen sich dieses Angriffs, wenn sie mit der Politik oder mit Aktionen des Produktanbieters nicht einverstanden sind. Alternativ können Angreifer einem Produktanbieter mit einem DOS-Angriff drohen und Zahlungen für einen Nicht-Angriff verlangen. Sie legen die Höhe des „Lösegeldes" niedriger fest als den Betrag, den der Produktanbieter voraussichtlich verliert, wenn sein System außer Betrieb ist.

Verteilte DOS-Angriffe (*Distributed Denial-of-Service*, DDOS) sind die häufigste Art von Denial-of-Service-Angriffen. Dabei handelt es sich um verteilte Computer, die normalerweise zur Bildung eines Botnetzes gekapert werden und Hunderttausende von Serviceanfragen an eine Webanwendung senden. Die Flut an Anfragen verhindert, dass legitime Benutzer Zugriff auf die Anwendung erhalten.

Ein DDOS-Angriff kann nur auf Systemebene bekämpft werden. Die meisten Cloud-Anbieter verfügen über spezielle Software, die eingehende Pakete erkennen und verwerfen kann und so dazu beiträgt, dass Ihre Dienste wieder normal funktionieren.

Andere Arten von DOS-Angriffen zielen auf die Anwender direkt ab. Beispielsweise schlagen Benutzersperrangriffe Nutzen aus einer weit verbreiteten Authentifizierungspolitik, die einen Benutzer nach einer Reihe von fehlgeschlagenen Authentifizierungsversuchen aussperrt. Benutzer verwenden häufig ihre E-Mail-Adresse als Anmeldenamen. Wenn ein Angreifer also Zugriff auf eine Datenbank mit E-Mail-Adressen hat, kann er versuchen, sich mit diesen Adressen anzumelden. Das Ziel ist es hier nicht, Zugang zur Anwendung zu erhalten, sondern die Benutzer auszusperren und ihnen auf diese Weise den Dienst zu verweigern.

Es gab so viele Sicherheitsverletzungen, dass es relativ einfach ist, an Listen von E-Mail-Adressen zu kommen, die oft als Benutzeridentifikatoren verwendet werden. Wenn Sie Konten nach fehlgeschlagener Validierung nicht sperren, laufen Sie Gefahr, dass sich Angreifer in Ihr System einloggen können. Allerdings verweigern Sie damit möglicherweise legitimen Benutzern den Zugriff.

Sie können zwei Maßnahmen ergreifen, um den Schaden zu verringern, den ein solcher Angriff verursachen kann:

1. *Temporäre Sperren:* Wenn Sie einen Benutzer nach einer fehlgeschlagenen Authentifizierung nur für kurze Zeit sperren, erhält er nach einigen Minuten wieder Zugang zu Ihrem System. Dadurch wird es für Angreifer wesentlich komplizierter, ihren Angriff fortzusetzen, da sie frühere Anmeldeversuche ständig wiederholen müssen.

2. *IP-Adressverfolgung:* Sie können die IP-Adressen protokollieren, von denen aus Benutzer normalerweise auf Ihr System zugreifen. Wenn es fehlgeschlagene Anmeldeversuche von einer anderen IP-Adresse gibt, können Sie weitere Versuche von dieser Adresse aus sperren, aber ein Login von den normalen IP-Adressen des Benutzers zulassen.

Manchmal steckt hinter den Angriffen, mit denen Anwendungen zum Absturz gebracht werden, einfach nur Vandalismus und kein finanzielles Interesse. Dazu werden für die Eingabe in die Formulare sehr lange Zeichenketten verwendet, in der Hoffnung, dass diese nicht erkannt werden. Diese Angriffe sind relativ einfach zu umgehen, indem Sie die Eingaben validieren und alle Ausnahmen behandeln, die bei unerwarteten Eingaben auftreten.

7.1.5 Brute-Force-Angriffe

Brute-Force-Angriffe auf eine Webanwendung zeichnen sich dadurch aus, dass der Angreifer bereits über einige Informationen verfügt (beispielsweise einen gültigen Anmeldenamen), aber das Passwort für die Website nicht kennt. Der Angreifer erzeugt verschiedene Passwörter und versucht, sich damit anzumelden. Schlägt eine Anmeldung fehl, versucht der Angreifer es einfach mit einem anderen Passwort.

Mit einem Zeichenkettengenerator können Angreifer jede mögliche Kombination aus Buchstaben und Zahlen erzeugen und diese Kombinationen dann als Passwörter verwenden. Dabei sollte man nicht dem Irrglauben erliegen, dass dies sehr lange dauert. Alle Zeichenketten mit sechs oder weniger Zeichen können in wenigen Sekunden generiert werden. Sie können dies mit einem der Passwort-Checker im Web überprüfen.[1] Die Zeit, die zum Generieren von Passwörtern benötigt wird, hängt von der Länge des Passworts ab, daher sind lange Passwörter sicherer.

Um das Herausfinden des Passworts zu beschleunigen, nutzen Angreifer die Tatsache aus, dass viele Benutzer leicht zu merkende Passwörter wählen. Sie probieren zuerst die Passwörter aus den veröffentlichten Listen mit den häufigsten Passwörtern. Dann versuchen sie es in der Regel mit einem Wörterbuchangriff, wobei sie alle Wörter des Wörterbuchs verwenden. Anwender haben Schwierigkeiten, sich zufällige Zeichenfolgen zu merken, und wählen deshalb sinntragende Wörter, die für sie eine gewisse Bedeutung haben.

Da Brute-Force-Angriffe mit mehreren aufeinanderfolgenden Anmeldeversuchen verbunden sind, blockieren viele Sites die Benutzer nach einigen Versuchen. Das Problem dabei ist, wie ich in ▶ Abschnitt 7.1.4 „Denial-of-Service-Angriffe" erklärt habe, dass diese Aktion auch legitime Benutzer blockiert. Ein Angreifer, der über eine Liste diverser Anmeldedaten verfügt und den Zugriff für alle dahinter verborgenen Benutzer sperrt, kann weitreichende Störungen verursachen.

Brute-Force-Angriffe beruhen darauf, dass Benutzer schwache Passwörter wählen. Dies können Sie umgehen, indem Sie darauf bestehen, dass Benutzer lange Passwörter festlegen, die nicht in einem Wörterbuch stehen und keine sinntragenden Wörter sind. Die Zwei-Faktor-Authentifizierung, die im nächsten Abschnitt erläutert wird, ist ein weiteres wirksames Mittel zur Abschreckung dieser Angriffe.

7.2 Authentifizierung

Authentifizierung ist ein Prozess, der sicherstellt, dass die Benutzer Ihres Systems auch die sind, für die sie sich ausgeben. Sie benötigen eine Authentifizierung in allen Softwareprodukten, die Benutzerdaten speichern, sodass nur die Benutzer, von denen diese Daten stammen, darauf zugreifen und sie ändern können. Außerdem ermöglicht Ihnen die Authentifizierung, mehr über Ihre Benutzer zu erfahren und deren Benutzerroutinen für Ihr Produkt zu personalisieren.

Die Authentifizierung in Softwareprodukten basiert auf einem oder mehreren von drei Ansätzen, nämlich Benutzerwissen, Benutzerbesitz und Benutzerattribute (▶ Abbildung 7.4).

1 Zum Beispiel: *https://howsecureismypassword.net/*.

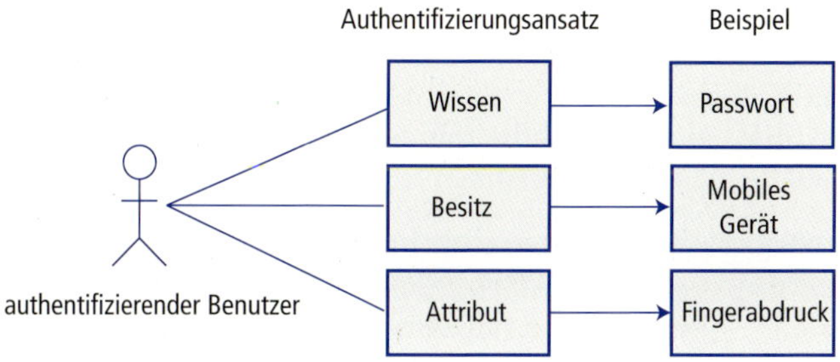

Abbildung 7.4: Ansätze der Authentifizierung

Die wissensbasierte Authentifizierung beruht darauf, dass sich der Benutzer bei der erstmaligen Anmeldung am System mit geheimen, nur ihm bekannten Daten registriert. Bei jeder folgenden Anmeldung wird der Benutzer des Systems aufgefordert, diese Daten vollständig oder teilweise einzugeben. Wenn die eingegebenen Daten mit den registrierten Daten übereinstimmen, dann ist die Authentifizierung erfolgreich. Passwörter sind die am weitesten verbreitete Methode der wissensbasierten Authentifizierung. Zusätzlich zu den Passwörtern werden oft weitere Eingaben verlangt. Beliebt sind dabei persönliche Fragen, die der authentifizierende Benutzer beantworten muss, wie z.B. „Name der ersten Schule" oder „Lieblingsfilm".

Die besitzbasierte Authentifizierung beruht darauf, dass der Benutzer über ein physisches Gerät verfügt, das sich mit dem Authentifizierungssystem verbinden kann. Dieses Gerät kann Daten erzeugen oder anzeigen, die dem Authentifizierungssystem bekannt sind. Der Benutzer gibt diese Daten dann ein, um zu bestätigen, dass er das Authentifizierungsgerät besitzt.

Bei dieser Art der Authentifizierung gibt der Benutzer, wenn er beispielsweise ein Konto einrichtet, am häufigsten seine Handynummer an. Das Authentifizierungssystem sendet dann einen Code an die Handynummer des Benutzers, der diesen Code eingeben muss, um die Authentifizierung abzuschließen.

Ein alternativer Ansatz, der von einigen Banken verwendet wird, basiert auf einem Spezialgerät, das Einmalcodes generieren kann. Dieses Gerät berechnet aus einem Teil der Benutzereingabe einen Code, der vom Benutzer eingegeben und dann mit dem vom Authentifizierungssystem generierten Code verglichen wird, wobei das System den gleichen Algorithmus verwendet wie den, der im Gerät codiert ist.

Die attributbasierte Authentifizierung basiert auf einem eindeutigen biometrischen Merkmal des Benutzers, wie seinem Fingerabdruck, der im System registriert ist. Einige Mobiltelefone erlauben eine solche Authentifizierung, andere nutzen stattdessen die Gesichtserkennung. Im Prinzip ist dies ein sehr sicherer Authentifizierungsansatz, obwohl es immer noch Probleme mit der Zuverlässigkeit von Hardware und Erkennungssoftware gibt. Beispielsweise funktionieren Fingerabdruckleser oft nicht, wenn Benutzer heiße, feuchte Hände haben.

Jeder dieser Authentifizierungsansätze hat seine Vor- und Nachteile. Daher verwenden heutzutage viele Systeme als zusätzliche Absicherung weitere Faktoren – die sogenannte Multi-Faktor-Authentifizierung, die Ansätze kombiniert. Service-Provider wie Google bieten eine zweistufige Authentifizierung an, bei der der Nutzer nach Eingabe eines Passworts einen an das Handy gesendeten Code eingeben muss. Die Nutzung eines Handys bietet eine weitere Sicherheitsstufe, da es zuvor mit einem Code, einem Fingerabdruck oder auf andere Weise entsperrt werden muss.

Wenn Ihr Produkt als Cloud-Service bereitgestellt wird, verwenden Sie am besten die wissensbasierte Authentifizierung auf der Basis eines Passworts, im Bedarfsfall abgesichert durch andere Techniken. Jeder ist mit dieser Authentifizierungsmethode vertraut. Leider hat die passwortbasierte Authentifizierung mehrere bekannte Schwächen, die in ▶ Tabelle 7.3 aufgeführt sind.

Schwächen	Erläuterung
Unsichere Passwörter	Benutzer wählen Passwörter, die sie sich leicht merken können. Einfache Passwörter sind jedoch auch für Angreifer leicht zu erraten oder zu generieren, sei es mithilfe eines Wörterbuchs oder eines Brute-Force-Angriffs.
Phishing-Angriffe	Benutzer klicken auf einen E-Mail-Link, der auf eine gefälschte Seite weist, die versucht, ihre Login- und Passwortdaten abzugreifen.
Wiederverwendung des Passworts	Benutzer verwenden dasselbe Passwort für mehrere Websites. Wenn es auf einer dieser Sites eine Sicherheitsverletzung gibt, haben Angreifer Passwörter, die sie auf anderen Websites ausprobieren können.
Vergessene Passwörter	Benutzer vergessen regelmäßig ihre Passwörter. Daher müssen Sie einen Mechanismus zur Passwortwiederherstellung einrichten, damit diese zurückgesetzt werden können. Dies kann eine Schwachstelle sein, wenn die Anmeldedaten der Benutzer gestohlen wurden und Angreifer diesen Mechanismus zum Zurücksetzen ihrer Kennwörter verwenden.

Tabelle 7.3: Schwächen der passwortbasierten Authentifizierung

Sie können die Risiken der passwortbasierten Authentifizierung verringern, indem Sie Benutzer zwingen, sichere Passwörter festzulegen. Dies erhöht jedoch die Wahrscheinlichkeit, dass das Passwort vergessen wird. Sie können auch fordern, dass nur einzelne Buchstaben und nicht das gesamte Passwort eingegeben werden, damit nicht das gesamte Passwort an mögliche Key-Logger-Malware weitergegeben wird. Sie können die passwortbasierte Authentifizierung durch eine wissensbasierte Authentifizierung ergänzen und von den Benutzern zusätzlich zur Angabe des Passworts die Beantwortung von Fragen verlangen.

Der Grad der Authentifizierung, den Sie benötigen, hängt von Ihrem Produkt ab. Wenn Sie keine vertraulichen Benutzerdaten speichern, sondern die Authentifizierung nur zur Erkennung Ihrer Benutzer verwenden, kann eine wissensbasierte Authentifizierung ausreichen. Wenn Sie jedoch vertrauliche Benutzerdaten wie Finanzdaten speichern, sollten Sie sich nicht nur auf die wissensbasierte Authentifizierung verlassen. Viele Benutzer sind mittlerweile an eine zweistufige Authentifizierung gewöhnt, daher sollten Sie neben Passwörtern mit eventueller Beantwortung persönlicher Fragen auch die telefonische Authentifizierung in Erwägung ziehen.

Die Implementierung eines sicheren und zuverlässigen Authentifizierungssystems ist teuer und zeitaufwendig. Obwohl für die meisten wichtigen Programmiersprachen Toolkits und Bibliotheken, wie z.B. OAuth, verfügbar sind, ist der Programmieraufwand noch sehr hoch. Im Gegensatz zu einigen anderen Komponenten des Produkts können Sie von einem Authentifizierungssystem keine Teilimplementierungen freigeben mit dem Ziel, diese in späteren Releases zu erweitern.

Aus diesem Grund ist es am besten, die Authentifizierung als Dienst zu betrachten, auch wenn Sie keinen serviceorientierten Ansatz zur Erstellung Ihres Produkts verwenden. Ein Authentifizierungsdienst kann an ein System föderierter Identitäten ausgelagert werden. Wenn Sie jedoch ein eigenes System aufbauen, sollten Sie eine „sicherere" Programmiersprache, wie beispielsweise Java, mit umfangreicheren Prüf- und statischen Analysewerkzeugen verwenden, um Ihren Authentifizierungsdienst zu entwickeln. Dies erhöht die Chancen, Schwachstellen und Programmierfehler zu finden. Ihren eigenen Authentifizierungsdienst können Sie dann auch für alle weiteren Produkte verwenden, die Sie möglicherweise entwickeln.

7.2.1 Föderierte Identität

Jeder hat wahrscheinlich schon irgendwann einmal Websites besucht, die die Möglichkeit boten, sich mit Google oder Facebook anzumelden („Anmelden mit Google" oder „Anmelden mit Facebook"). Diese Websites basieren auf einem Ansatz der sogenannten „föderierten Identität", bei dem ein externer Dienst zur Authentifizierung herangezogen wird.

Die föderierte Identität hat für Benutzer den Vorteil, dass sie über nur einen Satz von Anmeldedaten verfügen, der von einem vertrauenswürdigen Identitätsdienst gespeichert wird. Anstatt sich bei einem Dienst direkt anzumelden, hinterlegen Sie Ihre Anmeldedaten bei einem bekannten Service, der Ihre Identität gegenüber dem authentifizierenden Dienst bestätigt. Sie ersparen sich die Verwaltung unterschiedlicher Benutzer-IDs und Passwörter. Da Ihre Anmeldedaten an weniger Orten gespeichert werden, ist die Wahrscheinlichkeit geringer, dass bei einer Sicherheitsverletzung Ihre Daten preisgegeben werden.

▶ Abbildung 7.5 stellt vereinfacht dar, wie die Aktionen in einem System mit föderierten Identitäten ablaufen.

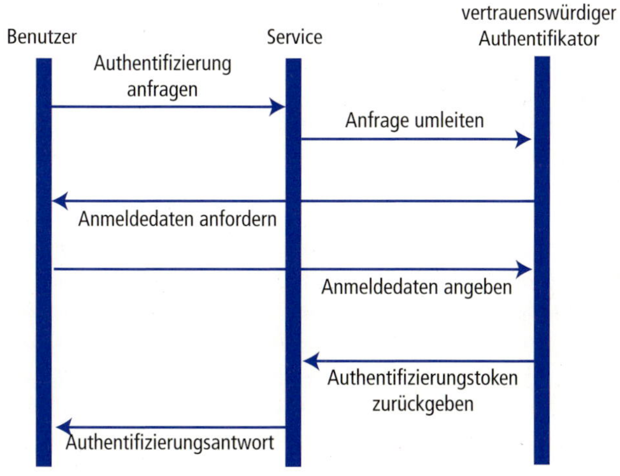

Abbildung 7.5: Föderierte Identität

Nehmen wir zum Beispiel ein Produkt, das einen „Anmelden mit Google"-Button anbietet. Ein Benutzer, der darauf klickt, wird zum Google-Identitätsdienst umgeleitet. Dieser Service überprüft die Identität des Nutzers anhand seiner Anmeldedaten für das Google-Konto. Anschließend gibt er ein Token an die umleitende Website zurück, um zu bestätigen, dass der Nutzer ein registrierter Google-Nutzer ist. Wenn der Nutzer bereits bei einem Google-Service wie Gmail angemeldet ist, so ist die Identität bereits registriert und der Nutzer muss keine weiteren Informationen angeben.

Die Verwendung von föderierten Identitäten zur Authentifizierung hat zwei Vorteile:

1. Sie müssen keine eigene Datenbank mit Passwörtern und anderen geheimen Daten verwalten. Angreifer versuchen oft, sich Zugang zu dieser Datenbank zu verschaffen. Wenn Sie also Ihre eigene Datenbank anlegen, müssen Sie strenge Sicherheitsvorkehrungen treffen, um sie zu schützen. Die Implementierung und Verwaltung eines Authentifizierungssystems ist für kleine Produktunternehmen recht kostspielig. Große Unternehmen wie Google und Facebook hingegen verfügen über ausreichend Ressourcen und das erforderliche Fachwissen.

2. Der Identitäts-Provider kann zusätzliche Informationen über die Benutzer liefern, die Ihnen helfen, Ihren Dienst an die Bedürfnisse des Benutzers anzupassen oder gezielte Werbung zu schalten. Wenn Sie das föderierte Identitätssystem eines großen Anbieters bei sich einbinden wollen, müssen Sie Ihre Nutzer fragen, ob sie bereit sind, ihre Informationen dafür freizugeben. Es gibt keine Garantie, dass sie damit einverstanden sind.

Die Identitätsprüfung mittels Google oder Facebook als vertrauenswürdiger Dienst ist für Produkte vertretbar, die den Einzelkunden im Visier haben. Für Unternehmensprodukte können Sie weiterhin die föderierte Identität verwenden, wobei die Authentifizierung im unternehmenseigenen Identitätsmanagementsystem erfolgt.

Wenn Sie ein Produkt wie Office 365 verwenden, können Sie sehen, wie dieser Mechanismus funktioniert. Sie identifizieren sich zunächst gegenüber Office 365 mit Ihrer geschäftlichen E-Mail-Adresse. Das Identitätsmanagementsystem erkennt die Firmen-Domain anhand Ihrer Adresse und sucht nach dem unternehmenseigenen Identitätsmanagementserver. Sie werden zu diesem Server umgeleitet, bei dem Sie Ihre unternehmensinternen Anmeldedaten eingeben. Anschließend wird ein Token an das Office-365-System gesendet, das Ihre Identität überprüft.

Manche mögen föderierte Identitätsdienste aus Datenschutzgründen nicht. Als Bedingung für die Nutzung des Dienstes müssen die Benutzerdaten mit dem Identitätsdienst eines Drittanbieters geteilt werden. Wenn Google der Identitätsdienst ist, weiß Google, welche Software Sie verwenden. Google kann die über Sie gespeicherten Daten entsprechend aktualisieren, um die Schaltung der auf Sie zugeschnittenen personalisierten Werbung zu verbessern.

Es gibt verschiedene Möglichkeiten, die föderierte Authentifizierung zu implementieren, aber die meisten großen Unternehmen, die föderierte Authentifizierungsdienste anbieten, verwenden das OAuth-Protokoll. Dieses Standardauthentifizierungsprotokoll wurde entwickelt, um die verteilte Authentifizierung und die Rückgabe von Authentifizierungstoken an das aufrufende System zu unterstützen.

Die OAuth-Token enthalten keine Informationen über den authentifizierten Benutzer. Sie zeigen nur an, dass der Zugriff gewährt werden soll. Das bedeutet, dass es nicht möglich ist, OAuth-Authentifizierungstoken für die Vergabe von Zugriffsrechten zu verwenden, z.B. auf welche Ressourcen des Systems ein Benutzer Zugriff haben sollte. Um dieses Problem zu umgehen, wurde ein Authentifizierungsprotokoll namens OpenID Connect entwickelt, das Benutzerinformationen von dem authentifizierenden System bereitstellt. Die meisten der wichtigsten Authentifizierungsdienste verwenden es mittlerweile, mit Ausnahme von Facebook, das ein eigenes Protokoll zusätzlich zu OAuth entwickelt hat.

7.2.2 Authentifizierung auf mobilen Geräten

Die flächendeckende Verbreitung mobiler Geräte (Tablets und Smartphones) bedeutet, dass Unternehmen, die ein cloudbasiertes Produkt anbieten, den Nutzern in der Regel eine mobile App für den Zugriff auf ihren Service zur Verfügung stellen. Natürlich können Sie auf einem mobilen Gerät genau den gleichen Authentifizierungsansatz verwenden wie in einem Browser. Dies dürfte Ihren Benutzern jedoch weniger gefallen und sie eher von der Nutzung Ihrer App abschrecken. Die Bedienung von mobilen Tastaturen ist schwierig und fehleranfällig; wenn Sie auf starken Passwörtern bestehen, wie es eigentlich Ihre Pflicht ist, können Sie davon ausgehen, dass viele Benutzer bei der Eingabe Fehler machen.

Als Alternative zu einem Benutzername/Passwort-Paar ist ein häufig verwendeter Ansatz der mobilen Authentifizierung, dass ein Authentifizierungstoken auf dem mobilen Gerät installiert wird. Beim Start der Anwendung wird das Token an den Service-Provider gesendet, um den Benutzer des Geräts zu identifizieren. Dieser Authentifizierungsansatz ist in ▶ Abbildung 7.6 dargestellt.

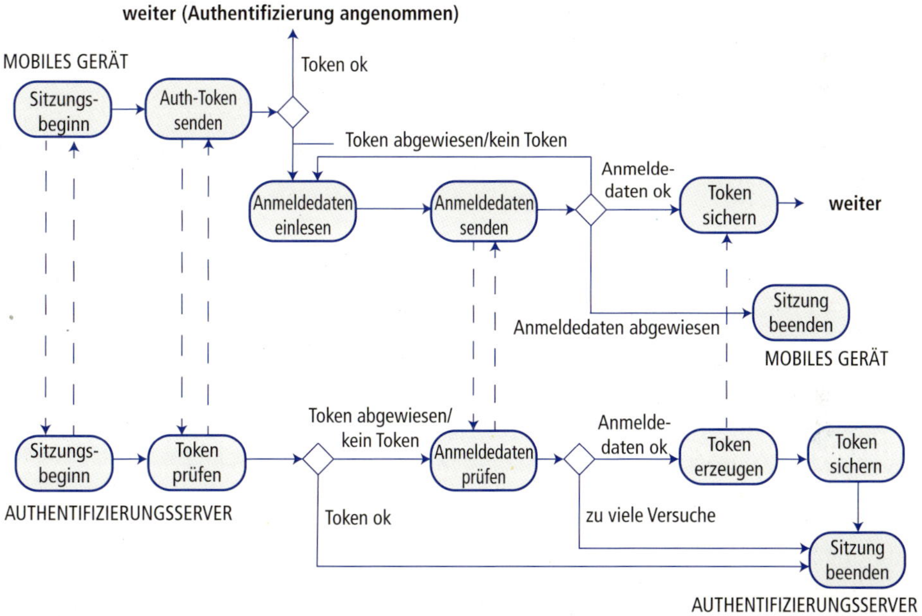

Abbildung 7.6: Authentifizierung auf mobilen Geräten

Benutzer registrieren sich über die Website des App-Anbieters und erstellen ein Konto, wo sie ihre Authentifizierungsdaten festlegen. Bei der Installation der App authentifizieren sich die Benutzer mit diesen Authentifizierungsdaten. Diese Anmeldedaten werden über eine sichere Verbindung an den Authentifizierungsserver gesendet. Der Server gibt dann ein Authentifizierungstoken aus, das auf dem mobilen Gerät des Benutzers installiert wird. Anschließend sendet die App bei jedem Start dieses Token an den Authentifizierungsserver, um die Identität des Benutzers zu bestätigen. Als zusätzliche Sicherheit kann das Authentifizierungstoken nach einiger Zeit ablaufen, sodass sich die Benutzer in regelmäßigen Abständen am System neu authentifizieren müssen.

Eine potenzielle Schwachstelle bei diesem Ansatz ist, dass bei Diebstahl oder Verlust eines Geräts ein Fremder, der nicht der Gerätebesitzer ist, Zugriff auf Ihr Produkt erhalten kann. Um dem vorzubeugen, können Sie überprüfen, ob der Gerätebesitzer einen Gerätepasscode oder eine biometrische Identifizierung eingerichtet hat, die das Gerät vor unbefugtem Zugriff schützt. Ansonsten können Sie fordern, dass sich der Benutzer bei jedem Start Ihrer App erneut dort authentifiziert.

Das Ausstellen von digitalen Zertifikaten für einzelne Benutzer und die Verwendung der zertifikatsbasierten Authentifizierung ist eine Variante der tokenbasierten Authentifizierung, bei der das Token ein digitales Zertifikat ist (siehe Abschnitt „Ergänzende Literatur"). Dieser Ansatz ist sicherer als einfache Authentifizierungstoken, da Zertifikate von vertrauenswürdigen Anbietern ausgestellt werden und ihre Gültigkeit überprüft werden kann. Dasselbe Zertifikat kann zum einmaligen Anmelden bei einer Reihe von Anwendungen verwendet werden. Allerdings ist die Verwaltung von Zertifikaten mit einem erheblichen Aufwand verbunden. Sie übernehmen entweder selbst die Verantwortung dafür oder übertragen die Verwaltung einem Sicherheitsservice.

Sie müssen die Authentifizierungsdaten immer verschlüsseln, bevor diese vom Client-Gerät an den Authentifizierungsserver gesendet werden. Die Übertragung zwischen Client und Server sollte jedoch nicht über eine HTTP- sondern über eine HTTPS-Verbindung erfolgen. Die sichere Übertragung wird in ▶ Abschnitt 7.4 „Verschlüsselung" behandelt.

7.3 Autorisierung

Bei der Authentifizierung muss ein Benutzer seine Identität gegenüber einem Softwaresystem nachweisen. Die Autorisierung ist ein komplementärer Prozess, bei dem diese Identität zur Kontrolle des Zugriffs auf die Ressourcen des Softwaresystems verwendet wird. Wenn Sie beispielsweise einen freigegebenen Ordner auf Dropbox verwenden, kann der Besitzer des Ordners Sie autorisieren, den Inhalt dieses Ordners zu lesen, aber keine neuen Dateien hinzuzufügen oder Dateien im Ordner zu überschreiben.

Wenn ein Unternehmen definieren möchte, welche Art von Zugriff die Benutzer auf Ressourcen haben, dann wird eine Zugriffskontrollrichtlinie zugrunde gelegt. Diese Richtlinie besteht aus einem Satz von Regeln, die definieren, bei welchen Informationen (Daten und Programme) der Zugriff kontrolliert wird, wer Zugriff auf diese Informationen hat und welche Art von Zugriff erlaubt ist (▶ Abbildung 7.7).

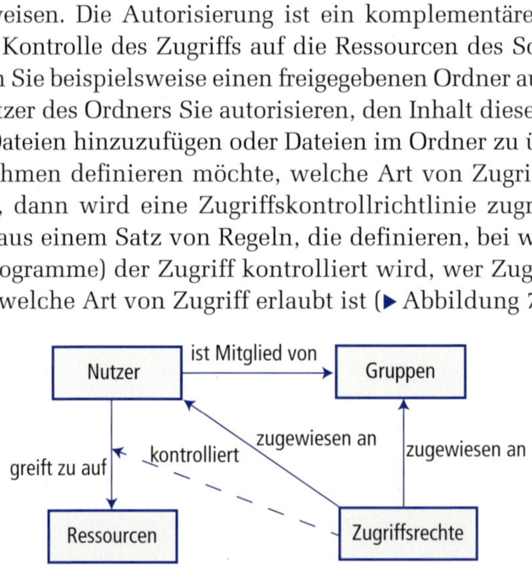

Abbildung 7.7: Elemente einer Zugriffskontrollrichtlinie

Eine Zugriffskontrollrichtlinie kann zum Beispiel festlegen, dass Krankenpfleger und Ärzte Zugriff auf alle im System gespeicherten Krankenakten haben. Ärzte können Informationen in einer Akte ändern, während Krankenpfleger nur neue Informationen hinzufügen können. Patienten können ihre eigene Krankenakte lesen und einen Antrag auf Berichtigung stellen, wenn ein Eintrag ihrer Meinung nach fehlerhaft ist.
Wenn Sie Ihr Produkt für den individuellen Gebrauch entwickeln, müssen Sie wahrscheinlich keine Zugriffskontrollfunktionen vorsehen. Ihre Zugriffskontrollrichtlinie besagt in diesem Fall, dass jeder Einzelnutzer seine eigenen Informationen erstellen, lesen und ändern darf. Wenn Sie jedoch ein größeres Mehrbenutzersystem haben oder Daten in verschiedenen Konten gemeinsam nutzen, ist eine Zugriffskontrolle unerlässlich.
Explizite Zugriffskontrollrichtlinien sind sowohl aus rechtlichen als auch aus technischen Gründen wichtig. Datenschutzbestimmungen schränken den Zugriff auf personenbezogene Daten ein, was sich in der Definition der Zugriffskontrollrichtlinien widerspiegeln muss. Sind diese Richtlinien unvollständig oder entsprechen sie nicht den Datenschutzbestimmungen, so kann es im Falle eines Datenverstoßes zu rechtlichen Konsequenzen kommen. Technisch gesehen kann eine Zugriffskontrollrichtlinie ein Ausgangspunkt sein, auf dem das Zugriffskontrollschema für ein System aufgebaut ist. Wenn die Zugriffskontrollrichtlinie beispielsweise die Zugriffsrechte von Studenten definiert, dann erhalten bei der Registrierung neuer Studenten diese Rechte standardmäßig alle.
Die meisten Datei- und Datenbanksysteme bedienen sich Zugriffskontrolllisten (*Access Control List*, ACL), um Zugriffskontrollrichtlinien zu implementieren. ACLs sind Tabellen, die Benutzer mit Ressourcen verknüpfen und festlegen, was diese Benutzer tun dürfen. Für dieses Buch möchte ich zum Beispiel eine ACL zu einer Buchdatei einrichten können, die es Rezensenten erlaubt, diese Datei zu lesen und mit Kommentaren zu versehen. Allerdings dürfen sie den Text nicht bearbeiten oder die Datei löschen.
Wenn ACLs auf individuellen Zugriffsberechtigungen basieren, dann können diese Listen sehr lang werden. Sie können sie jedoch drastisch verkürzen, indem Sie Benutzer bestimmten Gruppen zuordnen und dann der Gruppe Zugriffsberechtigungen zuweisen (▸ Abbildung 7.8). Wenn Sie eine Hierarchie von Gruppen verwenden, können Sie für Untergruppen und Einzelpersonen Zugriffsberechtigungen oder Ausschlüsse hinzufügen.
▸ Abbildung 7.8 zeigt Beispiele von ACLs in einer Universität, die mit den Ressourcen A, B und C verknüpft sind. Ressource A ist ein öffentliches Dokument, das jeder lesen kann. Es kann jedoch nur von Mitarbeitern der Einrichtung erstellt und bearbeitet und nur von Systemadministratoren gelöscht werden. Ressource B ist ein ausführbares Programm. Jeder kann es ausführen, aber nur die Systemadministratoren können es erzeugen und löschen. Ressource C ist ein Studenteninformationssystem. Die Mitarbeiter der Verwaltung können im System Datensätze anlegen, lesen und bearbeiten. Das Lehrpersonal kann die Datensätze der Studenten in seinem Fachbereich lesen und bearbeiten. Studenten können nur ihren eigenen Datensatz lesen. Um sicherzustellen, dass die Daten der Studenten erhalten bleiben, hat niemand die Berechtigung, die Daten der Studenten zu löschen.

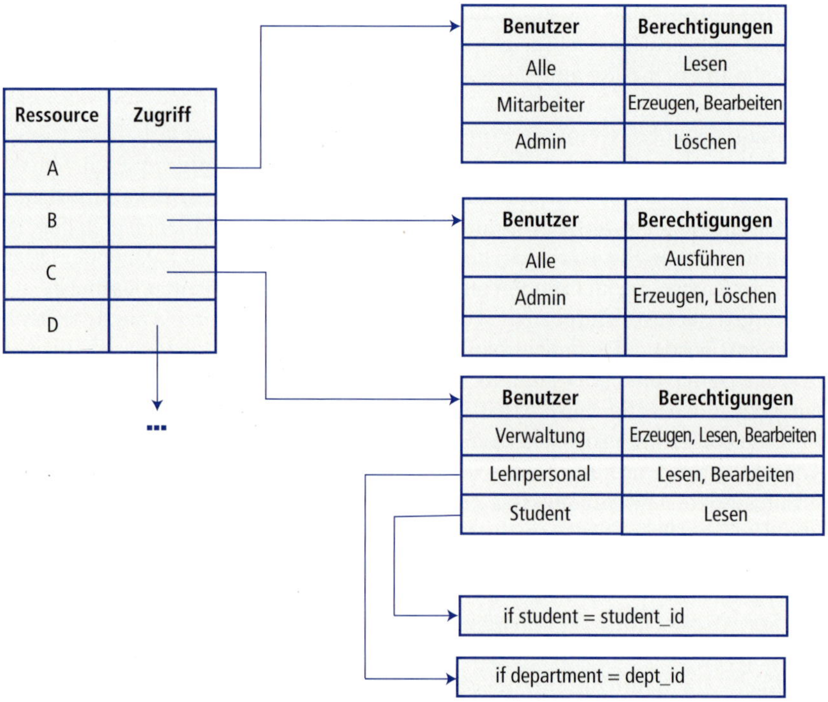

Abbildung 7.8: Zugriffskontrolllisten (ACLs)

Wenn Sie nicht gerade ein sehr spezielles Produkt haben, lohnt es sich nicht, ein eigenes Zugriffskontrollsystem für die Autorisierung zu entwickeln. Vielmehr sollten Sie die ACL-Mechanismen des zugrunde liegenden Datei- oder Datenbanksystems verwenden. Sie können sich jedoch entscheiden, ein eigenes Control Panel für das ACL-System zu implementieren, das die in Ihrem Produkt verwendeten Daten und Dateitypen widerspiegelt. Dies erleichtert das Einrichten und Entziehen von Zugriffsberechtigungen und verringert die Wahrscheinlichkeit von Autorisierungsfehlern.

7.4 Verschlüsselung

Verschlüsselung ist der Prozess, ein Dokument durch eine algorithmische Transformation unlesbar zu machen. Der Verschlüsselungsalgorithmus verwendet einen geheimen Schlüssel als Grundlage für diese Transformation. Sie können den verschlüsselten Text entschlüsseln, indem Sie die umgekehrte Transformation anwenden. Wenn Sie den richtigen Verschlüsselungsalgorithmus und den richtigen geheimen Schlüssel wählen, ist es praktisch unmöglich, den Text ohne den Schlüssel lesbar zu machen. Dieser Ver- und Entschlüsselungsprozess ist in ▶ Abbildung 7.9 dargestellt.

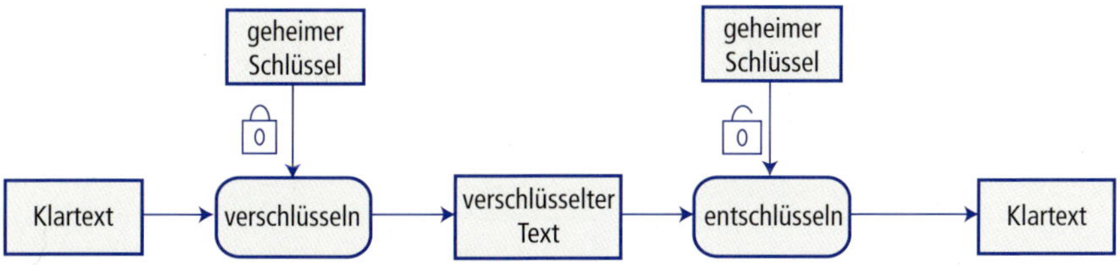

Abbildung 7.9: Verschlüsselung und Entschlüsselung

Moderne Verschlüsselungstechniken ermöglichen es Ihnen, Daten so zu verschlüsseln, dass sie mit der derzeit verfügbaren Technologie praktisch nicht zu knacken sind. Die Geschichte hat jedoch gelehrt, dass früher oder später jede scheinbar starke Verschlüsselung mit neuesten Technologien geknackt werden kann (▶ Tabelle 7.4). Quantencomputer eignen sich besonders gut für die sehr schnelle Entschlüsselung von Text, der mit aktuellen Verschlüsselungsalgorithmen verschlüsselt wurde. Wenn irgendwann Quantensysteme in den Handel kommen, müssen wir einen völlig anderen Ansatz zur Verschlüsselung im Internet verfolgen.

Während des Zweiten Weltkriegs verwendete das deutsche Militär ein Verschlüsselungssystem, das auf einer elektromechanischen Codiermaschine namens Enigma basierte. Man glaubte, dass der Code aufgrund der Vielzahl zu testender Kombinationen praktisch nicht zu knacken sei. Alan Turing, ein britischer Pionier auf dem Gebiet der Informatik, entwarf jedoch bereits früh zwei Computer, einen elektromechanischen (Bombe) und einen elektronischen (Colossus), speziell für die Aufgabe, die Enigma-Verschlüsselung zu knacken. Diese Computer konnten Tausende von Operationen pro Sekunde ausführen und ermöglichten es, einen großen Prozentsatz der verschlüsselten deutschen Nachrichten zu entschlüsseln. Dies soll Tausenden von Alliierten das Leben gerettet und den Niedergang Nazi-Deutschlands beschleunigt haben.

Tabelle 7.4: Technologie und Verschlüsselung

Verschlüsselung ist ein komplexes Thema; die meisten IT-Fachkräfte, ich eingeschlossen, sind keine Experten in der Planung und Implementierung von Verschlüsselungssystemen. Folglich gebe ich keine Ratschläge, welche Verschlüsselungsschemata man verwenden sollte, wie man Verschlüsselungscodes verwaltet und so weiter. Mein Ziel ist es vielmehr, Ihnen einen Überblick über das Thema Verschlüsselung zu geben und Sie darauf hinzuweisen, was Sie bei Ihren Entscheidungen rund um die Verschlüsselung beachten müssen.

7.4.1 Symmetrische und asymmetrische Verschlüsselung

Die symmetrische Verschlüsselung, die in ▶ Abbildung 7.10 dargestellt ist, wird seit Hunderten von Jahren verwendet. In einem symmetrischen Verschlüsselungsschema wird derselbe Schlüssel sowohl für die Verschlüsselung als auch Entschlüsselung der geheimen Daten verwendet. Wenn Alice und Bob eine geheime Nachricht austauschen wollen, müssen beide eine Kopie des Verschlüsselungscodes haben. Nachdem Alice die Nachricht mit diesem Code verschlüsselt hat, muss Bob die Nachricht bei Erhalt mit demselben Code entschlüsseln, um den Inhalt zu lesen.

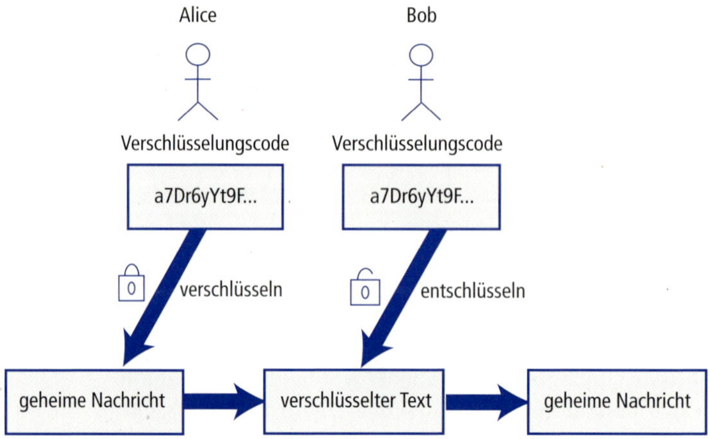

Abbildung 7.10: Symmetrische Verschlüsselung

Das Grundproblem bei einem symmetrischen Verschlüsselungssystem ist, die Sicherheit bei der gemeinsamen Nutzung eines Schlüssels zu gewährleisten. Wenn Alice den Schlüssel einfach an Bob sendet, kann ein Angreifer die Nachricht abfangen und erhält so Zugriff auf den Schlüssel. Damit kann der Angreifer dann alle zukünftigen geheimen Nachrichten entschlüsseln.

Ein alternativer Ansatz, der als asymmetrische Verschlüsselung bezeichnet wird (▶ Abbildung 7.11), basiert darauf, dass kein gemeinsamer Geheimschlüssel zugrunde gelegt wird. Ein asymmetrisches Verschlüsselungsschema verwendet unterschiedliche Schlüssel zum Ver- und Entschlüsseln von Nachrichten. Jeder Benutzer hat einen öffentlichen und einen privaten Schlüssel. Nachrichten können mit einem der beiden Schlüssel verschlüsselt werden, können aber nur mit dem anderen Schlüssel entschlüsselt werden.

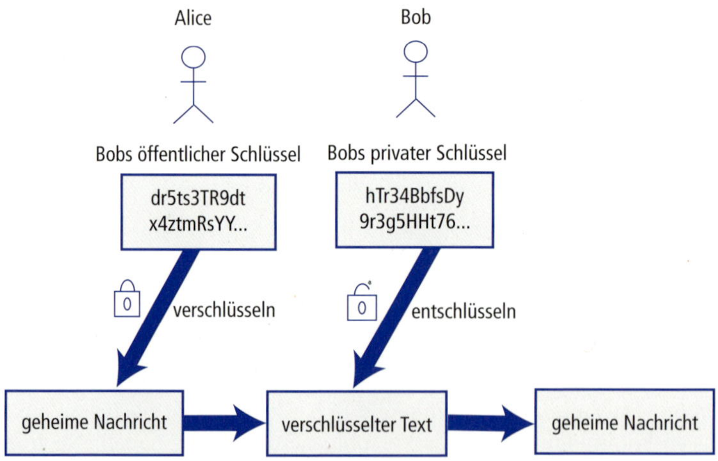

Abbildung 7.11: Asymmetrische Verschlüsselung

Wie der Name schon sagt, können öffentliche Schlüssel bekannt gemacht und vom Schlüsselinhaber freigegeben werden. Jeder kann auf einen bekannten öffentlichen

Schlüssel zugreifen und ihn verwenden. Eine Nachricht kann jedoch nur mit dem privaten Schlüssel des Benutzers entschlüsselt werden, ist also nur für den vorgesehenen Empfänger lesbar. Zum Beispiel verschlüsselt Alice in ▶ Abbildung 7.11 eine geheime Nachricht mit Bobs öffentlichem Schlüssel. Bob entschlüsselt die Nachricht mit seinem privaten Schlüssel, den nur er kennt. Die Nachricht kann nicht mit Bobs öffentlichem Schlüssel entschlüsselt werden.

Asymmetrische Verschlüsselung kann auch zur Authentifizierung des Absenders einer Nachricht verwendet werden, indem diese mit einem privaten Schlüssel verschlüsselt und mit dem entsprechenden öffentlichen Schlüssel entschlüsselt wird. Nehmen wir an, Alice will Bob eine Nachricht schicken und hat eine Kopie seines öffentlichen Schlüssels. Sie ist jedoch nicht sicher, ob der öffentliche Schlüssel, den sie für Bob hat, korrekt ist, und sie befürchtet, dass die Nachricht an die falsche Person geschickt werden könnte. ▶ Abbildung 7.12 zeigt, wie die Verschlüsselung des privaten/öffentlichen Schlüssels zur Überprüfung der Identität von Bob verwendet werden kann. Bob benutzt seinen privaten Schlüssel, um eine Nachricht zu verschlüsseln, und sendet sie an Alice. Wenn Alice die Nachricht mit Bobs öffentlichem Schlüssel entschlüsseln kann, hat sie den richtigen Schlüssel.

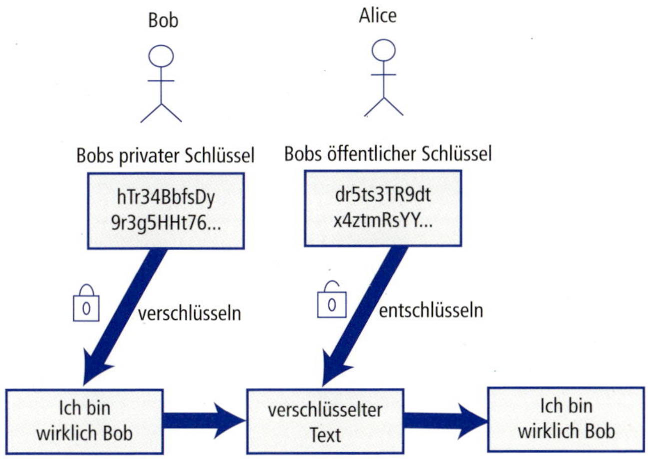

Abbildung 7.12: Verschlüsselung zur Authentifizierung

Da es kein Problem mit dem sicheren Schlüsselaustausch gibt, stellt sich die Frage, warum nicht immer asymmetrische statt symmetrische Verschlüsselung verwendet wird? Der Grund dafür ist, dass bei gleichem Sicherheitsniveau (gemessen an der Zeit, die zum Knacken des Codes benötigt wird) eine asymmetrische Verschlüsselung etwa 1000-mal länger dauert als eine symmetrische Verschlüsselung. Dies ist proportional zur Länge des zu verschlüsselnden Textes, sodass die asymmetrische Verschlüsselung in der Praxis nur für die Verschlüsselung relativ kurzer Nachrichten verwendet wird.

Symmetrische und asymmetrische Verschlüsselung können zusammen verwendet werden. Dies ist die Grundlage des weltweit am häufigsten verwendeten Verschlüsselungsschemas für den Austausch sicherer Nachrichten im Web. Ich benutze dies als ein Beispiel, wie man symmetrische und asymmetrische Verschlüsselung kombinieren kann.

7.4.2 TLS und digitale Zertifikate

Das HTTPS-Protokoll ist ein Standardprotokoll für den sicheren Austausch von Texten im Web. Im Grunde genommen handelt es sich dabei um das HTTP-Standardprotokoll, das um eine Verschlüsselungsschicht namens TLS (*Transport Layer Security*) erweitert wurde. TLS hat das frühere SSL-Protokoll (*Secure Socket Layer*) ersetzt, das sich als unsicher erwiesen hat.
Diese Verschlüsselungsschicht hat zwei Aufgaben:

- die Überprüfung der Identität des Webservers und
- die Verschlüsselung der Kommunikation, sodass sie von einem Angreifer, der die Nachrichten zwischen dem Client und dem Server abfängt, nicht gelesen werden kann.

Die TLS-Verschlüsselung hängt von einem digitalen Zertifikat ab, das vom Webserver an den Client gesendet wird. Digitale Zertifikate werden von einer Zertifizierungsstelle (*Certificate Authority*, CA) ausgestellt, einem sogenannten vertrauenswürdigen Identitätsprüfdienst. Organisationen, die ein digitales Zertifikat erwerben, müssen der Zertifizierungsstelle Informationen über ihre Identität zur Verfügung stellen, die dann im digitalen Zertifikat mit verschlüsselt werden. Wenn ein Zertifikat von einer anerkannten Zertifizierungsstelle ausgestellt wurde, kann die Identität des Servers als vertrauenswürdig betrachtet werden. Webbrowser und Apps, die HTTPS verwenden, enthalten eine Liste von vertrauenswürdigen Zertifikatsanbietern.
▶ Tabelle 7.5 zeigt die Informationen, die in einem digitalen Zertifikat enthalten sind.

Zertifikatelement	Erläuterung
Informationen zum Eigentümer des öffentlichen Schlüssels	Informationen über das Unternehmen oder die Person, deren Website besucht wird. Antragsteller beantragen ein digitales Zertifikat von einer Zertifizierungsstelle, die prüft, ob der Antragsteller eine gültige Organisation ist.
Informationen zur Zertifizierungsstelle	Informationen über die Zertifizierungsstelle, die das Zertifikat ausgestellt hat.
Informationen zum Zertifikat	Informationen über das Zertifikat selbst, einschließlich einer eindeutigen Seriennummer und einem Gültigkeitszeitraum, der durch Start- und Enddatum definiert ist.
Digitale Signatur	Die Kombination aller oben genannten Daten identifiziert das digitale Zertifikat eindeutig. Die Signaturdaten werden mit dem privaten Schlüssel der Zertifizierungsstelle verschlüsselt, um die Richtigkeit der Daten zu bestätigen. Außerdem wird der Algorithmus zur Erzeugung der digitalen Signatur angegeben.
Informationen zum öffentlichen Schlüssel	Der öffentliche Schlüssel der Zertifizierungsstelle ist ebenso enthalten wie die Schlüsselgröße und der verwendete Verschlüsselungsalgorithmus. Der öffentliche Schlüssel kann zur Entschlüsselung der digitalen Signatur verwendet werden.

Tabelle 7.5: Die Elemente von digitalen Zertifikaten

Die Zertifizierungsstelle verschlüsselt die Informationen im Zertifikat mit ihrem privaten Schlüssel, um eine eindeutige Signatur zu erstellen. Diese Signatur wird zusammen mit dem öffentlichen Schlüssel der Zertifizierungsstelle in das Zertifikat aufgenommen. Um die Gültigkeit des Zertifikats zu überprüfen, können Sie die Signatur mit dem öffentlichen Schlüssel der Zertifizierungsstelle entschlüsseln. Die entschlüsselten Informationen sollten mit den anderen Informationen im Zertifikat übereinstimmen. Ist dies nicht der Fall, dann ist das Zertifikat gefälscht und sollte abgelehnt werden.
Wenn ein Client und ein Server verschlüsselte Informationen austauschen möchten, kommunizieren sie, um eine TLS-Verbindung aufzubauen. Dann tauschen sie Nachrichten aus, wie in ▶ Abbildung 7.13 dargestellt, um den Verschlüsselungscode zu ermitteln, den sowohl der Client als auch der Server verwenden.

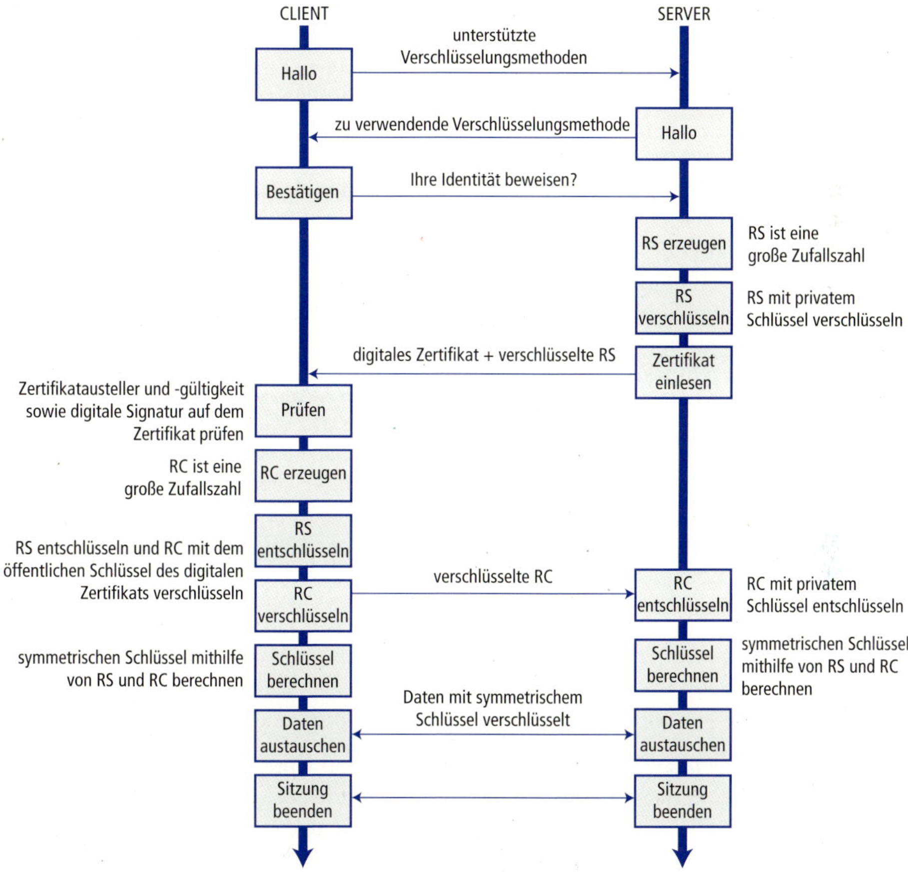

Abbildung 7.13: Symmetrische und asymmetrische Verschlüsselung in TLS

Das digitale Zertifikat, das der Server an den Client sendet, enthält den öffentlichen Schlüssel des Servers. Der Server erzeugt außerdem eine lange Zufallszahl, verschlüsselt sie mit seinem privaten Schlüssel und sendet diese an den Client. Der Client kann diese dann mit dem öffentlichen Schlüssel des Servers entschlüsseln und erzeugt seinerseits eine lange Zufallszahl. Er verschlüsselt diese Zahl mit dem öffentlichen Schlüssel des Servers und sendet sie an den Server, der die Nachricht mit seinem pri-

vaten Schlüssel entschlüsselt. Sowohl Client als auch Server haben dann zwei lange Zufallszahlen.
Die vereinbarte Verschlüsselungsmethode ist eine Möglichkeit, aus diesen Zahlen einen Verschlüsselungscode zu generieren. Client und Server berechnen unabhängig voneinander den Schlüssel, der zur Verschlüsselung nachfolgender Nachrichten mit einem symmetrischen Ansatz verwendet wird. Der gesamte Client-Server-Verkehr wird dann mit diesem berechneten Schlüssel ver- und entschlüsselt. Ein Austausch des Schlüssels selbst ist nicht erforderlich.

7.4.3 Datenverschlüsselung

Als Produktanbieter speichern Sie zwangsläufig Kontaktdaten über Ihre Nutzer und bei cloudbasierten Produkten auch deren Nutzerdaten. Zu den Kontaktdaten gehören persönliche Informationen wie Adressen, Telefonnummern, E-Mail-Adressen und Kreditkartennummern. Die Nutzerdaten können Dokumente sein, die die Benutzer erstellt haben, oder Geschäftsdatenbanken.
Angenommen, Ihr Produkt ist ein cloudbasiertes System für Labore, das Testdaten über neue Medikamente speichert und verarbeitet. Die Datenbank enthält Informationen über die Versuche, Versuchsteilnehmer und Testergebnisse. Ein Diebstahl dieser Daten kann die Privatsphäre der Testteilnehmer verletzen und eine Offenlegung der Testergebnisse die finanzielle Lage des Prüfunternehmens gefährden.
Durch Verschlüsselung kann der durch Datendiebstahl entstandene Schaden reduziert werden. Wenn Informationen verschlüsselt sind, ist es für Diebe unmöglich oder sehr teuer, auf die unverschlüsselten Daten zuzugreifen und sie zu verwenden. Daher sollten Sie Benutzerdaten möglichst immer verschlüsseln. Die Umsetzbarkeit der Verschlüsselung hängt vom Verschlüsselungskontext ab:

1. *Daten im Übertragungsmodus (data in transit):* Daten werden von Computer zu Computer übertragen. Dabei sollten die Daten immer verschlüsselt werden. Bei einer Übertragung der Daten über das Internet sollten Sie immer das HTTPS- und nicht das HTTP-Protokoll wählen, um die Verschlüsselung zu gewährleisten.

2. *Daten im Speichermodus (data at rest):* Daten werden gespeichert. Wenn die Daten nicht verwendet werden, sollten die Dateien, in denen die Daten gespeichert sind, verschlüsselt werden, damit ein Diebstahl dieser Dateien nicht zur Offenlegung vertraulicher Informationen führt.

3. *Daten im Gebrauchsmodus (data in use):* Die Daten werden aktiv verarbeitet. Es ist problematisch, Daten zu verschlüsseln, die gerade verwendet werden. Die Verschlüsselung und Entschlüsselung der Daten verlangsamt die Reaktionszeit des Systems. Außerdem ist die Implementierung eines allgemeinen Suchmechanismus auf verschlüsselten Daten unmöglich, da es schwierig ist, Suchbegriffe mit verschlüsselten Daten abzugleichen.

Daten können auf vier verschiedenen Ebenen im System verschlüsselt werden (▶ Abbildung 7.14). Generell ist auf den höheren Ebenen dieses Stacks der Schutz höher, da die Daten für eine kürzere Zeitspanne entschlüsselt werden.

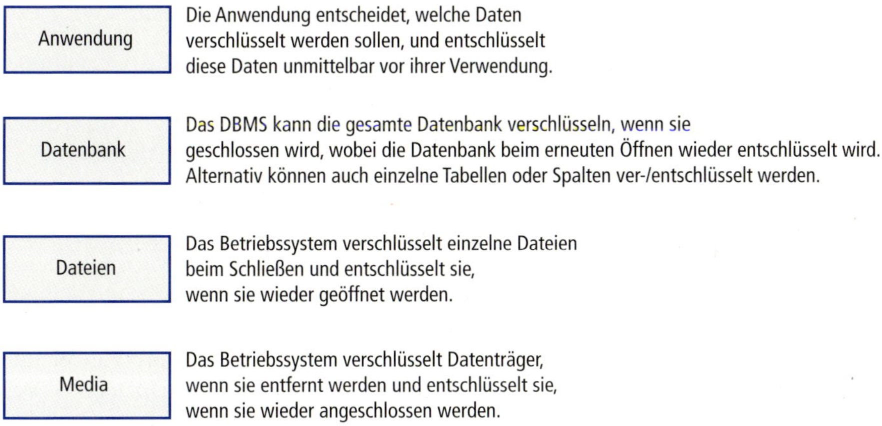

Abbildung 7.14: Verschlüsselungsebenen

Bei der Verschlüsselung auf Medienebene wird ein ganzer Datenträger verschlüsselt. Dies bietet einen begrenzten Schutz und dient dazu, die Daten auf Laptops und tragbaren Speichermedien zu schützen, wenn sie verloren gehen oder gestohlen werden. Diese Stufe ist für Produktentwickler nicht wirklich relevant.
Die Verschlüsselung auf Dateiebene beinhaltet die Verschlüsselung ganzer Dateien und ist relevant, wenn Sie einen Teil der Informationen auch in Dateien und nicht nur in einem DBMS speichern. Im Allgemeinen bedeutet dies, dass Sie ein eigenes Verschlüsselungssystem für Ihre Systemdateien bereitstellen müssen. Sie sollten Verschlüsselungen, die von Cloud-Anbietern wie Dropbox angeboten werden, nicht trauen, da diese Anbieter die Schlüssel besitzen und somit auf Ihre Daten zugreifen können. Die meisten Datenbankmanagementsysteme bieten irgendeine Form der Verschlüsselung:

1. *Verschlüsselung von Datenbankdateien:* Die Dateien, in denen die Datenbank ihre Daten speichert, sind verschlüsselt. Wenn das DBMS Daten von einer Datei anfordert, werden diese bei der Übertragung in den Speicher des Systems entschlüsselt und beim Zurückschreiben in die Datei verschlüsselt.

2. *Verschlüsselung auf „Spaltenebene“:* Bestimmte Spalten in einem relationalen Datenbanksystem werden verschlüsselt. Wenn Ihre Datenbank zum Beispiel persönliche Informationen enthält, sollten Sie die Spalte mit der Kreditkartennummer des Benutzers verschlüsseln. Die Spalte muss nur entschlüsselt werden, wenn die Nummer abgerufen wird, z.B. bei einer Transaktion an das Kreditkarteninstitut.

Die Verschlüsselung auf Anwendungsebene ermöglicht es Ihnen als Produktentwickler zu entscheiden, welche Daten verschlüsselt werden sollen und wann dies geschehen soll. Sie implementieren ein Verschlüsselungsschema in Ihrem Produkt, um vertrauliche Daten zu ver- und entschlüsseln. Jeder Benutzer Ihres Produkts wählt einen persönlichen Verschlüsselungscode. Die Daten werden in der Anwendung verschlüsselt, die die Daten erzeugt oder modifiziert, anstatt sich auf die Datenbankverschlüsselung zu verlassen. Folglich sind alle gespeicherten Daten immer verschlüsselt. Sie sollten die verwendeten Verschlüsselungscodes nicht speichern.

Leider hat die Verschlüsselung auf Anwendungsebene mehrere Nachteile:

1. Wie bereits erwähnt, sind die meisten Softwareentwickler keine Verschlüsselungsexperten. Die Implementierung eines vertrauenswürdigen Verschlüsselungssystems ist komplex und teuer und es besteht die reale Gefahr, dass Ihnen Fehler unterlaufen. Das bedeutet, dass Ihr System möglicherweise nicht so sicher ist, wie Sie es gerne hätten.

2. Die Ver- und Entschlüsselung kann die Leistung Ihrer Anwendung erheblich beeinträchtigen. Die für die Ver- und Entschlüsselung benötigte Zeit verlangsamt das System. Das könnte Benutzer veranlassen, Ihre Software entweder abzulehnen oder die Verschlüsselungsfunktion nicht zu nutzen.

3. Zusätzlich zur Verschlüsselung müssen Sie Schlüsselverwaltungsfunktionalität bereitstellen, die im nächsten Abschnitt beschrieben wird. Normalerweise muss zusätzlicher Code geschrieben werden, um ein Schlüsselverwaltungssystem in Ihre Anwendung zu integrieren.

Wenn Sie sich entscheiden, Verschlüsselung in Ihrer Anwendung zu implementieren, können Sie in den meisten Programmiersprachen auf Kryptografie-Bibliotheken zurückgreifen. Für die symmetrische Verschlüsselung sind die AES- und Blowfish-Algorithmen sehr sicher, aber Sie sollten auch immer Fachwissen heranziehen oder Spezialisten konsultieren, um den für Ihr Produkt besten Verschlüsselungsansatz auszuwählen.

7.4.4 Schlüsselverwaltung

Ein allgemeines Problem eines jeden Verschlüsselungssystems ist die Schlüsselverwaltung, die dafür zu sorgen hat, dass Verschlüsselungscodes sicher generiert, gespeichert und von autorisierten Benutzern abgerufen werden können. Unternehmen müssen unter Umständen Zehntausende von Codes verwalten. Aufgrund der großen Anzahl von Verschlüsselungscodes und digitalen Zertifikaten, die verwaltet werden müssen, ist von einer manuellen Schlüsselverwaltung abzuraten. Vielmehr sollten Sie eine Art automatisiertes Schlüsselverwaltungssystem (*Key Management System*, KMS) verwenden.

Die Schlüsselverwaltung ist wichtig, denn wenn Sie dabei Fehler machen, können unberechtigte Benutzer auf Ihre Schlüssel zugreifen und so vermeintlich private Daten entschlüsseln. Schlimmer noch ist der Fall, dass Sie Verschlüsselungscodes verlieren, denn dann könnten Sie dauerhaft den Zugriff auf Ihre verschlüsselten Daten verlieren.

Ein KMS ist eine spezielle Datenbank, die entwickelt wurde, um Verschlüsselungscodes, digitale Zertifikate und andere vertrauliche Informationen sicher zu speichern und zu verwalten. Sie stellt Funktionalität bereit wie Schlüsselgenerierung (z.B. Schlüsselpaare aus öffentlichem und privatem Schlüssel), Zugriffskontrolle, die regelt, welche Personen und Anwendungen auf Schlüssel zugreifen können, und Schlüsselübertragung, die die Schlüssel sicher vom KMS zu anderen Netzwerkknoten überträgt.

▸ Abbildung 7.15 zeigt die Komponenten eines Verschlüsselungssystems, bei dem der Zugriff über ein KMS koordiniert wird.

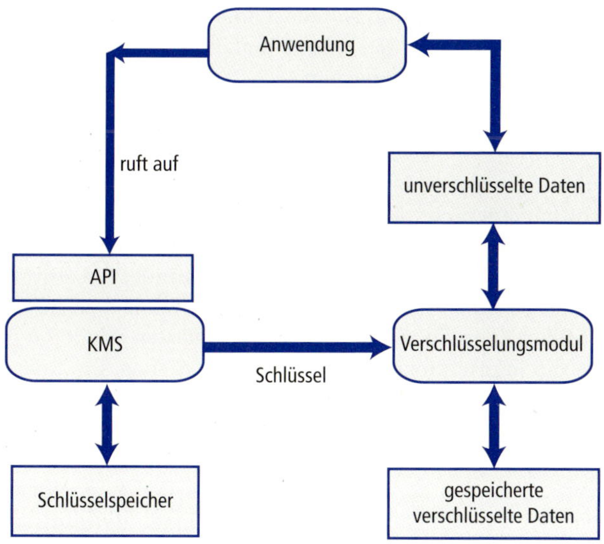

Abbildung 7.15: Einsatz eines KMS zur Schlüsselverwaltung

Unternehmen sind meistens aufgrund von Bilanzierungsvorschriften und anderen Bestimmungen verpflichtet, Kopien aller ihrer Daten für mehrere Jahre aufzubewahren. Im Vereinigten Königreich beispielsweise müssen Steuer- und Unternehmensdaten mindestens sechs Jahre lang aufbewahrt werden, wobei für einige Datentypen eine längere Aufbewahrungsfrist gilt. Datenschutzbestimmungen können verlangen, dass diese Daten sicher aufbewahrt werden, daher sollten die Daten verschlüsselt werden.

Um die Risiken einer Sicherheitsverletzung zu reduzieren, sollten die Verschlüsselungscodes regelmäßig geändert werden. Das bedeutet, dass die Archivdaten möglicherweise mit einem anderen Schlüssel verschlüsselt sind als die aktuellen Daten Ihres Systems. Daher muss ein KMS mehrere datierte Schlüsselversionen speichern, damit Systemsicherungen und Archive bei Bedarf entschlüsselt werden können.

Einige Funktionen eines KMS können als Funktionalität des Standardbetriebssystems bereitgestellt werden, wie z.B. Apples MacOS-Schlüsselbund. Aber deren Einsatz eignet sich wirklich nur für private Zwecke oder sehr kleine Unternehmen. Für große Unternehmen sind komplexere Produkte und Services erforderlich. Amazon, Microsoft und Google bieten jeweils ein KMS, das speziell für cloudbasierte Produkte entwickelt wurde.

7.5 Datenschutz

Datenschutz ist ein soziales Konzept, das die Erhebung, Verbreitung und angemessene Nutzung von personenbezogenen Daten betrifft, die sich im Besitz eines Dritten, z.B. eines Unternehmens oder eines Krankenhauses, befinden. Die Bedeutung des Datenschutzes hat sich im Laufe der Zeit gewandelt und jeder Einzelne hat seine eigene Meinung darüber, welcher Grad an Privatsphäre ihm wichtig ist. Aber auch Kultur und Alter beeinflussen die Einstellung der Menschen zum Thema Privatsphäre. Zum Beispiel:

- Manche sind bereit, Informationen über ihre Freunde und Kollegen preiszugeben, indem sie ihre Kontaktliste in ein Softwaresystem hochladen; andere lehnen dies ab.

- Jüngere Menschen waren die ersten Nutzer sozialer Netzwerke und viele von ihnen scheinen weniger Hemmungen zu haben, persönliche Informationen auf diesen Plattformen zu teilen als ältere Menschen.
- In einigen Ländern wird die Höhe des Einkommens einer Person als Privatsache betrachtet, in anderen werden alle Steuererklärungen veröffentlicht.

Um die Privatsphäre zu wahren, benötigen Sie ein sicheres System. Allerdings sind Sicherheit und Privatsphäre nicht dasselbe. Facebook ist ein sicheres System mit wenigen Sicherheitsverletzungen. Die Privatsphäre ist jedoch nicht so gut geschützt, da System-Features die Nutzer daran hindern oder es ihnen zumindest erschweren festzulegen, wer ihre persönlichen Daten sieht. Wenn in einem medizinischen Informationssystem ein Angreifer von außen Zugriff auf die medizinischen Daten erhält, ist dies ein Sicherheitsverstoß. Wenn die Informationen im System dazu dienen, um unerwünschte Werbung für Pflegeheime zu versenden, ist dies eine Verletzung der Privatsphäre.

Die Menschen sind bezüglich der Definition von Privatsphäre unterschiedlicher Meinung, sodass es unmöglich ist, objektive „Datenschutzstandards" auf der Grundlage einer Definition von „sensiblen persönlichen Daten" festzulegen. Nur wenige würden bestreiten, dass der Schutz von Gesundheitsinformationen gewahrt sein muss. Aber was ist mit den Standortinformationen – sollten diese privat sein oder nicht? Die Kenntnis des Standortes einer Person kann bei vielen Produkten den praktischen Mehrwert für den Benutzer verbessern. Diese Informationen können jedoch auch missbraucht werden, sodass manche ihren Standort nicht preisgeben wollen oder Unternehmen untersagen, ihre Standortinformationen zu verwenden.

In vielen Ländern ist das Recht auf die Privatsphäre des Einzelnen durch Datenschutzgesetze geregelt. Diese Gesetze beschränken die Erhebung, Verbreitung und Nutzung von personenbezogenen Daten auf die Zwecke, für die sie erhoben wurden. Beispielsweise kann eine Reiseversicherungsgesellschaft Gesundheitsinformationen sammeln, um den Grad des Risikos zu bewerten. Dies ist legal und zulässig. Es wäre jedoch nicht legal, wenn Unternehmen diese Informationen zur gezielten Schaltung von Onlinewerbung für Sanitätsbedarf verwenden würden, es sei denn, die Nutzer hätten ausdrücklich ihre Zustimmung dazu gegeben.

Abbildung 7.16: Datenschutzgesetze

▶ Abbildung 7.16 zeigt die Bereiche, die von Datenschutzgesetzen abgedeckt werden können. Diese Gesetze unterscheiden sich von Land zu Land und die Gesetze einiger Länder decken nicht alle Bereiche ab. Die Datenschutzbestimmungen der Europäischen Union (GDPR) gehören zu den strengsten der Welt und ich stütze mich hier auf genau diese Bestimmungen. Die Gesetzgebung gilt nicht nur für europäische Unternehmen. Die GDPR gilt für alle Unternehmen, die über Daten von EU-Bürgern verfügen, unabhängig davon, wo diese Unternehmen ihren Sitz haben. Deshalb müssen US-amerikanische, indische und chinesische Unternehmen, die EU-Bürgern die Erstellung von Konten ermöglichen, die GDPR befolgen.

Datenschutzgesetze beziehen sich in der Regel auf die von den Daten betroffenen Personen und auf Datenverantwortliche. Die Betroffenen sind Personen, deren Daten verwaltet werden, und der Datenverantwortliche ist der Verwalter dieser Daten. Der Begriff „Dateneigentümer" ist mehrdeutig und wird daher in der Regel nicht verwendet. Die betroffenen Personen haben das Recht, auf die über sie gespeicherten Daten zuzugreifen und eventuelle Fehler zu korrigieren. Sie müssen in die Verwendung ihrer Daten einwilligen und können die Löschung relevanter Daten verlangen. Der Datenverantwortliche ist verantwortlich für die sichere Speicherung der Daten an einem Ort, der unter die Datenschutzvorschriften fällt. Der Datenverantwortliche muss den Betroffenen Zugriff auf die Daten gewähren und darf sie nur für den Zweck verwenden, für den sie erhoben wurden.

Die Datenschutzgesetze basieren auf einer Reihe von Datenschutzgrundsätzen, die eine gute Datenschutzpraxis widerspiegeln (▶ Tabelle 7.6).

Datenschutzgrundsatz	Erläuterung
Kenntnis und Kontrolle	Die Benutzer Ihres Produkts müssen darüber informiert werden, welche Daten bei der Verwendung des Produkts erfasst werden, und sie müssen die Kontrolle über ihre persönlichen Daten haben, die Sie erfassen.
Zweck	Sie müssen den Benutzern mitteilen, warum Daten erhoben werden, und dürfen diese Daten nicht für andere Zwecke verwenden.
Zustimmung	Sie müssen immer die Zustimmung eines Nutzers einholen, bevor Sie dessen Daten an andere Personen weitergeben.
Lebensdauer der Daten	Sie dürfen die Daten nicht länger als nötig aufbewahren. Wenn ein Benutzer ein Konto löscht, müssen Sie die mit diesem Konto verbundenen persönlichen Daten löschen.
Sichere Speicherung	Sie müssen Daten sicher aufbewahren, sodass sie nicht manipuliert oder an Unbefugte weitergegeben werden können.
Offenlegung und Fehlerkorrektur	Sie müssen den Benutzern die Möglichkeit geben herauszufinden, welche persönlichen Daten Sie speichern. Sie müssen den Benutzern die Möglichkeit geben, Fehler in ihren persönlichen Daten zu korrigieren.
Ort	Sie dürfen keine Daten in Ländern mit schwächeren Datenschutzbestimmungen speichern, es sei denn, es besteht eine ausdrückliche Vereinbarung, dass die strengeren Datenschutzbestimmungen eingehalten werden.

Tabelle 7.6: Datenschutzgrundsätze

Es gibt drei betriebswirtschaftliche Gründe, warum Sie auf den Datenschutz achten sollten:

1. Wenn Sie ein Produkt Ihren Kunden direkt anbieten und die Datenschutzbestimmungen nicht einhalten, können Sie von den Produktkäufern oder einer Datenaufsichtsbehörde verklagt werden. Wenn der Schutz, der in einigen Ländern durch die Datenschutzbestimmungen geboten wird, von Ihnen nur zum Teil gewährleistet werden kann, können Sie Ihr Produkt in diesen Ländern nicht verkaufen.

2. Wenn es sich bei Ihrem Produkt um eine Business-Lösung handelt, fordern Ihre Firmenkunden, dass Sie Vorkehrungen bezüglich des Datenschutzes treffen, damit sie nicht Gefahr laufen, den Datenschutz zu verletzen und rechtlich von ihren Nutzern belangt zu werden.

3. Wenn persönliche Informationen preisgegeben oder missbraucht werden, auch wenn dies nicht als Verletzung der Datenschutzbestimmungen angesehen wird, kann Ihr Ruf ernsthaft Schaden nehmen und Sie könnten dadurch Kunden verlieren.

Die von ihrer Software zu erfassenden Informationen hängen von der Funktionalität Ihres Produkts und dem von Ihnen verwendeten Geschäftsmodell ab. Sie sollten wirklich nur die Daten erfassen, die Sie benötigen. Angenommen, Sie entwickeln eine serviceorientierte Lernumgebung. Dann müssen Sie sich darüber informieren, welche Personen Ihr System nutzen, welche Dienste sie verwenden, welche Lernmodule sie aufrufen und mit welchen Leistungen sie ihre jeweiligen Lerneinheiten abschließen. Was Sie nicht benötigen, sind Informationen über die ethnische Herkunft der Benutzer, ihre familiäre Situation oder welche andere Software sie verwenden.

Um die Privatsphäre der Benutzerdaten zu wahren, sollten Sie eine Datenschutzrichtlinie erstellen, die definiert, wie persönliche und sensible Informationen Ihrer Benutzer erfasst, gespeichert und verwaltet werden. Die in ▶ Tabelle 7.6 dargestellten allgemeinen Datenschutzgrundsätze sollten als Rahmen dienen, um eine Datenschutzrichtlinie für Ihr Produkt zu entwickeln.

Softwareprodukte verwenden Daten auf unterschiedliche Weise, sodass in Ihrer Datenschutzrichtlinie festgelegt werden muss, welche persönlichen Daten Sie erfassen und wie Sie diese Daten verwenden. Die Nutzer der Produkte sollten in der Lage sein, Ihre Datenschutzerklärung zu überprüfen und ihre Präferenzen bezüglich der von Ihnen gespeicherten Informationen zu ändern. Beispielsweise sollten die Nutzer die Möglichkeit haben anzugeben, ob sie Werbe-E-Mails von Ihnen erhalten möchten oder nicht. Ihre Datenschutzrichtlinie ist ein juristisches Dokument und sollte prüfbar sein, um sicherzustellen, dass sie mit den Datenschutzgesetzen der Länder, in denen Ihre Software verkauft wird, übereinstimmt.

Leider verstecken zu viele Softwarefirmen ihre Datenschutzrichtlinien in einem langen „AGB-Dokument“, das in der Praxis niemand liest. So kommen sie damit durch, dass sie Benutzerdaten erfassen, die für ihr Produkt nicht benötigt werden, und können sich bei der Verwendung dieser Daten unbemerkt über die Erwartungen der Benutzer hinwegsetzen. Dies ist nicht illegal, aber unethisch. Die GDPR verlangt inzwischen von den Softwareunternehmen, dass sie ihre Datenschutzrichtlinie in einfacher Sprache ohne Juristenjargon zusammenfassen.

Einige Softwaregeschäftsmodelle basieren darauf, freien Zugang zur Software zu gewähren und die Daten der Nutzer in irgendeiner Weise zur Generierung von Umsatz zu nutzen. Die Daten können verwendet werden, um gezielt Werbung bei den Nutzern einzublenden oder um Dienstleistungen anzubieten, die von anderen Unternehmen bezahlt werden. Wenn Sie dieses Modell verwenden, sollten Sie deutlich machen, dass Sie Daten für diesen Zweck erheben und Ihr Service davon abhängig ist, in irgendeiner Weise einen geldwerten Vorteil aus den Nutzerdaten zu ziehen. Sie sollten den Nutzern immer die Möglichkeit bieten, sich gegen die Nutzung ihrer Daten durch andere Unternehmen zu entscheiden.

Der Datenschutz wird besonders schwierig, wenn Ihr Produkt Freigabefunktionen enthält, mit denen Benutzer sehen können, was andere Benutzer tun und wie sie Ihr Produkt verwenden. Facebook ist das beste Beispiel dafür. Es gab viele Kontroversen über den Datenschutz bei Facebook und die Art und Weise, wie das Unternehmen Benutzerdaten verwendet und welche Datenschutzeinstellungen die Benutzer vornehmen können. Facebook bietet zwar umfangreiche Datenschutzeinstellungen, aber diese befinden sich nicht alle an einem Ort und sind manchmal schwer zu finden. Folglich geben viele Facebook-Nutzer versehentlich persönliche Informationen preis, die sie möglicherweise lieber privat halten möchten.

Wenn Ihr Produkt soziale Netzwerkfunktionalität enthält, damit Benutzer Informationen teilen können, sollten Sie sicherstellen, dass die Benutzer verstehen, wie sie die geteilten Informationen beeinflussen können. Im Idealfall sollten Sie ein „Datenschutz-Dashboard" anbieten, das alle Datenschutzeinstellungen an einer Stelle bündelt, sodass sie für die Benutzer klar erkennbar sind. Wenn die Funktionalität Ihres Systems von der umfangreichen Sammlung von Benutzerinformationen abhängt, sollten Sie den Benutzern klar machen, dass die Festlegung zusätzlicher Datenschutzeinstellungen die Funktionalität Ihres Systems einschränken kann.

Zusammenfassung

- Sicherheit ist ein technisches Konzept, das sich auf die Fähigkeit eines Softwaresystems bezieht, sich vor böswilligen Angriffen zu schützen, die seine Verfügbarkeit und die Integrität des Systems und seiner Daten bedrohen und zum Diebstahl vertraulicher Informationen führen können.
- Häufige Arten von Angriffen auf Softwareprodukte sind Injection-Angriffe, Cross-Site-Scripting-Angriffe, Session-Hijacking-Angriffe, Denial-of-Service-Angriffe und Brute-Force-Angriffe.
- Die Authentifizierung kann auf etwas basieren, das ein Benutzer kennt, hat oder das ein physisches Attribut des Benutzers darstellt.
- Bei der föderierten Authentifizierung wird die Verantwortung für die Authentifizierung an eine dritte Partei, wie z. B. Facebook oder Google, oder an den Authentifizierungsdienst eines Unternehmens übertragen.
- Bei der Autorisierung wird der Zugriff auf die Systemressourcen auf der Grundlage der authentifizierten Identität des Benutzers kontrolliert. ACLs sind der am häufigsten verwendete Mechanismus zur Implementierung der Autorisierung.
- Symmetrische Verschlüsselung beinhaltet die Ver- und Entschlüsselung von Informationen mit demselben geheimen Schlüssel. Bei der asymmetrischen Verschlüsselung wird ein Schlüsselpaar verwendet – ein privater und ein öffentlicher Schlüssel. Informationen, die mit dem öffentlichen Schlüssel verschlüsselt wurden, können nur mit dem privaten Schlüssel entschlüsselt werden.
- Ein Hauptproblem bei der symmetrischen Verschlüsselung ist der Schlüsselaustausch. Das TLS-Protokoll, das zur Sicherung des Webverkehrs verwendet wird, umgeht dieses Problem, indem es die asymmetrische Verschlüsselung für die Übertragung der Informationen verwendet, die zur Erzeugung eines gemeinsamen Schlüssels erforderlich sind.
- Wenn Ihr Produkt sensible Benutzerdaten speichert, sollten Sie diese Daten verschlüsseln, wenn sie nicht in Gebrauch sind.
- Ein Schlüsselverwaltungssystem (KMS) speichert Verschlüsselungscodes. Die Verwendung eines KMS ist unerlässlich, da ein Unternehmen möglicherweise Tausende oder sogar Millionen von Schlüsseln verwaltet und eventuell alte Daten entschlüsseln muss, die mit einem nicht mehr gebräuchlichen Verschlüsselungscode verschlüsselt wurden.
- Datenschutz ist ein soziales Konzept, das darauf beruht, wie Menschen über die Freigabe ihrer persönlichen Daten gegenüber anderen denken. Verschiedene Länder und Kulturen haben unterschiedliche Vorstellungen darüber, welche Informationen privat sein sollten und welche nicht.
- In vielen Ländern wurden Datenschutzgesetze verabschiedet, um die Privatsphäre des Einzelnen zu schützen. Sie schreiben vor, dass die Unternehmen, die Benutzerdaten verwalten, diese sicher speichern, sie nicht ohne die Zustimmung der Benutzer verwenden oder verkaufen und die Benutzer die im System gespeicherten persönlichen Daten einsehen und korrigieren können.

Ergänzende Literatur

Security in Computing, 5. Auflage: Es gibt eine Menge allgemeiner Bücher zu Computersicherheit, die viele der hier angesprochenen Themen behandeln. Alle bieten einen mehr oder weniger guten Überblick über die Sicherheitsgrundlagen wie Authentifizierung, Autorisierung und Verschlüsselung. Das hier genannte Buch ist das Werk, das diesem Kapitel zugrunde liegt (C.P. Pfleeger und S.L. Pfleeger, Prentice Hall, 2015).

Schneier on Security: Bruce Schneier ist ein bekannter Sicherheitsexperte, der sehr anschaulich schreiben kann. Sein Blog umfasst ein breites Spektrum allgemeiner Sicherheitsthemen (B. Schneier, verschiedene Datumsangaben).
https://www.schneier.com/

„The Basics of Web Application Security": Dieser Artikel ist eine ausgezeichnete Einführung von Martin Fowlers Team in mögliche Sicherheitsbedrohungen für Webanwendungen und in Schutzmaßnahmen, mit denen Sie diesen Bedrohungen vorbeugen können (C. Cairns und D. Somerfield, 2017).
https://martinfowler.com/articles/web-security-basics.html

„Excess XSS: A comprehensive tutorial on cross-site scripting": Dies ist ein umfassendes Tutorial über Cross-Site-Scripting-Angriffe und wie man sie verhindern kann (J. Kallin und I. Lobo Valbuena, 2016).
https://excess-xss.com/

„Certificates and Authentication": Diese leicht lesbare Einführung erklärt, wie Zertifikate in dem Authentifizierungsprozess genutzt werden können (Redhat, ohne Datum).
https://access.redhat.com/documentation/en-us/red_hat_certificate_system/9/html/planning_installation_and_deployment_guide/introduction_to_public_key_cryptography

„5 Common Encryption Algorithms and the Unbreakables of the Future": Verschlüsselung ist ein komplexes Thema und Sie sollten bei der Wahl eines Verschlüsselungsalgorithmus große Sorgfalt walten lassen. Dieser Artikel stellt fünf häufig verwendete Verschlüsselungsalgorithmen vor. Doch Sie sollten diese noch viel ausführlicher studieren, bevor Sie eine Entscheidung treffen (StorageCraft, 2017).
https://blog.storagecraft.com/5-common-encryption-algorithms/

„What Is GDPR? The summary guide to GDPR compliance in the UK": Die allgemeine Datenschutzbestimmung GDPR (General Data Protection Regulation), die 2018 in Kraft trat, hat die Datenschutzgesetzgebung in Europa erheblich verändert. Dieser WIRED-Artikel gibt eine gute Zusammenfassung der allgemeinen Datenschutzthemen und diskutiert, wie GDPR den Datenschutz erhöht hat (M. Burgess, 2018).
http://www.wired.co.uk/article/what-is-gdpr-uk-eu-legislation-compliance-summary-fines-2018

Präsentationen, Videos und Links

https://iansommerville.com/engineering-software-products/static/presentations-videos-and-links/security-and-privacy

Lösungshinweise

Übungen

1 Beschreiben Sie kurz die drei Hauptbedrohungsarten, die berücksichtigt werden müssen, wenn Sie planen, ein Softwareprodukt gegen Cyberattacken zu schützen.

2 Erklären Sie in Ihren eigenen Worten, was Sie unter einem SQL-Injection-Angriff verstehen. Erklären Sie, wie sich mithilfe der Datenvalidierung solche Angriffe vermeiden lassen.

3 Was sind Ihrer Meinung nach die Vor- und Nachteile der Verwendung eines speziellen Geräts anstelle eines Smartphones bei der Zwei-Faktor-Authentifizierung? (*Tipp:* Denken Sie über die Probleme bei der Verwendung eines Smartphones als Authentifizierungsgerät nach.)

4 Schlagen Sie unter Angabe von Gründen geeignete Formen der Authentifizierung für die folgenden Produkte vor:

a. ein werbefinanziertes E-Learning-Produkt für Lehrer und Schüler, das es den Nutzern ermöglicht, Videos und anderes Lernmaterial zu einer Reihe von Themen zu empfehlen;

b. eine persönliche Finanz-App für mobile Geräte, die auf der Grundlage von Regeln, die der Nutzer aufgestellt hat, automatisch Gelder zwischen verschiedenen Konten überweisen kann;

c. ein Human-Resources-Produkt für Unternehmen, das die Personalabteilung bei der Rekrutierung neuer Mitarbeiter unterstützt.

5 Was ist der Unterschied zwischen symmetrischer und asymmetrischer Verschlüsselung? Warum brauchen wir beide Verschlüsselungsmethoden?

6 Erklären Sie, warum es normalerweise vorzuziehen ist, die integrierte Verschlüsselungsunterstützung einer Datenbank zu verwenden, anstatt eine eigene Verschlüsselung auf Anwendungsebene zu implementieren.

7 Erklären Sie, wie Verschlüsselungscodes im TLS-Protokoll sicher ausgetauscht werden.

8 Welche Probleme gibt es bei der Speicherung von vertraulichen Informationen, die laut Gesetz einige Jahre lang aufbewahrt werden müssen? Wie kann ein Schlüsselmanagementsystem bei diesen Problemen helfen?

9 Warum ist es so schwierig, eine Reihe von Datenschutzstandards festzulegen, die international in Softwareprodukten angewendet werden können?

10 Ein chinesisches E-Commerce-Unternehmen beschließt, seine Geschäftstätigkeit auf die Europäische Union auszuweiten. Es schlägt vor, einen lokalen Cloud-Anbieter für die Bereitstellung der Anwendungsserver zu nutzen, aber die Benutzerinformationen zur Analyse auf Server in China zu übertragen. Erklären Sie, warum diese Informationsübertragung nach den Datenschutzgesetzen illegal sein könnte. (*Tipp:* Schauen Sie sich die Probleme im Zusammenhang mit der Anonymisierung von Daten an.)

Zuverlässige Programmierung

8

ÜBERBLICK

Um ein erfolgreiches Softwareprodukt zu entwickeln, müssen Sie mehr tun, als nur eine Reihe nützlicher Funktionen zusammenzustellen, die sich an den Kundenbedürfnissen orientieren. Die Kunden müssen sicher sein, dass Ihr Produkt nicht abstürzt oder Daten verloren gehen, und die Benutzer müssen die Software schnell erlernen und fehlerfrei bedienen können. Kurz gesagt, Sie müssen ein qualitativ hochwertiges Produkt entwickeln, das die Menschen gerne benutzen.

Die Aussage, dass ein Programm von hoher Qualität ist, drückt in Kurzform aus, dass es dabei einen Satz wünschenswerter Programmattribute erfüllt, die Programme praxistauglich und nützlich machen. Ich habe die Idee der nichtfunktionalen Qualitätsmerkmale in ▶Kapitel 4 eingeführt und in ▶Tabelle 4.2 beschrieben. ▶Abbildung 8.1 zeigt diese Qualitätsattribute von Softwareprodukten.

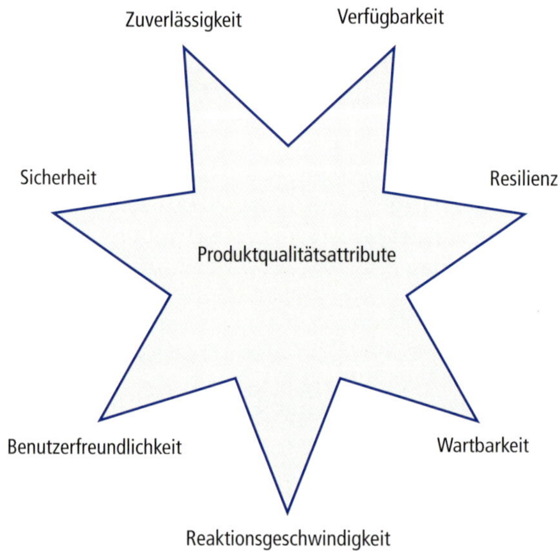

Abbildung 8.1: Produktqualitätsattribute

Qualitätsattribute lassen sich in drei Gruppen einteilen:

1. Zuverlässigkeitsattribute: Zuverlässigkeit, Verfügbarkeit, Sicherheit und Resilienz. Diese beziehen sich alle auf die Fähigkeit der Software, ihre Funktionalität so bereitzustellen, wie vom Benutzer erwartet, ohne dass etwas schiefläuft.

2. Attribute des Nutzererlebnis (User Experience, UX): Reaktionsgeschwindigkeit und Benutzerfreundlichkeit. Diese beziehen sich auf die Interaktion des Benutzers mit Ihrem Produkt.

3. Wartbarkeit: ein komplexes Attribut, das ausdrückt, wie einfach es für Entwickler ist, Änderungen am Programm vorzunehmen, um Fehler zu korrigieren und neue Funktionen hinzuzufügen.

Manchmal stützen sich diese Attribute gegenseitig, manchmal stehen sie im Widerspruch zueinander. Wenn Sie zum Beispiel die Sicherheit eines Programms verbessern, indem Sie alle Eingaben validieren, verbessern Sie auch seine Zuverlässigkeit. Die zusätzlichen Prüfungen für die Validierung können Ihr Programm aber auch verlangsamen und seine Reaktionsgeschwindigkeit verringern. Die Verbesserung der Sicherheit durch das Hinzufügen zusätzlicher Authentifizierungsebenen wirkt sich außerdem auf die Benutzerfreundlichkeit eines Programms aus, da Benutzer sich mehr Informationen merken und eingeben müssen, bevor sie mit der eigentlichen Arbeit beginnen können.

Ich konzentriere mich hier auf Techniken, die helfen, die allgemeine Zuverlässigkeit eines Programms zu verbessern, wobei ich „Zuverlässigkeit" als Oberbegriff für Zuverlässigkeit, Verfügbarkeit, Sicherheit und Resilienz verwende. Benutzerfreundlichkeit und Reaktionsgeschwindigkeit sind in der Praxis wichtige Attribute, die jedoch subjektiv sind und sich, je nach Anwendungsbereich und Marktsituation, von Programm zu Programm unterscheiden. Deshalb ist es schwierig, produktunabhängige Tipps zu geben, wie sich Reaktionsgeschwindigkeit und Benutzerfreundlichkeit am besten erreichen lassen.

Die Wartbarkeit eines Programms hängt davon ab, wie lesbar und gut strukturiert es ist. Um wartbar zu sein, muss ein Programm aus gut geschriebenen, austauschbaren und prüfbaren Modulen bestehen. Die meisten Techniken, die die Zuverlässigkeit verbessern, tragen auch zur Verbesserung der Wartbarkeit bei.

Um kritische Softwaresysteme, d.h. Systeme, deren Ausfall zu Verletzungen oder Tod von Menschen oder zu erheblichen ökologischen oder wirtschaftlichen Schäden führen kann, so zuverlässig wie möglich zu machen, wurden spezielle Techniken entwickelt. Diese Techniken umfassen die formale Spezifikation und Verifikation von Programmen und die Verwendung von Zuverlässigkeitsarchitekturen, die redundante Komponenten enthalten. Dann kann das System im Falle eines Ausfalls automatisch auf eine Backup-Komponente umschalten.

Diese Techniken sind zu teuer und zeitaufwendig für die Entwicklung von Softwareprodukten. Drei einfachere, kostengünstigere Techniken zur Verbesserung der Produktzuverlässigkeit können jedoch in jedem Softwareunternehmen angewendet werden:

1. *Schwachstellenvermeidung:* Sie sollten bei der Programmierung darauf achten, keine Schwachstellen in Ihr Programm einzubauen.

2. *Eingabevalidierung:* Sie sollten das Format der Benutzereingaben möglichst genau definieren und überprüfen, ob alle Eingaben diesem Format entsprechen.

3. *Fehlermanagement:* Sie sollten Ihre Software so implementieren, dass Programmfehler nur minimale Auswirkungen auf die Benutzer des Produkts haben.

Die Vermeidung von Schwachstellen beim Programmieren bedeutet, dass Ihr Programmierstil die Wahrscheinlichkeit von Fehlern reduziert, die zu Schwachstellen in Ihrem Programm führen. Ihre Programme sollten leicht zu lesen sein, damit die Leser den Code leicht verstehen können. Sie sollten den Einsatz von fehleranfälligen Sprachkonstrukten in Ihrer Programmiersprache minimieren. Sie sollten Ihr Programm ändern und verbessern (Refactoring), indem Sie es lesbarer machen und unklaren Code entfernen. Sie sollten vertrauenswürdigen Code wiederverwenden und bei der Programmierung auf wohlverstandene, erprobte und getestete Konzepte wie Entwurfsmustern vertrauen.

In ▶ Kapitel 7 habe ich die Bedeutung der Eingabevalidierung zur Vermeidung verschiedener Sicherheitsbedrohungen für ein System diskutiert. Die Eingabevalidierung, bei der überprüft wird, ob die Benutzereingaben den Vorgaben entsprechen, ist auch für die Zuverlässigkeit wichtig. Durch das Abfangen ungültiger Eingaben stellen Sie sicher, dass keine falschen Daten verarbeitet oder in die Systemdatenbank eingegeben werden.

Allerdings kann man sich nicht einfach auf die Vermeidung von Schwachstellen verlassen. Alle Programmierer machen Fehler, deshalb sollten Sie davon ausgehen, dass es immer Restfehler in Ihrem Programm geben wird. Diese Fehler sind für die meisten Anwender nicht unbedingt problematisch, führen aber manchmal zu Softwareausfällen. Die meisten Benutzer akzeptieren, dass Dinge schiefgehen können und tolerieren Ausfälle, solange es für sie keine Mehrarbeit bedeutet. Daher sollten Sie die Möglichkeit eines Ausfalls in Ihrem Programm einkalkulieren und Wiederherstellungsfunktionen einbauen, die es den Benutzern ermöglichen, mit minimaler Unterbrechung neu zu starten.

8.1 Vermeidung von Schwachstellen

Schwachstellen in einem Programm sind die Folge von Programmierfehlern, d.h., wenn Programmierer Fehler machen und inkorrekten Code schreiben. Wenn der fehlerhafte Code ausgeführt wird, kommt es in irgendeiner Form zu einem Fehlverhalten des Programms. Dies kann eine falsche Ausgabe sein, ein nicht beendetes Programm oder der Absturz eines Programms, das nicht weiter ausgeführt wird. Zum Beispiel könnte ein Programmierer vergessen, eine Variable in einer Schleife zu inkrementieren, mit der Folge, dass die Schleife nie beendet wird.

Um die Zuverlässigkeit Ihres Programms zu verbessern, sollten Sie bei der Programmierung darauf achten, die Anzahl der Schwachstellen im Programm zu minimieren. Testen Sie beispielsweise Ihr Programm, um Fehler aufzudecken, und ändern Sie dann den Code, um diese Fehler zu beseitigen. Generell ist es jedoch besser, Programmierfehler zu minimieren, die zu Schwachstellen im Programm und nachfolgenden Ausführungsfehlern führen. Dies nennt man Schwachstellenvermeidung.

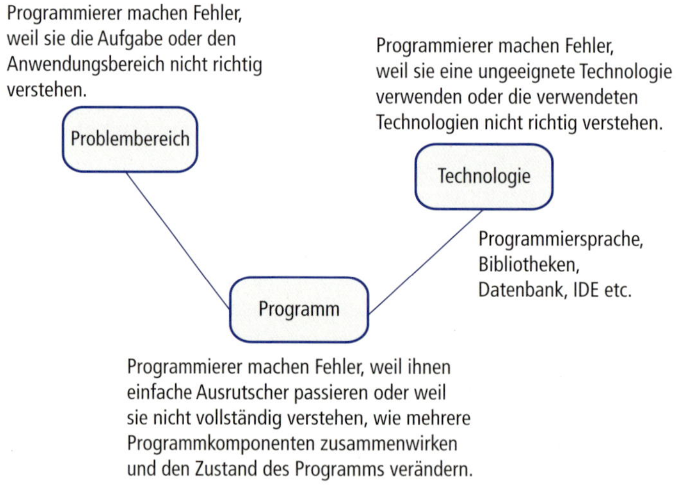

Abbildung 8.2: Ursachen von Programmfehlern

▶ Abbildung 8.2 zeigt drei Ursachen, die zu Programmfehlern führen können. Schauen wir uns Beispiele für jede dieser Fehlerarten an:

1 Angenommen, Sie implementieren ein Produkt, das Unternehmen bei der Reisekostenabrechnung unterstützt. Wenn Sie die Steuergesetze nicht kennen, die regeln, wie sich Reisekosten absetzen lassen, dann werden Sie bei der Implementierung Ihres Produkts unweigerlich Fehler machen (Problembereichsfehler).

2 Angenommen, Sie implementieren ein Katalogsystem für Museen und Kunstgalerien. Da Sie Erfahrung mit MySQL haben, entscheiden Sie sich dafür, eine relationale Datenbank in diesem System zu verwenden. Aufgrund der Vielfalt der Objekte in Museen ist jedoch die Erstellung eines komplexen Datenbankschemas erforderlich und die Komplexität kann zu Fehlern bei der Anpassung der Objektbeschreibungen an dieses Schema führen. Wäre Ihre Wahl auf eine NoSQL-Datenbank wie MongoDB gefallen, hätte dies vielleicht vermieden werden können (Technologiefehler).

3 Wir alle machen bei der Programmierung auch einfache Fehler, wie z.B. einen Bezeichner falsch schreiben. Rechtschreibfehler dieser Art werden oft von einem Compiler oder anderen Tools erkannt. Allerdings können diese Werkzeuge einige Arten von Fehlern nicht erkennen, wie z.B. Out-by-1-Fehler in einer `for`-Schleife. Zum Beispiel werden in vielen Sprachen die Zeichen in einer Zeichenkette (str) von 0 an adressiert, wobei das letzte Zeichen die Länge (str)−1 hat. Wenn Sie Code schreiben, der an Position 1 und nicht an 0 beginnt, wird das erste Zeichen in der Zeichenfolge nicht verarbeitet (Programmfehler).

Die zugrunde liegende Ursache vieler Programmfehler ist die Komplexität. Wie ich in ▶ Kapitel 4 erklärt habe, ist ein Programm umso schwieriger zu verstehen, je komplexer es ist. Wenn Sie ein Programm nicht vollständig verstehen, ist die Wahrscheinlichkeit höher, dass Sie Fehler machen, wenn Sie es ändern oder neuen Code hinzufügen. Sie sollten daher bei der Programmierung immer die Minimierung der Komplexität im Auge behalten.

8.1.1 Programmkomplexität

Die Komplexität hängt von der Anzahl der Beziehungen zwischen den Elementen in einem Programm und der Art dieser Beziehungen ab (▶ Abbildung 8.3). Die Anzahl der Beziehungen zwischen den Elementen wird als Kopplung bezeichnet. Je höher die Kopplung, desto komplexer ist das System. Der schattierte Knoten in ▶ Abbildung 8.3 hat eine relativ hohe Kopplung, da er Beziehungen zu fünf anderen Knoten hat.

Die Komplexität wird auch durch die Art der Beziehung beeinflusst. Eine statische Beziehung ist eine Beziehung, die stabil ist und nicht von der Programmausführung abhängt. Wenn beispielsweise eine Komponente Teil einer anderen Komponente ist, so ist dies eine statische Beziehung. Dynamische Beziehungen, die sich im Laufe der Zeit ändern, sind komplexer als statische Beziehungen. Ein Beispiel für eine dynamische Beziehung ist die „ruft-auf“-Beziehung zwischen Funktionen. Diese Beziehung ändert sich je nach dem Muster der Programmausführung.

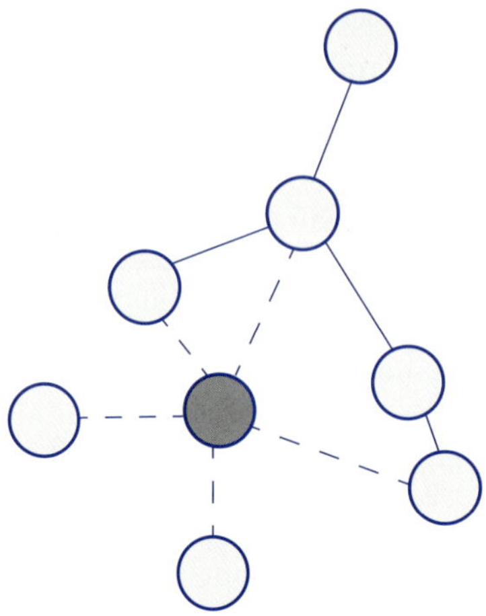

Der schattierte Knoten interagiert irgendwie mit 5 anderen Knoten, dargestellt durch die gestrichelten Linien.

Abbildung 8.3: Softwarekomplexität

Die Komplexität führt aufgrund der Arbeitsweise unserer Gehirne zu Programmierfehlern. Wir nutzen unser Kurzzeitgedächtnis, um Dinge zu verarbeiten. Wir füllen es mit Wahrnehmungen unserer Sinnesorgane und mit Informationen aus dem Langzeitgedächtnis, das unsere Erinnerungen länger speichern kann.

Das Kurzzeitgedächtnis ist jedoch in seiner Größe begrenzt, sodass es nur vier bis sieben diskrete Informationseinheiten verarbeiten kann. Für mehr Einheiten müssen wir Informationen zwischen Kurzzeitgedächtnis und Langzeitgedächtnis übertragen. Diese Übertragung verlangsamt das Verständnis und ist potenziell fehleranfällig. Es kann sein, dass wir nicht alle notwendigen Informationen oder die falschen Informationen übertragen. Wenn wir die Dinge möglichst einfach halten, können wir mehr Informationen im Kurzzeitgedächtnis speichern und so die Fehlerwahrscheinlichkeit verringern.

Mehrere Metriken wurden entwickelt, um die Komplexität von Programmen zu messen, wie McCabes zyklomatische Komplexitätsmetrik und die Anzahl der Zeilen im Quellcode (*Source Line Of Code*, SLOC) . Es gibt Werkzeuge, um Programme zu analysieren und diese Metriken zu berechnen. Ich bin jedoch skeptisch gegenüber diesen Metriken, da die Komplexität des Codes auch davon abhängt, wie Sie Ihre Daten organisieren. Codeanalyse-Werkzeuge berücksichtigen dies nicht. Ich glaube nicht, dass es sich lohnt, die Komplexität mit diesen Metriken zu messen.

Die Komplexität des Programms hat der Programmierer in gewissem Maße unter Kontrolle. Der Problembereich hat jedoch seine eigene Komplexität und diese lässt sich unter Umständen nicht vereinfachen. Zum Beispiel sind die Steuergesetze in allen Ländern komplex und eine solche Komplexität ist unvermeidlich, wenn Sie ein Produkt entwickeln, das den Benutzern bei der Steuererklärung helfen soll. Auch bei der Verwendung komplexer Tools können Sie Fehler machen, weil Sie die Wechselwirkungen zwischen den einzelnen Komponenten des Tools nicht verstehen.

Manchmal kann man die Komplexität eines Problems reduzieren, indem man es neu definiert und vereinfacht. Bei manchen Problemen ist dies jedoch nicht möglich und man muss sich mit ihrer inhärenten Komplexität abfinden. In solchen Situationen soll-

ten Sie beim Schreiben Ihres Programms Strukturen und Namen verwenden, die die Beschreibung und Dokumentation des Problems widerspiegeln. Je besser Sie das Problem verstehen, desto einfacher ist es für Sie, Änderungen daran vorzunehmen, ohne neue Schwachstellen einzubauen.
Dies ist einer der Gründe, warum Programmierrichtlinien vorschlagen, aussagekräftige Namen in den Programmen zu verwenden. Schauen Sie sich zum Beispiel die folgenden Codesegmente an, die die Gesamtnote eines Schülers berechnen. Die Gesamtnote wird aus den Noten von drei Hausaufgaben und einer Abschlussprüfung berechnet:

```
# Segment 1
G = A1\*0.1 + A2\*0.1 +A3\*0.2 + Ex \*0.6

#Segment 2
SchriftlicheAufgabeGewicht = 0.1
ProjektAufgabeGewicht = 0.2
ExamGewicht = 0.6

Gesamtnote = (Aufgabe1Note + Aufgabe2Note) *
              SchriftlicheAufgabeGewicht +
              ProjektNote * ProjektAufgabeGewicht +
              ExamNote * ExamGewicht
```

Segment 1 verwendet Abkürzungen und ist vom Codeumfang eindeutig schneller zu schreiben. Die Bedeutung der einzelnen Variablen erschließt sich jedoch nicht direkt. Im Gegensatz dazu verrät der Code in Segment 2 sofort, was berechnet wird und aus welchen Elementen sich die Endnote zusammensetzt.
Lesbarkeit und andere Programmierrichtlinien, wie z.B. Regeln zur Einrückung, sind wichtig zur Vermeidung von Schwachstellen, da sie die „Lesekomplexität" eines Programms reduzieren. Die Lesekomplexität spiegelt wider, wie schwer das Programm zu lesen und zu verstehen ist. Es gibt verschiedene Richtlinien zu bewährten Verfahren, wie z.B. die Verwendung von aussagekräftigen Namen, das Einrücken von Code und die Benennung von Konstanten. Ich gehe davon aus, dass Sie bereits über gute Programmierkenntnisse verfügen, und werde daher hier nicht näher auf diese Richtlinien eingehen. Zusätzlich zur Lesekomplexität müssen Sie drei weitere Arten von Programmkomplexität berücksichtigen:

1. *Strukturelle Komplexität* spiegelt die Anzahl und Art der Beziehungen zwischen den Strukturen (Klassen, Objekte, Methoden oder Funktionen) in Ihrem Programm wider;

2. *Datenkomplexität* spiegelt die Darstellung der verwendeten Daten und die Beziehungen zwischen den Datenelementen in Ihrem Programm wider;

3. *Entscheidungskomplexität* spiegelt die Komplexität der Entscheidungen in Ihrem Programm wider.

Um Schwachstellen in Ihrem Code zu vermeiden, sollten Sie so programmieren, dass Sie jede dieser Komplexitäten so weit wie möglich minimieren. Es gibt kein Patentrezept und manchmal führt die Reduzierung einer Komplexität dazu, dass die Komplexität in einem anderen Bereich zunimmt. Wenn Sie sich an die in ▶ Tabelle 8.1 aufgeführten Richtlinien für bewährte Verfahren halten, kann dies dazu beitragen, die Programmkomplexität und die Anzahl der Schwachstellen in einem Programm zu reduzieren. Es gibt viele Informationen zu diesen Richtlinien sowie zu anderen Richtlinien für bewährte Verfahren im Internet.

Typ	Richtlinie
Strukturelle Komplexität	Funktionen sollten stets nur eine Aufgabe erledigen. Funktionen sollten niemals Seiteneffekte haben. Jede Klasse sollte eine eindeutige Verantwortlichkeit haben. Minimieren Sie die Tiefe der Vererbungshierarchien. Vermeiden Sie Mehrfachvererbung. Vermeiden Sie Threads (Parallelität), es sei denn, dies ist absolut notwendig.
Datenkomplexität	Definieren Sie Schnittstellen für alle Abstraktionen. Definieren Sie abstrakte Datentypen. Vermeiden Sie die Verwendung von Fließkommazahlen. Verwenden Sie niemals Daten-Aliasing.
Entscheidungskomplexität	Vermeiden Sie tief verschachtelte bedingte Anweisungen. Vermeiden Sie komplexe bedingte Ausdrücke.

Tabelle 8.1: Richtlinien zur Reduzierung der Komplexität

Leider können aus Platzgründen nicht alle Richtlinien im Detail beschrieben werden. Zur Veranschaulichung des allgemeinen Konzepts bespreche ich drei Richtlinien näher, die für die meisten objektorientierten Programme relevant sind:

- Stellen Sie sicher, dass jede Klasse eine eindeutige Verantwortlichkeit hat.
- Vermeiden Sie tief verschachtelte bedingte Anweisungen.
- Vermeiden Sie tiefe Vererbungshierarchien.

Stellen Sie sicher, dass jede Klasse eine eindeutige Verantwortlichkeit hat

Seit dem Aufkommen der strukturierten Programmierung in den 1970er Jahren ist akzeptiert, dass jede Programmeinheit nur eine Aufgabe erledigen sollte. Bob Martin hat in seinem Buch *Clean Code*[1] dieses „Single-Responsibility-Prinzip" (Prinzip der eindeutigen Verantwortlichkeit) für die objektorientierte Entwicklung formuliert. Gemäß seiner Argumentation sollten Klassen so entworfen sein, dass es nur einen einzigen Grund gibt, eine Klasse zu ändern. Wenn Sie diesen Ansatz wählen, werden Ihre Klassen kleiner und kohärenter sein. Sie werden weniger komplex und leichter zu verstehen und zu ändern sein.

Martins Konzept von „einem einzigen Grund zur Veränderung" ist, glaube ich, recht schwer zu verstehen. In einem Blogeintrag[2] erklärt er jedoch das Single-Responsibility-Prinzip auf eine viel bessere Art und Weise:

> *Stelle die Dinge zusammen, die sich aus den gleichen Gründen ändern. Trenne die Dinge, die sich aus unterschiedlichen Gründen ändern.*

Um dieses Prinzip zu veranschaulichen, zeigt ▶ Abbildung 8.4 zwei Versionen eines Klassendiagramms für eine Klasse namens `DeviceInventory`, die Teil eines Geschäfts-

1 Robert C. Martin, *Clean Code: A Handbook of Agile Software Craftsmanship.* Prentice Hall, Boston, 2008.

2 *https://8thlight.com/blog/uncle-bob/2014/05/08/SingleReponsibilityPrinciple.html.*

produkts für Bestandsmanagement sein könnte. Diese Klasse verfolgt, wer die Laptops, Tablets und Telefone des Unternehmens nutzt.

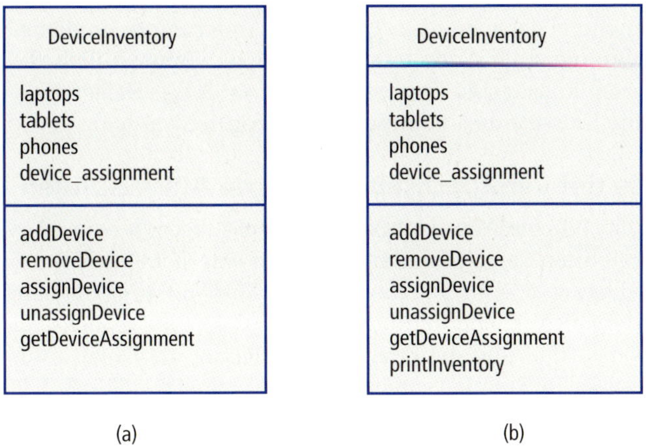

Abbildung 8.4: Die Klasse `DeviceInventory`

Die ursprüngliche Version der Klasse wird in ▶ Abbildung 8.4a dargestellt. Darunter werden Methoden aufgeführt, die die Attribute der Klasse aktualisieren. Nehmen wir an, ein Produktmanager schlägt vor, dass Unternehmen einen Bericht über die Gerätezuweisungen drucken können. Eine Möglichkeit, dies zu realisieren, ist das Hinzufügen einer `printInventory`-Methode, wie in ▶ Abbildung 8.4b gezeigt.

Diese Änderung bricht mit dem Single-Responsibility-Prinzip, weil sie einen zusätzlichen „Änderungsgrund" für die Klasse liefert. Ohne die `printInventory`-Methode ist der Grund für eine Änderung der Klasse, dass sich das Inventar grundlegend geändert hat, z.B. wenn Mitarbeiter ihr privates Telefon für geschäftliche Zwecke nutzen. Falls Sie jedoch eine Druckmethode hinzufügen, ordnen Sie der Klasse einen anderen Datentyp (einen Bericht) zu. Ein weiterer Grund für die Änderung dieser Klasse könnte dann darin bestehen, das Format des gedruckten Berichts zu ändern.

Anstatt eine `printInventory`-Methode zu `DeviceInventory` hinzuzufügen, ist es besser, eine neue Klasse zu schreiben, die den gedruckten Bericht repräsentiert (▶ Abbildung 8.5).

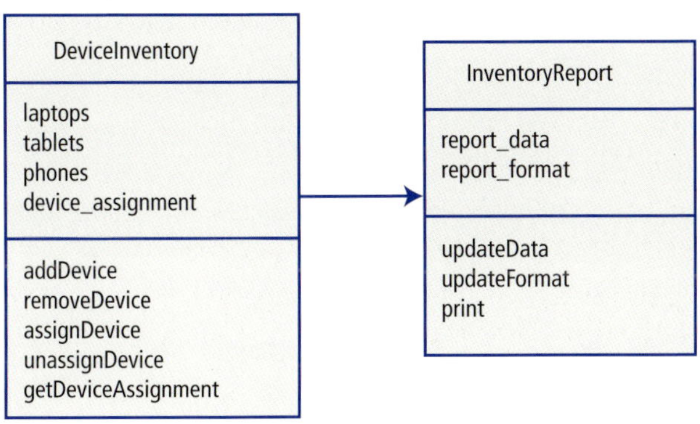

Abbildung 8.5: Die Klassen `DeviceInventory` und `InventoryReport`

Die Vorteile des Single-Responsibility-Prinzip sind bei einem so kleinen Beispiel nicht direkt ersichtlich, aber sie sind real, wenn man es mit viel größeren Klassen zu tun hat. Wenn eine Änderung erforderlich ist, dann ist das Modifizieren einer bestehenden Klasse leider manchmal der schnellste Weg, diese Änderung zu implementieren. Wenn Sie dies jedoch tun, wird Ihr Code immer komplexer. Daher sollten Sie Ihre Klassen regelmäßig in einem Refactoring-Prozess (▶ Abschnitt 8.1.3 „Refactoring“) neu organisieren, sodass jede Klasse eine eindeutige Verantwortlichkeit hat.

Vermeiden Sie tief verschachtelte bedingte Anweisungen

Tief verschachtelte bedingte Anweisungen (`if`-Anweisungen) werden verwendet, wenn Sie sich für eine von mehreren Wahlmöglichkeiten entscheiden müssen. Die Funktion `test_alter` in ▶ Listing 8.1 ist z.B. eine kurze Python-Funktion zur Berechnung eines Altersmultiplikators für Versicherungsprämien. Die Daten der Versicherungsgesellschaft legen nahe, dass das Alter und die Erfahrung der Fahrer die Unfallwahrscheinlichkeit beeinflussen, weshalb die Prämien entsprechend angepasst werden. Es hat sich bewährt, Konstanten zu benennen, anstatt absolute Zahlen zu verwenden, daher tragen in ▶ Listing 8.1 alle verwendeten Konstanten aussagekräftige Namen.

```
JUNGER_FAHRER_ALTERSGRENZE = 25
AELTERER_FAHRER_ALTER = 70
ALTER_FAHRER_ALTER = 80

JUNGER_FAHRER_PRAEMIE_MULTIPLIKATOR = 2
AELTERER_FAHRER_PRAEMIE_MULTIPLIKATOR = 1.5
ALTER_FAHRER_ PRAEMIE_MULTIPLIKATOR = 2
JUNGER_FAHRER_ERFAHRUNG_MULTIPLIKATOR = 2
KEIN_MULTIPLIKATOR = 1

JUNGER_FAHRER_ERFAHRUNG = 2
AELTERER_FAHRER_ERFAHRUNG = 5

def test_alter (alter, erfahrung):

   # Weist einen Prämienmultiplikator abhängig vom Alter und Erfahrung des
     Fahrers zu

   multiplikator = KEIN_MULTIPLIKATOR
   if alter <= JUNGER_FAHRER_ALTERSGRENZE:
      if erfahrung <= JUNGER_FAHRER_ERFAHRUNG:
         multiplikator = JUNGER_FAHRER_PRAEMIE_MULTIPLIKATOR *
         JUNGER_FAHRER_ERFAHRUNG_MULTIPLIKATOR

      else:
         multiplikator = JUNGER_FAHRER_PRAEMIE_MULTIPLIKATOR

   else:
      if alter > AELTERER_FAHRER_ALTER and alter <= ALTER_FAHRER_ALTER:
         if erfahrung <= AELTERER_FAHRER_ERFAHRUNG:
            multiplikator = AELTERER_FAHRER_PRAEMIE_MULTIPLIKATOR
         else:
            multiplikator = KEIN_MULTIPLIKATOR
         else:
            if alter > ALTER_FAHRER_ALTER:
               multiplikator = ALTER_FAHRER_PRAEMIE_MULTIPLIKATOR
   return multiplikator
```

Listing 8.1: Tief verschachtelte `if-then-else`-Anweisungen

Bei tief verschachtelten if-Anweisungen muss man die Logik genau nachverfolgen, um zu sehen, was der Prämienmultiplikator sein soll. Wenn Sie jedoch Wächter mit mehreren Rückgaben verwenden, sind die Bedingungen und die damit verbundenen Aktionen klar (▶ Listing 8.2). Ein Wächter ist ein bedingter Ausdruck, der dem auszuführenden Code vorangestellt wird. Er „bewacht" diesen Code, da der Ausdruck wahr sein muss, damit der Code ausgeführt werden kann. Es ist daher einfacher, die Bedingungen zu erkennen, unter denen das Codesegment ausgeführt wird.

```
def test_alter_mit_waechter (alter, erfahrung):

      if alter <= JUNGER_FAHRER_ALTERSGRENZE and erfahrung <=
         JUNGER_FAHRER_ERFAHRUNG:
         return JUNGER_FAHRER_PRAEMIE_MULTIPLIKATOR *
         JUNGER_FAHRER_ERFAHRUNG_MULTIPLIKATOR
      if alter <= JUNGER_FAHRER_ALTERSGRENZE:
         return JUNGER_FAHRER_PRAEMIE_MULTIPLIKATOR
      if (alter > AELTERER_FAHRER_ALTER and alter <= ALTER_FAHRER_ALTER)
         and erfahrung <= AELTERER_FAHRER_ERFAHRUNG:
         return AELTERER_FAHRER_PRAEMIE_MULTIPLIKATOR
      if alter > ALTER_FAHRER_ALTER:
         return ALTER_FAHRER_PRAEMIE_MULTIPLIKATOR
         return KEIN_MULTIPLIKATOR
```

Listing 8.2: Verwendung des Wächter-Konzepts, um eine Auswahl zu treffen

Sie können eine wächtergeschützte Mehrfachauswahl mithilfe einer switch-Anweisung (manchmal auch als case-Anweisung bezeichnet) in Java oder C++ implementieren. In Python gibt es keine switch-Anweisung, sodass Sie diese auf irgendeine Weise simulieren müssen. Ich denke, dass eine switch-Anweisung den Code lesbarer macht und die Sprachdesigner von Python einen Fehler gemacht haben, auf switch zu verzichten.

Vermeiden Sie tiefe Vererbungshierarchien

Eine Innovation in der objektorientierten Programmierung war das Konzept der Vererbung. Die Attribute und Methoden einer Klasse wie StrassenFahrzeug können an Subklassen wie Lastwagen, Personenwagen und Motorrad vererbt werden. Dadurch entfällt die Notwendigkeit, diese Attribute und Methoden in einer Subklasse neu zu deklarieren. Wenn Änderungen vorgenommen werden, gelten sie für alle Subklassen in der Vererbungshierarchie.

Vererbung scheint vom Prinzip her eine effektive und effiziente Möglichkeit zu sein, Code wiederzuverwenden und Änderungen vorzunehmen, die alle Subklassen betreffen. Allerdings erhöht Vererbung die strukturelle Komplexität des Codes, da sie die Kopplung von Subklassen erhöht. ▶ Abbildung 8.6 zeigt zum Beispiel ausschnittsweise eine vierstufige Vererbungshierarchie, wie sie für das Personal eines Krankenhauses definiert werden könnte.

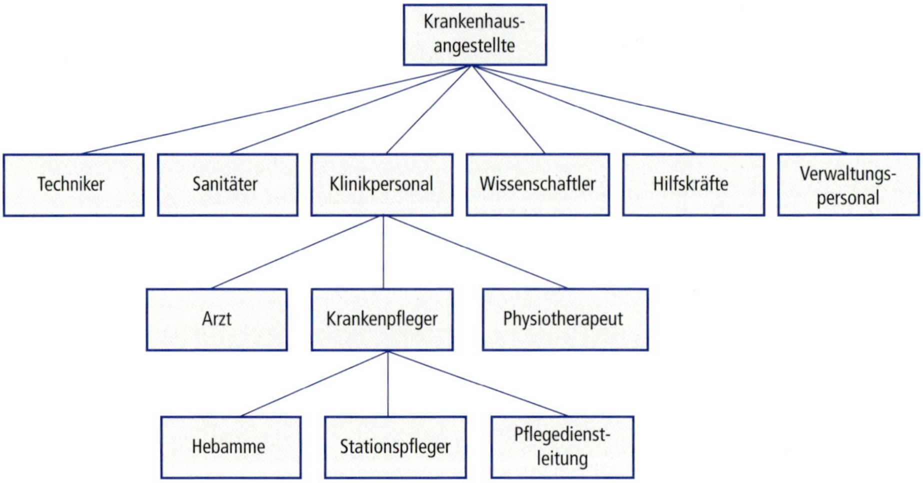

Abbildung 8.6: Teil der Vererbungshierarchie für Krankenhausangestellte

Das Problem mit der tiefen Vererbung ist, dass Sie bei Änderungen an einer Klasse alle ihre Oberklassen betrachten müssen, um zu sehen, wo die Änderung am besten durchzuführen ist. Außerdem müssen Sie alle zugehörigen Subklassen betrachten, um zu prüfen, ob die Änderung keine unerwünschten Folgen hat. Es ist leicht, bei dieser Analyse Fehler zu machen und Schwachstellen in Ihr Programm einzuführen.
Ein generelles Problem beim Versuch, die Komplexität in Ihrem Programm zu reduzieren, ist, dass die Komplexität manchmal „essenzieller Natur" ist und vom Anwendungsbereich Ihres Produkts abhängt. Beispielsweise gibt es in Krankenhäusern Personal der verschiedensten Art, wie ▶ Abbildung 8.6 zeigt. Wenn Sie die Vererbungshierarchie vereinfachen, kann dies bedeuten, dass Sie in den Methoden bedingte Anweisungen einfügen müssen, um zwischen den verschiedenen Arten von Mitarbeitern zu unterscheiden. So können Sie beispielsweise die unterste Ebene in der Hierarchie in ▶ Abbildung 8.6 entfernen und es bei nur einer Art von Krankenpfleger belassen, aber dann müssen Sie bei der Programmierung mit Wächtern arbeiten. Zum Beispiel:

```
if KrankenpflegerTyp = Hebamme:
   tue_etwas ()
elsif KrankenpflegerTyp = Stationspfleger:
   tue_etwas_anderes ()
else:
   tue_etwas_noch_anderes ()
```

Diese Wächter erhöhen die Entscheidungskomplexität, sodass Sie strukturelle Komplexität gegen Entscheidungskomplexität eintauschen. Ich würde dies jedoch jederzeit vorziehen, da bei der Entscheidungskomplexität alles an einem Ort und normalerweise leichter zu verstehen ist.

8.1.2 Entwurfsmuster

Ein effektiver Weg, um Schwachstellen im Code zu vermeiden, ist die Wiederverwendung funktionierender Software. Bestehende Software, oft gespeichert in Bibliotheken, wurde in der Regel ausgiebig getestet und bereits in anderen Anwendungen verwendet, sodass viele der darin enthaltenen Fehler entdeckt und behoben wurden. Sie müssen jedoch die Software, die Sie wiederverwenden, auch im Kontext Ihres Produkts testen, um sicherzustellen, dass sie wirklich Ihren Bedürfnissen entspricht. Ihr Produkt nutzt die Software unter Umständen auf eine andere Art und Weise als andere Anwendungen. Auch wenn der wiederverwendete Code intensiv getestet wurde, können Sie nicht sicher sein, dass diese Tests Ihre Art der Nutzung abgedeckt haben.

Eine Wiederverwendung von Code ist nicht immer möglich, da es zu teuer sein kann, den Code an Ihr Produkt anzupassen. Eine andere Art der Wiederverwendung, die diese Probleme vermeidet, ist die Wiederverwendung von Konzepten und Ideen, die sich in anderen Systemen bewährt haben. Entwurfsmuster, die erstmals in den 1980er Jahren vorgeschlagen wurden, sind ein Beispiel für diese Art der Wiederverwendung. Muster sind eine Möglichkeit, bewährte Verfahren in der objektorientierten Programmierung zu beschreiben. Die Verwendung von Entwurfsmustern trägt zur Fehlervermeidung bei, da Muster zuverlässige Lösungen für häufige Probleme bieten. Außerdem müssen Sie nicht durch langwieriges Ausprobieren eigene Lösungen finden.

Mir gefällt die Definition von Entwurfsmuster in Wikipedia[3] sehr gut:

> *Eine allgemein wiederverwendbare Lösung für ein häufig auftretendes Problem in einem gegebenen Softwaredesign-Kontext.*

Entwurfsmuster sind objektorientiert und beschreiben Lösungen in Form von Objekten und Klassen. Es sind keine Lösungen von der Stange, die direkt als Code in einer objektorientierten Sprache ausgedrückt werden können. Muster beschreiben die Struktur einer Problemlösung, die an Ihre Anwendung und die von Ihnen verwendete Programmiersprache angepasst werden muss.

Den meisten Entwurfsmustern liegen zwei Grundprinzipien der Programmierung zugrunde:

1. *Trennung der Belange:* Jede Abstraktion im Programm (Klasse, Methode etc.) sollte einem speziellen Belang gewidmet sein, und alle Aspekte dieses Belangs sollten dort behandelt werden. Wenn zum Beispiel die Authentifizierung ein Belang in Ihrem Programm ist, dann sollte der ganze Code, der mit der Authentifizierung zu tun hat, an einer Stelle stehen, anstatt im gesamten Code verteilt zu sein. Dieses Prinzip steht in enger Verbindung mit der Richtlinie für eindeutige Verantwortlichkeit, die ich im vorigen Abschnitt erläutert habe.

2. *Trennung des „Was“ vom „Wie“ :* Wenn eine Programmkomponente einen bestimmten Dienst anbietet, sollten Sie nur die Informationen zur Verfügung stellen, die zur Nutzung dieses Dienstes erforderlich sind (das „Was“). Die Implementierung des Dienstes (das „Wie“) sollte für die Nutzer des Dienstes nicht von Interesse sein. Dies spiegelt die in ▶ Tabelle 8.1 aufgeführte Richtlinie zur Komplexitätsreduzierung wider, die vorschlägt, für alle Abstraktionen separate Schnittstellen zu definieren.

3 *https://en.wikipedia.org/wiki/Software_design_pattern*.

Wenn Sie diese Grundsätze befolgen, wird Ihr Code weniger komplex sein und folglich weniger Schwachstellen enthalten. Die Komplexität erhöht die Wahrscheinlichkeit, dass Sie Fehler machen und Bugs in Ihr Programm einbauen.

Muster sind in verschiedenen Bereichen entwickelt worden, aber die bekanntesten Muster wurden von der sogenannten Gang of Four (GoF) in ihrem Buch *Design Patterns: Elements of Reusable Object-Oriented Software*[4] entwickelt. Sie ordnen die Muster einem von drei Typen zu:

1. *Erzeugungsmuster* befassen sich mit der Erzeugung von Klassen und Objekten. Sie definieren Wege zur Instanziierung und Initialisierung von Objekten und Klassen, die abstrakter sind als die grundlegenden Klassen- und Objekterzeugungsmechanismen, wie sie in den Programmiersprachen definiert sind.

2. *Strukturmuster* beschäftigen sich mit der Klassen- und Objektkomposition. Strukturmuster beschreiben, wie Klassen und Objekte zu größeren Strukturen kombiniert werden können.

3. *Verhaltensmuster* befassen sich mit der Klassen- und Objektkommunikation. Sie zeigen, wie Objekte durch den Austausch von Nachrichten (den Aktivitäten in einem Prozess) interagieren und wie diese auf die beteiligten Objekte verteilt sind.

▶ Tabelle 8.2 enthält eine Liste von Beispielen für Erzeugungs-, Struktur- und Verhaltensmuster.

Mustername	Typ	Erläuterung
Fabrik	Erzeugungsmuster	Wird verwendet, um leicht abweichende Varianten des Objekts zu erstellen.
Prototyp	Erzeugungsmuster	Wird verwendet, um ein Objekt-Klon zu erstellen, d. h. ein neues Objekt mit genau den gleichen Attributwerten wie das zu klonende Objekt.
Adapter	Strukturmuster	Wird verwendet, um semantisch kompatible Schnittstellen verschiedener Klassen aufeinander abzubilden.
Fassade	Strukturmuster	Wird verwendet, um eine einzige Schnittstelle für eine Gruppe von Klassen bereitzustellen, von denen jede eine bestimmte Funktionalität implementiert, auf die über die Schnittstelle zugegriffen wird.
Vermittler	Verhaltensmuster	Wird verwendet, um die Anzahl der direkten Interaktionen zwischen den Objekten zu reduzieren. Die gesamte Objektkommunikation wird über den Vermittler abgewickelt.
Zustand	Verhaltensmuster	Wird verwendet, um einen Zustandsautomaten zu implementieren, in dem ein Objekt sein Verhalten ändert, wenn sich sein interner Zustand ändert.

Tabelle 8.2: Beispiele für Erzeugungs-, Struktur- und Verhaltensmuster

4 E. Gamma, R. Helm, R. Johnson und J. Vlissides, *Design Patterns: Elements of Reusable Object-Oriented Software*. Addison-Wesley, Reading, 1995.

Angenommen, Sie entwickeln ein Produkt, das dem Benutzer die Möglichkeit bieten soll, mehrere Ansichten von einem dynamischen Datenobjekt zu erstellen. Der Benutzer kann mit jeder der Ansichten interagieren und die vorgenommenen Änderungen sollten sich sofort in allen anderen offenen Ansichten widerspiegeln. Wenn Sie zum Beispiel ein Produkt entwickeln, das sich an Personen mit Interesse für ihre Familiengeschichte richtet, können Sie sowohl eine Listenansicht als auch eine Stammbaumansicht von den Vorfahren des Benutzers bereitstellen (▶ Abbildung 8.7).

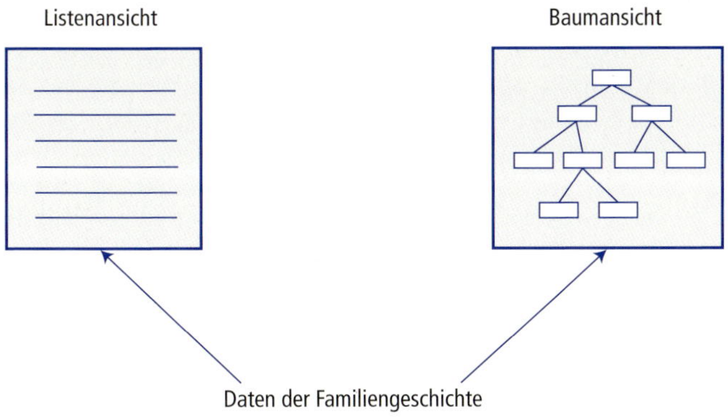

Abbildung 8.7: Listenansicht und Baumansicht der Vorfahren

Die Herausforderung bei der Arbeit mit mehreren Datenansichten besteht darin sicherzustellen, dass bei einer Änderung alle Ansichten aktualisiert werden. Das in ▶ Tabelle 8.3 gezeigte Beobachter-Muster dokumentiert eine gute Lösung zu diesem häufigen Problem. Das Beobachter-Muster gehört zu den Verhaltensmustern. Es bildet die Grundlage für die am weitesten verbreitete Architektur für webbasierte Systeme: der MVC-Architektur (Model-View-Controller), die ich in ▶ Kapitel 4 vorgestellt habe.
Diese Architektur trennt den Systemzustand (das Modell) von seiner Repräsentation (Sicht). Die Steuerung ist für die Verwaltung der Sichten verantwortlich, wenn sich der Zustand ändert.
Entwurfsmuster werden in der Regel wie ▶ Tabelle 8.3 dokumentiert, mit:

- einem aussagekräftigen Namen für das Muster und einer kurzen Beschreibung seiner Aufgaben;
- einer Beschreibung des Problems, das damit gelöst wird;
- einer Beschreibung der Lösung und ihrer Implementierung;
- einer Beschreibung der Konsequenzen und Kompromisse beim Verwenden des Musters und anderer Punkte, die Sie berücksichtigen sollten.

Element	Erläuterung
Name	Beobachter
Beschreibung	Dieses Muster trennt die Anzeige eines Objektes vom Objekt selbst. Es können mehrere Anzeigen mit dem Objekt verbunden sein. Wenn eine Anzeige geändert wird, werden alle anderen benachrichtigt und ergreifen Maßnahmen, um sich selbst zu aktualisieren.

Tabelle 8.3: Das Beobachter-Muster

Element	Erläuterung
Problem	Viele Anwendungen bieten mehrere Sichten (Anzeigen) derselben Daten, vorausgesetzt, dass alle Sichten aktualisiert werden, wenn eine Sicht geändert wird. Es kann auch sein, dass Sie neue Sichten hinzufügen möchten, ohne dass das Objekt, dessen Zustand angezeigt wird, über die neue Sicht oder die Darstellung der Informationen informiert wird.
Lösung	Der anzuzeigende Zustand (manchmal auch als Modell bezeichnet) wird in einer Klasse `Subject` verwaltet, die Methoden zum Hinzufügen und Entfernen von Beobachtern und zum Abfragen und Setzen des Zustands des Modells enthält. Für jede Anzeige wird ein Beobachter erstellt, der sich bei `Subject` registriert. Wenn ein Beobachter mittels der `Set`-Methode den Zustand ändert, benachrichtigt `Subject` alle anderen Beobachter. Diese verwenden dann die `getState()`-Methode von `Subject`, um ihre lokale Kopie des Zustands zu aktualisieren und so ihre Anzeige zu ändern. Das Hinzufügen einer neuen Anzeige beinhaltet einfach die Benachrichtigung von `Subject`, dass eine neue Anzeige erstellt wurde.
Implementierung	Dieses Muster wird durch abstrakte und konkrete Klassen implementiert. Die abstrakte Klasse `Subject` enthält Methoden, um Beobachter zu registrieren und deregistrieren und um alle Beobachter über eine Änderung zu informieren. Die abstrakte Klasse `Observer` enthält eine Methode, um den lokalen Zustand jedes Beobachters zu aktualisieren. Jede `Observer`-Subklasse implementiert diese Methoden und ist für die Verwaltung ihrer eigenen Anzeige verantwortlich. Wenn Benachrichtigungen über eine Änderung empfangen werden, greifen die `Observer`-Subklassen mit der Methode `getState()` auf das Modell zu, um die geänderten Informationen abzurufen.
Zu beachten	`Subject` weiß nicht, wie das Modell angezeigt wird, kann also seine Daten nicht organisieren, um die Anzeigeleistung zu optimieren. Und wenn eine Aktualisierung der Anzeige fehlschlägt, weiß `Subject` nicht, dass die Aktualisierung nicht erfolgreich war.

Tabelle 8.3: Das Beobachter-Muster *(Forts.)*

Der Implementierungsabschnitt ist in der Regel detaillierter, als in ▶ Tabelle 8.3 dargestellt, und enthält Diagramme, die die abstrakten und konkreten Klassen definieren. Diese Klassen implementieren das Muster. Die abstrakten Klassen definieren die Methodennamen, um auf das Modell ohne eine zugehörige Implementierung zuzugreifen. Diese Methoden werden in untergeordneten konkreten Klassen implementiert. Aus Platzgründen wird auf eine detaillierte Implementierungsbeschreibung verzichtet. In ▶ Tabelle 8.4 und in ▶ Tabelle 8.5 werden jeweils ein Erzeugungs- und ein Strukturmuster kurz beschrieben. Sie können das Prototyp-Muster verwenden, wenn Sie eine Gruppe von Objekten auf ähnliche Weise initialisieren müssen. Wenn Sie z.B. einen Empfehlungsdienst haben, können Sie ähnliche Objekte erzeugen, um die Dinge zu repräsentieren, die Sie den Benutzern empfehlen.

Element	Erläuterung
Name	Prototyp
Beschreibung	Dieses Muster erzeugt (klont) ein neues Objekt, das eine exakte Kopie eines bestehenden Objekts ist, d. h., die Attribute in beiden Objekten haben die gleichen Werte. Es wird als Alternative zur normalen Methode der Objektkonstruktion verwendet.
Problem	Dieses Muster wird verwendet, wenn Sie neue Klassen zur Laufzeit in Abhängigkeit von einer Benutzereingabe instanziieren müssen. Es wird auch verwendet, wenn die Instanzen einer Klasse nur eine von mehreren Zustandsvarianten haben können.
Lösung	Die Klasse `Prototyp` umfasst eine Reihe von Subklassen, wobei jede dieser Subklassen ein zu klonendes Objekt kapselt. Jede Subklasse verfügt über eine Implementierung der `clone`-Methode aus der Klasse `Prototyp`. Wenn ein neuer Klon benötigt wird, wird mit der `clone`-Methode der Klasse `Prototyp` eine exakte Kopie des klonbaren Objekts erstellt.
Implementierung	Die Klasse `Prototyp` enthält eine abstrakte Methode `clone()` und verwaltet ein Register von klonbaren Objekten. Jedes dieser Objekte muss seine eigene `clone()`-Methode implementieren. Wenn ein Klon benötigt wird, ruft der Client die `clone()`-Methode von `Prototyp` mit einem Parameter auf, der angibt, welche Art von Objekt geklont werden soll.
Zu beachten	Jede Subklasse von `Prototyp` (d.h. die Objekte, die geklont werden) muss eine `clone`-Methode implementieren. Dies kann schwierig sein, wenn das zu klonende Objekt andere Objekte enthält, die das Kopieren nicht unterstützen oder komplexe Querverweise enthalten.

Tabelle 8.4: Das Prototyp-Muster

Element	Erläuterung
Name	Fassade
Beschreibung	Komplexe Pakete oder Bibliotheken können viele verschiedene Objekte und Methoden beinhalten, die auf unterschiedliche Weise verwendet werden. Fassade-Muster bieten eine einfache Schnittstelle zu den komplexeren zugrunde liegenden Bibliotheken oder Paketen.
Problem	Wenn einem System Funktionalität hinzugefügt wird, wächst die Anzahl der Objekte in diesem System, sei es direkt oder durch Einbinden von Bibliotheken in das System. Komponentenfunktionalität kann durch die Verwendung mehrerer anderer Objekte implementiert werden, sodass eine enge Kopplung zwischen der Komponentenfunktionalität und den zugrunde liegenden Objekten besteht. Der resultierende Code ist oft komplex und schwer zu verstehen und zu ändern.

Tabelle 8.5: Das Fassade-Muster

Element	Erläuterung
Lösung	Eine `Facade`-Klasse bietet eine einfache Schnittstelle zu einer Menge von Klassen, mit denen ein Aspekt der Systemfunktionalität implementiert wird. Dem Benutzer dieser Funktionalität bleibt so die Komplexität verborgen. Angenommen, die Initialisierung eines Systems umfasst die Klassen `A`, `B`, `C` und `D`. Anstatt auf diese Objekte direkt zuzugreifen, würde eine Initialisierungsfassade eine einzige `initialize()`-Methode bereitstellen, die die Klassen `A`, `B`, `C` und `D` verbirgt und die Initialisierung vereinfacht. Es lassen sich mehrere Fassaden implementieren, die als Schnittstelle jeweils eine Untermenge der Funktionalität umfassen, die von Bibliotheken oder Paketen bereitgestellt werden.
Implementierung	Es wird eine Klasse `Facade` angelegt, die die benötigten Schnittstellenmethoden enthält. Sie greift direkt auf die zugrunde liegenden Objekte zu.
Zu beachten	Die Implementierung einer Fassade verbirgt die zugrunde liegende Komplexität, aber sie hindert Clients nicht daran, direkt auf diese Funktionalität zuzugreifen. Es könnte daher zu einem System kommen, bei dem auf dieselbe Funktionalität auf unterschiedliche Weise zugegriffen wird. Von einem Zugriff auf die Funktionalität ohne `Facade` wird abgeraten, da dies die Komplexität der Software erhöht.

Tabelle 8.5: Das Fassade-Muster *(Forts.)*

Sie verwenden das Fassade-Muster, wenn Sie eine Reihe von Objekten haben, die ein großes Spektrum an verwandter Funktionalität anbieten, Sie aber nur auf einen Teil der Funktionalität zugreifen müssen. Durch die Definition einer Fassade schränken Sie die möglichen Interaktionen mit diesen Objekten ein und reduzieren so die Gesamtkomplexität der Interaktion.

Aus Platzgründen können hier nicht alle Entwurfsmuster beschrieben werden, die von der Gang of Four (GoF) definiert wurden. Informieren Sie sich im Internet. Dort finden Sie viele Tutorials zum Thema Entwurfsmuster. Ich rate Ihnen, sich möglichst viele anzuschauen, um zu verstehen, wie man Muster optimal bei der Programmierung nutzt.

Sobald Sie etwas Erfahrung mit Mustern haben, werden diese mehr und mehr zu abstrakten Bausteinen, die Sie bei der Entwicklung von Code verwenden können. Wenn Sie Ihr Produkt bereits als Prototyp implementiert haben, können Sie beim Umschreiben Ihres Systems Code identifizieren, der sich in einem Muster kapseln lässt.

Manchmal ist es sinnvoll, die Programmierung mit Mustern zu beginnen, während zu anderen Zeiten eine einfachere, direktere Implementierung eine bessere Anfangslösung ist. Je mehr Code Sie jedoch zu Ihrem System hinzufügen, desto höher ist die Komplexität der Implementierung. Dies ist ein Hinweis darauf, dass Sie ein Refactoring benötigen und Entwurfsmuster einführen sollten, mit denen der Code einfacher und leichter zu ändern ist.

Das allgemeine Konzept der Muster ist nicht nur für den objektorientierten Ansatz geeignet. Es wurden inzwischen sogar Entwurfsmuster für die Microservice-Architektur vorgeschlagen. Diese definieren häufige Organisationen von Microservices. Da die Entwicklung in diesem Bereich noch in den Kinderschuhen steckt, soll an dieser Stelle nicht näher darauf eingegangen werden. Im Abschnitt „Ergänzende Literatur" finden Sie einen Link zu diesem Thema.

8.1.3 Refactoring

Refactoring bedeutet, ein Programm zu überarbeiten, um seine Komplexität zu reduzieren, ohne das externe Verhalten des Programms zu verändern. Refactoring macht ein Programm lesbarer und verständlicher (d.h., es reduziert die „Lesekomplexität"). Das Programm lässt sich außerdem hinterher einfacher ändern, was bedeutet, dass die Wahrscheinlichkeit von Fehlern bei der Einführung neuer Funktionen sinkt.
Vielleicht gehören Sie aber auch zu denen, die meinen, dass sie ihr Programm nicht überarbeiten müssen, da sie sich an bewährte Programmierverfahren gehalten haben. Die Realität bei der Programmierung sieht jedoch anders aus, da alle Änderungen und Ergänzungen an bestehendem Code unweigerlich dessen Komplexität erhöhen. Der Code wird zunehmend schwerer zu verstehen und zu ändern. Die Abstraktionen und Operationen, mit denen Sie begonnen haben, werden immer komplexer, weil Sie sie auf unvorhergesehene Weise modifizieren.
▶ Abbildung 8.8 zeigt einen möglichen Refactoring-Prozess. Bei der Planung der Produktentwicklung sollten Sie immer Zeit für das Code-Refactoring einplanen. Dies kann eine separate Aktivität (Scrum-Sprint) sein oder inhärenter Teil Ihres normalen Entwicklungsprozesses.

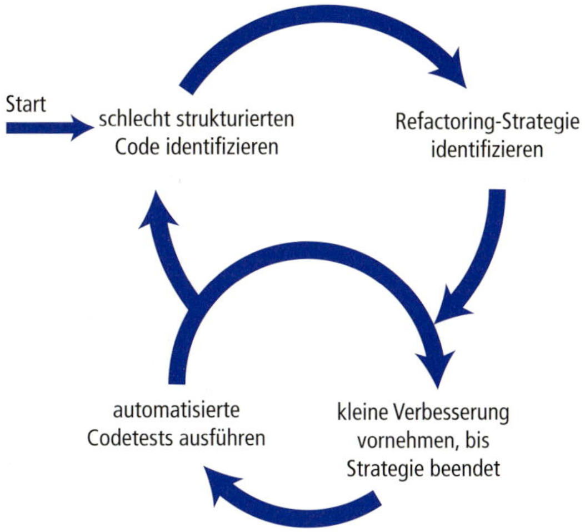

Abbildung 8.8: Refactoring-Prozess

Martin Fowler, ein Pionier des Refactoring, schlägt vor, dass als Ausgangspunkt für das Refactoring zuerst der schlecht strukturierte Code („Code-Smell") identifiziert werden sollte. Code-Smells sind ein Indikator, dass es im Code ein tiefer gehendes Problem geben könnte. Beispielsweise können sehr große Klassen ein Hinweis darauf sein, dass die Klasse versucht, zu viel zu machen. Das bedeutet wahrscheinlich, dass die strukturelle Komplexität der Klasse hoch ist. Im Web finden Sie eine große Auswahl an Listen von Code-Smells. ▶ Tabelle 8.6 listet einige übliche Code-Smells auf, nach denen Sie Ausschau halten sollten.

Code-Smell	Refactoring-Maßnahme
Große Klassen	Große Klassen können bedeuten, dass das Prinzip der eindeutigen Verantwortlichkeit verletzt wird. Zerlegen Sie große Klassen in leichter verständliche, kleinere Klassen.
Lange Methoden/Funktionen	Lange Methoden oder Funktionen können darauf hindeuten, dass die Funktion mehr als eine Aufgabe erledigt. Sie können in kleinere, spezifischere Funktionen oder Methoden aufgeteilt werden.
Duplizierter Code	Duplizierter Code kann bedeuten, dass, wenn Änderungen erforderlich sind, diese überall dort vorgenommen werden müssen, wo der Code dupliziert wurde. Schreiben Sie den Code um, damit Sie nur mit einer einzigen Instanz des duplizierten Codes arbeiten, die nach Bedarf verwendet wird.
Bedeutungslose Namen	Bedeutungslose Namen sind ein Zeichen, dass der Programmierer es sehr eilig hatte. Sie machen den Code schwieriger zu verstehen. Ersetzen Sie sie durch aussagekräftige Namen und suchen Sie nach anderen Abkürzungen, die der Programmierer gewählt haben könnte.
Nicht verwendeter Code	Dies erhöht lediglich die Lesekomplexität des Codes. Löschen Sie ihn, auch wenn er auskommentiert wurde. Wenn Sie ihn später wieder benötigen, sollten Sie ihn aus dem Codemanagementsystem abrufen können.

Tabelle 8.6: Beispiele von Code-Smells

Code-Smells weisen Sie auf Code hin, der refaktoriert werden muss. Es gibt viele mögliche Refactorings, die Sie verwenden können, und die meisten davon helfen, die Komplexität des Programms zu reduzieren. ▶ Tabelle 8.7 listet Refactoring-Beispiele auf, die sich auf die Reduzierung der Komplexität konzentrieren. Bei Fowler finden Sie eine längere Liste von möglichen Refactorings, die im Abschnitt „Ergänzende Literatur“ aufgeführt ist.

Art der Komplexität	Mögliches Refactoring
Lesekomplexität	Sie können Variablen-, Funktions- und Klassennamen in Ihrem Programm umbenennen, um ihren Zweck deutlicher zu machen.
Strukturelle Komplexität	Sie können lange Klassen oder Funktionen in kürzere Einheiten zerlegen, die wahrscheinlich eine stärkere Kohäsion aufweisen als die ursprüngliche große Klasse.
Datenkomplexität	Sie können Daten vereinfachen, indem Sie Ihr Datenbankschema ändern oder deren Komplexität reduzieren. Beispielsweise können Sie zusammengehörige Tabellen in Ihrer Datenbank zusammenführen, um doppelte Daten in diesen Tabellen zu entfernen.
Entscheidungskomplexität	Sie können eine Reihe tief verschachtelter `if-then-else`-Aussagen durch Wächter-Klauseln ersetzen, wie ich zuvor in diesem Kapitel erläutert habe.

Tabelle 8.7: Refactoring-Beispiele für die Reduzierung der Komplexität

Beim Refactoring wird ein Programm geändert, ohne dass dessen Funktionalität beeinträchtigt wird. Soweit möglich, sollten Sie kein „Big Bang"-Refactoring durchführen, d.h. viel Code auf einmal ändern. Vielmehr sollten Sie mehrere kleinere Änderungen vornehmen, von denen jede einzelne ein Schritt zu den größeren Änderungen ist, die Sie anstreben. Ich empfehle, dass Sie automatisierte Tests verwenden, die in ▶ Kapitel 9 besprochen werden, und Ihre Testsuite nach jeder Programmänderung ausführen. Dadurch wird sichergestellt, dass Sie beim Refactoring nicht versehentlich neue Fehler in Ihr Programm einfügen.

Um sicherzustellen, dass Ihr Programm während des Refactoring weiterhin funktioniert, müssen Sie möglicherweise vorübergehend doppelten Code in Ihrem System vorhalten. Ein Teil des Systems wird möglicherweise refaktoriert, während andere Teile noch den alten Code verwenden. Sie sollten immer bestrebt sein, diesen doppelten Code zu entfernen, wenn Sie das Refactoring abgeschlossen haben.

Beim Refactoring werden in der Regel Änderungen an verschiedenen Stellen im Programm vorgenommen. Refactoring-Werkzeuge sind eigenständige Werkzeuge oder Editor-Plug-ins, die beim Refactoring-Prozess helfen. Sie automatisieren teilweise den Änderungsprozess, wie z.B. das Umbenennen von Bezeichnern innerhalb eines Programms oder das Verschieben einer Methode von einer Klasse in eine andere. Dadurch wird die Wahrscheinlichkeit verringert, dass Ihnen Änderungen an Variablen, Objekten und Funktionen entgehen, die notwendig sind.

8.2 Eingabevalidierung

Bei der Eingabevalidierung wird geprüft, ob die Eingabe eines Benutzers im richtigen Format vorliegt und ob ihr Wert innerhalb des Bereichs liegt, der durch die Eingaberegeln definiert wird. Die Eingabevalidierung ist wichtig für Sicherheit und Zuverlässigkeit. Sie fängt nicht nur absichtlich ungültige Eingaben von Angreifern ab, sondern erkennt auch versehentliche Falscheingaben, die Ihr Programm zum Absturz bringen oder Ihre Datenbank „verschmutzen" können. Eine Datenbank wird „verschmutzt", wenn ihr falsche Informationen hinzugefügt werden. Fehler bei der Benutzereingabe sind die häufigste Ursache für eine Datenbankverschmutzung.

Sie sollten für jede Art von Eingabefeld ohne Ausnahme Regeln definieren und Code vorsehen, der diese Regeln anwendet, um die Gültigkeit des Feldes zu prüfen. Wenn die Eingabe nicht den Regeln entspricht, sollte sie abgelehnt werden.

Angenommen, Sie haben ein Formularfeld, in das Benutzer ihren Nachnamen eingeben. Obwohl sich jeder einen beliebigen Namen geben kann, gibt es in der Praxis Faustregeln, die zur Überprüfung von Namen herangezogen werden können, die das lateinische Alphabet benutzen:[5]

1. Die Länge eines Namens sollte zwischen 2 und 40 Zeichen betragen.
2. Die Zeichen im Namen müssen alphabetisch oder alphabetisch mit Akzent sein und dürfen nur ganz wenige spezielle Trennzeichen enthalten. Die Namen müssen mit einem Buchstaben beginnen.
3. Die einzigen zulässigen nicht alphabetischen Trennzeichen sind Bindestrich und Apostroph.

5 Das lateinische Alphabet wird in Sprachen wie Englisch, Spanisch und Deutsch verwendet. Asiatische Sprachen verwenden andere Alphabete, sodass unterschiedliche Regeln gelten können.

Mit solchen Regeln wird es unmöglich, sehr lange Zeichenfolgen einzugeben, die zu einem Pufferüberlauf führen können, oder über ein Namensfeld SQL-Befehle einzuschleusen. Und wenn jemand für sich einen Namen wie Mark C-3PO gewählt hat, kann er Ihr System natürlich nicht benutzen, aber solche ungewöhnlichen Fälle sind eher selten. Doch Angreifer nutzen Eingabefelder nicht nur zum Einschleusen von Code. Sie versuchen auch häufig, ungültige, aber syntaktisch korrekte Werte in ein Feld einzugeben, um Ihr System zum Absturz zu bringen oder um potenzielle Schwachstellen zu entdecken. Nehmen wir an, Sie haben ein Feld, in das ein Benutzer sein Alter in Jahren eingeben soll. Ein Angreifer könnte eine sehr lange Zahl in dieses Feld eingeben – z.B. 2147483651 – und hoffen, dass dies einen numerischen Überlauf verursacht oder ihr System anderweitig zum Absturz bringt. Dies lässt sich leicht verhindern, wenn Sie die Regel einbauen, dass für die Altersangabe nur positive ganze Zahlen von 0 (wenn Babys einbezogen sein sollen) bis maximal 120 erlaubt sind.[6]
Für die Eingabeüberprüfung werden üblicherweise zwei Ansätze verfolgt:

1. *Blacklist*-Filter werden für bekannte fehlerhafte Eingaben definiert. Beispielsweise können Eingaben auf das Vorhandensein des <script>-Tags geprüft werden, das bei einem Cross-Site-Scripting-Angriff Verwendung findet.

2. *Whitelist*-Filter werden definiert, um die erlaubten Eingaben zu identifizieren. Wenn eine Eingabe z.B. eine Postleitzahl ist, dann kann das Format der Postleitzahl als regulärer Ausdruck definiert und die Eingabe dagegen geprüft werden.

Whitelisting ist in der Regel besser als Blacklisting, da Angreifer manchmal Wege finden, definierte Filter zu umgehen. Außerdem weist der Blacklist-Filter manchmal auch legitime Eingaben zurück. Zum Beispiel enthalten SQL-Eingaben in der Regel das '-Zeichen, was sie veranlassen könnte, eine Blockierliste zu definieren, die Eingaben mit einem ' ausschließt. Einige irische Namen, wie z.B. O'Donnell, enthalten jedoch ein Apostroph und würden von einem solchen Filter abgelehnt werden.
In ▶ Tabelle 8.8 finden Sie eine Auflistung von verschiedenen Methoden zur Implementierung einer Eingabevalidierung. Häufig ist eine Kombination dieser Ansätze erforderlich.

Validierungsmethode	Implementierung
Eingebaute Validierungsfunktionen	Sie können die Eingabevalidierungsfunktionen Ihres Web-Entwicklungsframeworks nutzen. Die meisten Frameworks enthalten beispielsweise eine Validierungsfunktion, die prüft, ob eine E-Mail-Adresse das richtige Format hat. Web-Entwicklungsframeworks wie Django (Python), Rails (Ruby) und Spring (Java) enthalten alle einen umfangreichen Satz an Validierungsfunktionen.
Funktionen, die eine Typumwandlung erzwingen	Sie können mit Funktionen, wie z.B. `int()` in Python, die eine Typumwandlung erzwingen, die Eingabezeichenfolge in den gewünschten Typ konvertieren. Wenn die Eingabe keine Ziffernfolge ist, wird die Konvertierung fehlschlagen.

Tabelle 8.8: Methoden zur Implementierung einer Eingabevalidierung

6 Laut Wikipedia gab es nur eine Person, deren verifiziertes Alter mehr als 120 Jahre betrug.

Validierungsmethode	Implementierung
Explizite Vergleiche	Sie können eine Liste von zulässigen Werten und möglichen Abkürzungen definieren und Eingaben gegen diese Liste prüfen. Wenn z.B. ein Monat erwartet wird, können Sie diesen gegen eine Liste aller Monatsnamen und deren offiziellen Abkürzungen prüfen.
Reguläre Ausdrücke	Sie können reguläre Ausdrücke verwenden, um ein Muster zu definieren, mit dem die Eingabe übereinstimmen soll, und Eingaben ablehnen, die nicht mit diesem Muster übereinstimmen. Reguläre Ausdrücke sind eine mächtige Technik, der ein eigener Abschnitt gewidmet ist (▶ Abschnitt 8.2.1 „Reguläre Ausdrücke").

Tabelle 8.8: Methoden zur Implementierung einer Eingabevalidierung *(Forts.)*

Wenn möglich, sollten Sie Ihren Nutzern ein Drop-down-Menü mit gültigen Eingaben anbieten. So können keine falschen Werte eingegeben werden. Bei einer großen Anzahl von Auswahlmöglichkeiten können die Menüs jedoch irritierend sein. Wenn Sie beispielsweise einen Nutzer bitten, ein Geburtsjahr aus einem Menü auszuwählen, muss das Menü fast 100 Einträge anzeigen.

Eine Möglichkeit, die Eingabeüberprüfung zu implementieren, ist Javascript-Code, der im Browser des Benutzers ausgeführt wird, oder die Verwendung von lokalem Code in einer mobilen App. Dies kann nützlich sein, um den Benutzer sofort auf mögliche Eingabefehler aufmerksam zu machen. Sie sollten sich jedoch nicht darauf verlassen, da es für einen böswilligen Benutzer nicht schwer ist, diese Prüfungen zu umgehen. Die clientseitige Überprüfung ist hilfreich, da sie Benutzerfehler erkennt und zur Korrektur markiert. Aus Sicherheitsgründen sollten Sie die Validierungsprüfungen jedoch auch auf dem Server durchführen.

8.2.1 Reguläre Ausdrücke

Reguläre Ausdrücke (*Regular Expression*, RE) sind eine Möglichkeit, Muster zu definieren. Sie wurden in den 1950er Jahren erfunden, kamen aber erst in den 1970er Jahren im Unix-Betriebssystem allgemein zur Anwendung. Eine Suche kann als ein Muster definiert werden und alle Elemente, die mit diesem Muster übereinstimmen, werden zurückgegeben. Zum Beispiel listet der folgende Unix-Befehl alle JPEG-Dateien in einem Verzeichnis auf:

```
ls | grep ..*\.jpg$
```

`grep` ist ein UNIX-Programm (Matcher) zur Verarbeitung regulärer Ausdrücke und der reguläre Ausdruck ist in diesem Fall

```
..*\.jpg$
```

Ein einzelner Punkt bedeutet „Übereinstimmung mit einem beliebigen Zeichen" und `*` bedeutet null oder mehr Wiederholungen des vorherigen Zeichens. Daher bedeutet `..*` „ein oder mehrere Zeichen". Das Dateisuffix ist `.jpg` und das Zeichen `$` bedeutet, dass es am Ende einer Zeile stehen muss.

Es gibt viele Varianten der regulären Ausdrücke und die meisten Programmiersprachen haben eine RE-Bibliothek, die Sie nutzen können, um reguläre Ausdrücke zu definieren und abzugleichen. Ich verwende in den Beispielen hier die Python-Bibliothek (genannt re). Es gibt normalerweise mehrere Möglichkeiten, einen regulären Ausdruck zu schreiben, von denen einige kürzer sind als andere. Oft gibt es einen Kompromiss zwischen Kürze und Verständlichkeit, da sehr kurze Repräsentationen oft unklar und schwer verständlich sind. Ich ziehe es vor, verständliche REs zu schreiben, ohne mich darum zu kümmern, wie kurz sie sind.

Um reguläre Ausdrücke zur Überprüfung einer Eingabezeichenfolge zu verwenden, schreiben Sie einen Ausdruck, der ein Muster definiert, das mit allen gültigen Zeichenketten übereinstimmt. Sie prüfen dann die Eingabe gegen dieses Muster und weisen alle Eingaben zurück, die nicht übereinstimmen. Angenommen, Ihre Eingabe ist ein Name, der den oben beschriebenen Regeln folgen sollte. Der reguläre Ausdruck unten definiert ein Muster, das diese Regeln codiert. Der Einfachheit halber ignoriere ich die Möglichkeit von Akzentzeichen in Namen.

```
^[a-zA-Z][a-zA-Z-']{1,39}$
```

Das `^`-Zeichen erzwingt, dass der Abgleich am Anfang der Zeichenkette beginnt, und das `$`-Zeichen bedeutet, dass die Zeichenkette bis zum Ende mit dem regulären Ausdruck übereinstimmen muss. Da Sie immer die gesamte Eingabe überprüfen wollen, sollten Sie diese Zeichen immer in Ihren regulären Ausdruck aufnehmen. Das Einschließen von Zeichen in eckigen Klammern bedeutet „mit einem dieser Zeichen übereinstimmen" und `a-z` bedeutet alle alphabetischen Zeichen. Der Teilausdruck `[a-zA-Z-']` passt also auf alle Groß- und Kleinbuchstaben sowie die Symbole <Bindestrich> und <Apostroph>.

Der Teilausdruck in geschweiften Klammern implementiert die Regel, dass ein Name mindestens 1 Zeichen und nicht mehr als 40 Zeichen umfassen sollte. Die Zahlen geben die Anzahl der Wiederholungen an, die übereinstimmen sollen; in diesem Fall stimmt der Ausdruck mit 1 bis 39 Wiederholungen überein. Namen aus nur einem Zeichen sind nicht erlaubt.

Diese Prüfung ist wahrscheinlich ausreichend, um alle ungültigen Eingaben abzulehnen; aber für zusätzliche Sicherheit sollten Sie weitere Prüfungen hinzufügen. Bei SQL-Injections muss der in Anführungszeichen gesetzte Text in einen Namen und/oder einen SQL-Kommentar verpackt werden, der mit einem doppelten Bindestrich beginnt. Das ▶ Listing 8.3 ist eine kurze Python-Funktion, die diese Prüfung ausführt.

```
def namecheck (s):
   # Prüft, ob Name nur Buchstaben, - oder einfaches Anführungszeichen enthält
   # Namen müssen 2 bis 40 Zeichen lang sein
   # Zeichenketten in Anführungszeichen und -- sind nicht erlaubt

   namex = r"^[a-zA-Z][a-zA-Z-']{1,39}$"
   if re.match (namex, s):
       if re.search ("'.*'", s) or re.search ("--", s):
         return False
       else:
         return True
   else:
         return False
```

Listing 8.3: Eine Funktion zur Namensprüfung

Verschiedene Sprachen haben verschiedene Mechanismen zum Schreiben regulärer Ausdrücke, die jeweils spezielle Zeichen verwenden. In Python werden diese Ausdrü-

cke als reine Zeichenketten geschrieben, denen ein `r` vor die Anführungszeichen (in die die Zeichenkette eingeschlossen ist) vorangestellt wird. Die Funktion `re.match` gleicht den regulären Ausdruck vom Anfang der zu prüfenden Zeichenkette ab und `re.search` von einer beliebigen Stelle in der zu prüfenden Zeichenkette aus. Daher kann zur Prüfung auf Zeichenketten in Anführungszeichen der Ausdruck `'.*'` verwendet werden, der eine beliebige Zeichenfolge zwischen den Anführungszeichen abgleicht.
Beachten Sie, dass die Funktion hier nur `True` oder `False` zurückgibt. Wenn die Eingabe nicht den Regeln entspricht, gibt sie keinen Hinweis darauf, warum die Validierung fehlgeschlagen ist. Sie sollten einem Angreifer möglichst keine Informationen geben, warum eine Eingabe als falsch erkannt wurde. Anhand der Fehlerinformationen können Angreifer Rückschlüsse auf die Art der Prüfung ziehen und sich überlegen, wie sie die Prüfung umgehen können.
Diese Art der Prüfung ist eine syntaktische Prüfung, die dazu dient, Eingaben abzufangen, die eher Code als ein gültiger Name sind. Sie fängt keine Eingaben ab, die syntaktisch korrekt, aber offensichtlich kein Name sind, wie z.B. `x--ugh`. Diese sind insofern störend, als sie Ihre Datenbank verschmutzen und Sie am Ende mit vielen Einträgen zurücklässt, die sich nicht auf reale Personen beziehen. Sie können dieses Problem bis zu einem gewissen Grad lösen, indem Sie darauf bestehen, dass Namen immer mit einem Buchstaben beginnen müssen, aber im Allgemeinen müssen Sie andere Regeln aufstellen, um zu prüfen, ob Namen sinnvoll sind. Aufgrund der vielen möglichen Namensvarianten gibt es keine allgemeingültigen semantischen Prüfungen, die auf Namen angewendet werden können.
Eines der Probleme mit regulären Ausdrücken ist, dass sie schnell sehr komplex werden können. Angenommen, Sie wollen einen Prüfalgorithmus für britische Postleitzahlen schreiben. Ein Beispiel für eine Postleitzahl ist ML10 6LT und die allgemeine Form einer britischen Postleitzahl lautet

```
<Gebiet><Bezirk><Sektor><Einheit>
```

Betrachten wir das Beispiel ML10 6LT genauer: ML ist also das Gebiet, 10 der Bezirk innerhalb des Gebiets, 6 der Sektor innerhalb des Bezirks und LT die Einheit. Postleitzahlen sind feinkörnig, sodass eine Adresse aus Hausnummer und Postleitzahl identifiziert werden kann. Es gibt mehrere Varianten von gültigen Postleitzahlen und ein allgemeiner regulärer Ausdruck zur Darstellung dieser Varianten ist komplex. Zum Beispiel stammt der unten stehende reguläre Ausdruck zum Abgleichen von Postleitzahlen aus einer Bibliothek für reguläre Ausdrücke:[7]

```
" ^([A-PR-UWYZ0-9][A-HK-Y0-9][AEHMNPRTVXY0-9]?
[ABEHMNPRVWXY0-9]? {1,2}[0-9][ABD-HJLN-UW-Z]{2}|GIR 0AA)$
```

Ich habe diesen Ausdruck nicht getestet, aber ich vermute, dass er einige Sonderfälle der Londoner Postleitzahlen übersieht, die etwas anders aufgebaut sind.
Wegen der Komplexität regulärer Ausdrücke, bei denen es viele Sonderfälle gibt, ist es oft einfacher, einen regulären Ausdruck in einfachere Teilausdrücke zu zerlegen und jeden dieser Teilausdrücke einzeln zu prüfen. So können Sie leichter feststellen, ob Ihre Validierungsprüfung korrekt und vollständig ist. Bei Postleitzahlen können Sie daher die einzelnen Elemente der Postleitzahl separat prüfen, anstatt zu versuchen, alle Varianten in einem einzigen regulären Ausdruck zu erfassen.

---

7 Autor Stuart Wade, *http://regexlib.com/REDetails.aspx?regexp_id=260.*

8.2.2 Ziffernprüfung

Die Zahlenprüfung wird bei numerischen Eingaben verwendet, um festzustellen, ob die Werte nicht zu groß oder zu klein sind und ob es sinnvolle Werte für die gewünschte Eingabe sind. Wird beispielsweise erwartet, dass der Benutzer seine Größe in Metern eingibt, dann können Sie einen Wert zwischen 0,6 m (ein sehr kleiner Erwachsener) und 2,6 m (ein sehr großer Erwachsener) erwarten. Wenn möglich, sollten Sie für alle numerischen Eingaben eine Bereichsprüfung definieren und prüfen, ob die eingegebenen Werte in diesen Bereich fallen. Die Überprüfung der Zahlen ist aus zwei Gründen wichtig:

1. Wenn Zahlen zu groß oder zu klein sind, um dargestellt werden zu können, kann dies zu unvorhersehbaren Ergebnissen und numerischen Über- oder Unterlaufausnahmen führen. Wenn diese Ausnahmen nicht richtig behandelt werden, können große oder kleine Eingaben ein Programm zum Absturz bringen.

2. Die Informationen in einer Datenbank können von mehreren anderen Programmen verwendet werden und diese machen ihre eigenen Annahmen über die gespeicherten numerischen Werte. Wenn die Zahlen nicht den Erwartungen entsprechen, kann dies zu unvorhersehbaren Ergebnissen führen.

Neben der Überprüfung des Wertebereichs der Eingaben können Sie die Eingaben auch auf sinnvolle Werte überprüfen. Damit schützen Sie nicht nur Ihr System vor versehentlichen Eingabefehlern, sondern verhindern auch, dass Eindringlinge, die sich mit den Zugangsdaten eines legitimen Benutzers Zugang verschafft haben, dessen Konto ernsthaft beschädigen. Wenn z.B. von einem Benutzer erwartet wird, dass er den Zählerstand eines Stromzählers eingibt, dann sollten Sie überprüfen, ob dieser (a) gleich oder größer als der vorherige Zählerstand ist und (b) ungefähr mit dem normalen Verbrauch des Benutzers übereinstimmt. Angenommen, die letzten Zählerstände eines Benutzers sind

```
20377, 20732, 21057, 21568
```

In dieser Folge der Zählerstände variiert die Differenz zwischen den Messwerten von 325 bis 511. Dies ist normal, wenn man bedenkt, dass zu verschiedenen Zeiten des Jahres unterschiedliche Strommengen verbraucht werden. Wenn der Benutzer dann 32043 eingibt (eine Differenz von mehr als 10000), ist dieser Wert unwahrscheinlich. Es könnte ein Fehler sein, wenn der Benutzer eine 3 statt einer 2 als erste Ziffer eingegeben hat, oder es könnte sich um eine böswillige Eingabe handeln, die eine sehr hohe Rechnung für diesen Benutzer erzeugen soll. Sie sollten den Wert ablehnen und um eine erneute Eingabe bitten. Wenn der Benutzer weiterhin den gleichen Wert eingibt, sollten Sie ihn zur manuellen Überprüfung markieren.

8.3 Fehlermanagement

Software ist so komplex, dass sich Fehler nicht vermeiden lassen, egal wie viel Aufwand Sie betreiben, um Schwachstellen zu vermeiden. Manche der Schwachstellen, die Sie in Ihr Programm einbauen, werden dieses zum Absturz bringen. Programmabstürze können aber auch die Folge eines Ausfalls eines externen Dienstes oder einer Komponente sein, von der Ihre Software abhängt. Was auch immer die Ursache sein mag, Sie müssen für den Fehlerfall planen und in Ihrer Software Vorkehrungen treffen, damit ein Ausfall so verträglich wie möglich abläuft. Softwarefehler lassen sich in drei allgemeine Kategorien teilen:

1 *Datenfehler:* Die Ausgaben einer Berechnung sind fehlerhaft. Wenn z.B. das Geburtsjahr einer Person 1981 ist und Sie deren Alter berechnen, indem sie 1981 vom aktuellen Jahr subtrahieren, erhalten Sie möglicherweise ein falsches Ergebnis. Fehler dieser Art können, wenn sie unbemerkt bleiben, eine Datenbank verschmutzen, da die falschen Daten eventuell in Berechnungen einfließen, die weitere falsche Daten erzeugen. Um diese Art von Fehler zu finden, müssen Benutzer Datenanomalien melden, die Ihnen aufgefallen sind. In der Regel führen sie nicht sofort zu Systemabstürzen oder einer umfangreicheren Datenkorruption.

2 *Programmausnahmen:* Das Programm wechselt in einen Zustand, der eine normale Fortsetzung unmöglich macht. Werden diese Ausnahmen nicht behandelt, so geht die Kontrolle an das Laufzeitsystem über, das die Ausführung stoppt. Kurz gesagt, die Software stürzt ab. Wird z.B. die Anfrage gestellt, eine nicht existierende Datei zu öffnen, tritt eine sogenannte IOException auf. Programmierfehler führen häufig zu Ausnahmen.

3 *Zeitfehler:* Interagierende Komponenten antworten nicht rechtzeitig oder die Antworten von gleichzeitig ausgeführten Komponenten sind nicht richtig synchronisiert. Wenn z.B. der Dienst S1 vom Dienst S2 abhängt und S2 nicht auf die Anfrage antwortet, wird S1 fehlschlagen.

Als Produktentwickler sollte Ihre Priorität auf einem effizienten Fehlermanagement liegen, mit dem Sie die Auswirkungen von Softwarefehlern auf die Benutzer Ihres Produkts minimieren. Dies bedeutet, dass im Falle eines Ausfalls

- persistente Daten (d.h. Daten in einer Datenbank oder Datendateien) nicht verloren gehen oder beschädigt werden;
- der Benutzer die Möglichkeit hat, die vor dem Ausfall durchgeführte Arbeit wiederherzustellen;
- Ihre Software nicht hängen bleibt oder abstürzt;
- dieser immer so gesichert wie möglich erfolgen sollte, sodass vertrauliche Daten nicht in einem Zustand hinterlassen werden, in dem ein Angreifer Zugang zu ihnen erhalten kann.

Manchmal kommen Abstürze so unerwartet, dass Sie nicht alle genannten Ziele erreichen, aber Sie sollten Ihre Software so konzipieren, dass ein Softwareausfall möglichst „verträglich" abläuft, ohne dass die Arbeit der Benutzer verloren geht.

Transaktionen sind ein Mechanismus, mit dem sich Datenbankinkonsistenzen und Datenverluste vermeiden lassen. Eine Transaktion stellt sicher, dass sich die Datenbank am Ende immer in einem konsistenten Zustand befindet. Änderungen werden zu einer Gruppe zusammengefasst und nicht einzeln, sondern als Gruppe auf die Datenbank angewendet. Diese Gruppe von Änderungen wird als ACID-Transaktion bezeichnet. Diese ist entweder erfolgreich und alle Änderungen werden auf die Datenbank angewendet, oder sie schlägt fehl und keine der Änderungen wird ausgeführt. Auf diese Weise befindet sich die Datenbank nie in einem inkonsistenten Zustand.

Um das Problem einer ausfallbedingten Datenkorruption zu vermeiden, können Sie ein relationales DBMS verwenden und Aktualisierungen über Transaktionen veranlassen. Wie ich in ▶Kapitel 6 erklärt habe, ist dies jedoch nicht immer möglich, wenn Sie eine Microservice-Architektur für Ihr Produkt verwenden oder eine NoSQL-Datenbank benötigen.

Um einem Benutzer die Möglichkeit zu bieten, seine Arbeit wiederherzustellen und einen Systemabsturz zu vermeiden, können Sie die Ausnahmebehandlungsmechanismen Ihrer Programmiersprache verwenden. Ausnahmen sind Ereignisse, die den normalen Ablauf der Verarbeitung in einem Programm stören (▶ Abbildung 8.9). Wenn eine Ausnahme auftritt, wird die Kontrolle automatisch an den Code zur Ausnahmebehandlung übergeben. Die meisten modernen Programmiersprachen enthalten einen Mechanismus zur Ausnahmebehandlung. In Python lauten die Schlüsselwörter für den Code zur Ausnahmebehandlung `try` und `except`; in Java lauten die entsprechenden Schlüsselwörter `try` und `catch`.

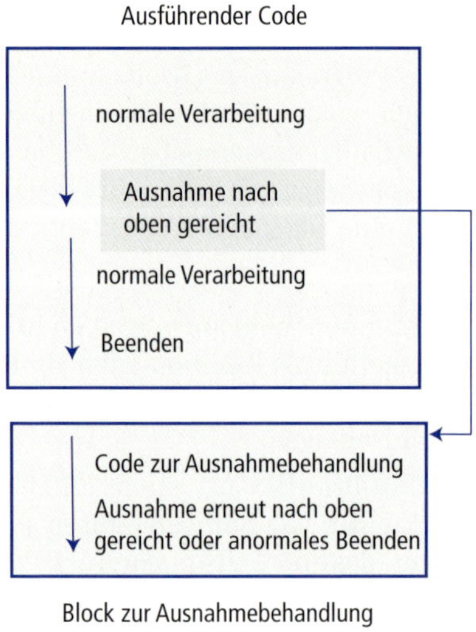

Abbildung 8.9: Ausnahmebehandlung

In den meisten Programmiersprachen werden Ausnahmen vom Laufzeitsystem erkannt. Sie werden dann zur Verarbeitung an eine Routine zur Ausnahmebehandlung (Exception-Handler) übergeben. Wenn die Sprache keine Ausnahmen unterstützt oder keine Ausnahmebehandlungsroutine definiert ist, wird die Kontrolle an das Laufzeitsystem der Programmiersprache übergeben. Dieses benachrichtigt den Benutzer über den Fehler und bricht die Ausführung des Programms ab. Dabei erledigt das Laufzeitsystem in der Regel einige Aufräumarbeiten, z.B. offene Dateien schließen.

In Sprachen mit Ausnahmen kann der Programmierer Ausnahmebehandlungsroutinen definieren, die beim Auftreten einer Ausnahme ausgeführt werden. ▶ Listing 8.4 ist ein Python-Beispiel, das einige Aspekte der Ausnahmebehandlung veranschaulicht:

1 Die normale Verarbeitung ist in einem `try`-Block definiert. Tritt in einem `try`-Block eine Ausnahme irgendeiner Art auf, so wird die Kontrolle an den nach dem Schlüsselwort `except` definierten Ausnahmeblock übergeben.

2 Das Laufzeitsystem beginnt mit der Suche nach einer Ausnahmebehandlungsroutine in der Methode oder Funktion, in der die Ausnahme aufgetreten ist. Wenn es keine solche Routine findet, sucht es in der aufrufenden Methode oder Funktion, bis es eine findet oder zu dem Schluss kommt, dass keine Routine dafür definiert wurde.

3 Nachdem eine Ausnahme in einer Methode oder Funktion verarbeitet wurde, kann sie „hochgereicht“ werden. Dies bedeutet, dass die Ausnahmebehandlung noch nicht beendet ist. Das Laufzeitsystem sucht in der aufrufenden Methode oder Funktion nach einer Ausnahmebehandlungsroutine. Wird diese gefunden, dann führt sie den Code zur Behandlung der Ausnahme aus. Veranschaulicht wird dies in ▶ Listing 8.4, wo die Ausnahme in `do_normal_processing()` und in `main()` verarbeitet wird. Die Ausnahmebehandlungsroutine in `main()` sorgt dafür, dass unverschlüsselte Arbeitsdateien vor dem Ausfall gelöscht werden.

```
def do_normal_processing(wf, ef):
      # Hier normale Verarbeitung. Code unten simuliert Ausnahmen
      # anstatt normale Verarbeitung
      try:
         wf.write('line 1\n')
         ef.write('encrypted line 1')
         wf.write('line 2\n')
         wf.close()

         print('Erzwinge Ausnahme durch Versuch, nicht vorhandene Datei zu
                öffnen')
         tst = open(test_root+'keinedatei')
      except IOError as e:
         print('I/O-Ausnahme ausgelöst')
         raise e

def main():

   wf = open(test_root+'arbeitsdatei.txt', 'w')
   ef = open(test_root+'verschluesselt.txt', 'w')

   try:
      do_normal_processing(wf, ef)

   except Exception:
      # Wenn die Änderungszeit der nicht verschlüsselten Arbeitsdatei (wf)
      # hinter der Änderungszeit der verschlüsselten Datei (ef) liegt,
      # dann Arbeitsdatei verschlüsseln und schreiben

      print('Sicheres Herunterfahren')

      wf_modtime = os.path.getmtime(test_root+'arbeitsdatei.txt')
      ef_modtime = os.path.getmtime(test_root+' verschluesselt.txt')

      if wf_modtime > ef_modtime:
         encrypt_workfile(wf, ef)
      else:
         print('Arbeitsdatei geaendert vor der Verschluesselung')


      wf.close()
      ef.close()
      os.remove(test_root+'arbeitsdatei.txt')

      print('Sicheres Herunterfahren abgeschlossen')
```

Listing 8.4: Sicherer Ausfall

Manchmal ist es möglich, eine Ausnahmebehandlungsroutine zu definieren, die das aufgetretene Problem behebt und die Ausführung wie gehabt fortsetzt. Dies beinhaltet das Zurücksetzen des Systems in einen früheren, bekannten und korrekten Zustand. Häufig ist die Ausnahme jedoch kein wiederherstellbarer Zustand. Die Aufgabe der Ausnahmebehandlungsroutine ist es aufzuräumen, bevor das System heruntergefahren wird. Wie Sie in ▶ Listing 8.4 sehen können, ist es dadurch möglich, dass eine Anwendung „sicher ausfällt", sodass im Falle eines Systemabsturzes keine vertraulichen Informationen preisgegeben werden.
Es gibt noch zwei weitere Mechanismen, die die Wahrscheinlichkeit verringern, dass Benutzer nach einem Systemausfall nicht mehr weiterarbeiten können (▶ Abbildung 8.10):

1 *Aktivitätsprotokollierung:* Sie führen mithilfe eines Befehlsloggers ein Protokoll über die Aktivitäten des Benutzers und bieten eine Möglichkeit, diese Aktivitäten noch einmal auf den Daten auszuführen. Sie benötigen kein vollständiges Sitzungsprotokoll, sondern nur eine Liste der Aktionen seit der letzten Speicherung der Daten in einem persistenten Speicher.

2 *Automatisches Speichern:* Sie speichern die Daten des Benutzers automatisch zu festgelegten Intervallen, z. B. alle 5 Minuten. Das bedeutet, dass Sie im Falle eines Fehlers die gespeicherten Daten mit nur geringem Arbeitsaufwand wiederherstellen können. In der Praxis müssen nicht alle Daten gesichert werden, sondern nur die Änderungen seit der letzten expliziten Sicherung.

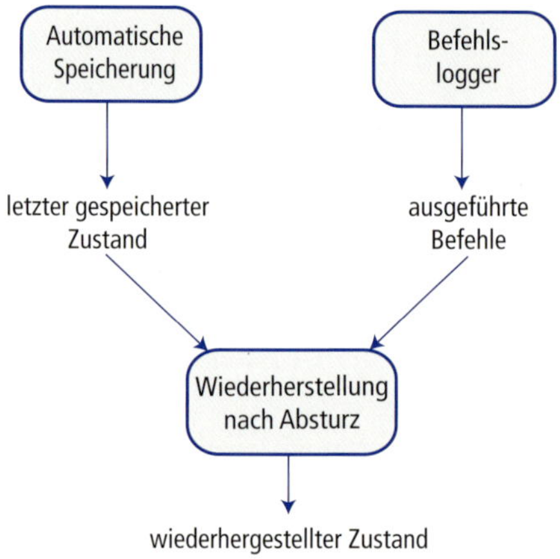

Abbildung 8.10: Automatische Speicherung und Aktivitätsprotokollierung

Wenn Sie ein System mit einer serviceorientierten Architektur entwickeln, werden Sie wahrscheinlich externe Dienste eines anderen Anbieters nutzen. Sie haben keine Kontrolle über diese Dienste und die einzigen Informationen, die Sie über den Ausfall eines Dienstes haben, sind die in der API des Dienstes bereitgestellten Informationen. Da Dienste häufig in verschiedenen Programmiersprachen geschrieben sind, werden diese Fehler nicht als Ausnahmetypen zurückgegeben, sondern normalerweise als numerischer Code. Wie ich in ▶ Kapitel 6 besprochen habe, verwenden REST-konforme Dienste oft die Standard-HTTP-Fehlercodes, um Fehlerinformationen zurückzugeben.

Wenn Sie einen externen Dienst nutzen, sollten Sie immer überprüfen, ob der Rückgabewert des aufgerufenen Dienstes anzeigt, dass dieser erfolgreich ausgeführt wurde. Außerdem sollten Sie wenn möglich überprüfen, ob das Ergebnis des Dienstaufrufs gültig ist, da Sie nicht sicher sein können, dass der externe Dienst seine Berechnung korrekt durchgeführt hat. Sie können eine `assert`-Anweisung verwenden, wie es sie in den Sprachen Java und Python gibt, um das Ergebnis eines externen Aufrufs zu überprüfen. Diese Anweisung löst eine AssertionError-Ausnahme aus, wenn der Aufruf unerwartete Ergebnisse liefert.

▶ Listing 8.5 ist ein Beispiel in Python, wie man mithilfe von Zusicherungen (*Assertion*) die Ergebnisse eines externen Dienstes zur Beurteilung der Bonität überprüfen kann. Ich habe den externen Dienst mit dem Aufruf einer lokalen Funktion simuliert.

```
def credit_checker (name, postcode, dob):

   # Angenommen die Funktion check_credit_rating ruft einen externen
   # Dienst auf, um die Bonität einer Person abzufragen. Sie übernimmt einen
   # Namen, PLZ und das Geburtsdatum als Parameter und liefert eine Folge mit
   # den Datenbankinfos (Name, PLZ, Geburtsdatum) plus einem Kredit-Score
   # zwischen 0 und 600. Das letzte Element in der Folge ist ein error_code,
   # der den Wert 0 (erfolgreiche Beendigung), 1 oder 2 haben kann.

NAME = 0
POSTCODE = 1
DOB = 2
RATING = 3
RETURNCODE = 4
REQUEST_FAILURE = True
ASSERTION_ERROR = False

cr = ['', '', '', -1, 2]

# check_credit_rating simuliert Aufruf eines externen Dienstes

cr = check_credit_rating(name, postcode, dob)

try:
   assert cr[NAME] == name and cr[POSTCODE] == postcode and cr [DOB] == dob
      and (cr[RATING] >= 0 and cr[RATING] <= 600) and
      (cr[RETURNCODE] >= 0 and cr[RETURNCODE] <= 2)

   if cr[RETURNCODE] == 0:
      do_normal_processing(cr)
   else:
      do_exception_processing(cr, name, postcode, dob, REQUEST_FAILURE)
except AssertionError:
      do_exception_processing(cr, name, postcode, dob, ASSERTION_ERROR)
```

Listing 8.5: Mit Zusicherungen die Ergebnisse eines externen Dienstes prüfen

Zusätzlich zu den „normalen" Fehlern, bei denen der Dienst nicht das erwartete Ergebnis liefert oder das Ergebnis in irgendeiner Weise falsch ist, müssen Sie sich mit der Situation befassen, dass der Dienst einfach nicht reagiert. Wenn Ihr Programm stoppt und auf eine Antwort wartet, dann bleibt Ihr Programm wegen des nicht reagierenden externen Dienstes hängen. Der Benutzer kann dann nicht mehr weiterarbeiten.

Die einfachste Möglichkeit, dieses Problem zu umgehen, ist ein Time-out-Mechanismus, bei dem Sie einen Timer starten, wenn Sie einen Dienst aufrufen. Wenn Ihr Programm innerhalb einer bestimmten Zeit keine Antwort erhält, löst der Timer eine Ausnahme aus und der Serviceaufruf wird abgebrochen.

Wie ich in ▶ Kapitel 6 erklärt habe, ist das Problem bei der Verwendung von Time-outs jedoch, dass wenn mehrere Benutzer Ihren Dienst in Anspruch nehmen, der Time-out-Mechanismus für alle greift und sie alle durch den fehlgeschlagenen externen Dienst verzögert werden. Es ist besser, über einen Schutzschalter auf externe Dienste zuzugreifen (▶ Abbildung 6.12). Mithilfe eines Time-out-Mechanismus erkennt der Schutzschalter, ob ein externer Dienst nicht antwortet, und weist Anfragen sofort zurück, sodass der aufrufende Dienst nicht auf eine Antwort warten muss. Der Schutzschalter kann auch periodisch überprüfen, ob der angeforderte Dienst zum normalen Betrieb zurückgekehrt ist.

Bei der Verarbeitung von Ausnahmen, die zu einem Systemausfall führen, müssen Sie entscheiden, welche Informationen Sie dem Benutzer geben sollen. Einfach eine technische Laufzeit-Systemfehlermeldung wiederholen, wie z.B. „Kernel panic“, ist nicht hilfreich. Sie sollten die Fehlermeldungen in eine Form übersetzen, die verständlich ist und den Benutzern vermittelt, dass sie nicht die Ursache des Problems sind. Sie können auch Informationen zur weiteren Analyse an Ihre Server senden, allerdings müssen Sie vorher die Erlaubnis des Benutzers einholen.

Zusammenfassung

- Die wichtigsten Qualitätsmerkmale für die meisten Softwareprodukte sind Zuverlässigkeit, Sicherheit, Verfügbarkeit, Benutzerfreundlichkeit, Reaktionsgeschwindigkeit und Wartbarkeit.
- Um keine Schwachstellen in Ihr Programm einzubauen, sollten Sie Programmierpraktiken anwenden, die die Wahrscheinlichkeit von Fehlern reduzieren.
- Sie sollten immer versuchen, die Komplexität Ihrer Programme zu minimieren. Komplexe Programme sind schwerer zu verstehen. Außerdem erhöht Komplexität die Wahrscheinlichkeit von Programmierfehlern und erschwert das Ändern der Programme.
- Entwurfsmuster sind erprobte Lösungen für häufig auftretende Probleme. Die Verwendung von Mustern ist ein effektiver Weg, die Komplexität von Programmen zu reduzieren.
- Refactoring bezeichnet den Prozess, mit dem die Komplexität eines bestehenden Programms reduziert werden kann, ohne seine Funktionalität zu verändern. Es hat sich bewährt, ein Programm regelmäßig zu überarbeiten, um es lesbarer und verständlicher zu machen.
- Bei der Eingabevalidierung werden alle Benutzereingaben überprüft, um sicherzustellen, dass sie in dem von Ihrem Programm erwarteten Format vorliegen. Die Eingabevalidierung hilft, die Einführung von bösartigem Code in Ihr System zu vermeiden, und fängt Benutzerfehler ab, die Ihre Datenbank verschmutzen können.
- Reguläre Ausdrücke sind eine Möglichkeit, Muster zu definieren, die mit einer Reihe von möglichen Eingabezeichenfolgen übereinstimmen können. Der Abgleich mit regulären Ausdrücken ist eine kompakte und schnelle Methode, um zu überprüfen, ob eine Zeichenkette den von Ihnen definierten Regeln entspricht.
- Sie sollten überprüfen, ob die eingegebenen Zahlen sinnvolle Werte enthalten. Außerdem sollten Sie prüfen, ob Zahlenfolgen plausibel sind.
- Sie sollten davon ausgehen, dass Ihr Programm fehlschlagen kann und diese Ausfälle so behandeln, dass die Auswirkungen auf den Benutzer minimal sind.
- Die meisten modernen Programmiersprachen unterstützten ein Ausnahmemanagement. Die Kontrolle wird an Ihre eigene Ausnahmebehandlungsroutine übergeben, die den Fehler behandelt, wenn eine Programmausnahme erkannt wird.
- Sie sollten Benutzeraktualisierungen protokollieren und Schattenkopien der Benutzerdaten speichern, während Ihr Programm ausgeführt wird. Im Falle eines Ausfalls können Sie diese verwenden, um die Arbeit des Benutzers wiederherzustellen. Sie sollten auch Verfahren vorsehen, um Fehler von externen Diensten zu erkennen und Ihren Systemzustand wiederherzustellen.

Ergänzende Literatur

„McCabe's Cyclomatic Complexity and Why We Don't Use It": Dieser Post erläutert sehr verständlich die Probleme der weit verbreiteten McCabe-Metrik (zyklomatische Komplexität), mit der die Entscheidungskomplexität von Code gemessen wird. Wie der Autor so schön sagt: „Es gibt keine einfache Messung, die Komplexität durch eine einzige Zahl ausdrücken kann." (B. Hummel, 2014).
https://www.cqse.eu/en/blog/mccabe-cyclomatic-complexity/

„A Beginner's Guide to Design Patterns": Diese lesbare Einführung in Entwurfsmuster umfasst Beispielmuster, die sich von den bisherigen Mustern in diesem Kapitel unterscheiden. Der dazugehörige Code ist in PHP, aber relativ einfach zu verstehen (N. Bautista, 2010).
https://code.tutsplus.com/articles/a-beginners-guide-to-design-patterns--net-12752

„A Pattern Language for Microservices": Diese Website umfasst eine Reihe von Entwurfsmuster für Microservices. Diese dürften sich zum Teil ziemlich überlappen und mit zunehmender Erfahrung im Bereich Microservice-Architektur haben Sie sicher die Möglichkeit, einige dieser Muster einzusetzen (C. Richardson, undatiert).
https://microservices.io/patterns/

„Catalog of Refactorings": Hierbei handelt es sich um eine umfassende Liste möglicher Code-Refactoring, die angewendet werden können, um die Komplexität Ihrer Programme zu verringern (M. Fowler, 2013).
https://refactoring.com/catalog/index.html

„Input Validation Cheat Sheet": Dies ist eine gute Zusammenfassung der Argumente, warum Sie Eingaben validieren müssen, und gibt einen Überblick über Techniken, die Sie dazu einsetzen können (OWASP, 2017).
https://www.owasp.org/index.php/Input_Validation_Cheat_Sheet

„How to Handle Errors and Exceptions in Large Scale Software Projects": Dieser klar geschriebene Artikel diskutiert den Unterschied zwischen Fehler und Ausnahmen und hebt hervor, wie wichtig es ist, diese für einen zuverlässigen Systembetrieb zu behandeln (F. Dimitreivski, 2017).
https://raygun.com/blog/errors-and-exceptions/

Präsentationen, Videos und Links

https://iansommerville.com/engineering-software-products/static/presentations-videos-and-links/reliable-programming

Übungen

Lösungshinweise

1 Beschreiben Sie jedes der sieben Qualitätsmerkmale aus ▶ Tabelle 8.1 mit Ihren eigenen Worten.

2 Erklären Sie, warum es die Ausfälle eines Programms reduzieren kann, wenn man die Komplexität dieses Programms reduziert.

3 Erklären Sie, warum es praktisch unmöglich ist, die Einführung von Komplexität in ein Softwareprodukt zu vermeiden.

4 Geben Sie zwei Gründe an, warum Entwurfsmuster in Ihrem Code zur Fehlervermeidung beitragen.

5 Nennen Sie zusätzlich zu den Beispielen in ▶ Tabelle 8.8 drei Beispiele für Code-Smell, die ein Refactoring nahelegen. Legen Sie dabei Ihre eigenen Programmiererfahrungen zugrunde.

6 Der Luhn-Algorithmus ist eine der Prüfungen, die angewandt werden, um zu testen, ob eine Kreditkartennummer gültig ist. Unter der Annahme, dass Kreditkartennummern 16 Ziffern lang sind, recherchieren und implementieren Sie den Luhn-Algorithmus, um zu prüfen, ob eine gültige Kreditkartennummer eingegeben wurde.

7 Benutzen Sie die Bibliothek für reguläre Ausdrücke in einer Ihnen bekannten Programmiersprache und schreiben Sie ein kurzes Programm, um zu prüfen, ob ein Dateiname den Linux-Regeln für Dateinamen entspricht. Schlagen Sie diese Regeln nach, wenn Sie sie nicht kennen.

8 Anstatt mithilfe regulärer Ausdrücke zu prüfen, ob eine Eingabezeichenfolge gültig ist, können Sie alternativ eigenen Code schreiben, um die Eingabe zu prüfen. Was sind die Vor- und Nachteile dieses Ansatzes?

9 Erklären Sie, warum die Verwendung der ACID-Transaktionsverwaltung in einem Datenbankverwaltungssystem hilft, Systemausfälle zu vermeiden.

10 Angenommen, Sie können den Zustand eines Programms mit den Funktionen `save_state()` und `restore_state()` sichern und wiederherstellen. Zeigen Sie, wie diese in einer Ausnahmebehandlungsroutine verwendet werden können, um einen „Nonstop"-Betrieb zu ermöglichen, bei dem im Falle eines Ausfalls der Systemzustand auf den zuletzt gesicherten Zustand zurückgesetzt und die Ausführung von dort aus wieder gestartet werden kann.

Testen

9

ÜBERBLICK

Das Testen von Software ist ein Prozess, bei dem Sie Ihr Programm mit Daten ausführen, die Benutzereingaben simulieren. Ihre Aufgabe ist, das Verhalten dieses Programms zu beobachten, um festzustellen, ob es das tut, was es tun soll. Der Test ist bestanden, wenn das Verhalten Ihren Erwartungen entspricht, und fehlgeschlagen, wenn das Verhalten von Ihren Erwartungen abweicht.

Tut Ihr Programm das, was Sie von ihm erwarten, dann verhält es sich für die von Ihnen verwendeten Eingaben korrekt. Sind diese Eingaben repräsentativ für einen größeren Satz von Eingaben, so können Sie daraus schließen, dass sich das Programm auch für alle Elemente dieses größeren Eingabesatzes korrekt verhält. Dies gilt insbesondere dann, wenn Sie zum Testen möglichst verschiedene Eingaben aus diesem größeren Satz wählen und das Programm sich für alle diese Eingaben erwartungsgemäß verhält.

Wenn das Verhalten des Programms nicht mit dem von Ihnen erwarteten Verhalten übereinstimmt, bedeutet dies, dass Ihr Programm Fehler enthält, die behoben werden müssen. Für Programmfehler gibt es zwei Ursachen:

1. *Programmierfehler:* Ihnen sind beim Aufsetzen Ihres Programmcodes zufälligerweise Fehler unterlaufen. Ein häufiger Programmierfehler ist beispielsweise das ±1-Problem (Off-by-one-Fehler), bei dem von einer falschen oberen Grenze einer Sequenz ausgegangen wird und das letzte Element in dieser Sequenz nicht verarbeitet wird.

2. *Verständnisfehler:* Sie haben einige Details des Programms und seiner Aufgaben missverstanden oder nicht gekannt. Wenn Ihr Programm zum Beispiel Daten aus einer Datei verarbeitet, kann es passieren, dass einige dieser Daten im falschen Format vorliegen und Ihr Programm deshalb keinen Code zur Verarbeitung dieser Daten enthält.

In beiden Fällen müssen Sie Ihren Code ändern und den oder die von den Tests identifizierten Fehler beheben. Wenn Ihre Tests einen Fehler auf einen bestimmten Codeabschnitt Ihres Programms eingrenzen können, lässt sich dieser Fehler normalerweise schnell finden und beheben. Falls die Tests jedoch nur dann fehlschlagen, wenn mehrere Programmkomponenten zusammenwirken, dann ist es oft schwierig, den oder die Fehler zu lokalisieren und zu beheben.

Testen ist die wichtigste Technik, um Softwareentwickler und Produktmanager davon zu überzeugen, dass ein Softwareprodukt seinen Zweck erfüllt und zum Verkauf oder zur allgemeinen Verbreitung freigegeben werden kann. Erfolgreiche Tests sind jedoch kein Beweis, dass ein Programm fehlerfrei ist und niemals versagen wird. Es kann durchaus noch nicht getestete Eingaben oder Eingabekombinationen geben, die das Programm zum Absturz bringen können, wenn sie in der Praxis verwendet werden.

Folglich halte ich neben Programmtests auch Code-Reviews (die in ▶ Abschnitt 9.5 „Code-Reviews“ behandelt werden) für wichtig, denn sie können Fehler finden, die beim Testen unentdeckt bleiben. Reviews setzen voraus, dass der Entwickler den Code mit anderen Entwicklern durchspricht, um Fehler zu finden und Möglichkeiten zur Verbesserung des Codes vorzuschlagen.

In diesem Kapitel konzentriere ich mich auf funktionale Tests. Funktionales Testen bedeutet, mithilfe der Softwaretests Fehler zu finden und zu zeigen, dass der Code wie erwartet funktioniert. Doch daneben sind noch andere Arten von Tests für die Entwicklung von Softwareprodukten wichtig (▶ Tabelle 9.1).

Testtyp	Testziele
Funktionale Tests	Testet die Funktionalität des Gesamtsystems. Die funktionalen Tests zielen darauf ab, möglichst viele Fehler in der Implementierung des Systems zu entdecken und den überzeugenden Nachweis zu erbringen, dass das System für den vorgesehenen Zweck geeignet ist.
Benutzertests	Testet, ob das Softwareprodukt bedienerfreundlich und für die Endbenutzer nützlich ist. Sie müssen zeigen, dass die Systemfunktionen den Benutzern helfen, das zu tun, was sie mit der Software tun wollen. Sie sollten auch zeigen, dass die Benutzer wissen, wie sie auf die Softwarefeatures zugreifen und diese effektiv nutzen können.
Leistungs- und Lasttests	Testet, ob die Software schnell arbeitet und die erwartete Benutzerlast auf das System bewältigen kann. Sie müssen zeigen, dass die Reaktions- und Verarbeitungszeit Ihres Systems für die Endbenutzer akzeptabel ist. Außerdem müssen Sie nachweisen, dass Ihr System verschiedenen Belastungen standhält und sich problemlos skaliert, wenn die Last auf die Software zunimmt.
Sicherheitstests	Testet, ob die Software ihre Integrität behält, und kann die Benutzerinformationen vor Diebstahl und Beschädigung schützen.

Tabelle 9.1: Testtypen

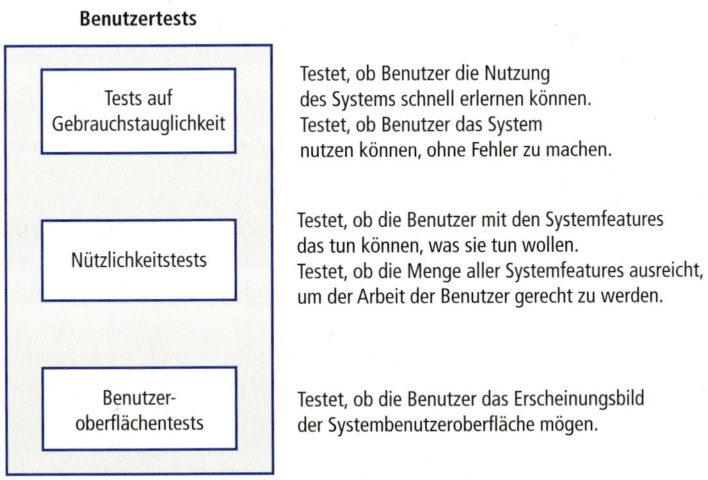

Abbildung 9.1: Benutzertests

Benutzertests konzentrieren sich darauf, was die Software tut und wie Benutzer mit dem System interagieren (▶ Abbildung 9.1). Sie dienen nicht dazu, die Implementierung auf Fehler zu testen. Wie bei den funktionalen Tests werden Änderungen identifiziert, die an der Software vorgenommen werden müssen, um sie benutzerfreundlicher oder schneller zu machen.
Benutzertests bestehen in der Regel aus zwei Phasen:

1 *Alpha-Tests:* Die Benutzer arbeiten beim Testen des Systems mit den Entwicklern zusammen. Das Ziel von Alpha-Tests ist die Beantwortung der Frage „Benötigen die Benutzer wirklich alle Features, die Sie für Ihr Produkt geplant haben?“ Im Idealfall sollten Sie die Benutzer bereits in einem frühen Prozessstadium in die Entwicklung einbeziehen, damit Sie Rückmeldungen darüber erhalten, ob die Produktfeatures wirklich von Nutzen sind. In der Praxis ist dies jedoch schwer zu realisieren, insbesondere bei neuen Produkten.

2 *Beta-Tests:* Sie geben bereits in einem frühen Stadium Versionen Ihres Produkts an die Benutzer aus, damit diese Ihr Produkt kommentieren können. Beta-Tests liefern zwar auch Antworten auf die Frage, wie nützlich Features sind, aber sie befassen sich in der Regel eher mit der Benutzerfreundlichkeit des Produkts und der Frage, ob es in der Betriebsumgebung des Benutzers effektiv funktioniert.

Mit den Leistungstests soll überprüft werden, ob das System schnell auf Serviceanfragen reagiert. Wenn das System Transaktionen verarbeitet, sollten Sie testen, ob die Transaktionen ohne unangemessene Verzögerungen verarbeitet werden. Wir wissen, dass die Benutzer bei der Nutzung von Software eine geringe Toleranz für Verzögerungen haben. Daher ist es wichtig, dass Ihr Produkt schnell reagiert, wenn eine Funktion aktiviert wird. Es kann sich negativ auf die Leistung auswirken, wenn ein System stark ausgelastet ist, sodass Sie die Reaktionsfähigkeit mit einer unterschiedlichen Anzahl von Benutzern und mit unterschiedlichen Belastungen testen müssen.

Lasttests setzen in der Regel voraus, dass Testskripte erstellt werden und ein Simulator verwendet wird, der die Aktionen der Systembenutzer simuliert. Wenn Sie Ihr System beispielsweise für 100 gleichzeitige Verbindungen ausgelegt haben, müssen Sie die Anzahl der Verbindungen allmählich auf dieses Niveau bringen und dann über die erwartete maximale Last hinaus erhöhen. In solchen Fällen sollte Ihr System nicht abrupt ausfallen, sondern sich langsam verabschieden. Lasttests können Ihnen helfen, Engpässe in Ihrem Code zu identifizieren, die einer Überarbeitung bedürfen. Wenn Ihr System auf einer Microservice-Architektur basiert, können Lasttests Ihnen helfen, die Dienste zu identifizieren, die Sie bei steigender Belastung Ihrer Software möglicherweise automatisch skalieren müssen.

Sicherheitstests sind spezialisierte Prozesse, bei denen die Software auf Schwachstellen getestet wird, die von Angreifern ausgenutzt werden könnten. Ich gehe kurz in ▸ Abschnitt 9.4 auf Sicherheitstests ein, habe aber weder die Fachkenntnisse noch die Erfahrung, um dieses Thema ausführlich zu behandeln.

Große Unternehmen wenden Tausende von Stunden auf, um ihre Produkte zu testen, und trotzdem zeigen sich auch nach der Auslieferung und Inbetriebnahme der Software noch Fehler. Der Grund dafür ist, dass moderne Software unglaublich komplex ist. Es gibt nicht nur Tausende oder Hunderttausende von Codezeilen in den Produkten selbst, sondern die Software interagiert auch mit einer sehr komplexen Umgebung (Betriebssystem, Container, Datenbank usw.), die sich nach der Inbetriebnahme eines Produkts auf unerwartete Weise ändern kann.

Folglich können Sie ein System nie erschöpfend testen oder sich völlig sicher sein, dass es keine Fehler enthält. Sie müssen eine pragmatische Entscheidung über die Kosteneffizienz der Tests treffen und Ihr Produkt freigeben, wenn Sie denken, dass es gut genug ist. Sie könnten sich beispielsweise bewusst entscheiden, Software mit Fehlern freizugeben, weil es einen Bedarf für diese Software gibt. Die Benutzer sind manchmal bereit, eine gewisse Unzuverlässigkeit zu akzeptieren, wenn die Software ihnen Zeit und Arbeit in anderen Bereichen erspart. Sie müssen hierbei jedoch sehr vorsichtig sein. Viele Softwarefirmen haben den Nutzen ihres Produktes überschätzt und sind gescheitert, weil ihre fehlerhafte Software bei den Benutzern auf Ablehnung gestoßen ist.

9.1 Funktionale Tests

Funktionales Testen bedeutet, dass ein großer Satz von Programmtests entwickelt werden muss, sodass im Idealfall der gesamte Code eines Programms mindestens einmal ausgeführt wird. Die Anzahl der erforderlichen Tests hängt natürlich von der Größe und der Funktionalität der Anwendung ab. Für eine geschäftsorientierte Webanwendung müssen Sie möglicherweise Tausende von Tests entwickeln, um möglichst sicher zu sein, dass Ihr Produkt problemlos an die Kunden ausgeliefert werden kann.

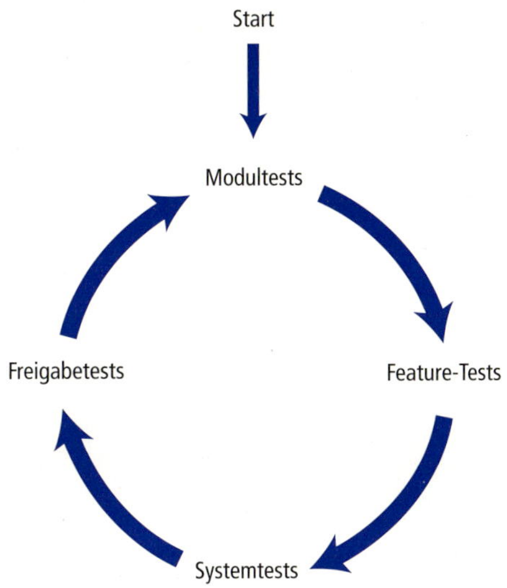

Abbildung 9.2: Funktionale Tests

Das Testen von Software ist eine abgestufte Aktivität, bei der Sie zuerst einzelne Codemodule testen (▸ Abbildung 9.2 und ▸ Tabelle 9.2). Sie binden Codemodule in andere Module zur Bildung größerer Module ein und führen dann weitere Tests durch. Der Prozess wird so lange fortgesetzt, bis Sie ein komplettes System erstellt haben, das für die Freigabe bereit ist.

Testprozess	Beschreibung
Modultests	Das Ziel von Modultests ist es, Programmmodule isoliert zu testen. Die Tests sollten so konzipiert sein, dass der gesamte Code eines Moduls mindestens einmal ausgeführt wird. Die einzelnen Codemodule werden vom Programmierer während der Entwicklung getestet.
Feature-Tests	Codemodule werden zu Features zusammengestellt. Feature-Tests sollten alle Aspekte eines Features testen. Alle Programmierer, die Codemodule zu einem Feature beitragen, sollten an dessen Prüfung beteiligt sein.

Tabelle 9.2: Funktionale Testprozesse

Testprozess	Beschreibung
Systemtests	Die Codemodule werden zu einer funktionierenden (möglicherweise unvollständigen) Version eines Systems zusammengestellt. Das Ziel von Systemtests ist es zu überprüfen, dass es keine unerwarteten Wechselwirkungen zwischen den Features im System gibt. Systemtests können auch die Prüfung der Reaktionsgeschwindigkeit, Zuverlässigkeit und Sicherheit des Systems umfassen. In großen Unternehmen ist meistens ein spezielles Testteam für die Systemtests verantwortlich. In kleinen Unternehmen ist dies nicht praktikabel, sodass auch Produktentwickler in den Systemtest einbezogen werden.
Freigabetests	Das System wird zum Release an die Kunden paketiert und das Release anschließend getestet, um zu überprüfen, ob es wie erwartet funktioniert. Die Software kann als Cloud-Service oder als Download zur Installation auf dem Computer oder Mobilgerät des Kunden freigegeben werden. Wenn DevOps verwendet werden, ist das Entwicklerteam für die Freigabetests verantwortlich; andernfalls ist ein separates Team dafür zuständig.

Tabelle 9.2: Funktionale Testprozesse *(Forts.)*

Sie sollten mit dem Testen nicht warten, bis Sie ein vollständiges System haben. Die Tests sollten beginnen, sobald Sie den ersten Code aufsetzen. Sie sollten den Code bereits beim Implementieren testen, sodass selbst ein minimales System ohne nennenswerte Features getestet wird. Mit jedem weiteren Feature wird der Zyklus aus Entwicklung und Test fortgesetzt, bis ein fertiges System verfügbar ist. Dieser Entwicklung-Test-Zyklus lässt sich vereinfachen, indem Sie automatisierte Tests entwickeln, die Sie bei jeder Codeänderung erneut ausführen können.

9.1.1 Modultests

Modultests sind Teil des normalen Programmentwicklungsprozesses. Parallel zur Entwicklung eines Codemoduls sollten Sie auch Tests für diesen Code entwerfen. Ein Codemodul ist alles, was eine klar definierte Aufgabe hat. Es handelt sich dabei normalerweise um eine Funktion oder Klassenmethode, es gibt aber auch Module, die eine kleine Anzahl von verschiedenen Funktionen enthalten. Normalerweise ist es möglich, Modultests zu automatisieren (siehe Abschnitt ▶ Abschnitt 9.2 „Testautomatisierung“).

Modultests basieren auf einem einfachen allgemeinen Prinzip:

> *Wenn sich ein Programmmodul bei einer Menge von Eingaben, die einige gemeinsame Merkmale aufweisen, erwartungsgemäß verhält, dann verhält es sich bei einer größeren Menge, deren Elemente diese Merkmale teilen, genauso.*

Angenommen, Ihr Programm verhält sich korrekt, wenn Sie es mit Eingaben aus der Menge {1, 5, 17, 45, 99} füttern. Wenn Sie nun wissen, dass die Aufgabe des Moduls darin besteht, ganzzahlige Eingaben im Bereich von 1 bis 99 zu verarbeiten, so können Sie daraus schließen, dass es auch alle anderen ganzen Zahlen in diesem Bereich korrekt verarbeitet.

Um ein Programm effizient zu testen, sollten Sie Eingabesätze identifizieren, die in Ihrem Code auf die gleiche Weise behandelt werden. Diese Sätze werden Äquivalenzpartitionen genannt (▶ Abbildung 9.3). Die identifizierten Äquivalenzpartitionen sollten nicht nur auf Partitionen beschränkt sein, deren Eingaben korrekte Werte erzeugen. Sie sollten auch „Inkorrektheitspartitionen" identifizieren, bei denen die Eingaben absichtlich fehlerhaft sind. Damit wird getestet, ob Ihr Programm inkorrekte Eingaben erkennt und wie geplant behandelt.

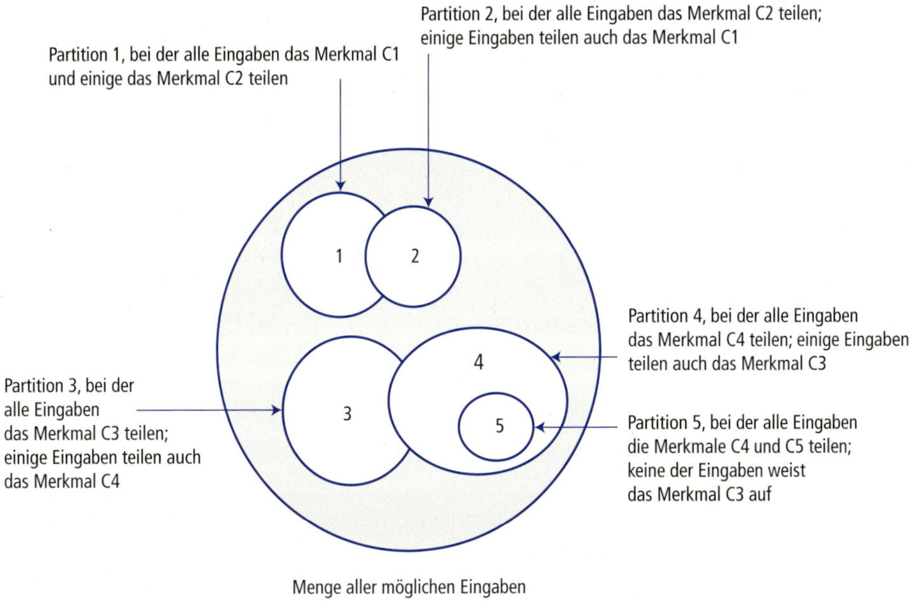

Abbildung 9.3: Äquivalenzpartitionen

Sie sollten zum Testen Ihres Programms aus jeder Äquivalenzpartition mehrere Eingaben wählen. Wenn möglich, sollten Sie die Partitionsgrenzen ermitteln und diese Grenzwerte als Eingaben verwenden. Denn sehr häufig unterläuft Programmierern das ±1-Problem, bei dem entweder das erste oder das letzte Element einer Eingabemenge in einer Schleife nicht richtig behandelt wird. Sie können auch Ausgabe-Äquivalenzpartitionen identifizieren und Testeingaben erstellen, deren Ergebnisse in diese Partitionen fallen.

Ich veranschauliche die Äquivalenzpartitionen anhand von Tests für die einfache Funktion zur Namensprüfung, mit der ich in ▶ Kapitel 8 die Verwendung regulärer Ausdrücke demonstriert habe (▶ Listing 8.3). Sie finden diese Funktion erneut in ▶ Abbildung 9.1. Sie prüft, ob ihr Eingabeparameter (der Nachname einer Person) mit einer Reihe von Regeln übereinstimmt. Die Regeln für Nachnamen lauten folgendermaßen:

1 Der Name sollte zwischen 2 und 40 Zeichen lang sein.

2 Die Namen bestehen aus alphabetischen Zeichen mit und ohne Akzent und dürfen einige wenige spezielle Trennzeichen enthalten.

3 Die einzigen erlaubten nicht alphabetischen Trennzeichen sind Bindestrich und Apostroph. Die Namen müssen mit einem Buchstaben beginnen.

```
def namecheck (s):

   # Prüft, ob Name nur Buchstaben, -, oder einfaches Anführungszeichen
   # enthält, Namen dürfen nur 2 bis 40 Zeichen lang sein
   # Zeichenketten in Anführungszeichen und -- sind nicht erlaubt

   namex = r"^[a-zA-Z][a-zA-Z-']{1,39}$"
   if re.match (namex, s):
       if re.search ("'.*'", s) or re.search ("--", s):
         return False
     else:
         return True
   else:
         return False
```

Listing 9.1: Eine Funktion zur Namensprüfung

Von diesen Regeln können Sie die in ▶ Tabelle 9.3 aufgeführten Äquivalenzpartitionen ableiten. Anschließend können Sie zum Testen Eingaben aus diesen Äquivalenzpartitionen, wie z.B. Sommerville, O'Connell, Washington-Wilson, Z und -Wesley heranziehen. Ich kehre zu diesem Beispiel im ▶ Abschnitt 9.2 „Testautomatisierung" zurück und zeige die tatsächlichen Eingaben, die ich zum Testen dieser Funktion verwendet habe.

Äquivalenzpartition	Merkmal
Korrekte Namen 1	Die Eingaben weisen nur Buchstaben auf und sind zwischen 2 und 40 Zeichen lang.
Korrekte Namen 2	Die Eingaben weisen nur Buchstaben, Bindestriche oder Apostrophe auf und sind zwischen 2 und 40 Zeichen lang.
Inkorrekte Namen 1	Die Eingaben sind zwischen 2 und 40 Zeichen lang, aber weisen nicht erlaubte Buchstaben auf.
Inkorrekte Namen 2	Die Eingaben weisen nur erlaubte Zeichen auf, bestehen aber entweder aus nur einem Zeichen oder sind länger als 40 Zeichen.
Inkorrekte Namen 3	Die Eingaben sind zwischen 2 und 40 Zeichen lang, aber das erste Zeichen ist ein Bindestrich oder ein Apostroph.
Inkorrekte Namen 4	Die Eingaben weisen nur gültige Zeichen auf und sind zwischen 2 und 40 Zeichen lang. Gleichzeitig umfassen sie einen doppelten Bindestrich, Text in Anführungszeichen oder beides.

Tabelle 9.3: Äquivalenzpartitionen für die Funktion zur Namensprüfung

Sobald Sie Äquivalenzpartitionen identifiziert haben, lautet die Frage: „Welche Eingaben der einzelnen Partitionen eignen sich am besten, um Fehler aufzudecken?" Viele Vorschläge zu den Richtlinien für Modultests basieren auf Äquivalenzpartitionen und geben an, welche Testeingaben am geeignetsten sind. ▶ Tabelle 9.4 zeigt zum Beispiel eine Reihe von Testrichtlinien, die auf den Vorschlägen von James Whittaker basieren.[1]

1 James A. Whittaker, *How to Break Software: A Practical Guide to Testing*. AddisonWesley, Boston, 2002.

Richtlinie	Erläuterung
Testen Sie Grenzwerte	Wenn Ihre Partitionen Ober- und Untergrenzen haben (z.B. Zeichenkettenlänge, Zahlen usw.), so wählen Sie die Eingaben an der Grenze dieses Bereichs.
Erzwingen Sie Fehler	Wählen Sie Testeingaben, die das System zwingen, alle Fehlermeldungen zu erzeugen. Wählen Sie Testeingaben, die ungültige Ausgaben erzeugen.
Füllen Sie die Puffer	Wählen Sie Testeingaben, die alle Eingabepuffer zum Überlaufen bringen.
Wiederholen Sie die Tests	Wiederholen Sie die gleiche Testeingabe oder Eingabefolge mehrmals.
Überlauf und Unterlauf	Wenn Ihr Programm numerische Berechnungen ausführt, wählen Sie Testeingaben, mit denen das Programm sehr große und sehr kleine Zahlen berechnet.
Vergessen Sie nicht die Null	Wenn Ihr Programm Zeiger oder Zeichenketten verwendet, testen Sie immer mit Nullzeiger und leeren Zeichenketten. Wenn Sie Folgen verwenden, testen Sie mit einer leeren Folge. Und testen Sie bei numerischen Eingaben immer mit null.
Zählen Sie mit	Wenn Sie es mit Listen und Listentransformationen zu tun haben, zählen Sie die Anzahl der Elemente in jeder Liste und prüfen Sie, ob diese nach jeder Transformation konsistent sind.
Einer ist anders	Wenn Ihr Programm Folgen verarbeitet, testen Sie immer mit Folgen, die nur einen Wert haben.

Tabelle 9.4: Richtlinien für Modultests

Diese Richtlinien sind nicht in Stein gemeißelt, sondern sie basieren auf umfangreichen Testerfahrungen. Eine allgemeine Beobachtung, die diesen Richtlinien zugrunde liegt, ist, dass Programmierer an den Grenzen Fehler machen. Folglich sind Testeingaben an den natürlichen Grenzen am ehesten geeignet, Programmfehler aufzudecken. Beispielsweise sollten Sie bei numerischen Eingaben immer mit den höchst- und niedrigstmöglichen Werten testen; bei Zeichenketteneingaben sollten Sie immer mit der leeren Zeichenkette testen sowie mit Zeichenketten, die nur aus einem Zeichen bestehen.

9.1.2 Feature-Tests

Produktfeatures implementieren einige nützliche Benutzerfunktionen. Diese Features müssen getestet werden, um zu zeigen, dass die Funktionalität wie erwartet implementiert wurde und den tatsächlichen Bedürfnissen der Benutzer entspricht. Wenn Ihr Produkt beispielsweise über ein Feature verfügt, das es den Nutzern ermöglicht, sich über ihr Google-Konto anzumelden, dann müssen Sie überprüfen, ob dieses Feature die Nutzer korrekt registriert und sie darüber informiert, welche Informationen an Google weitergegeben werden. Sie sollten überprüfen, ob die Nutzer die Möglichkeit haben, sich in die Verteilerliste für E-Mail-Informationen zu Ihrem Produkt einzutragen.

Normalerweise wird ein Feature, das verschiedene Dinge erledigt, durch mehrere interagierende Programmmodule implementiert. Diese Module können von verschiedenen Entwicklern implementiert sein, die möglichst alle in den Feature-Testprozess eingebunden werden sollten. Dieser Prozess sollte aus zwei verschiedenen Tests bestehen:

1. *Interaktionstests* testen die Interaktionen zwischen den Modulen, die das Feature implementieren. Die Entwickler der Module, die zu einem Feature zusammengefasst werden, haben möglicherweise eine unterschiedliche Auffassung von dem, was dieses Feature leisten soll. Diese Missverständnisse zeigen sich bei den Modultests nicht; sie treten unter Umständen erst bei der Integration der Module zutage. Die Integration kann auch Fehler in Programmmodulen aufdecken, die bei den Modultests nicht aufgefallen sind.

2. *Nützlichkeitstests* testen, dass das Feature auch wirklich das implementiert, was die Benutzer benötigen. Beispielsweise könnten die Entwickler einer Anmeldung bei einem Google-Feature standardmäßig eine „Opt-out"-Registrierung implementieren, sodass die Nutzer alle E-Mails von einem Unternehmen erhalten. In diesem Fall müssen die Nutzer ausdrücklich angeben, welche Arten von E-Mail sie nicht wünschen. Vielleicht hätten sie aber lieber eine „Opt-in"-Registrierung, damit sie wählen können, welche Arten von E-Mails sie empfangen wollen. Der Produktmanager sollte eng in die Entwicklung von Nützlichkeitstests einbezogen werden, da er die Präferenzen der Benutzer wahrscheinlich am besten kennt.

Eine gute Methode zur Durchführung von Feature-Tests basiert auf einem Szenario oder einem Satz von User-Storys (▶ Kapitel 3). Das Feature „Anmelden mit Google" könnte zum Beispiel durch drei User-Storys abgedeckt werden, wie ▶ Tabelle 9.5 zeigt. Auf der Grundlage dieser User-Storys könnten Sie eine Reihe von Tests für das Feature entwickeln, die die in ▶ Tabelle 9.6 aufgelisteten Prüfungen durchführen.

Story-Titel	User-Story
Benutzerregistrierung	Als Benutzer möchte ich die Möglichkeit haben, mich anzumelden, ohne ein neues Konto anzulegen, sodass ich mir nicht noch eine Benutzerkennung und ein Passwort merken muss.
Informationsaustausch	Als Benutzer möchte ich wissen, welche Informationen Sie mit anderen Unternehmen teilen. Ich möchte die Möglichkeit haben, meine Registrierung zu löschen, wenn ich diese Daten nicht teilen möchte.
E-Mail-Wahl	Als Benutzer möchte ich die Möglichkeit haben auszuwählen, welche Arten von E-Mail ich empfange, wenn ich mich für ein Konto registriere.

Tabelle 9.5: User-Storys für das Feature „Anmelden mit Google"

Um Feature-Tests zu entwickeln, müssen Sie das Feature durch die Augen der potenziellen Nutzer und des Produktmanagers sehen. Sie müssen sie fragen, was sie von einem Feature erwarten und wie sie es normalerweise verwenden. Es gibt veröffentlichte Richtlinien für die Entwicklung von Feature-Tests, aber ich finde diese Richtlinien zu vage und im Allgemeinen nicht besonders hilfreich.

Test	Beschreibung
Anfänglicher Login-Bildschirm	Testen Sie, ob der Bildschirm mit der Anmeldeaufforderung für das Google-Konto korrekt angezeigt wird, wenn ein Benutzer auf den Link „Anmelden mit Google" klickt. Testen Sie, ob das Login abgeschlossen ist, wenn der Benutzer bereits bei Google angemeldet ist.
Falsche Anmeldedaten	Testen Sie, ob die Fehlermeldung und der Wiederholungsbildschirm zur erneuten Anmeldung angezeigt werden, wenn der Benutzer falsche Google-Anmeldedaten eingibt.
Geteilte Informationen	Testen Sie, ob die Daten, die Sie mit Google teilen, zusammen mit einem Abbrechen- oder Bestätigen-Schalter angezeigt werden. Testen Sie, ob die Registrierung abgebrochen wird, wenn die Option „Abbrechen" gewählt wurde.
Opt-in für E-Mails	Testen Sie, ob dem Benutzer ein Optionsmenü für E-Mail-Informationen angeboten wird und ob er mehrere Elemente als E-Mail auswählen kann. Testen Sie, dass der Benutzer nicht für irgendwelche E-Mails registriert ist, wenn keine Optionen ausgewählt wurden.

Tabelle 9.6: Feature-Tests für „Anmelden mit Google"

Feature-Tests sind ein integraler Bestandteil der verhaltensgetriebenen Entwicklung (*Behavior-Driven Development*, BDD). Bei dieser Entwicklung wird das Verhalten eines Produkts mithilfe einer bereichsspezifischen Sprache definiert und von dieser Spezifikation werden automatisch Feature-Tests abgeleitet. Zur Automatisierung dieser Tests stehen spezielle Werkzeuge zur Verfügung. Sie finden einen Link zu Informationen über BDD im Abschnitt „Ergänzende Literatur". Ich habe diesen Ansatz allerdings noch nie zur Softwareentwicklung verwendet, daher kann ich mich zu seiner Effektivität nicht äußern.

9.1.3 System- und Freigabetests

Bei einem Systemtest wird das System als Ganzes und nicht die einzelnen System-Features getestet. Der Systemtest beginnt in einem frühen Stadium des Entwicklungsprozesses, und zwar sobald Sie über eine funktionsfähige, wenn auch unvollständige Version eines Systems verfügen. Systemtests sollten sich auf vier Aspekte konzentrieren:

1. Testen Sie, ob es unerwartete und unerwünschte Interaktionen zwischen den Features in einem System gibt.
2. Testen Sie, ob die System-Features effektiv zusammenarbeiten und so die Benutzer bei dem unterstützen, was sie wirklich mit dem System machen wollen.
3. Testen Sie das System, um sicherzustellen, dass es in den verschiedenen Umgebungen, in denen es eingesetzt wird, wie erwartet funktioniert.
4. Testen Sie Reaktionsgeschwindigkeit, Datendurchlauf, Sicherheit und andere Qualitätsmerkmale des Systems.

Es kann zu unerwarteten Interaktionen zwischen den Features kommen, weil die Featuredesigner möglicherweise von unterschiedlichen Annahmen über die Funktionsweise der Features ausgehen. Ein Beispiel dafür ist ein Textverarbeitungsprogramm, das die Möglichkeit bietet, mehrere Spalten zu definieren und in jeder Spalte den Text bündig auszurichten. Der Featuredesigner für Textausrichtung ist vielleicht davon ausgegangen, dass es immer möglich sein wird, Wörter in eine Spalte einzugeben, während der Featuredesigner für Silbentrennung den Benutzern erlaubt, die Silbentrennung auszuschalten. Wenn ein Benutzer jedoch sehr schmale Spalten definiert und gleichzeitig die Silbentrennung ausschaltet, ist es in manchen Fällen nicht möglich, lange Wörter in die schmalen Spalten einzufügen.

Wenn Sie die Interaktionen der Features testen, sollten Sie nicht nur nach Fehlern oder Auslassungen in den Feature-Implementierungen suchen. Softwareprodukte sollen den Benutzern helfen, eine Aufgabe zu erledigen. Daher müssen Sie Tests entwerfen, die überprüfen, ob ein Produkt wirklich das tut, was die Benutzer damit tun möchten. So kann es beispielsweise sein, dass alle Features, die die Anwender benötigen, verfügbar sind, es aber schwierig ist, sie im Zusammenspiel zu verwenden, oder dass einige Features einen Benutzer nur unzureichend bei der Erledigung seiner Aufgaben unterstützen.

Umgebungstests prüfen, ob Ihr System in seiner Betriebsumgebung funktioniert und sich fehlerfrei in andere Software integriert. Wenn der Zugriff auf Ihr Produkt nicht über eine bestimmte Anwendung, sondern über einen Browser erfolgt, sollten Sie testen, ob der Aufruf zumindest über die populärsten Browser ordnungsgemäß funktioniert. Bei einer Integration mit anderer Software müssen Sie überprüfen, ob die Integration korrekt abläuft und die Daten nahtlos ausgetauscht werden.

Der beste Weg, ein System systematisch zu testen, besteht meines Erachtens darin, mit einer Reihe von Szenarios zu beginnen, die die Einsatzmöglichkeiten des Systems beschreiben, und diese Szenarios dann jedes Mal durchzugehen, wenn eine neue Version des Systems vorliegt. Vielleicht haben Sie diese Szenarios entwickelt, während Sie sich damit beschäftigt haben, welche Aufgaben das System zu erledigen hat. Wenn nicht, sollten Sie Szenarios erstellen, um einen reproduzierbaren Testprozess an der Hand zu haben.

Angenommen, Sie entwickeln ein Produkt zur Urlaubsplanung für Familien mit Kindern. Für diese Familien sind Direktflüge einfacher, als an einem Luftfahrt-Drehkreuz umzusteigen. Bei Berücksichtigung des Schlafverhaltens der Kinder ist es für sie am besten, wenn sie tagsüber fliegen und weder sehr früh abfliegen noch spät nachts ankommen. ▶ Tabelle 9.7 ist ein Beispiel für ein Szenario, das Eltern mit kleinen Kindern beschreibt, die ihren Urlaub planen.

Andrew und Maria haben einen zweijährigen Sohn und eine vier Monate alte Tochter. Sie leben in Schottland und wollen einen Urlaub in der Sonne verbringen. Allerdings machen sie sich Sorgen über die Schwierigkeiten, die das Fliegen mit kleinen Kindern mit sich bringt. Sie beschließen, ein Produkt zur Planung von Familienurlaub auszuprobieren, das ihnen bei der Wahl eines leicht erreichbaren Reiseziels hilft und dabei den Tagesablauf ihrer Kinder berücksichtigt. Maria navigiert zur Website des Urlaubsplaners und wählt die Seite „Reiseziel finden". Es erscheint ein Bildschirm mit einer Reihe von Optionen. Sie kann ein bestimmtes Reiseziel oder einen Abflughafen auswählen und alle Reiseziele einsehen, zu denen es Direktflüge von diesem Flughafen aus gibt. Sie kann auch den anvisierten Zeitraum für die Flüge und den Urlaubstermin sowie einen maximalen Preis pro Person angeben. Edinburgh ist ihr nächstgelegener Abflughafen. Sie wählt „Direktflüge finden". Das System präsentiert daraufhin eine Liste der Länder, die von Edinburgh aus direkt angeflogen werden, sowie die Tage, an denen diese Flüge abgehen. Sie wählt Frankreich, Italien, Portugal und Spanien aus und bittet um weitere Informationen über diese Flüge. Dann setzt sie einen Filter, um Flüge anzuzeigen, die an einem Samstag oder Sonntag nach 7.30 Uhr starten und vor 18 Uhr ankommen. Sie legt auch die maximal zulässigen Kosten für den Flug fest. Die Liste der Flüge wird entsprechend des Filters gekürzt und erneut angezeigt. Maria klickt dann auf den gewünschten Flug. Dadurch öffnet sich eine Registerkarte in ihrem Browser, der ein Buchungsformular für diesen Flug auf der Website der Fluggesellschaft anzeigt.

Tabelle 9.7: Wahl eines Urlaubsziels

Anhand des Szenarios identifizieren Sie einen Satz von durchgängigen Pfaden, denen die Benutzer bei der Nutzung des Systems folgen könnten. Ein durchgängiger Pfad ist eine Abfolge von Aktionen, die mit dem Systemaufruf für die Aufgabe beginnt und nach Abschluss der Aufgabe endet. Bei der Nutzung dieses Systems gibt es mehrere Abschlusszustände, und Sie sollten für alle Zustände einen Pfad identifizieren. ▶ Tabelle 9.8 zeigt Beispiele für potenzielle Pfade.

1. Der Benutzer gibt einen Abflughafen an und lässt sich dafür die Direktflüge anzeigen. Der Benutzer beendet den Vorgang. 2. Der Benutzer gibt einen Abflughafen an und lässt sich dafür alle Flüge anzeigen. Der Benutzer beendet den Vorgang. 3. Der Benutzer wählt das Zielland aus und lässt sich dafür alle Flüge anzeigen. Der Benutzer beendet den Vorgang. 4. Der Benutzer gibt einen Abflughafen an und lässt sich dafür die Direktflüge anzeigen. Der Benutzer definiert einen Filter durch Angabe von Abflugzeiten und Preislimits. Der Benutzer beendet den Vorgang. 5. Der Benutzer gibt einen Abflughafen an und lässt sich dafür die Direktflüge anzeigen. Der Benutzer definiert einen Filter durch Angabe von Abflugzeiten und Preislimits. Der Benutzer wählt einen der angezeigten Flüge aus und wechselt damit zur Website der Fluggesellschaft. Der Benutzer kehrt nach der Flugbuchung zum Urlaubsplaner zurück.

Tabelle 9.8: Durchgängige Pfade

Für jeden Pfad müssen Sie prüfen, ob die Antworten des Systems korrekt sind und ob dem Benutzer die angeforderten Informationen angezeigt werden. Wenn Maria beispielsweise Direktflüge vom Flughafen Edinburgh anfragt, sollten Sie überprüfen, ob die angezeigten Flüge mit denen auf der Website des Flughafens Edinburgh übereinstimmen. Sie sollten nicht automatisch davon ausgehen, dass die von Ihnen für Fluginformationen verwendete Quelle korrekt ist. Außerdem sollten Sie prüfen, ob das System angemessen reagiert, wenn externe Dienste, auf die das System angewiesen ist, wie z.B. Websites von Fluggesellschaften, nicht verfügbar sind.

Wie bei den Modul- und Feature-Tests sollten Sie versuchen, möglichst viele der Systemtests zu automatisieren, und diese Tests jedes Mal durchführen, wenn eine neue Version des Systems zur Verfügung steht. Da jedoch durchgängige Pfade mit Benutzerinteraktionen verbunden sind, kann es sich als unpraktisch erweisen, alle Systemtests zu automatisieren. Wie ich in ▶ Abschnitt 9.2 „Testautomatisierung“ erläutere, können einige Testwerkzeuge die Interaktionen über einen Browser simulieren, indem sie Mausklicks und das Treffen von Auswahlen erfassen und wiedergeben. Manchmal gibt es jedoch keine wirklichen Alternativen zu manuellen Tests, die auf einem Testskript basieren, das die Aktionen eines Testers beschreibt.

Freigabetests werden auf Systemen ausgeführt, die für die Freigabe an Kunden vorgesehen sind. Es gibt zwei grundlegende Unterschiede zwischen Freigabetests und Systemtests:

1. Beim Freigabetest wird das System in seiner realen Betriebsumgebung und nicht in einer Testumgebung getestet. Obwohl Sie beim Testen offensichtlich versuchen, die reale Umgebung zu simulieren, kann es Unterschiede zwischen der realen Umgebung und der Testumgebung geben. Häufig kommt es beim Testen mit echten Benutzerdaten zu Problemen, da diese manchmal komplexer und weniger zuverlässig sind als Testdaten.

2. Das Ziel von Freigabetests ist es, zu entscheiden, ob das System gut genug ist, um freigegeben zu werden, und nicht, um Fehler im System zu entdecken. Daher können Sie „fehlgeschlagene“ Tests ignorieren, wenn diese Fehler für die meisten Benutzer nur minimale Konsequenzen haben.

Die Vorbereitung eines Systems für die Freigabe umfasst die Paketierung des Systems für die Bereitstellung (z.B. in einem Container, wenn es sich um einen Cloud-Service handelt) und die Installation von Software und Bibliotheken, die von Ihrem Produkt verwendet werden. Sie müssen Konfigurationsparameter definieren, wie z.B. den Namen eines Stammverzeichnisses, die maximale Datenbankgröße pro Benutzer usw. Doch bei diesem Installationsprozess können Ihnen durchaus Fehler unterlaufen. Daher sollten Sie die Systemtests wiederholen, um zu überprüfen, dass Sie keine neuen Fehler eingeführt haben, die die Funktionalität, Leistung oder Benutzerfreundlichkeit des Systems beeinträchtigen. Wo immer möglich, sollten Sie beim Testen des Software-Releases echte Benutzerdaten verwenden sowie andere Informationen, die beim Betrieb des Systems gesammelt wurden.

Wie ich in ▶ Kapitel 10 noch erläutern werde, können Sie einen kontinuierlichen Freigabeprozess verwenden, wenn Sie Ihr Produkt in der Cloud bereitstellen. Dies bedeutet, dass eine neue Version Ihres Produkts freigegeben wird, sobald eine Änderung vorgenommen wurde. Dies ist nur dann sinnvoll, wenn Sie häufig kleine Änderungen vornehmen und mit automatisierten Tests überprüfen, ob diese Änderungen keine neuen Fehler in Ihr Programm einschleusen.

9.2 Testautomatisierung

Eine der wichtigsten Innovationen im agilen Software-Engineering ist die Testautomatisierung, die inzwischen in Softwareunternehmen weite Verbreitung gefunden hat. Automatisierte Tests (▶ Abbildung 9.4) basieren auf der Idee, dass Tests ausführbar sein sollten. Ein ausführbarer Test umfasst die Eingabedaten für die zu testende Einheit, das erwartete Ergebnis und eine Prüfung, ob die Einheit das erwartete Ergebnis zurückliefert. Sie führen den Test aus und der Test ist bestanden, wenn die Einheit das erwartete Ergebnis zurückliefert. Normalerweise sollten Sie Hunderte oder Tausende von ausführbaren Tests für ein Softwareprodukt entwickeln.

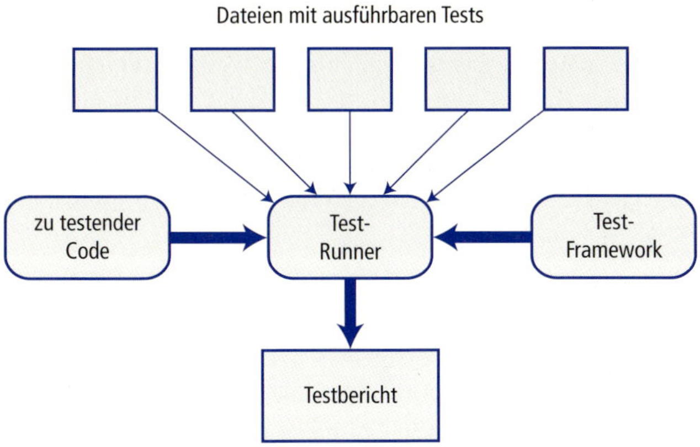

Abbildung 9.4: Automatisierte Tests

Die Entwicklung von Frameworks für automatisierte Tests, wie z.B. JUnit für Java in den 1990er Jahren, hat den Aufwand für die Entwicklung ausführbarer Tests verringert. Heutzutage sind Test-Frameworks für alle weit verbreiteten Programmiersprachen verfügbar. Eine Reihe von Hunderten von Modultests, die mithilfe eines Frameworks entwickelt wurden, kann auf einem Desktoprechner in wenigen Sekunden ausgeführt werden. Ein Testbericht listet die bestandenen und fehlgeschlagenen Tests auf.

Test-Frameworks verfügen über eine Basisklasse, zum Beispiel `TestCase`, die vom Test-Framework verwendet wird. Um einen automatisierten Test zu erstellen, definieren Sie Ihre eigene Testklasse als Unterklasse von `TestCase`. Test-Frameworks bieten eine Möglichkeit, alle Tests, die in den von `TestCase` abgeleiteten Klassen definiert sind, auszuführen und die Ergebnisse der Tests in einem Bericht zusammenzufassen.

Ich veranschauliche dies für Python in ▶ Listing 9.2, das Beispiele für einfache automatisierte Tests für eine Funktion zeigt, die Teil eines Finanzplanungsprodukts ist. Die Funktion berechnet die Zinsen auf der Basis von Betrag und Laufzeit des Darlehens. Die Kommentare im Code erklären die wichtigsten Komponenten des Testfalls.

```
# TestInterestCalculator erbt Attribute und Methoden der Klasse
# TestCase in dem Test-Framework unittest

class TestInterestCalculator (unittest.TestCase):

    # Definiere einen Satz von Modultests, die jeweils nur eine Sache testen
    # Tests sollten beginnen mit test_ und der Name sollte erklären,
    # was getestet wird

     def test_zeroprincipal (self):

         #Arrange - setze die Testparameter
         p = 0
         r = 3
```

```
        n = 31
        result_should_be = 0

        #Action - Rufe die zu testende Methode auf
        interest = interest_calculator (p, r, n)

        #Assert - Teste, was wahr sein sollte
        self.assertEqual (result_should_be, interest)

    def test_yearly_interest (self):

        #Arrange - setze die Testparameter
        p = 17000
        r = 3
        n = 365

        #Action - Rufe die zu testende Methode auf
        result_should_be = 270.36
        interest = interest_calculator (p, r, n)

        #Assert - Teste, was wahr sein sollte
        self.assertEqual (result_should_be, interest)
```

Listing 9.2: Testmethoden für einen Zinsrechner

▶ Listing 9.2 zeigt zwei Tests. Im ersten Test (`test_zeroprincipal`) ist die Summe (das Kapital) null, sodass keine Zinsen anfallen sollten. Im zweiten Test (`test_yearly_interest`) werden die Zinsen für ein 365-Tage-Jahr berechnet. Offensichtlich benötigen Sie weitere Tests, um diese Einheit ordentlich zu testen, z.B. Tests für Schaltjahre, Tests zur Berechnung der monatlichen Zinsen, die berücksichtigen, dass die Monate unterschiedlich lang sind, und Tests, die überprüfen, ob die berechneten Zinsen korrekt sind, wenn das Kapital im Laufe des Jahres teilweise oder vollständig zurückgezahlt wird.

Es hat sich bewährt, automatisierte Tests in drei Teile zu gliedern:

1. *Arrange (Vorbereitung):* Sie richten das System zur Ausführung des Tests ein. Dazu definieren Sie die Testparameter und, falls erforderlich, Mock-Objekte, die die Funktionalität von noch nicht entwickeltem Code simulieren.

2. *Action (Aktion):* Sie rufen die Einheit auf, die mit den Testparametern getestet wird.

3. *Assert (Bestätigung):* Sie formulieren in Form einer Zusicherung oder Assertion, was gelten soll, wenn die zu testende Einheit erfolgreich ausgeführt wurde. In ▶ Listing 9.2 verwende ich `assertEqual`, um zu prüfen, ob die ihr übergebenen Parameter gleich sind.

   Wenn diese Teile für einen Test erst einmal stehen, ist es in der Regel einfach, den Setup-Code in anderen Tests für dieselbe Einheit wiederzuverwenden. Im Idealfall sollten Sie in jedem Test nur eine Assertion formulieren. Wenn Sie mehrere Zusicherungen haben, können Sie möglicherweise nicht erkennen, welche davon fehlgeschlagen ist. Dies ist jedoch keine unumstößliche Regel. Wenn eine Funktion z.B. einen zusammengesetzten Wert zurückgibt, dann ist möglicherweise der einfachste Weg, den Test zu schreiben, mehrere Zusicherungen zu haben, wobei jedes Element des zusammengesetzten Werts mit einer Assertion verknüpft ist. Wenn Sie mehrere Zusicherungen in einem Test verwenden, dann haben Sie die Möglichkeit, zusätzlichen Code einzufügen, der angibt, welche der Assertions nicht erfüllt ist.

Falls Sie Äquivalenzpartitionen zur Identifizierung von Testeingaben verwenden, sollten Sie mehrere automatische Tests mithilfe korrekter und falscher Eingaben aus jeder Partition durchführen. Ich veranschauliche dies in ▶ Listing 9.3.

Dieses Programm zeigt die Tests, die ich für die in ▶ Listing 9.1 gezeigte Funktion zur Namensprüfung entwickelt habe. Ich habe bewusst einen zusätzlichen Test namens `test_thiswillfail` eingefügt, um die Ausgabe eines Tests zu zeigen, bei dem sich der getestete Code nicht wie erwartet verhält. Um das Beispielprogramm möglichst kurz zu halten, verzichte ich auf die expliziten Arrange/Action/Assert-Abschnitte.

```
import unittest
from RE_checker import namecheck
class TestNameCheck (unittest.TestCase):
   def test_alphaname (self):
         self.assertTrue (namecheck ('Sommerville'))
   def test_doublequote (self):
         self.assertFalse (namecheck ("Diesis'boesercode'"))
   def test_namestartswithhyphen (self):
         self.assertFalse (namecheck ('-Sommerville'))
   def test_namestartswithquote (self):
         self.assertFalse (namecheck ("'Reilly"))
   def test_nametoolong (self):
         self.assertFalse (namecheck
         ('Diesisteinlangerstringmitmehrals40zeichenvonanfangbisende'))
   def test_nametooshort (self):
         self.assertFalse (namecheck ('S'))
   def test_namewithdigit (self):
         self.assertFalse (namecheck('C-3PO'))
   def test_namewithdoublehyphen (self):
         self.assertFalse (namecheck ('--badcode'))
   def test_namewithhyphen (self):
         self.assertTrue (namecheck ('Washington-Wilson'))
   def test_namewithinvalidchar (self):
         self.assertFalse (namecheck('Sommer_ville'))
   def test_namewithquote (self):
         self.assertTrue (namecheck ("O'Reilly"))
   def test_namewithspaces (self):
         self.assertFalse (namecheck ('Washington Wilson'))
   def test_shortname (self):
         self.assertTrue ('Sx')
   def test_thiswillfail (self):
         self.assertTrue (namecheck ("O Reilly"))
```

Listing 9.3: Ausführbarere Tests für die Funktion zur Namensprüfung

Das Test-Framework stellt einen „Test-Runner" zur Verfügung – ein Tool, das Tests durchführt und die Ergebnisse in einem Bericht präsentiert. Um einen Test-Runner zu verwenden, speichern Sie Ihre Tests in Dateien, die mit einem reservierten Namen beginnen. In Python beginnt der Dateiname beispielsweise mit `test_`. Das hilft dem

Test-Runner, alle Testdateien zu finden und auszuführen. Ich organisiere meine Modultests, indem ich die Tests für jedes Modul in einer separaten Datei halte. ▶ Listing 9.4 zeigt einen einfachen Code zum Ausführen einer Reihe von Tests und ▶ Listing 9.5 die Ausgabe, die der Test-Runner erzeugt, wenn die Tests aus ▶ Listing 9.3 ausgeführt werden.

```
import unittest
loader = unittest.TestLoader()
#Suche die Testdateien im aktuellen Verzeichnis
tests = loader.discover('.')
#Specify the level of information provided by the test runner
testRunner = unittest.runner.TextTestRunner(verbosity=2)
             testRunner.run(tests)
```

Listing 9.4: Code zur Ausführung von Modultests aus Dateien

```
test_alphaname (test_alltests_namechecker.TestNameCheck) . . . ok
test_doublequote (test_alltests_namechecker.TestNameCheck) . . . ok
test_namestartswithhyphen (test_alltests_namechecker.TestNameCheck) . . . ok
test_namestartswithquote (test_alltests_namechecker.TestNameCheck) . . . ok
test_nametoolong (test_alltests_namechecker.TestNameCheck) . . . ok
test_nametooshort (test_alltests_namechecker.TestNameCheck) . . . ok
test_namewithdigit (test_alltests_namechecker.TestNameCheck) . . . ok
test_namewithdoublehyphen (test_alltests_namechecker.TestNameCheck) . . . ok
test_namewithhyphen (test_alltests_namechecker.TestNameCheck) . . . ok
test_namewithinvalidchar (test_alltests_namechecker.TestNameCheck) . . . ok
test_namewithquote (test_alltests_namechecker.TestNameCheck) . . . ok
test_namewithspaces (test_alltests_namechecker.TestNameCheck) . . . ok
test_shortname (test_alltests_namechecker.TestNameCheck) . . . ok
test_thiswillfail (test_alltests_namechecker.TestNameCheck) . . . FAIL

======================================================================
FAIL: test_thiswillfail (test_alltests_namechecker.TestNameCheck)
----------------------------------------------------------------------

TTraceback (most recent call last):
     File "/Users/iansommerville/Dropbox/Python/Engineering Software
     Book/test_alltests_namechecker.py", line 46, in test_thiswillfail
             self.assertTrue (namecheck ("O Reilly"))
AssertionError: False is not true
----------------------------------------------------------------------

Ran 14 tests in 0.001s

FAILED (failures=1)
```

Listing 9.5: Ergebnisse der Modultests

Sie sehen, dass der fehlgeschlagene Test (`test_thiswillfail`) die Art des Fehlers angibt. Einige Test-Frameworks verwenden visuelle Indikatoren, um Auskunft über den Erfolg zu geben: Rot bedeutet, dass einige der Tests fehlgeschlagen sind, und Grün bedeutet, dass alle Tests erfolgreich ausgeführt wurden.

Wenn Sie automatisierte Tests schreiben, sollten Sie diese so einfach wie möglich halten. Dies ist wichtig, da der Testcode – wie jedes andere Programm – Fehler enthält. Sie haben es bei einem Produkt normalerweise mit Tausenden von Tests zu tun, sodass es zwangsläufig nicht ausbleibt, dass hiervon einige fehlerhaft sind.

Da der Sinn automatisierter Tests darin besteht, eine manuelle Überprüfung der Testausgaben zu vermeiden, ist es unrealistisch, durch die Ausführung der Tests Testfehler entdecken zu wollen. Wenn Sie die Wahrscheinlichkeit von Testfehlern verringern wollen, sollten Sie sich an zwei Ratschläge halten:

1. Halten Sie die Tests so einfach wie möglich. Je komplexer der Test, desto wahrscheinlicher, dass er fehlerhaft ist. Die Testbedingung sollte beim Lesen des Codes sofort ersichtlich sein.

2. Überprüfen Sie alle Tests zusammen mit dem zu testenden Code. Als Teil des Review-Prozesses (▶ Abschnitt 9.5 „Code-Reviews") sollte neben dem Testprogrammierer noch eine zweite Person die Tests auf Korrektheit überprüfen.

Unter einem Regressionstest versteht man die Wiederholung früherer Testfälle, nachdem eine Änderung an dem System vorgenommen wurde. Der Test prüft, ob diese Änderung keine neuen Fehler verursacht hat. Eine Änderung am Code kann aus Versehen vorhandenen Code beschädigen oder Fehler aufdecken, die in früheren Tests nicht entdeckt wurden. Wenn Sie mit automatisierten Tests arbeiten, nehmen Regressionstests nur sehr wenig Zeit in Anspruch. Daher sollten Sie nach jeder Änderung an Ihrem Code, auch wenn sie noch so geringfügig ist, grundsätzlich alle Tests wiederholen, um sicherzustellen, dass alles weiterhin wie erwartet funktioniert.

Modultests sind am einfachsten zu automatisieren. Daher sollte der Großteil Ihrer Tests aus Modultests bestehen. Mike Cohn, der Erfinder der Testpyramide (▶ Abbildung 9.5), schlägt vor, dass die automatisierten Tests zu 70 % aus Modultests, zu 20 % aus Feature-Tests (er nannte sie Service-Tests) und zu 10 % aus Systemtests (UI-Tests) bestehen sollten.

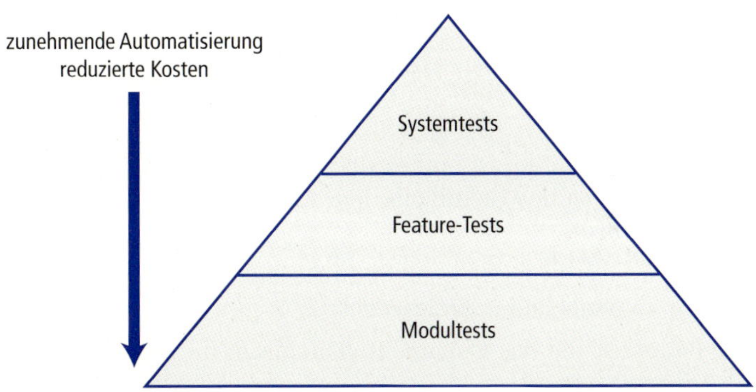

Abbildung 9.5: Die Testpyramide

Die Implementierung von System-Features erfolgt in der Regel durch die Integration von funktionalen Modulen zu Komponenten und die anschließende Integration dieser Komponenten zu einem Feature. Wenn Sie gute Modultests haben, können Sie sicher sein, dass sich die einzelnen funktionalen Module und Komponenten, die das Feature implementieren, erwartungsgemäß verhalten. Wie ich jedoch erklärt habe, können die Module von unterschiedlichen Annahmen ausgehen oder nicht wie erwartet interagieren, sodass Sie auf Feature-Tests nicht verzichten können.

Im Allgemeinen greifen die Benutzer auf die Features eines Produkts über dessen grafische Benutzeroberfläche (GUI) zu. Die Automatisierung von GUI-basierten Tests ist jedoch so aufwendig, dass empfohlen wird, eine alternative Feature-Teststrategie zu verfolgen. Voraussetzung ist, dass Sie Ihr Produkt so auslegen, dass der Zugriff auf die Features direkt über eine API erfolgen kann und nicht über die Benutzerschnittstelle. Die Feature-Tests können dann direkt über die API auf die Features zugreifen, ohne dass eine direkte Benutzerinteraktion über die Benutzeroberfläche des Systems erforderlich ist (▶ Abbildung 9.6). Der Zugriff auf Features über eine API hat außerdem den Vorteil, dass die GUI neu implementiert werden kann, ohne die funktionalen Komponenten der Software ändern zu müssen.

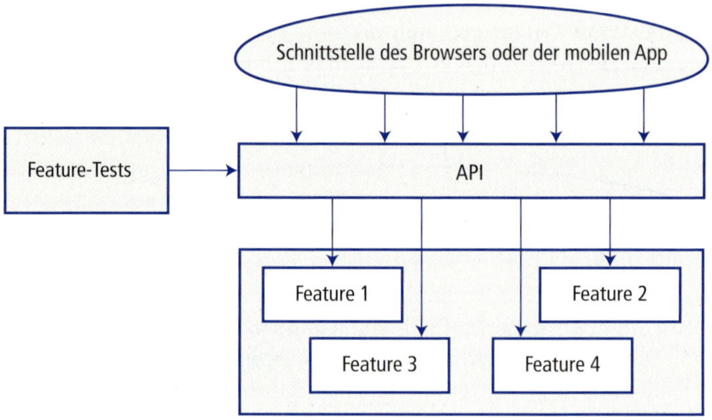

Abbildung 9.6: Feature-Tests über eine API

Beispielsweise kann eine Reihe von API-Aufrufen erforderlich sein, um ein Feature zu implementieren, das es einem Benutzer erlaubt, ein Dokument durch Angabe seiner E-Mail-Adresse mit einem anderen Benutzer zu teilen. Diese Aufrufe lesen die E-Mail-Adresse und die Identifikationsdaten des Dokuments ein, prüfen, ob die Zugriffsberechtigungen auf das Dokument eine gemeinsame Nutzung zulassen, prüfen, ob die angegebene E-Mail-Adresse gültig ist und es sich dabei um einen registrierten Systembenutzer handelt, und fügen das Dokument dem Arbeitsbereich der Benutzers hinzu, für die es freigegeben wurde.

Bei Ausführung dieser Aufrufe sollten mehrere Bedingungen erfüllt sein:

- Der Status des Dokuments lautet „freigegeben“.
- Die Liste der Benutzer, die das Dokument gemeinsam nutzen, enthält die angegebene E-Mail-Adresse.
- Es wurden keine Einträge in der Liste der Benutzer gelöscht, die das Dokument gemeinsam nutzen.
- Das freigegebene Dokument ist für alle Benutzer in der Liste der freigegebenen Benutzer sichtbar.

Sie können normalerweise keine automatisierten Feature-Tests implementieren, die nur eine einzige Assertion verwenden. Sie benötigen mehrere Zusicherungen, um zu überprüfen, ob das Feature wie erwartet ausgeführt wurde. Ein gewisses Maß an Automatisierung der Feature-Tests können Sie mithilfe eines Modultest-Frameworks erreichen, aber manchmal müssen Sie ein spezielles Framework für Feature-Tests verwenden.

In den auf die Feature-Tests folgenden Systemtests testen Sie das System als Ersatznutzer. Sie identifizieren Benutzeraktivitäten, möglicherweise aus Szenarios, und verwenden dann das System, um diese Aktivitäten nachzuvollziehen. Als Systemtester wählen Sie in einem Testprozess Menüelemente aus, treffen eine Auswahl über den Bildschirm, geben Informationen über die Tastatur ein und so weiter. Sie müssen die Reaktionen des Systems und unerwartetes Systemverhalten genau beobachten und Notizen darüber machen. Sie suchen nach Interaktionen zwischen Features, die Probleme verursachen, nach Handlungsabfolgen, die zu Systemabstürzen führen, und nach anderen Problemen.

Manuelle Systemtests, bei denen die Tester Aktionssequenzen wiederholen müssen, sind langweilig und fehleranfällig. In einigen Fällen ist das Timing der Aktionen wichtig und eine konsistente Wiederholung praktisch unmöglich. Um diese Probleme zu vermeiden, wurden Testwerkzeuge entwickelt, die eine Reihe von Aktionen aufzeichnen und diese automatisch abspielen, wenn ein System erneut getestet wird (▶ Abbildung 9.7).

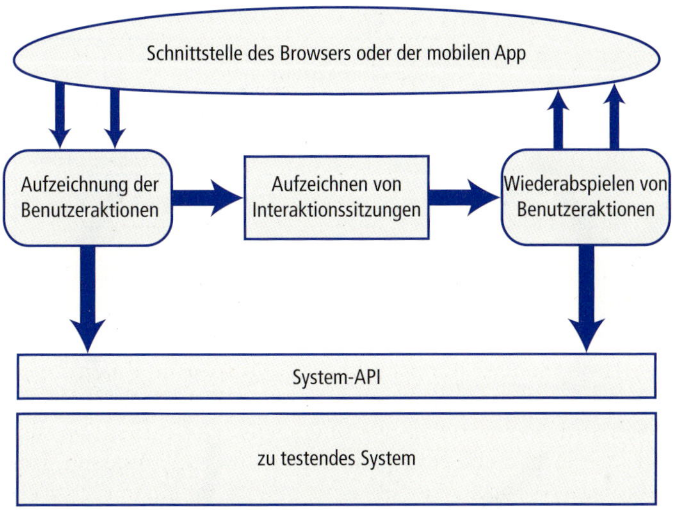

Abbildung 9.7: Aufzeichnung und Wiedergabe von Interaktionen

Aufnahmetools zeichnen Interaktionen wie Mausbewegungen, Mausklicks, Menüauswahlen, Tastatureingaben usw. auf, speichern die Interaktionssitzung und können sie wieder abspielen, indem sie Befehle an die Anwendung senden und diese in der Browserschnittstelle des Benutzers replizieren. Diese Tools bieten auch Skriptunterstützung, sodass Sie Szenarios schreiben und diese ausgedrückt als Testskripte ausführen können. Dies ist besonders nützlich für Cross-Browser-Tests, bei denen Sie überprüfen müssen, ob Ihre Software mit verschiedenen Browsern auf die gleiche Weise funktioniert.

Wie ich bereits ausgeführt habe, sind automatisierte Tests eine der wichtigsten Entwicklungen in Software-Engineering und haben meines Erachtens die Programmqualität erheblich verbessert. Die Gefahr beim automatisierten Testen ist jedoch, dass die Automatisierung zu einer Verzerrung der Tests führen kann, und zwar insofern, als man Tests wählt, weil sie automatisiert werden können, und nicht weil sie die besten Tests für das System sind. In der Realität können nicht alle Tests automatisiert werden. Geringfügigere Probleme, die z.B. das Timing betreffen oder durch falsche Datenabhängigkeiten verursacht werden, sind möglicherweise nur durch manuelles Testen feststellbar. Daher sollten Sie immer einige manuelle Produkttests einplanen, bei denen Sie Benutzersitzungen simulieren, bevor Ihr Produkt freigegeben wird.

9.3 Testgetriebene Entwicklung

Die testgetriebene Entwicklung (*Test-Driven Development*, TDD) ist ein Ansatz zur Programmentwicklung, der auf der allgemeinen Idee basiert, dass Sie einen oder mehrere ausführbare Tests schreiben, und zwar für Code, den Sie noch nicht aufgesetzt haben. Die testgetriebene Entwicklung wurde von den ersten Anwendern der agilen XP-Methode eingeführt, kann aber mit jedem inkrementellen Entwicklungsansatz verwendet werden. ▶ Abbildung 9.8 zeigt ein Modell des testgetriebenen Entwicklungsprozesses.

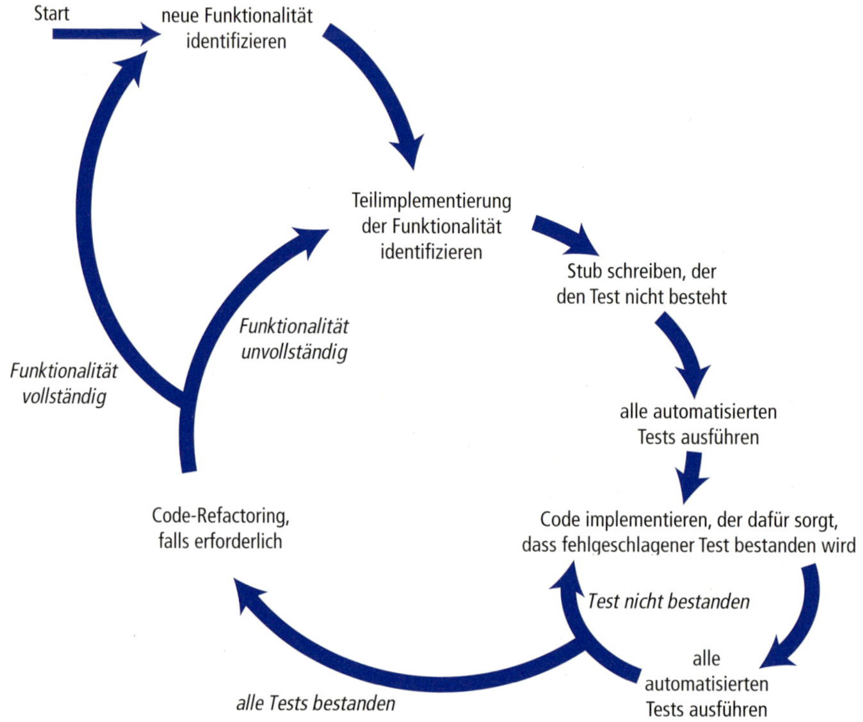

Abbildung 9.8: Testgetriebene Entwicklung

Angenommen, Sie haben ein Inkrement der zu implementierenden Funktionalität identifiziert. Die einzelnen Phasen des testgetriebenen Entwicklungsprozesses sind in ▶ Tabelle 9.9 dargestellt.

Aktivität	Beschreibung
Teilimplementierung identifizieren	Zerlegen Sie die Implementierung der erforderlichen Funktionalität in kleinere Mini-Module. Wählen Sie eines dieser Mini-Module zur Implementierung.
Mini-Modultests schreiben	Schreiben Sie einen oder mehrere automatisierte Tests für das Mini-Modul, das Sie zur Implementierung gewählt haben. Das Mini-Modul sollte diese Tests bestehen, wenn es ordnungsgemäß implementiert ist.

Tabelle 9.9: Phasen der testgetriebenen Entwicklung

Aktivität	Beschreibung
Stub schreiben, der den Test nicht besteht	Schreiben Sie unvollständigen Code, der aufgerufen wird, um das Mini-Modul zu implementieren. Sie wissen, dass dies fehlschlagen wird.
Alle automatisierten Tests ausführen	Führen Sie alle vorhandenen automatisierten Tests aus. Alle vorherigen Tests sollten erfolgreich bestanden sein. Der Test für den unvollständigen Code sollte fehlschlagen.
Code implementieren, der dafür sorgt, dass fehlgeschlagener Test bestanden wird	Schreiben Sie Code, der das Mini-Modul so implementiert, dass es nun korrekt arbeitet.
Alle automatisierten Tests erneut ausführen	Wenn einer der Tests fehlschlägt, ist Ihr Code nicht korrekt. Überarbeiten Sie ihn so lange, bis alle Tests bestanden sind.
Code-Refactoring, falls erforderlich	Wenn alle Tests bestanden sind, können Sie das nächste Mini-Modul implementieren. Wenn Sie Möglichkeiten zur Verbesserung Ihres Codes sehen, sollten Sie diese vor der nächsten Implementierungsphase vornehmen.

Tabelle 9.9: Phasen der testgetriebenen Entwicklung *(Forts.)*

Die testgetriebene Entwicklung stützt sich auf automatisierte Tests. Jedes Mal, wenn Sie etwas Funktionalität hinzufügen, entwickeln Sie einen neuen Test und fügen ihn der Testsuite hinzu. Alle Tests in der Testsuite müssen bestanden sein, bevor Sie mit der Entwicklung des nächsten Inkrements fortfahren.
Testgetriebene Entwicklung hat mehrere Vorteile:

1. Es ist ein systematischer Testansatz, bei dem die Tests eindeutig mit Codeabschnitten verknüpft sind. Das bedeutet, dass Sie sicher sein können, dass Ihre Tests den entwickelten Code komplett abdecken und es keine ungetesteten Codeabschnitte im ausgelieferten Code gibt. Meiner Ansicht nach ist dies der Hauptvorteil von TDD.

2. Die Tests dienen als schriftliche Spezifikation für den Programmcode. Zumindest im Prinzip sollte es möglich sein, durch das Lesen der Tests zu verstehen, was das Programm macht. Ich bin nicht davon überzeugt, dass der Testcode alles ist, was man für eine Spezifikation braucht, aber es besteht kein Zweifel, dass die Tests Ihnen helfen, den getesteten Code zu verstehen.

3. Das Debugging wird vereinfacht, da Sie bei einem Programmausfall diesen sofort mit dem letzten Code-Inkrement verknüpfen können, das Sie dem System hinzugefügt haben.

4. Befürworter argumentieren, dass TDD zu einfacherem Code führt, da Programmierer nur Code schreiben, der zum Bestehen von Tests notwendig ist. Sie überladen ihren Code nicht mit komplexen Funktionen, die nicht benötigt werden.

Testgetriebene Entwicklung und automatisiertes Testen mit ausführbaren Tests wurden etwa zeitgleich entwickelt. Einige Leute, die über die Vorteile der testgetriebenen Entwicklung schreiben, betrachten beides als Einheit. Daraus resultiert unter Umständen die Behauptung, dass Regressionstests ein Vorteil von TDD sind, während sie in Wirklichkeit ein Vorteil der automatisierten Tests sind, unabhängig davon, ob diese

Tests vor oder nach der Codeerstellung entwickelt wurden. Dasselbe gilt für Refactoring-Tests, die überprüfen, ob das Refactoring des Codes neue Fehler in den Code eingeschleust hat.

Testgetriebene Entwicklung eignet sich am besten für die Programmierung einzelner Module; es ist schwerer, sie auf Systemtests anzuwenden. Selbst die stärksten Befürworter von TDD akzeptieren, dass es eine Herausforderung ist, diesen Ansatz bei der Entwicklung und dem Testen von Systemen mit grafischen Benutzeroberflächen zu verfolgen.

Viele Programmierer haben TDD mit Begeisterung übernommen und sind mit diesem Ansatz zufrieden. Sie behaupten, dass die Entwicklung von Software so produktiver ist und die daraus resultierende Software weniger Fehler aufweist als Software, die nicht testgetrieben entwickelt wurde. Sie behaupten auch, dass der entwickelte Code besser strukturiert und leichter zu verstehen ist. In mehreren Experimenten wurde versucht, dies zu bestätigen, allerdings lieferten die Experimente kein eindeutiges Ergebnis.

In der Software-Engineering-Community ist man jedoch geteilter Meinung über den Wert von TDD. Nachdem ich selbst eine Zeit lang mit diesem Ansatz herumexperimentiert hatte, erläuterte ich in einem Blogeintrag, warum ich mich entschlossen hatte, diese Methode nicht weiter zu verfolgen.[2] TDD war für mich nicht geeignet, weil ich mehr Zeit damit verbrachte, über die Tests als über das Programm nachzudenken, was ich nicht für vertretbar hielt.

Mein Beitrag wurde unzählige Male kommentiert, wobei sich Befürworter und Gegner ungefähr die Waage hielten. Die Befürworter von TDD warfen mir erwartungsgemäß vor, dass ich es nicht richtig gemacht hätte. Andere hingegen stimmten mir bezüglich meiner Probleme mit dem Ansatz nachdrücklich zu. Ich habe meine Gründe, warum ich TDD nicht mehr verwende, in ▶ Tabelle 9.10 zusammengefasst. Ich bin der Ansicht, dass diese Art der Entwicklung einigen Menschen vom Wesen her eher liegt als anderen. Zu mir hat es nicht gepasst, aber dies muss bei Ihnen nicht genauso sein.

Grund	Erläuterung
TDD verhindert radikale Programmänderungen.	Ich stellte fest, dass ich Refactoring-Entscheidungen immer weiter hinauszögerte, die, wie ich wusste, der Grund waren, warum viele Tests fehlschlugen. Deshalb versuchte ich, radikale Programmänderungen möglichst zu vermeiden.
Mein Fokus lag auf den Tests und nicht auf dem Problem, das ich versuchte zu lösen.	Ein Grundprinzip von TDD ist, dass sich Ihr Programmentwurf an den von Ihnen geschriebenen Tests orientieren sollte. Ich stellte fest, dass ich das Problem, das ich zu lösen versuchte, unbewusst neu definierte, um das Schreiben von Tests zu erleichtern. Das bedeutete, dass ich manchmal wichtige Prüfungen nicht implementierte, weil es schwierig war, Tests vor ihrer Implementierung zu schreiben.

Tabelle 9.10: Meine Gründe, auf die testgetriebene Entwicklung zu verzichten

2 *https://iansommerville.com/systems-software-and-technology/static/2016/03/17/giving-up-on-test-first-development.*

Grund	Erläuterung
Ich habe zu viel Zeit damit verbracht, über die Details der Implementierung nachzudenken als über das Programmierproblem.	Manchmal ist es bei der Programmierung besser, einen Schritt zurückzutreten und das Programm als Ganzes zu betrachten, anstatt sich auf die Implementierungsdetails zu konzentrieren. TDD begünstigt die Konzentration auf Details, die zu einem Fehlschlagen oder Bestehen der Tests führen könnten, anstatt die Gesamtstruktur des Programms in den Fokus zu rücken.
Es ist schwer, Tests mit „ungültigen Daten" zu schreiben.	Viele Probleme ergeben sich dadurch, dass man es mit chaotischen und unvollständigen Daten zu tun hat. Es ist praktisch unmöglich, alle auftretenden Datenprobleme vorherzusehen und Tests dafür im Voraus zu schreiben. Das Argument, dass man ungültige Daten einfach ablehnen sollte, ist in der Praxis manchmal nicht umsetzbar.

Tabelle 9.10: Meine Gründe, auf die testgetriebene Entwicklung zu verzichten *(Forts.)*

Wie ich in meinem Blogeintrag ausführe, sollte man TDD pragmatisch betrachten. Manchmal ist es sehr hilfreich, zuerst Tests zu schreiben, da es helfen kann, ein Verständnis dafür zu entwickeln, was das Programm machen soll. Bei anderen Gelegenheiten entwickeln Sie dieses Verständnis schneller und leichter, wenn Sie zuerst Code schreiben.

9.4 Sicherheitstests

Programmtests zielen darauf ab, Fehler zu finden und überzeugende Beweise dafür zu liefern, dass das getestete Programm das tut, was es tun soll. Sicherheitstests haben vergleichbare Ziele. Sie sollen Schwachstellen finden, die ein Angreifer ausnutzen könnte, und überzeugende Beweise liefern, dass das System ausreichend sicher ist. Die Tests sollen zeigen, dass das System Angriffen aller Art standhalten kann, seien es Angriffe auf die Systemverfügbarkeit, Angriffe, die versuchen, Malware einzuschleusen, oder solche, die versuchen, die Daten und die Identität der Benutzer zu korrumpieren oder zu stehlen.

Das Aufdecken von Schwachstellen ist viel schwieriger als die Suche nach Fehlern. Funktionale Tests, mit denen Sie nach Fehlern suchen, basieren darauf, dass Sie wissen, welche Aufgaben die Software erfüllen soll. Ihre Tests müssen lediglich zeigen, dass Ihre Software wie erwartet funktioniert. Beim Testen auf Schwachstellen, hingegen, stehen Sie vor drei Herausforderungen:

1. Wenn Sie auf Schwachstellen testen, testen Sie auf etwas, das die Software nicht tun sollte, was bedeutet, dass es eine unendliche Anzahl möglicher Tests gibt.
2. Schwachstellen sind oft unbekannt und verbergen sich in selten genutztem Code, sodass sie durch normale funktionale Tests nicht aufgedeckt werden können.
3. Softwareprodukte hängen von einem Softwarestack ab, der Betriebssysteme, Bibliotheken, Datenbanken, Browser usw. umfasst. Diese Stackkomponenten können Schwachstellen enthalten, die sich auf Ihre Software auswirken. Hinzu kommt, dass diese Schwachstellen sich ändern können, wenn neue Versionen der Software im Stack freigegeben werden.

Umfassende Sicherheitstests erfordern spezielle Kenntnis der Softwareschwachstellen und der Testansätze, mit denen diese Schwachstellen gefunden werden können. Produktentwicklerteams verfügen normalerweise nicht über die Erfahrungen, die für diese Sicherheitstests erforderlich sind. Daher sollten Sie zu den Sicherheitstests möglichst externe Experten hinzuziehen. Viele Unternehmen bieten Penetrationstests (Pen-Tests) als Service an, bei denen sie Angriffe auf Ihre Software simulieren und mit ihrem Einfallsreichtum nach Wegen suchen, um Ihre Sicherheitsmaßnahmen zu überwinden. Unabhängige Sicherheitstests sind jedoch kostspielig und für Start-up-Produktfirmen möglicherweise nicht erschwinglich.

Ein praktischer Weg zur Durchführung von Sicherheitstests besteht darin, einen risikobasierten Ansatz zu verfolgen. Bei diesem Ansatz identifizieren Sie die häufigsten Risiken und entwickeln dann Tests, die zeigen, dass das System sich vor diesen Risiken schützt. Sie können auch mithilfe automatisierter Tools Ihr System auf bekannte Schwachstellen prüfen, z.B. auf unbenutzte HTTP-Ports, die offen gelassen wurden.

Bei einem risikobasierten Ansatz identifizieren Sie zuerst die wichtigsten Sicherheitsrisiken für Ihr Produkt. Dazu nutzen Sie das bereits vorhandene Wissen über mögliche Angriffe, bekannte Schwachstellen und Sicherheitsprobleme. ▶ Tabelle 9.11 zeigt Beispiele für Risiken, auf die Sie testen könnten.

Unbefugter Angreifer verschafft sich unter Verwendung autorisierter Zugangsdaten Zugriff auf ein System.
Eine autorisierte Person greift auf Ressourcen zu, auf die sie keinen Zugriff hat.
Das Authentifizierungssystem kann einen unbefugten Angreifer nicht erkennen.
Ein Angreifer erlangt Zugriff auf die Datenbank mithilfe eines SQL-Injection-Angriffs.
Unzulängliches Management von HTTP-Sitzungen.
HTTP-Sitzungscookies werden einem Angreifer enthüllt.
Vertrauliche Daten sind nicht verschlüsselt.
Verschlüsselungscodes werden an potenzielle Angreifer weitergegeben.

Tabelle 9.11: Beispiele für Sicherheitsrisiken

Auf der Grundlage der identifizierten Risiken entwerfen Sie dann Tests und Prüfungen, die Ihnen helfen festzustellen, ob das System Schwachstellen aufweist. Bei einigen dieser Prüfungen können automatisierte Tests eingesetzt werden, während andere nicht ohne eine manuelle Überprüfung des Systemverhaltens und der Dateien auskommen.

Sobald Sie ein Sicherheitsrisiko identifiziert haben, analysieren Sie es, um zu beurteilen, wie es entstanden sein könnte. Zum Beispiel gibt es für das erste Risiko in ▶ Tabelle 9.11 (unbefugter Angreifer) mehrere Möglichkeiten:

1. Der Benutzer hat schwache Passwörter festgelegt, die ein Angreifer erraten kann.
2. Die Kennwortdatei des Systems wurde gestohlen und ein Angreifer hat die Kennwörter aufgedeckt.
3. Der Benutzer hat keine Zwei-Faktor-Authentifizierung eingerichtet.
4. Ein Angreifer hat die Anmeldedaten eines legitimen Benutzers durch Social-Engineering-Techniken erhalten.

Anschließend können Sie Tests entwickeln, um einige dieser Möglichkeiten zu prüfen. Sie könnten beispielsweise mithilfe eines Tests prüfen, ob der Code, der es den Benutzern erlaubt, ihre Passwörter einzurichten, automatisch die Stärke der Passwörter überprüft. Benutzern sollte es nicht gestattet sein, Passwörter einzurichten, die leicht zu knacken sind. Sie können auch testen, ob Benutzer immer aufgefordert werden, eine Zwei-Faktor-Authentifizierung einzurichten.

Die zuverlässigen Programmiertechniken, die ich in ▶ Kapitel 8 erläutert habe, bieten einen gewissen Schutz gegen diese Risiken. Dies bedeutet jedoch nicht, dass Sie keine Sicherheitstests benötigen. Entwickler könnten Fehler gemacht haben. Sie könnten zum Beispiel vergessen haben, die Gültigkeit einiger Eingaben zu prüfen oder nach einer Passwortänderung eine Prüfung der Passwortstärke zu implementieren.

Neben einem risikobasierten Ansatz für Sicherheitstests können Sie auch einfache Tests durchführen, die auf häufige Programmierfehler prüfen, z.B. ob die Sitzungen ordnungsgemäß geschlossen wurden oder ob die Eingaben validiert wurden. Ein Beispiel für einen einfachen Test, der auf fehlerhafte Sitzungsverwaltung prüft, ist ein einfacher Login-Test:

1. Sie melden sich bei einer Webanwendung an.
2. Sie navigieren zu einer anderen Website.
3. Sie klicken auf die ZURÜCK-Schaltfläche des Browsers.

Wenn Sie eine sichere Anwendung verlassen, sollte die Software Sie automatisch abmelden, sodass Sie sich erneut authentifizieren müssen, wenn Sie zu dieser Anwendung zurückkehren. Andernfalls könnte jemand, der Zugang zu Ihrem Computer erhält, über den ZURÜCK-Schalter Zugriff auf Ihr angeblich sicheres Konto erlangen. Die meisten Arten von Sicherheitstests bestehen zwar aus komplexen Schritten und setzen innovatives Denken voraus, aber manchmal hilft schon ein einfacher Test wie dieser, um die größten Sicherheitsrisiken aufzudecken.

Wenn Sie als Sicherheitstester erfolgreich sein wollen, müssen Sie andere Denkansätze als bisher verfolgen. Beim Testen von System-Features empfiehlt es sich, sich auf die am häufigsten verwendeten Features eines Systems zu konzentrieren und deren „normale" Nutzung zu testen. Beim Testen der Systemsicherheit müssen Sie hingegen wie ein Angreifer denken und nicht wie ein normaler Endbenutzer.

Das bedeutet, dass Sie absichtlich versuchen, bei der Nutzung des Systems möglichst viele Fehler zu machen, da Systemschwachstellen oft in selten genutztem Code lauern, der für die Behandlung von Ausnahmesituationen entwickelt wurde. Sie sollten Aktionen außerdem mehrmals wiederholen, weil dies manchmal zu einem anderen Verhalten führt. Ein sehr bekannter Apple-Sicherheitsfehler wurde dadurch aufgedeckt, dass ein Tester mehrmals versuchte, sich ohne Kennwort anzumelden. Beim fünften oder sechsten Versuch wurde der Zugriff erlaubt. Meine Vermutung ist, dass es Code gab, der das Testen des Systems vereinfachte, indem er die Passworteingabe unterdrückte, und die Entwickler dann vergaßen, diesen Code zu entfernen, bevor sie das System auslieferten.

9.5 Code-Reviews

Testen ist die am häufigsten verwendete Technik zum Auffinden von Programmfehlern. Sie ist jedoch mit drei grundlegenden Problemen behaftet:

1. Sie können beim Testen des Codes nur Ihre Kenntnis über das, was dieser Code machen soll, zugrunde legen. Wenn Sie den Zweck des Codes missverstanden haben, dann wird sich dies sowohl im Code als auch in den Tests widerspiegeln.

2 Das Entwerfen von Tests ist manchmal schwer, mit der Folge, dass die von Ihnen geschriebenen Tests möglicherweise nicht Ihren gesamten Code abdecken. Dieses Problem tritt meistens bei Code auf, der seltene Fehler und Ausnahmen behandelt. Für TDD spricht unter anderem, dass dieses Problem hierbei vermieden wird. Jeder Code ist immer mit einem Test verbunden. Das Problem bei TDD ist deshalb ein anderes: Statt mit unvollständigen Tests haben Sie es jetzt möglicherweise mit unvollständigem Code zu tun, weil Sie die seltenen Ausnahmen nicht berücksichtigen.

3 Tests sagen eigentlich nichts über die anderen Eigenschaften eines Programms aus, wie Lesbarkeit, Struktur oder Entwicklungsfähigkeit oder ob das Programm effizient mit seiner Umgebung interagiert.

Um die Auswirkungen dieser Probleme zu verringern, bestehen viele Softwarefirmen darauf, dass der gesamte Code einem Code-Review unterzogen wird, bevor er in die Codebasis des Produkts integriert wird. Code-Reviews ergänzen das Testen. Sie eignen sich besonders gut zum Finden von Fehlern, die durch Missverständnisse entstehen oder die nur auftreten, wenn ungewöhnliche Codesequenzen ausgeführt werden. ▶ Abbildung 9.9 zeigt die Aktivitäten, die zu einem Code-Review gehören. Die Einzelheiten des Prozesses variieren von Unternehmen zu Unternehmen, je nach ihrer Kultur (mehr oder weniger formell) und ihrer normalen Arbeitsweise. ▶ Tabelle 9.12 beschreibt jede dieser Aktivitäten ausführlich.

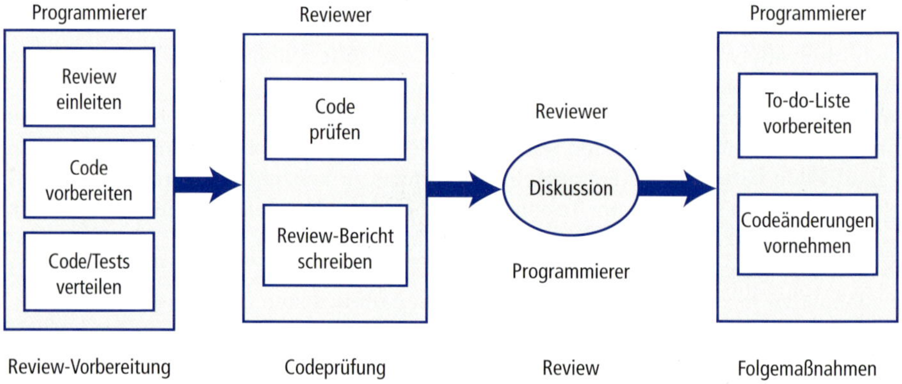

Abbildung 9.9: Code-Reviews

Aktivität	Beschreibung
Review einleiten	Der Programmierer kontaktiert einen Reviewer und vereinbart einen Review-Termin.
Code vorbereiten	Der Programmierer bündelt den Code und die Tests für das Review und versieht sie für den Reviewer mit Kommentaren, die Auskunft über den Zweck des Codes und der Tests geben.
Code/Tests verteilen	Der Programmierer schickt den Code und die Tests an den Reviewer.
Code prüfen	Der Reviewer überprüft systematisch den Code und die Tests auf der Grundlage seiner Kenntnis dessen, was sie machen sollen.

Tabelle 9.12: Aktivitäten in Code-Reviews

Aktivität	Beschreibung
Review-Bericht schreiben	Der Reviewer ergänzt den Code und die Tests um einen Bericht über die beim Review-Meeting noch zu klärenden Probleme.
Diskussion	Der Reviewer und der Programmierer diskutieren die Probleme und einigen sich auf die nötigen Aktionen für eine Lösung.
To-do-Liste erstellen	Der Programmierer dokumentiert die Ergebnisse des Reviews als To-do-Liste und teilt diese dem Reviewer mit.
Codeänderungen vornehmen	Der Programmierer modifiziert den Code und die Tests, um die im Review festgestellten Probleme zu lösen.

Tabelle 9.12: Aktivitäten in Code-Reviews *(Forts.)*

Bei Code-Reviews untersuchen eine oder mehrere Personen den Code auf Fehler und Anomalien und besprechen die Probleme mit dem Entwickler. Wenn Probleme festgestellt werden, ist es Aufgabe des Entwicklers, den Code zu ändern und damit die Probleme zu beheben.

Die allgemeine Idee der Code-Reviews stammt aus den 1970er Jahren und hieß damals noch „Programminspektion". Bei den Programminspektionen untersuchte ein Team von vier bis sechs Personen den Code und erstellte einen formellen Bericht über die festgestellten Probleme. Inspektionen sind sehr effektiv bei der Suche nach Programmierfehlern, aber da so viele Personen beteiligt sind, ist die Organisation kosten- und zeitaufwendig.

Deshalb ist inzwischen ein schlankerer Ansatz für Code-Reviews die Norm. Es wird nur ein Code-Reviewer eingesetzt, der durchaus zum selben Entwicklerteam gehören oder in einem verwandten Bereich arbeiten kann. Neben der Überprüfung des Codes sollte sich der Reviewer auch die speziell entwickelten automatisierten Tests ansehen. Der Reviewer sollte überprüfen, ob der Testsatz vollständig ist und ob ersichtlich ist, dass die Tests mit dem Zweck des Codes übereinstimmen.

Bei den Code-Reviews sollten Programmierer und Reviewer mit einer positiven Grundeinstellung zusammenarbeiten und sich nicht als Gegner betrachten. Der Reviewer sollte die Fähigkeiten des Programmierers weder implizit noch explizit kritisieren und das Review nicht als Möglichkeit betrachten, seine eigene Cleverness zu demonstrieren. Sie können aus den Review-Ergebnissen Metriken, wie z. B. die Anzahl der entdeckten Fehler, ableiten. Diese sollten allerdings zur Verbesserung des Review-Prozesses verwendet werden und nicht zur Bewertung der beteiligten Entwickler.

Neben der Suche nach Fehlern und Missverständnissen im Code kann der Reviewer auch die Lesbarkeit und Verständlichkeit des Codes kommentieren. Wenn Ihr Unternehmen einen Codierungsstandard hat, sollte das Review prüfen, ob der Code sich an diesen Standard hält. Ich halte es jedoch für sinnvoller, zur Überprüfung der Standards ein automatisiertes Werkzeug zu verwenden, und zwar möglichst bevor der Code an den Reviewer weitergereicht wird.

Programminspektionen und Code-Reviews sind normalerweise mit einem Meeting zwischen Entwicklern und Codeprüfern verbunden. Ich glaube, dies ist die effektivste Art und Weise, ein Review zu organisieren. Persönliche Diskussionen sind der schnellste Weg, um Missverständnisse aus dem Weg zu räumen. In Unternehmen, in denen die Teams nicht alle am selben Ort arbeiten, kann das Review jedoch eine Telefonkonferenz zur Besprechung des Codes beinhalten.

Als allgemeine Regel gilt, dass Sie es bei einem Review nicht übertreiben sollten. Das Review sollte etwa eine Stunde dauern, sodass zwischen 200 bis 400 Codezeilen in einer einzigen Review-Sitzung bearbeitet werden können. Da Menschen meist ähnliche Fehler machen, ist es in der Regel effektiv, eine Checkliste vorzubereiten, die die Reviewer bei der Überprüfung des Codes heranziehen können. Checklisten können eine Mischung aus allgemeinen und spezifischen Elementen enthalten, und zwar auf Basis der charakteristischen Fehler, die in der verwendeten Programmiersprache auftreten können. Checklisten für die meisten Programmiersprachen finden Sie im Internet. ▶ Tabelle 9.13 zeigt einen Teil einer Checkliste für Python-Code-Reviews.

Prüfung	Begründung
Werden bedeutungstragende Variablen- und Funktionsnamen verwendet? (Allgemein)	Sinnvolle Namen machen ein Programm leichter zu lesen und zu verstehen.
Wurden alle Datenfehler berücksichtigt und Tests dafür entwickelt? (Allgemein)	Es ist einfach, Tests für die häufigsten Fälle zu schreiben, aber es ist ebenso wichtig zu überprüfen, dass das Programm nicht abstürzt, wenn falsche Daten eingegeben werden.
Werden alle Ausnahmen explizit behandelt? (Allgemein)	Nicht behandelte Ausnahmen können dazu führen, dass ein System abstürzt.
Werden Standardfunktionsparameter verwendet? (Python)	Python erlaubt bei der Definition der Funktion die Angabe von Standardwerten für Funktionsparameter. Dies führt oft zu Fehlern, wenn Programmierer diese vergessen oder missbräuchlich verwenden.
Werden die Datentypen konsistent verwendet? (Python)	Python nimmt keine Typprüfung zur Kompilierzeit vor, sodass es möglich ist, Werte verschiedener Typen derselben Variablen zuzuweisen. Dies sollte am besten vermieden werden, aber wenn Sie es doch verwenden, sollte es gerechtfertigt sein.
Ist die Einrückungsebene korrekt? (Python)	Python verwendet nach bedingten Anweisungen Einrückungen statt expliziter Klammern, um den Code zu kennzeichnen, der ausgeführt werden soll, wenn die Bedingung wahr oder falsch ist. Wenn der Code in verschachtelten Bedingungen nicht richtig eingerückt ist, kann dies bedeuten, dass falscher Code ausgeführt wird.

Tabelle 9.13: Ausschnitt einer Checkliste für eine Python-Codeprüfung

Zur Unterstützung des Prozesses stehen heutzutage mehrere Code-Review-Tools zur Verfügung. Mithilfe dieser Tools können sowohl der Programmierer als auch der Reviewer den zu prüfenden Code mit Anmerkungen versehen und den Review-Prozess durch das Erstellen von To-do-Listen dokumentieren. Diese Review-Tools können so eingerichtet werden, dass immer, wenn ein Programmierer Code an ein Repository wie GitHub sendet, automatisch ein Code-Review eingeleitet wird. Die Review-Tools lassen sich auch in ein Fehlerverfolgungssystem, Messaging-Systeme wie Slack und Sprachkommunikationssysteme wie Skype integrieren.

Zusammenfassung

- Das Ziel von Programmtests ist es, Fehler zu finden und zu zeigen, dass ein Programm das tut, was seine Entwickler von ihm erwarten.
- Es gibt vier Arten von Tests, die für Softwareprodukte relevant sind: Funktionale Tests, Benutzertests, Last- und Leistungstests sowie Sicherheitstests.
- Modultests dienen dazu, Programmmodule wie Funktionen oder Klassenmethoden zu testen, die eine eindeutige Verantwortlichkeit haben. Feature-Tests konzentrieren sich auf das Testen einzelner System-Features. Bei Systemtests wird das System als Ganzes getestet, um auf unerwünschte Interaktionen zwischen den Features und zwischen dem System und seiner Umgebung zu prüfen.
- Das Identifizieren von Äquivalenzpartitionen, in denen alle Eingaben die gleichen Eigenschaften haben, und das Auswählen von Testeingaben an den Grenzen dieser Partitionen sind ein effektiver Weg, Fehler in einem Programm zu finden.
- User-Storys können als Grundlage für die Ableitung von Feature-Tests dienen.
- Die Testautomatisierung basiert auf der Idee, dass Tests ausführbar sein sollten. Sie entwickeln eine Reihe von ausführbaren Tests und testen damit nach jeder Änderung das System.
- Die Struktur eines automatisierten Modultests sollte „Arrange–Action–Assert" lauten. Sie richten die Testparameter ein, rufen die zu testende Funktion oder Methode auf und legen in einer Zusicherung (Assertion) fest, was nach Beendigung der Aktion wahr sein soll.
- Testgetriebene Entwicklung ist ein Ansatz, bei dem die ausführbaren Tests vor dem Code geschrieben werden. Erst anschließend wird der zu testende Code entwickelt.
- Ein Nachteil von testgetriebener Entwicklung ist, dass sich Programmierer auf die Details zum Bestehen der Tests konzentrieren, anstatt sich Gedanken über die allgemeine Struktur ihres Codes und die verwendeten Algorithmen machen.
- Sicherheitstests können risikogetrieben sein, wobei eine Liste von Sicherheitsrisiken dazu dient, Tests zu identifizieren, die Schwachstellen im System aufdecken sollen.
- Programm-Reviews sind eine sinnvolle Ergänzung zum Testen. Dazu bedarf es Personen, die den Code überprüfen, um seine Qualität zu kommentieren und nach Fehlern zu suchen.

Ergänzende Literatur

„An Overview of Software Testing": Dieser gute Artikel geht ausführlich auf die verschiedenen Arten von Softwaretests ein (M. Parker, 2015).
http://openconcept.ca/blog/mparker/overview-software-testing

„How to Perform Software Product Testing": Mein Kapitel über das Testen konzentriert sich auf die Anfänge der Produktentwicklung. Dieser interessante Artikel erörtert die allgemeineren Fragen des Testens während des gesamten Lebenszyklus eines Produkts von der Einführung bis zur Einstellung des Produkts (Software Testing Help, 2019).
http://www.softwaretestinghelp.com/how-perform-software-product-testing/

„Why Most Unit Testing Is Waste": Diese Ansicht widerspricht der gängigen Meinung, dass die meisten Tests automatisierte Modultests sein sollten. Der Aufsatz stammt von einem Autor, der ursprünglich Co-Autor des Buches *Design Patterns* war. Er behauptet, dass Integrations- und Systemtests ein reales Ergebnis liefern, während ein Großteil der Modultests uns nichts sagt, was wir nicht bereits über den Code wissen. Ich stimme nicht mit allem überein, was der Autor sagt, aber ich schließe mich seiner allgemeinen Prämisse an, dass Denken wertvoller ist als Testen (J. O. Coplien, 2014).
https://rbcs-us.com/documents/Why-Most-Unit-Testing-is-Waste.pdf

„The Art of Agile Development: Test-Driven Development": Dies ist ein Onlinekapitel des Buches *The Art of Agile Development* und bietet eine gute Beschreibung der testgetriebenen Entwicklung, die viel ausführlicher ist als meine hier. Die Beispiele sind in Java (J. Shore, 2010).
http://www.jamesshore.com/Agile-Book/test_driven_development.html

„Introducing BDD": Der verhaltensgetriebene Entwurf ist eine Weiterentwicklung des testgetriebenen Entwurfs und legt den Schwerpunkt des Testprozesses auf dem erwarteten Verhalten der zu testenden Software. Zur Beschreibung des Verhaltens kann eine stilisierte Sprache verwendet werden, wobei Tests von dieser Beschreibung abgeleitet werden. Ich habe diesen Ansatz nie ausprobiert, aber er scheint einige der Probleme von TDD zu umgehen. (D. North, 2006).
https://dannorth.net/introducing-bdd/

„Bewährte Verfahren für die Codeprüfung": Dies ist eine empfehlenswerte Zusammenfassung der bewährten Review-Praxis von einem Anbieter von Collaborator, einem Code-Review-Tool. Auf derselben Website gibt es eine Reihe von Blogeinträgen, die näher auf diese Praxis eingehen und Review-Checklisten bereitstellen (SmartBear, 2018).
https://smartbear.com/learn/code-review/best-practices-for-peer-code-review/

Präsentationen, Videos und Links

https://iansommerville.com/engineering-software-products/static/presentations-videos-and-links/testing

Übungen

Lösungshinweise

1 Erklären Sie, warum Sie nie ganz sicher sein können, dass die Programmtests alle Fehler eines Softwareprodukts aufdecken.

2 Was sind die wichtigen Unterschiede zwischen Modultests und Feature-Tests?

3 Stellen Sie sich vor, dass Ihre Software ein Feature enthält, das automatisch Inhaltsverzeichnisse für Dokumente oder Bücher erstellen kann. Schlagen Sie Tests vor, die Sie entwickeln könnten, um dieses Feature zu testen. Es wird durch die folgenden User-Storys beschrieben:

a. Als Benutzer möchte ich automatisch ein Inhaltsverzeichnis für mein Dokument erstellen, das alle Überschriften enthält, die ich in meinem Text als solche gekennzeichnet habe.

b. Als Benutzer möchte ich in der Lage sein, Elemente eines Inhaltsverzeichnisses zu identifizieren und diese auf andere Ebenen zu verschieben.

Der Einfachheit halber habe ich Storys weggelassen, die sich mit der Formatierung des Inhaltsverzeichnisses befassen.

4 ▶ Tabelle 9.14 ist eine vereinfachte Version des Szenarios, das ich in ▶ Kapitel 3 für das iLearn-System verwendet habe (▶ Tabelle 3.6). Schlagen Sie sechs End-to-End-Tests vor, mit denen man die Features des Systems in diesem Szenario testen könnte.

Emma ist Geschichtslehrerin und organisiert einen Schulausflug zu den historischen Schlachtfeldern in Nordfrankreich. Sie möchte eine „Schlachtfeldgruppe" einrichten, in der die Schüler, die an der Reise teilnehmen, ihre Recherchen über die besuchten Orte sowie ihre Bilder und Gedanken zu dem Besuch teilen können. Emma meldet sich bei der Anwendung „Gruppenmanagement" an. Diese Anwendung erkennt sowohl ihre Rolle als auch ihre Schule anhand ihrer Identitätsdaten und richtet eine neue Gruppe ein. Das System fragt nach der Klassenstufe (9. Klasse) und dem Fach (Geschichte) und fügt automatisch alle Schüler dieser Klassenstufe, die Geschichte belegt haben, in die neue Gruppe ein. Emma wählt die Schüler aus, die auf die Reise gehen, und fügt ihre Lehrerkollegen Jamie und Claire zur Gruppe hinzu. Sie benennt die Gruppe und bestätigt die Gruppenerstellung. Damit wird ein Icon auf ihrem iLearn-Bildschirm eingerichtet, das die Gruppe repräsentiert, ein E-Mail-Alias für die Gruppe erzeugt und Emma gefragt, ob sie die Gruppe teilen möchte. Sie teilt den Zugriff mit allen in der Gruppe, was bedeutet, dass diese auch das Icon auf ihren Bildschirmen sehen. Damit sie nicht zu viele E-Mails von Schülern erhält, beschränkt Emma die Weitergabe des E-Mail-Alias auf Jamie und Claire.

Tabelle 9.14: Eine Gruppen-E-Mail einrichten

5 Erklären Sie, warum es einfacher ist, automatisierte Modultests zu entwickeln als automatisierte Feature-Tests.

6 Schreiben Sie unter Verwendung einer beliebigen Programmiersprache eine Funktion/Methode, die eine Liste von ganzen Zahlen als Parameter übernimmt und die Summe der Zahlen in dieser Liste zurückgibt. Schreiben Sie unter Verwendung eines geeigneten Test-Frameworks automatisierte Tests, um diese Funktion zu testen. Stellen Sie sicher, dass Sie sowohl mit falschen als auch mit korrekten Daten testen.

7 Was ist ein Regressionstest und warum ist er wichtig? Erklären Sie, warum automatisierte Tests Regressionstests erleichtern.

8 Erklären Sie, warum es wichtig ist, im testgetriebenen Entwicklungsprozess eine Refactoring-Phase zu haben.

9 Erklären Sie, warum Software-Sicherheitstests schwieriger sind als funktionale Tests.

10 Nennen Sie drei Gründe, warum Sie bei der Entwicklung von Software sowohl Code-Reviews als auch Tests verwenden sollten.

DevOps und Codemanagement

10

ÜBERBLICK

Das ultimative Ziel der Softwareentwicklung ist die Auslieferung eines Produkts an die Kunden. Produkte für mobile Geräte werden in der Regel über einen App-Store angeboten; Produkte für Computer und Server können zum Herunterladen von der Website des Anbieters oder von einem App-Store zur Verfügung gestellt werden. Zunehmend werden Softwareprodukte jedoch als cloudbasierte Dienste bereitgestellt, sodass keine Kundendownloads erforderlich sind.

Nachdem Sie Ihr Produkt freigegeben haben, erwarten Ihre Kunden für das von ihnen erworbene Produkt ein gewisses Maß an Kundensupport. Dieser kann im einfachsten Fall aus einer Liste von FAQs auf einer Webseite bestehen oder im besten Fall ein speziell dafür eingerichteter Helpdesk sein, den die Benutzer bei Bedarf kontaktieren können. Sie haben sogar die Möglichkeit, Ihre Kunden um Zusendung von Problemberichten zu bitten, die Ihnen bei der Entscheidung helfen, welche Änderungen in späteren Produktversionen vorgenommen werden sollen.

Traditionell waren jeweils separate Teams für Softwareentwicklung, Softwarefreigabe und Softwaresupport zuständig (▶ Abbildung 10.1). Das Entwicklerteam gab eine „finale" Version der Software an ein Release-Team weiter. Dieses Team erstellte dann eine Release-Version, testete sie und bereitete die Release-Dokumentation vor, bevor die Software an die Kunden ausgeliefert wurde. Ein drittes Team war für den Kundensupport zuständig. Das ursprüngliche Entwicklerteam war manchmal auch für die Implementierung von Softwareänderungen verantwortlich, obwohl die Wartung der Software meistens von einem separaten Team übernommen wurde.

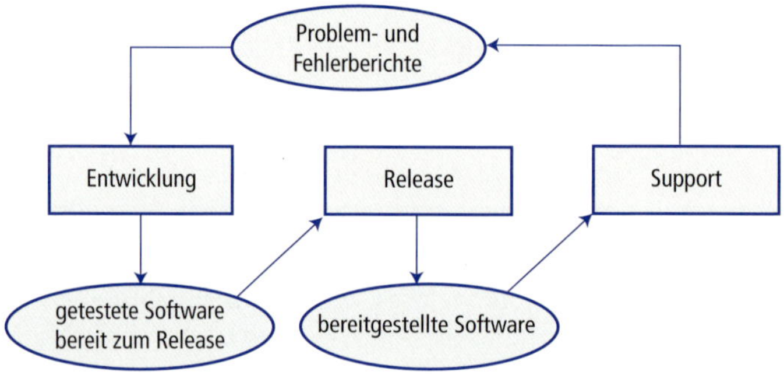

Abbildung 10.1: Entwicklung, Release und Support

Bei diesen Prozessen waren Verzögerungen in der Kommunikation zwischen den Gruppen unvermeidlich. Die Entwickler und Betriebsingenieure verwendeten unterschiedliche Tools, hatten unterschiedliche Fähigkeiten und verstanden oft die Probleme der anderen nicht. Selbst wenn ein dringender Fehler oder eine Sicherheitslücke festgestellt wurde, konnte es mehrere Tage dauern, bis eine neue Version vorlag und an die Kunden weitergegeben werden konnte.

Viele Unternehmen halten noch immer an diesem traditionellen Modell von Entwicklung, Release und Support fest. Gleichzeitig steigt jedoch die Zahl der Unternehmen, die einen alternativen Ansatz, genannt DevOps, verfolgen. DevOps steht für *Development* und *Operations* (Entwicklung und IT-Betrieb) und legt Entwicklung, Bereitstellung und Support in die Hände eines einzigen Teams, das für all diese Aktivitäten verantwortlich ist (▶ Abbildung 10.2). Drei Faktoren führten zur Entwicklung und weiten Verbreitung von DevOps:

1 Agiles Software-Engineering reduzierte die Entwicklungszeit für Software, während gleichzeitig der traditionelle Release-Prozess zu einem Engpass zwischen Entwicklung und Bereitstellung führte. Anhänger der agilen Entwicklung begannen, nach einem Ausweg aus diesem Dilemma zu suchen.

2 Amazon überarbeitete seine Software für die Services und verfolgte erstmalig den Ansatz, für jeden Service ein und dasselbe Team für Entwicklung und Support einzusetzen. Amazons Behauptung, dass dies zu einer erheblichen Verbesserung der Zuverlässigkeit führte, verbreitete sich schnell.

3 Es wurde möglich, Software als eine Dienstleistung freizugeben, der in einer öffentlichen oder privaten Cloud ausgeführt wurde. Softwareprodukte mussten den Benutzern nicht mehr auf physischen Medien oder als Downloads bereitgestellt werden.

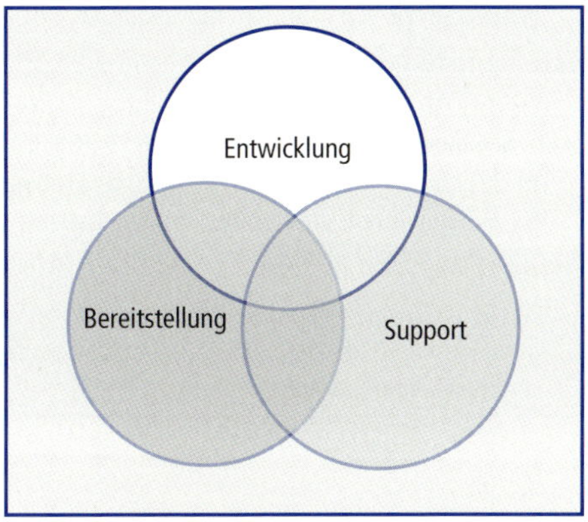

Mehrfach qualifiziertes DevOps-Team

Abbildung 10.2: DevOps

Es gibt keine einfache Definition von DevOps. Unternehmen interpretieren die Integration von Entwicklung und Betrieb unterschiedlich, je nach ihrer Kultur und der Art der Software, die sie entwickeln. Die drei in ▶ Abbildung 10.1 aufgeführten Grundprinzipien bilden jedoch die Grundlage für effektives DevOps.

Prinzip	Erläuterung
Jeder ist für alles verantwortlich.	Alle Teammitglieder tragen gemeinsam die Verantwortung für Entwicklung, Bereitstellung und Support der Software.
Alles, was automatisiert werden kann, sollte automatisiert werden.	Alle Aktivitäten, die mit Testen, Bereitstellen und Support zu tun haben, sollten, sofern möglich, automatisiert werden. Die Einrichtung der Software sollte mit möglichst geringer menschlicher Interaktion erfolgen.
Erst messen, dann ändern.	DevOps sollte von einem Messprogramm getrieben sein, das Daten über das System und seinen Betrieb erhebt. Die gesammelten Daten verwenden Sie dann, um Entscheidungen über die Änderung von DevOps-Prozessen und -Werkzeugen zu treffen.

Tabelle 10.1: DevOps-Prinzipien

Ebenso sind die besonderen Vorteile von DevOps abhängig von der Technologie, Organisation und Kultur eines Unternehmens. Fast alle, die auf DevOps umstellen, nennen als wichtige Vorteile einen schnelleren Bereitstellungszyklus für ihre Software, ein geringeres Risiko von größeren oder Totalausfällen, eine schnellere Problemlösung und stabilere und produktivere Teams. Warum dies universelle Vorteile von DevOps sind, erkläre ich in ▶ Tabelle 10.2.

Merkmal	Erläuterung
Schnellere Bereitstellung	Die Software ist schneller einsatzbereit, da die Kommunikationsverzögerungen zwischen den am Prozess beteiligten Personen drastisch reduziert werden.
Reduziertes Risiko	Das Funktionalitätsinkrement in jedem Release ist klein, sodass die Wahrscheinlichkeit von Interaktionen zwischen den Features und von anderen Änderungen, die Systemfehler und -ausfälle verursachen, geringer ist.
Schnellere Korrektur	DevOps-Teams arbeiten zusammen, um die Software so schnell wie möglich wieder zum Laufen zu bringen. Es kann darauf verzichtet werden, nach dem Team zu fahnden, das für das Problem verantwortlich war, und darauf zu warten, dass es das Problem behebt.
Produktivere Teams	DevOps-Teams sind glücklicher und produktiver als Teams, die für individuelle Aktivitäten verantwortlich sind. Da die Teammitglieder glücklicher sind, ist die Wahrscheinlichkeit geringer, dass sie die Firma verlassen, um anderswo eine Stelle anzutreten.

Tabelle 10.2: Vorteile von DevOps

Für Software-Unternehmen, die ihr Produkt als cloudbasierten Dienst bereitstellen, sind alle Aspekte von DevOps wichtig. Doch auch wenn Sie Ihr Produkt über einen App-Store oder über Ihre Website zum Herunterladen anbieten, ist DevOps relevant. Einige Prozesse, wie z.B. die kontinuierliche Auslieferung, müssen jedoch für herunterladbare Software modifiziert werden.

In diesem Kapitel konzentriere ich mich auf die technischen Aspekte von DevOps: Automatisierung und Messung. Viele behaupten jedoch, dass ohne die richtige Kultur das volle Potenzial von DevOps nicht ausgeschöpft werden kann. In der Vergangenheit gab es oft eine Kultur des Misstrauens zwischen den Entwicklern und den Betriebsingenieuren. DevOps möchte dies durch Bildung eines gemeinsamen Teams ändern, das sowohl für die Entwicklung als auch für den IT-Betrieb verantwortlich ist. Die Entwickler sind somit auch für die Installation und Wartung der Software zuständig.

Die Bildung eines DevOps-Teams bedeutet die Zusammenführung vieler verschiedener Fähigkeiten, unter anderem Software-Engineering, UX-Design, Informationssicherheit, Infrastruktur-Engineering und Kundeninteraktionen. Leider halten einige Softwareingenieure ihre Arbeit für anspruchsvoller und wichtiger als die Arbeit der anderen. Es interessiert sie nicht, was Teammitglieder mit anderen Fähigkeiten leisten oder welche Probleme sie meistern müssen. Dies führt zu Spannungen, da die Mitglieder des Teams versuchen, eine „Hackordnung" zu bilden.

Ein erfolgreiches DevOps-Team zeichnet sich durch eine Kultur des gegenseitigen Respekts und Teilens aus. Jeder im Team nimmt an den Scrums und anderen Team-Meetings teil. Die Teammitglieder werden ermutigt, ihr Fachwissen mit anderen zu teilen und neue Fähigkeiten zu erwerben. Die Entwickler bieten Support für die von ihnen entwickelten Software-Services. Wenn ein Service an einem Wochenende ausfällt, ist der zuständige Entwickler dafür verantwortlich, ihn wieder zum Laufen zu bringen. Ist er jedoch nicht verfügbar, sollten andere Teammitglieder seine Arbeit übernehmen, anstatt auf seine Rückkehr zu warten. Die Priorität des Teams sollte es sein, Ausfälle so schnell wie möglich zu beheben, anstatt einem Teammitglied oder einer Untergruppe die Schuld zuzuweisen.

10.1 Codemanagement

DevOps hängt von dem Quellcodemanagementsystem ab, das vom gesamten Team verwendet wird. Quellcodemanagement ist jedoch fast 40 Jahre älter als DevOps. Die Notwendigkeit, eine ständig weiterentwickelte Codebasis zu verwalten, wurde in den frühen 1970er Jahren erkannt. Unabhängig davon, ob Ihr Team DevOps einsetzt oder nicht, ist die Verwaltung des Quellcodes für alle Arten des Software-Engineerings unabdingbar.

Während der Entwicklung eines Softwareprodukts wird das Entwicklerteam wahrscheinlich Zehntausende von Codezeilen und automatisierte Tests erstellen. Diese werden in Hunderten von Dateien organisiert. Eventuell werden Dutzende von Bibliotheken eingebunden und eine Reihe verschiedener Programme zur Erstellung und Ausführung des Codes herangezogen. Ohne automatisierte Unterstützung ist es für die Entwickler unmöglich, die an der Software vorgenommenen Änderungen alle im Blick zu haben.

Codemanagement[1] (auch Versionsverwaltung oder Versionskontrolle) basiert auf einer Reihe von softwaregestützten Techniken, die dazu dienen, eine sich ständig weiterentwickelnde Codebasis zu verwalten. Sie benötigen Codemanagement, um verschiedene Produktversionen zu erstellen und sicherzustellen, dass die von verschiedenen Entwicklern vorgenommenen Änderungen sich nicht gegenseitig beeinträchtigen. Codemanagement-Tools machen es einfach, ein ausführbares Produkt aus den dazugehörigen Quellcodedateien zu erstellen und automatisierte Tests auf diesem Produkt durchzuführen.

Um zu veranschaulichen, warum Codemanagement wichtig ist, betrachten Sie das Szenario in ▶ Tabelle 10.3. Wäre ein Codemanagementsystem verwendet worden, hätte es den Konflikt zwischen Bobs und Alices Änderungen erkannt, der Fehler wäre behoben worden und das Unternehmen wäre weiterhin im Geschäft geblieben.

---

1 Codemanagement wurde ursprünglich als „Software-Konfigurationsmanagement" bezeichnet; ein Begriff, der immer noch weit verbreitet ist. Mittlerweile wird der Begriff „Konfigurationsmanagement" jedoch allgemein für die Verwaltung einer Server-Infrastruktur verwendet.

Alice und Bob arbeiteten für eine Firma namens FinanceMadeSimple und waren Teammitglieder, die an der Entwicklung eines Produkts zur privaten Finanzplanung beteiligt waren. Alice entdeckte einen Fehler in einem Modul namens TaxReturnPreparation. Der Fehler bestand darin, dass manchmal eine Steuererklärung als eingereicht gemeldet wurde, die aber tatsächlich nicht an das Finanzamt geschickt worden war. Sie überarbeitete das Modul, um den Fehler zu beheben. Bob arbeitete an der Benutzerschnittstelle des Systems und gleichzeitig ebenfalls an TaxReturnPreparation. Leider lud er eine Kopie herunter, bevor Alice den Fehler behoben hatte. Als er das Modul nach seinen Änderungen speicherte, wurden Alices Änderungen überschrieben, ohne dass sie sich dessen bewusst war. In den Produkttests fiel der Fehler nicht auf, da es sich um einen sporadischen Fehler handelte, der davon abhing, welche Abschnitte des Steuererklärungsformulars ausgefüllt waren. Das Produkt wurde mit diesem Fehler auf den Markt gebracht. Für die meisten Benutzer funktionierte alles gut. Bei einigen wenigen Benutzern wurde die Steuererklärung jedoch nicht eingereicht, was zur Folge hatte, dass sie von der Steuerbehörde mit einer Geldstrafe belegt wurden. Die anschließende Untersuchung ergab Fahrlässigkeit auf Seiten der Softwarefirma. Dies wurde publik gemacht und brachte dem Unternehmen nicht nur eine Geldstrafe von den Steuerbehörden ein, sondern seine Kunden verloren das Vertrauen in die Software. Viele wechselten zu einem Konkurrenzprodukt. FinanceMadeSimple scheiterte und sowohl Bob als auch Alice verloren ihren Arbeitsplatz.

Tabelle 10.3: Ein Codemanagementproblem

Quellcodemanagement in Verbindung mit automatisierten System-Builds ist für professionelle Softwareentwicklung von entscheidender Bedeutung. In Unternehmen, die DevOps einsetzen, ist ein modernes Codemanagementsystem eine grundlegende Voraussetzung für die Umsetzung des Prinzips „alles automatisieren". Es speichert nicht nur den Projektcode, der am Ende bereitgestellt wird, sondern auch alle anderen Daten, die in DevOps-Prozessen verwendet werden. Die DevOps-Automatisierungs- und Messwerkzeuge interagieren alle mit dem Codemanagementsystem (▶ Abbildung 10.3).

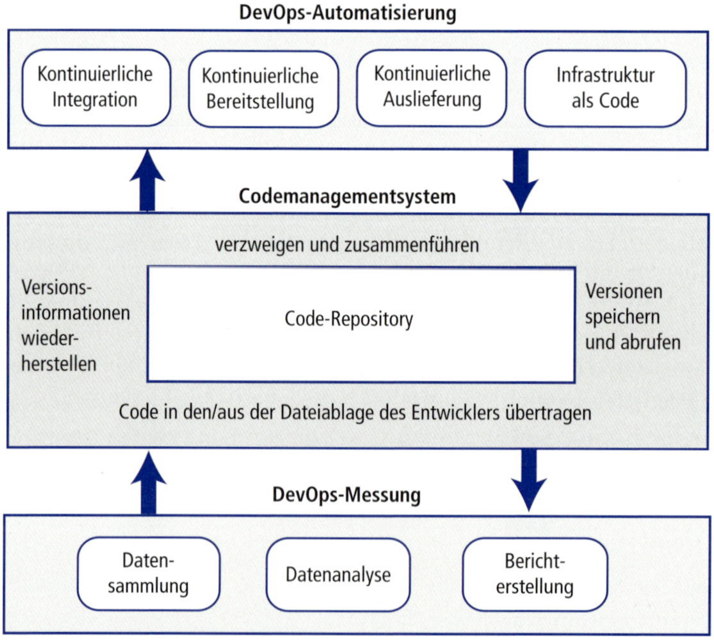

Abbildung 10.3: Codemanagement und DevOps

In den ▶ Abschnitt 10.2 „DevOps-Automatisierung" und ▶ Abschnitt 10.3 „DevOps-Messungen" werden die Tools für DevOps-Automatisierung und -Messung ausführlich behandelt.

10.1.1 Grundlagen des Quellcodemanagements

Quellcodemanagementsysteme sind dafür ausgelegt, eine sich ständig weiterentwickelnde Projektcodebasis zu verwalten, indem sie die verschiedenen Versionen der Komponenten und der ganzen Systeme speichern und zum Abrufen bereithalten. Die Entwickler können parallel am Code arbeiten, ohne sich gegenseitig in die Quere zu kommen, und sie können ihre Arbeit in die der anderen Entwickler integrieren. Das Codemanagementsystem bietet eine Reihe von Funktionen, die vier allgemeine Bereiche unterstützen:

1. *Codeübertragung:* Entwickler übertragen den Code in ihre persönliche Dateiablage, um ihn zu bearbeiten; dann speichern sie ihn zurück in das gemeinsam genutzte Codemanagementsystem.

2. *Versionsspeicherung und -abruf:* Dateien können in mehreren Versionen gespeichert werden und jede dieser Versionen ist jederzeit abrufbar.

3. *Zusammenführen und Verzweigen:* Damit die Entwickler gleichzeitig am Code arbeiten können, lassen sich parallele Entwicklungszweige anlegen. Änderungen, die von den Entwicklern in den verschiedenen Zweigen vorgenommen wurden, lassen sich hinterher zusammenführen.

4. *Versionsinformationen:* Informationen über die verschiedenen Versionen im System können gespeichert und abgerufen werden.

Alle Quellcodemanagementsysteme weisen die in ▶ Abbildung 10.3 dargestellte allgemeine Form auf, mit einem gemeinsamen Repository und einer Reihe von Funktionen zur Verwaltung der Dateien in diesem Repository:

1. Alle Quellcodedateien und Dateiversionen werden im Repository gespeichert, neben anderen Artefakten wie Konfigurationsdateien, Build-Skripten, gemeinsam genutzten Bibliotheken und den Versionen der verwendeten Tools. Das Repository umfasst darüber hinaus eine Datenbank mit Informationen über die gespeicherten Dateien, wie z.B. Versionsinformationen, wer die Dateien geändert hat, welche Änderungen zu welcher Zeit vorgenommen wurden, und so weiter.

2. Die Quellcodemanagementfunktionen übertragen Dateien zum und vom Repository und aktualisieren die Informationen über die verschiedenen Dateiversionen und ihre Beziehungen. Bestimmte Dateiversionen einschließlich der Informationen darüber können jederzeit aus dem Repository abgerufen werden.

Derzeit gibt es mehrere quelloffene und proprietäre Codemanagementsysteme auf dem Markt. Alle verfügen über die in ▶ Tabelle 10.4 aufgeführten Funktionen.

Funktion	Beschreibung
Versions- und Release-Identifikation	Verwaltete Versionen einer Codedatei werden bei der Übermittlung an das System eindeutig gekennzeichnet und können anhand dieser Kennung und anderer Dateiattribute abgerufen werden.
Aufzeichnung der Änderungshistorie	Die Gründe, warum Änderungen an einer Codedatei vorgenommen wurden, werden aufgezeichnet und gespeichert.
Unabhängige Entwicklung	Mehrere Entwickler können gleichzeitig an derselben Codedatei arbeiten. Wenn diese an das Codemanagementsystem übergeben wird, wird eine neue Version erstellt, sodass die Dateien niemals durch spätere Änderungen überschrieben werden.
Projekt-Support	Alle zu einem Projekt gehörenden Dateien können gleichzeitig ausgecheckt werden. Es ist nicht notwendig, die Dateien einzeln auszuchecken.
Speicherverwaltung	Das Codemanagementsystem verfügt über effiziente Speichermechanismen, damit nicht mehrere Kopien von Dateien mit nur geringen Unterschieden gespeichert werden.

Tabelle 10.4: Funktionen von Quellcodemanagementsystemen

Wenn Dateien zum Quellcodemanagementsystem hinzugefügt werden, weist das System jeder Datei eine eindeutige Kennung zu. Diese wird zur Benennung der gespeicherten Dateien verwendet; der eindeutige Name bedeutet, dass die verwalteten Dateien niemals überschrieben werden können. Außerdem ist es möglich, den kontrollierten Dateien weitere Identifizierungsattribute hinzuzufügen, sodass sie unter Verwendung des Namens oder dieser Attribute abgerufen werden können. Alle Versionen einer Datei können aus dem System abgerufen werden. Wenn eine Datei geändert und dann an das System übertragen wird, muss derjenige, der die Datei abschickt, eine identifizierende Zeichenkette hinzufügen, die die vorgenommenen Änderungen erläutert. Mithilfe dieser Zeichenkette können die Entwickler besser nachvollziehen, warum von der Datei eine neue Version erstellt wurde.

Codemanagementsysteme unterstützen die unabhängige Entwicklung, bei der mehrere Entwickler gleichzeitig an derselben Datei arbeiten. Diese übertragen ihre Änderungen an das Codemanagementsystem, das jedes Mal eine neue Version der Datei erstellt. Dadurch wird das in ▶ Tabelle 10.3 beschriebene Problem der Dateiüberschreibung vermieden. Es ist üblich, dass verschiedene Projekte Komponenten gemeinsam nutzen, sodass Codemanagementsysteme auch eine Form der Projektunterstützung bieten. Die Funktionen zur Projektunterstützung ermöglichen es Benutzern, alle Dateiversionen abzurufen, die für das von ihnen bearbeitete Projekt wichtig sind.

Hohe Speicherkosten waren in den 1970er Jahren eine wichtige Triebfeder für die Entwicklung von Codemanagementsystemen. Anstatt jede Version einer Datei zu speichern, wurde durch Speicherverdichtung der für die zu verwaltenden Dateien benötigte Platz reduziert. Diese Systeme speicherten eine Version als eine Liste von Änderungen an der Masterversion einer Datei. Die Versionsdatei konnte wiederhergestellt werden, indem diese Änderungen auf die Masterdatei angewendet wurden. Wenn mehrere Versionen einer Datei erstellt wurden, dauerte es relativ lange, eine bestimmte Version wiederherzustellen, da hierzu mehrere Sätze von Codeänderungen abgerufen und angewendet werden mussten.

Da Speicherplatz heute billig und damit reichlich vorhanden ist, liegt der Fokus moderner Codemanagementsysteme weniger auf der Optimierung des Speicherplatzes, sondern vielmehr auf dem Einsatz schnellerer Mechanismen für die Speicherung und das Abrufen von Versionen.

Frühe Quellcodemanagementsysteme hatten eine zentralisierte Repository-Architektur, bei der die Benutzer die Dateien ein- und auschecken mussten (▶ Abbildung 10.4). Wenn ein Benutzer eine Datei ausgecheckt hatte, wurde jeder andere, der versuchte, diese Datei auszuchecken, gewarnt, dass sie gerade benutzt wird. Beim Einchecken der überarbeiteten Datei wurde eine neue Version dieser Datei erstellt.

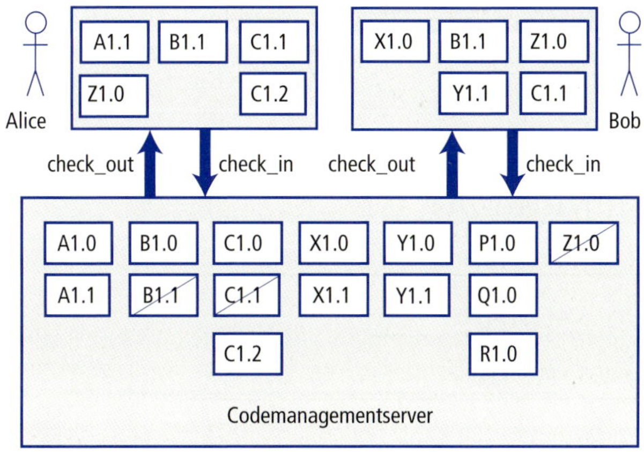

Abbildung 10.4: Zentralisiertes Quellcodemanagement

In ▶ Abbildung 10.4 haben sowohl Alice als auch Bob die von ihnen benötigten Dateien aus dem Repository ausgecheckt. Beide nutzen gemeinsam die Dateien B1.1, C1.1 und Z1.0. Diese sind im Repository als gemeinsam genutzt gekennzeichnet. Wenn Alice und Bob diese Dateien einchecken, stellt das Quellcodemanagementsystem sicher, dass die Dateikopien nicht in Konflikt geraten.

Diese zentralisierte Architektur war mehr als 30 Jahre lang das vorherrschende Modell für Codemanagementsysteme und wird teilweise immer noch verwendet. Subversion ist das bekannteste Open-Source-Codemanagementsystem, das auf einem zentralen Repository basiert. Heute werden jedoch größtenteils verteilte Codemanagementsysteme für die Entwicklung von Softwareprodukten verwendet. In diesen Systemen wird das Repository auf den Computern der Entwickler repliziert.

Im Jahr 2005 revolutionierte Linus Torvalds, der Entwickler von Linux, das Quellcodemanagement, indem er ein verteiltes Versionskontrollsystem (*Distributed Version Control System*, DVCS) namens Git entwickelte, das den Code des Linux-Kernels verwalten sollte. Git war dafür ausgelegt, die Entwicklung von großen Open-Source-Projekten zu unterstützen. Es machte sich die Tatsache zunutze, dass die Speicherkosten so stark gesunken waren, dass sich die meisten Benutzer um die lokale Speicherverwaltung keine Sorgen machen mussten. Anstatt nur die bearbeiteten Dateien der Benutzer als Kopie vorzuhalten, speichert Git einen Repository-Klon auf dem Computer eines jeden Benutzers (▶ Abbildung 10.5).

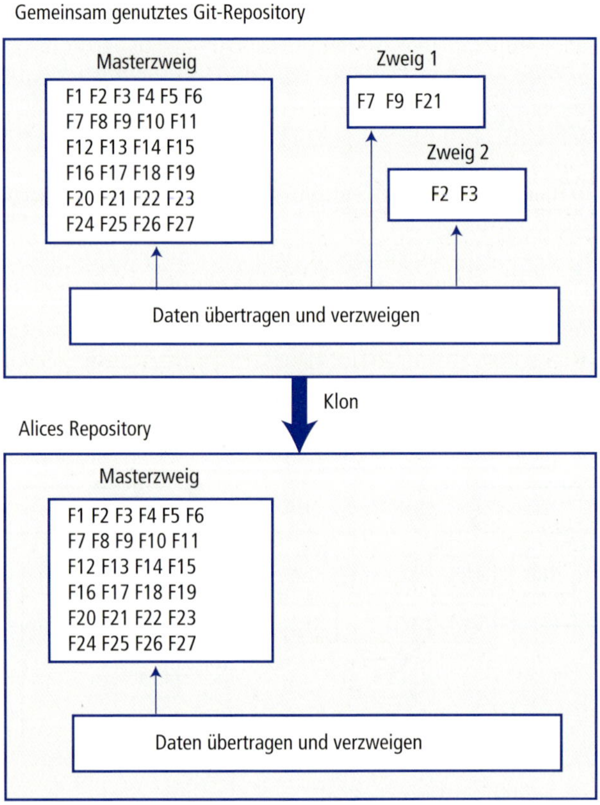

Abbildung 10.5: Klonen des Repositorys in Git

Ein grundlegendes Konzept von Git ist der „Masterzweig". Dahinter verbirgt sich die aktuelle Masterversion der Software, an der das Team arbeitet. Sie erstellen neue Versionen, indem Sie einen neuen Zweig anlegen, wie ich weiter unten noch erläutere. In ▶ Abbildung 10.5 wurden zusätzlich zum Masterzweig zwei weitere Zweige erstellt. Wenn Benutzer einen Repository-Klon anfordern, erhalten sie eine Kopie des Masterzweigs, an der sie unabhängig voneinander arbeiten können.

Git und andere verteilte Codemanagementsysteme haben mehrere Vorteile gegenüber zentralisierten Systemen:

1. *Resilienz:* Jeder, der an einem Projekt arbeitet, verfügt über seine eigene Repository-Kopie. Wenn das von mehreren genutzte Repository beschädigt oder von einem Cyberangriff getroffen wurde, kann die Arbeit fortgesetzt werden, da die Klone zur Wiederherstellung des gemeinsamen Repositorys herangezogen werden können. Und für den Fall, dass keine Netzwerkverbindung besteht, können die Teammitglieder offline arbeiten.

2. *Geschwindigkeit:* Das Übertragen der Änderungen (Commit) in das Repository ist eine schnelle, lokale Operation und kommt ohne Datenübertragung über das Netzwerk aus.

3 *Flexibilität:* Herumexperimentieren auf lokaler Ebene ist viel einfacher. Die Entwickler können gefahrlos verschiedene Ansätze verfolgen, ohne dass ihre Experimente die anderen Projektmitglieder beeinträchtigen. Bei einem zentralisierten System ist dies eventuell nur möglich, wenn außerhalb des Codemanagementsystems gearbeitet wird.

Die meisten Softwareunternehmen verwenden inzwischen Git für ihr Codemanagement. Teamarbeit in Git bedeutet, dass es ein gemeinsam genutztes Projekt-Repository gibt sowie private Klone dieses Repositorys, die auf den Computern der Entwickler gespeichert sind (▶ Abbildung 10.6). Unternehmen können das Projekt-Repository auf einem firmeneigenen Server betreiben. Viele Unternehmen und freiberufliche Entwickler nutzen jedoch einen externen Anbieter von Git-Repositorys. Mehrere Hosting-Anbieter von Git-Repositorys, wie GitHub und GitLab, verwalten Tausende von Repositorys in der Cloud. Den Beispielen hier liegt GitHub als gemeinsames Repository zugrunde.

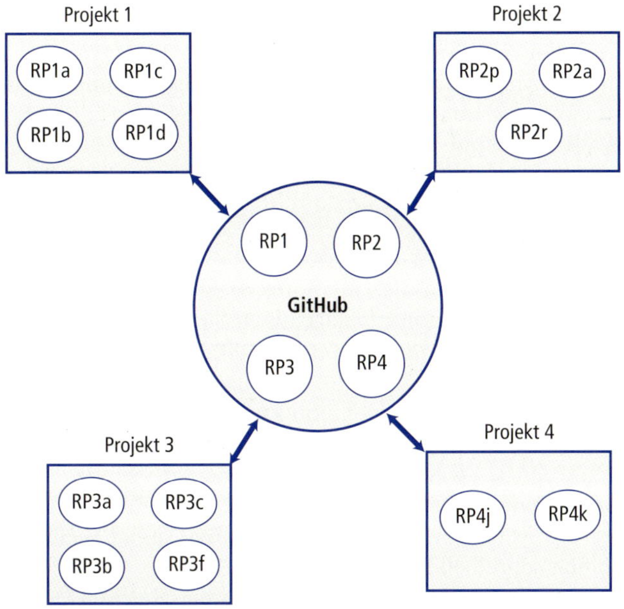

Abbildung 10.6: Git-Repositorys

▶ Abbildung 10.6 zeigt die vier Projekt-Repositorys RP1–RP4 auf GitHub. RP1 ist das Repository für Projekt 1, RP2 das Repository für Projekt 2 usw. Jeder Entwickler eines Projekts ist durch einen Buchstaben (a, b, c usw.) gekennzeichnet und besitzt eine individuelle Kopie des Projekt-Repositorys. Da Entwickler an mehr als einem Projekt gleichzeitig arbeiten können, haben sie unter Umständen Kopien von mehreren Git-Repositorys auf ihrem Computer. Der Entwickler a arbeitet beispielsweise an Projekt 1, Projekt 2 und Projekt 3, also hat er Klone von RP1, RP2 und RP3.

10.1.2 Git

Wenn Sie einem Projekt beitreten, richten Sie auf Ihrem Computer ein Projektverzeichnis ein, das als Arbeitsbereich für dieses Projekt dient. Falls erforderlich, installieren Sie die Tools (einschließlich Git) in den Versionen, die Ihr Team verwendet. In diesem Projektverzeichnis erstellen Sie mit `init` ein leeres lokales Git-Repository, oft Repo genannt, das dann von einem entfernten Repo geklont wird.

```
cd myproject
git init #Richtet das lokale Repo im Projektverzeichnis myproject ein
git clone <URL des externen Repositorys>
```

Der `clone`-Befehl kopiert die Masterdateien aus dem entfernten Repository in das Arbeitsverzeichnis. Dies sind in der Regel die neuesten Versionen der Projektdateien. Er kopiert außerdem die Repository-Metadaten aus dem externen Repository, sodass Sie sehen können, woran die anderen Entwickler gearbeitet haben. Sie können diese Informationen abfragen und andere Zweige aus dem Projekt-Repo herunterladen, wenn Sie diese benötigen.

Jetzt können Sie mit der Arbeit an den Dateien in Ihrem Projektverzeichnis beginnen, indem Sie beispielsweise neue Dateien hinzufügen oder Änderungen vornehmen. Um Ihr lokales Repo zu aktualisieren, verwenden Sie die Befehle `add` und `commit`. Die Liste der Dateien im `add`-Befehl sind die Dateien, die Sie verwalten möchten. Der `commit`-Befehl fügt dann diese Dateien nach dem Ändern dem lokalen Repo hinzu.

```
git add <Liste der zu kontrollierenden Dateien>
git commit
```

Für Ihre Arbeit mit Git müssen Sie sich mit den Konzepten des Erstellens und Zusammenführens von Zweigen vertraut machen. Dank dieser Konzepte können die Entwickler, ohne sich gegenseitig zu behindern, an den gleichen Dateien arbeiten.

Verzweigen und Zusammenführen sind fundamentale Konzepte, die von allen Codemanagementsystemen unterstützt werden. Ein Zweig ist eine unabhängige, eigenständige Version, die angelegt wird, wenn ein Entwickler eine Datei ändern möchte. Die von Entwicklern in eigenen Zweigen vorgenommenen Änderungen können zu einem neuen gemeinsamen Zweig zusammengeführt werden. Das Repository stellt sicher, dass Zweigdateien, die geändert wurden, die Repository-Dateien nicht ohne vorheriges Zusammenführen überschreiben.

Nehmen wir an, dass Alice und Bob im Git-Repo an der gleichen Datei arbeiten. Um ihre Änderungen vorzunehmen, erzeugt jeder von ihnen einen Zweig, um an einer Kopie dieser Datei zu arbeiten (▶ Abbildung 10.7). Alice arbeitet an einem neuen Feature, während Bob einen Fehler behebt.

Wenn Alice oder Bob in dem von ihnen bearbeiteten Zweig Fehler machen, können sie leicht zur Masterdatei zurückkehren. Auch wenn sie während der Arbeit Änderungen per `commit` in ihr Repository stellen, können sie auf frühere Versionen ihrer Arbeit zurückgreifen. Nachdem sie ihren Code fertiggestellt und getestet haben, können sie die Masterdatei ersetzen, indem sie ihre Arbeit mit dem Masterzweig zusammenführen. ▶ Abbildung 10.7 zeigt, dass Bob seinen Code zur Fehlerbehebung mit dem Masterzweig zusammengeführt hat.

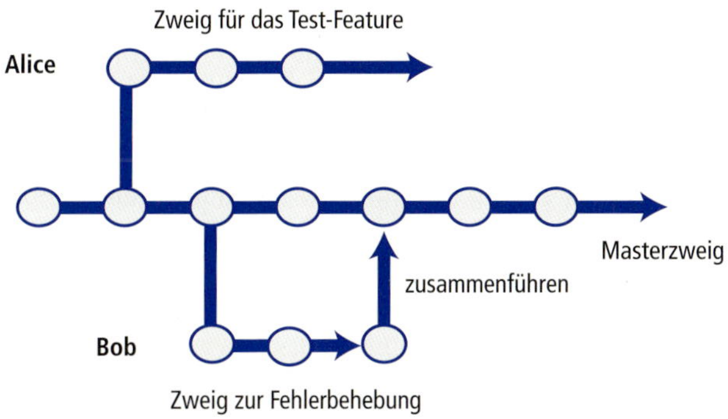

Abbildung 10.7: Verzweigen und Zusammenführen

Bob und Alice arbeiten in ihren lokalen Repos, ohne dass es Konflikte zwischen ihnen gibt. Irgendwann jedoch werden beide versuchen, das externe Repository mit ihren geänderten Dateien zu aktualisieren. Nehmen wir an, dass Bob als Erster das externe Repository aktualisiert. Er führt seine geänderten Dateien zusammen und lädt die Änderungen in das gemeinsame Repo hoch. Seine Aktualisierung wird akzeptiert. Anschließend versucht Alice, ihre Änderungen in das Repo hochzuladen, was jedoch wegen eines möglichen Konflikts mit Bobs Änderungen abgelehnt wird.

Git vergleicht die verschiedenen Dateiversionen Zeile für Zeile. Wenn Entwickler verschiedene Zeilen in der Datei geändert haben, kommt es nicht zu einem Konflikt. Sollten sie jedoch Änderungen an denselben Zeilen vorgenommen haben, wird ein Konflikt beim Zusammenführen angezeigt. Git hebt die Zeilen hervor, in denen Konflikte bestehen, und es ist Aufgabe der Entwickler, diese Konflikte aufzulösen. In diesem Beispiel sollte Alice mit Bob über seine Änderungen sprechen und dann Änderungen an den Dateien vornehmen, um den Konflikt aufzulösen.

Git ist sehr effizient im Verwalten der Zweige, daher ist es sinnvoll, diesen Mechanismus auch für kleine Änderungen an Ihrem Code zu nutzen. Um auf der Basis der Dateien in Ihrem Arbeitsverzeichnis einen neuen Zweig zu erstellen, verwenden Sie den `checkout`-Befehl mit dem Flag `-b`. Beispielsweise erzeugt der folgende Befehl einen neuen Zweig namens `fix-header-format`:

```
git checkout -b fix-header-format
```

Nehmen wir an, dass dies die Bearbeitung von zwei Dateien erfordert: `report_printer.py` und `generate_header.py`. Sie bearbeiten diese Dateien und führen dann `add` und `commit` aus.

```
git add report_printer.py generate_header.py
git commit
```

Der `commit`-Befehl überträgt die Änderungen standardmäßig in den aktuellen Zweig, der in diesem Fall `fix-header-format` lautet. Sie entscheiden dann, ob Sie mit den vorgenommenen Änderungen zufrieden sind und sie mit dem Masterzweig in Ihrem Verzeichnis zusammenführen möchten. Sie checken den Masterzweig aus dem Projekt-Repo aus, um sicherzustellen, dass Sie die neueste Version aller Masterdateien haben, und führen dann mit `merge` die Dateien zusammen:

```
git checkout master git merge fix-header-format
```

Damit haben Sie den Masterzweig in Ihrem lokalen Repository aktualisiert, nicht aber das externe Repository. Um die Änderungen, die Sie vorgenommen haben, im Masterzweig des externen Repositorys zu übernehmen, verwenden Sie einen `push`-Befehl:

```
git push
```

Git prüft daraufhin Ihr lokales Repo und das externe Repo, stellt fest, welche Dateien sich geändert haben, und lädt dann die Änderungen in das externe Repo hoch. Obwohl ich hier nicht näher darauf eingehe, können Sie die Änderungen in bestimmte Zweige des externen Repos hochladen. In dem Szenario mit Alice und Bob setzt Bob einen `push`-Befehl ab, um seine geänderten Dateien in das externe Repo zu übertragen. Alice versucht ebenfalls, ihre Änderungen hochzuladen, aber Git lehnt diese ab, weil es weiß, dass Bob bereits einen `push`-Befehl abgesetzt hat und es zu Konflikten kommen kann. Alice muss dann mit einem `pull`-Befehl ihr Repository mit Bobs Änderungen aktualisieren:

```
git pull
```

Der `pull`-Befehl ruft eine Kopie der Dateien, die Bobs Änderungen enthalten, vom Master im externen Repo ab und aktualisiert mit diesen Dateien das lokale Repo von Alice. Diese versucht dann, den potenziellen Konflikt zu beheben, und lädt den aktualisierten Zweig in das externe Repo.

Git wurde ursprünglich entwickelt, um die Entwicklung von Open-Source-Software zu unterstützen. Im Open-Source-Modell können viele verschiedene Personen unabhängig voneinander am Code arbeiten, ohne dass sie wissen, was andere tun. Die Masterversion der Open-Source-Software wird nur von einer Person oder einer kleinen Gruppe verwaltet, die entscheidet, welche Änderungen übernommen werden. ▶ Abbildung 10.8 zeigt, wie Git und GitHub diese Vorgehensweise unterstützen können.

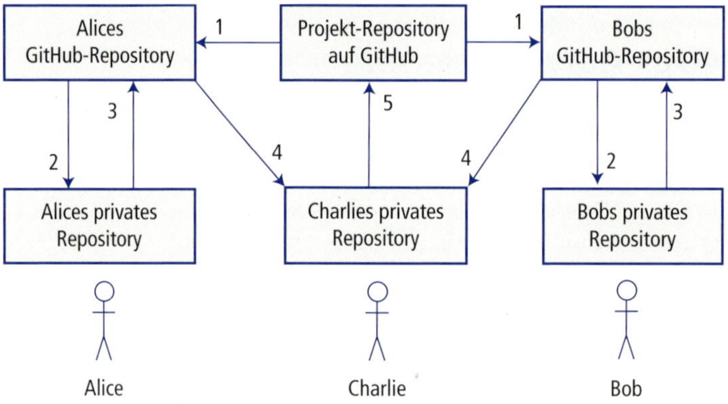

Abbildung 10.8: GitHub für die Open-Source-Entwicklung

Alice und Bob nehmen beide ihre eigenen Änderungen an der Open-Source-Software vor. Jeder hat sowohl ein Repository auf GitHub als auch ein privates Repository auf seinem eigenen Computer. Das Master-Repository für das Open-Source-Projekt befindet sich auf GitHub und wird von Charlie verwaltet. Charlie ist verantwortlich für die Entscheidung, ob von den Entwicklern vorgenommene Änderungen in das Master-Repository übernommen werden.

Dies ist die Abfolge der Schritte, die bei der Aktualisierung der Masterversion eines Open-Source-Projekts erforderlich sind:

1 Alice und Bob kopieren den Masterzweig aus dem Projekt-Repository auf GitHub in ihre persönlichen GitHub-Repositorys.

2 Sie ziehen sich ihr gemeinsam genutztes, öffentliches Repo in ihr privates Repository und nehmen dort ihre Änderungen am Code vor.

3 Sie laden diese Änderungen in ihr öffentliches Repository hoch und informieren Charlie über die Änderungen, die sie vorgenommen haben.

4 Charlie zieht die Änderungen aus Alices und Bobs Repository in sein privates Repository. Er untersucht und prüft den überarbeiteten bzw. neuen Code, führt gegebenenfalls Tests durch und entscheidet, ob sie in das Open-Source-System aufgenommen werden.

5 Wenn die Software-Änderungen in Ordnung sind, lädt Charlie diese Änderungen aus seinem privaten Repo in das endgültige Projekt-Repo hoch.

GitHub verwendet einen sehr allgemeinen Mechanismus namens WebHooks, um als Reaktion auf eine Aktualisierung des Projekt-Repositorys Aktionen auszulösen. WebHooks sendet Daten mithilfe einer HTTP-POST-Anforderung an eine URL, wenn eine Aktion stattfindet. Daher können Sie GitHub so konfigurieren, dass es Nachrichten über Änderungen an Entwickler sendet und einen System-Build und Test durchführt, wenn neuer Code hinzugefügt wird. Diese Funktion dient der Kommunikation mit externen Tools, z. B. zur DevOps-Automatisierung, die Thema des nächsten Abschnitts sind.

10.2 DevOps-Automatisierung

In der Vergangenheit waren die Prozesse, die ein System aus unabhängig voneinander entwickelten Teilen integrierten, dieses System dann in einer realistischen Testumgebung bereitstellten und anschließend freigaben, zeitaufwendig und teuer. Durch die Verwendung von DevOps mit automatisierter Unterstützung können Sie jedoch den Zeit- und Kostenaufwand für Integration, Bereitstellung und Auslieferung drastisch reduzieren.

„Alles, was automatisiert werden kann, sollte automatisiert werden" ist ein Grundprinzip von DevOps. Die Automatisierung reduziert nicht nur die Kosten und den Zeitaufwand für Integration, Bereitstellung und Auslieferung, sondern macht diese Prozesse auch zuverlässiger und reproduzierbarer. Automatisierungsinformationen werden in Skripten und Systemmodellen codiert, die Sie überprüfen, in Reviews überarbeiten, versionieren und im Projektarchiv speichern können. Die Bereitstellung hängt nicht von einem Systemmanager ab, der die Serverkonfigurationen kennt. Mithilfe des Systemmodells kann schnell und zuverlässig eine bestimmte Serverkonfiguration reproduziert werden.

▶ Abbildung 10.3 zeigte die vier Aspekte der DevOps-Automatisierung. Ich erkläre diese in ▶ Tabelle 10.5.

Aspekt	Beschreibung
Kontinuierliche Integration	Jedes Mal, wenn ein Entwickler eine Änderung am Masterzweig des Projekts freigibt, wird eine ausführbare Version des Systems erstellt und getestet.
Kontinuierliche Auslieferung	Die Betriebsumgebung des Produkts wird simuliert und die ausführbare Softwareversion darin getestet.
Kontinuierliche Bereitstellung	Jedes Mal, wenn eine Änderung am Masterzweig der Software vorgenommen wird, wird den Benutzern eine neue Version des Systems zur Verfügung gestellt.
Infrastruktur als Code	Maschinenlesbare Modelle der Infrastruktur (Netzwerk, Server, Router usw.), auf der das Produkt ausgeführt wird, dienen den Konfigurationsmanagement-Tools zum Aufbau der Ausführungsplattform für die Software. Die zu installierende Software, z.B. Compiler und Bibliotheken und ein DBMS, sind im Infrastrukturmodell enthalten.

Tabelle 10.5: Aspekte der DevOps-Automatisierung

Ein weiterer Bereich der Automatisierung, den ich für wichtig halte, ist die Automatisierung der Problemverfolgung. Im Rahmen der Problem- und Fehlerverfolgung werden die festgestellten Probleme sowie die dazugehörigen Lösungen des Entwicklerteams protokolliert. Wenn Sie Scrum oder einen Scrum-ähnlichen Prozess verwenden, werden diese Probleme automatisch zum Product Backlog hinzugefügt.
Es gibt eine Reihe von sehr populären proprietären und quelloffenen Werkzeugen zur Problemverfolgung, wie z.B. Bugzilla, FogBugz und JIRA. Diese Systeme weisen unter anderem die folgenden Funktionen auf:

1. *Problem-Reporting:* Benutzer und Tester können ein Problem oder einen Fehler melden sowie zusätzliche Informationen liefern, die das Problem in einen Kontext betten. Diese Reporte können automatisch an die Entwickler gesendet werden, die dann die Möglichkeit haben, den Bericht zu kommentieren und anzugeben, ob und wann das Problem gelöst wurde. Die Reporte werden in einer Problemdatenbank gespeichert.

2. *Suchen und Abfragen:* Die Problemdatenbank verfügt über Such- und Abfragefunktionen. Dies ist wichtig, um herauszufinden, ob Probleme bereits aufgeworfen wurden, welche Probleme noch zur Lösung anstehen und ob verwandte Probleme gemeldet wurden.

3. *Datenanalyse:* Die Problemdatenbank kann ausgewertet und Analysedaten extrahiert werden, z.B. die Anzahl der ungelösten Probleme, die Problemlösungsquote usw. Diese Daten werden häufig in einem System-Dashboard grafisch dargestellt.

4. *Integration mit dem Quellcodemanagement:* Problemreporte können mit bestimmten Versionen der Softwarekomponenten verknüpft werden, die im Codemanagementsystem gespeichert sind.

Ich gehe nicht näher auf die Werkzeuge zur Problemverfolgung ein, aber für DevOps ist es wichtig, dass die Problemverfolgung automatisiert erfolgt. Das Problemverfolgungssystem erfasst Daten über die Nutzung eines Softwareprodukts, die in Verbindung mit anderen Daten von einem DevOps-Messsystem analysiert werden können.

10.2.1 Kontinuierliche Integration

Wir bezeichnen den Prozess, bei dem alle für ein funktionierendes System erforderlichen Elemente zusammengestellt, in ihre Verzeichnisse verschoben und zu einem funktionsfähigen System zusammengefügt werden, als Systemintegration (System-Building). Der Prozess umfasst mehr als nur die Kompilierung des Systems. Normalerweise müssen Sie eine Reihe von zusätzlichen Schritten durchführen, um ein funktionsfähiges System zu erstellen. Obwohl jedes Produkt anders ist, sind die folgenden Aktivitäten typisch für jeden Systemintegrationsprozess:

- Installieren der Datenbanksoftware und Einrichten der Datenbank mit dem entsprechenden Schema;
- Laden von Testdaten in die Datenbank;
- Kompilieren der Dateien, aus denen das Produkt besteht;
- Verknüpfen des kompilierten Codes mit den Bibliotheken und anderen verwendeten Komponenten;
- Überprüfen, dass die verwendeten externen Dienste wie gewünscht funktionieren;
- Löschen alter Konfigurationsdateien und Verschieben von Konfigurationsdateien an die richtigen Stellen;
- Ausführen einiger Systemtests, um zu überprüfen, ob die Integration erfolgreich war.

Systeme, die nur selten integriert werden, weisen große Integrationsintervalle auf, in denen viele der Systemkomponenten verändert werden, manchmal sogar erheblich. Tauchen Probleme auf, so sind diese oft schwer zu isolieren, und die Suche nach einer Lösung verlangsamt die Systementwicklung. Um dies zu vermeiden, schlugen die Entwickler der Extreme-Programming-Methode eine kontinuierliche Integration vor.
Kontinuierliche Integration bedeutet einfach, dass jedes Mal, wenn eine Änderung in das gemeinsame Code-Repository des Systems hochgeladen wird, eine integrierte Version des Systems erstellt und getestet wird. Nach Abschluss des Ladevorgangs sendet das Repository eine Nachricht an einen Integrationsserver, dass eine neue Version des Produkts zu erstellen ist (▶ Abbildung 10.9).

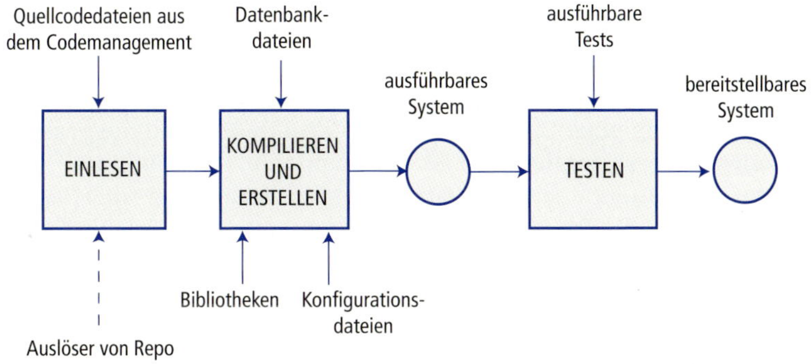

Abbildung 10.9: Kontinuierliche Integration

Die Quadrate in ▶ Abbildung 10.9 sind die Elemente einer kontinuierlichen Integrationspipeline, die durch eine Benachrichtigung vom Repository angestoßen wird. Die Benachrichtigung besagt, dass eine Änderung am Masterzweig des Systems vorgenommen wurde.

In einer Umgebung mit kontinuierlicher Integration müssen die Entwickler sicherstellen, dass der Build nicht ruiniert wird – das heißt, es wird Code in das Projekt-Repository hochgeladen, der nach der Integration einige der Systemtests fehlschlagen lässt. Dies hält andere Entwickler nur unnötig auf. Für den Fall, dass Ihnen das passiert, sollte Ihre Priorität darauf liegen, das Problem zu identifizieren und zu beheben, damit die normale Entwicklung fortgesetzt werden kann. Deshalb sollten Sie bei der Systemintegration immer den Ansatz der „doppelten Integration" verfolgen. Dabei integrieren und testen Sie den Code auf Ihrem eigenen Computer, bevor Sie ihn in das Projekt-Repository hochladen und einen Aufruf an den Integrationsserver auslösen (▶ Abbildung 10.10).

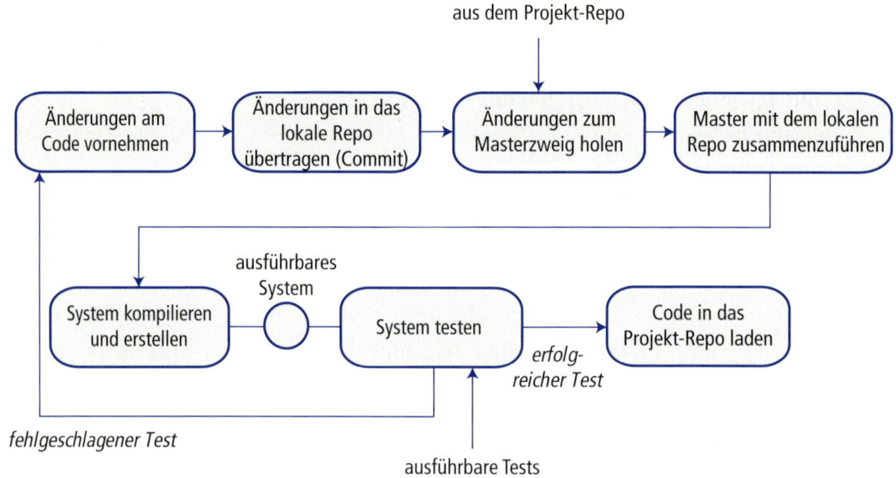

Abbildung 10.10: Lokale Integration

Der Vorteil einer kontinuierlichen Integration gegenüber einer eher seltenen Integration besteht darin, dass Fehler im System schneller gefunden und behoben werden können. Wenn Sie eine kleine Änderung vornehmen und anschließend einige Systemtests fehlschlagen, liegt das Problem mit ziemlicher Sicherheit im neuen Code, den Sie in das Projekt-Repo hochgeladen haben. Sie können sich bei der Suche nach der Ursache des Problems auf diesen Code konzentrieren.

Wenn Sie kontinuierlich integrieren, steht dem gesamten Team immer ein funktionierendes System zur Verfügung. Damit können Sie Ideen testen und dem Management bzw. den Kunden die Features des Systems demonstrieren. Darüber hinaus schafft die kontinuierliche Integration eine „Qualitätskultur" im Entwicklerteam. Da Teammitglieder das Stigma und die Störungen vermeiden wollen, die mit einem fehlerhaften Build einhergehen, werden sie ihre Arbeit wahrscheinlich sorgfältig prüfen, bevor sie sie in das Projekt-Repo hochladen.

Eine kontinuierliche Integration ist nur dann effektiv, wenn der Integrationsprozess schnell verläuft und die Entwickler nicht lange auf die Testergebnisse des integrierten Systems warten müssen. Einige Aktivitäten im Build-Prozess, wie das Auffüllen einer Datenbank oder das Kompilieren von Hunderten von Systemdateien, sind jedoch von Natur aus langsam. Daher ist es von Vorteil, über einen automatisierten Build-Prozess zu verfügen, der den Zeitaufwand für diese Aktivitäten minimiert.

Ein schneller automatisierter Build-Prozess wird dadurch ermöglicht, dass in einem System mit kontinuierlicher Integration die Änderungen, die zwischen zwei Integrationen vorgenommen werden, normalerweise relativ gering sind. Dies bedeutet in der Regel, dass nur wenige Quellcodedateien geändert werden. Codeintegrationswerkzeuge verwenden einen inkrementellen Build-Prozess, sodass Aktionen wie die Kompilierung nur dann wiederholt werden müssen, wenn die abhängigen Dateien geändert wurden.

Um den inkrementellen System-Build zu verstehen, müssen Sie das Konzept der Abhängigkeiten verstehen. ▶ Abbildung 10.11 ist ein Modell, das die Abhängigkeiten für die Testausführung zeigt. Ein nach oben zeigender Pfeil bedeutet „hängt ab von" und zeigt die Informationen, die für die Ausführung der Aufgabe (dargestellt durch das Rechteck im Modell) erforderlich sind. ▶ Abbildung 10.11 zeigt daher, dass die Ausführung der Systemtests davon abhängt, dass ausführbarer Objektcode vorliegt, und zwar sowohl für das zu testende Programm als auch für die Systemtests. Der Objektcode wiederum hängt vom Quellcode für das System und die Tests ab, die zur Erstellung des Objektcodes kompiliert werden.

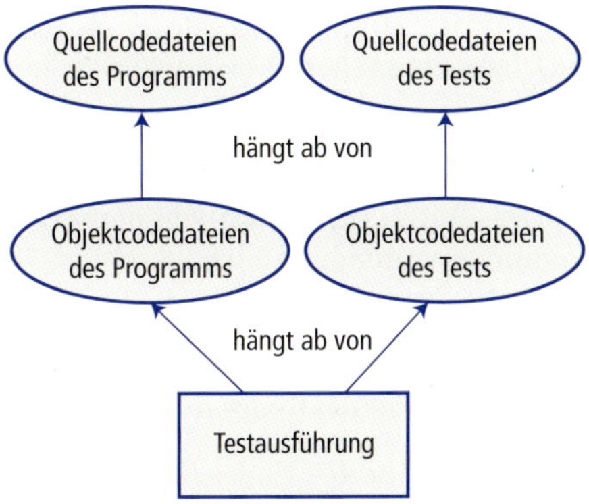

Abbildung 10.11: Ein Abhängigkeitsmodell

Wenn Sie ein System zum ersten Mal integrieren, kompiliert das inkrementelle Build-System alle Quelltextdateien und ausführbaren Testdateien. Es erzeugt deren Objektcode-Äquivalente und die ausführbaren Tests werden ausgeführt. Anschließend werden jedoch nur Objektcodedateien für neue und geänderte Tests und für geänderte Quellcodedateien erstellt.

▶ Abbildung 10.12 ist ein Abhängigkeitsmodell auf einer niedrigeren Ebene, das die Abhängigkeiten zeigt, die mit der Erstellung des Objektcodes für eine Quellcodedatei mit dem Namen Mycode verbunden sind. Quellcodedateien sind selten unabhängig, sondern auf andere Informationen wie Bibliotheken angewiesen. Mycode hängt von zwei Bibliotheken (Bib 1 und Bib 2) und einer extern definierten Klassendefinition ab.

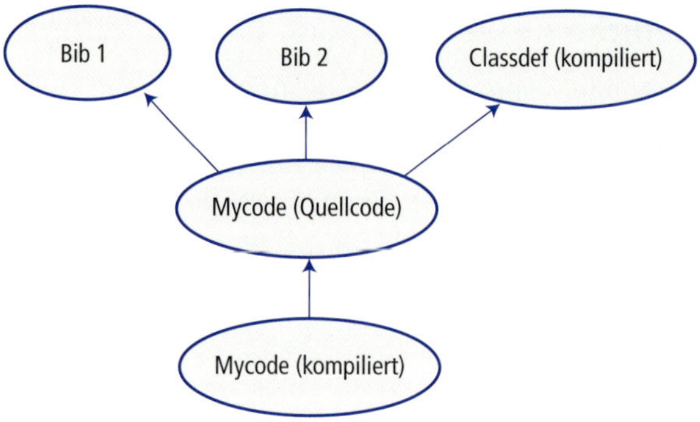

Abbildung 10.12: Dateiabhängigkeiten

Ein automatisiertes Build-System verwendet die Spezifikation der Abhängigkeiten, um festzustellen, was zu tun ist. Es entscheidet anhand des Zeitstempels der Dateiänderung, ob eine Quellcodedatei nach Erstellen der zugehörigen Objektcodedatei geändert wurde. Wenn dies der Fall ist, muss der Quellcode neu kompiliert werden. Um dies zu veranschaulichen, betrachten Sie drei Szenarien auf der Grundlage von ▶ Abbildung 10.12:

1 Das Änderungsdatum des kompilierten Codes liegt zeitlich nach dem Änderungsdatum des Quellcodes. Das Build-System schließt daraus, dass keine Änderungen am Quellcode vorgenommen wurden, und macht nichts.

2 Das Änderungsdatum des kompilierten Codes liegt zeitlich vor dem Änderungsdatum des Quellcodes. Das Build-System kompiliert den Quellcode neu und ersetzt die vorhandene Datei des kompilierten Codes durch eine aktualisierte Version.

3 Das Änderungsdatum des kompilierten Codes liegt zeitlich nach dem Änderungsdatum des Quellcodes. Das Änderungsdatum von Classdef liegt jedoch zeitlich nach dem Änderungsdatum des Quellcodes von Mycode. Daher muss Mycode neu kompiliert werden, um diese Änderungen zu berücksichtigen.

Die manuelle Aufzeichnung von Dateiabhängigkeiten ist eine mühsame und zeitaufwendige Arbeit. Für die meisten Programmiersprachen kann jedoch entweder der Compiler oder ein separates Werkzeug automatisch ein Abhängigkeitsmodell erstellen, das für System-Building verwendet werden kann. Die System-Building-Software verwendet das Modell bei der Systemerstellung, um den Build-Prozess zu optimieren.

Das älteste und vielleicht bekannteste System-Build-Tool ist `make`. Es wurde ursprünglich in den 1970er Jahren für Unix entwickelt. Die Befehle zum System-Building sind als Shell-Skript geschrieben. Andere Werkzeuge wie Ant und Maven, die Java-orientiert sind, und Rake, das Ruby-orientiert ist, verwenden unterschiedliche Ansätze, um Abhängigkeiten zu spezifizieren, leisten aber alle im Grunde genommen das Gleiche.

Werkzeuge, die den gesamten kontinuierlichen Integrationsprozess unterstützen, ermöglichen es Ihnen, eine Aktivitätspipeline zu definieren (▶ Abbildung 10.9) und diese Pipeline auszuführen. Zusätzlich zum System-Build können diese Tools die Datenbank füllen, automatische Tests ausführen und so weiter. Beispiele für Werkzeuge zur kontinuierlichen Integration sind Jenkins, ein weit verbreitetes Open-Source-System, und proprietäre Produkte wie Travis und Bamboo.

10.2.2 Kontinuierliche Auslieferung und Bereitstellung

Kontinuierliche Integration (*Continuous Integration*, CI) bedeutet, nach jeder Änderung am Repository eine ausführbare Version eines Softwaresystems zu erstellen. Das CI-Tool wird ausgelöst, wenn eine Datei in das Repository hochgeladen wird. Es führt den System-Build sowie Tests auf Ihrem Entwicklungsrechner oder Projektintegrationsserver aus. Die tatsächliche Umgebung, in der die Software läuft, wird sich natürlich von Ihrem Entwicklungssystem unterscheiden. Der Produktionsserver weist unter Umständen eine andere Organisation des Dateisystems, andere Zugriffsberechtigungen und andere installierte Anwendungen auf. Folglich können beim Ausführen Ihrer Software in der realen Betriebsumgebung Fehler aufgedeckt werden, die in der Testumgebung nicht aufgetreten sind.

Kontinuierliche Auslieferung bedeutet, dass Sie nach Änderungen an einem System sicherstellen, dass das geänderte System zur Auslieferung an die Kunden bereit ist. Das bedeutet, dass Sie es in einer Produktionsumgebung testen müssen, um sicherzustellen, dass Umgebungsfaktoren nicht zu Systemausfällen führen oder die Leistung des Systems verlangsamen. Neben Feature-Tests sollten Sie auch Lasttests durchführen, die zeigen, wie sich die Software bei steigender Benutzerzahl verhält. Sie können anhand von Tests auch den Durchsatz von Transaktionen und die Antwortzeit Ihres Systems zu überprüfen.

Der einfachste Weg, eine Produktionsumgebung zu replizieren, besteht darin, Ihre Software in einem Container auszuführen (▶ Kapitel 5). Ihre Produktionsumgebung ist als Container definiert, sodass Sie zur Erstellung einer Testumgebung lediglich mit demselben Image einen weiteren Container erstellen. Dadurch wird sichergestellt, dass Änderungen, die in der Produktionsumgebung vorgenommen werden, sich immer auch in der Testumgebung widerspiegeln.

Kontinuierliche Auslieferung bedeutet nicht, dass die Software automatisch sofort für die Benutzer zur Installation freigegeben wird. Wann dies geschehen soll, ist eine Geschäftsentscheidung und es kann durchaus gute Gründe für eine Verzögerung geben, wie ich später in diesem Abschnitt noch erläutere.

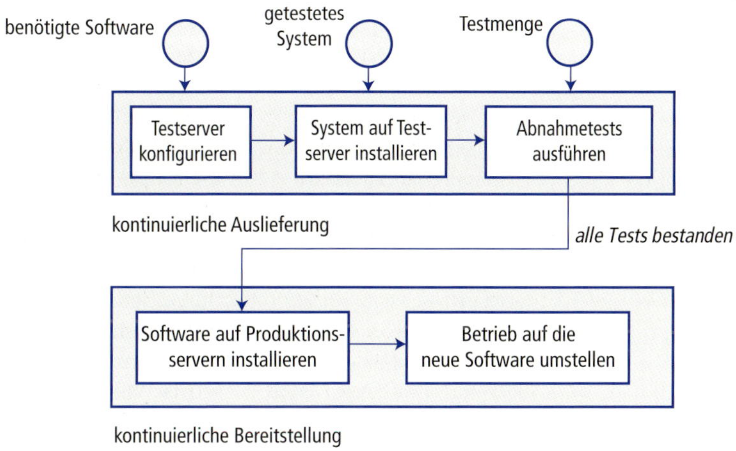

Abbildung 10.13: Kontinuierliche Auslieferung und Bereitstellung

In den letzten Jahren haben sich jedoch immer mehr Unternehmen für die kontinuierliche Bereitstellung entschieden, die darauf abzielt, ein System nach allen Änderungen als Cloud-Service bereitzustellen. Ich habe den kontinuierlichen Bereitstellungsprozess für Microservices in ▶ Kapitel 6 erläutert und die kontinuierliche Bereitstellungspipeline in ▶ Abbildung 6.16 dargestellt.

▶ Abbildung 10.13 zeigt eine zusammengefasste Version dieser Bereitstellungspipeline, die die Phasen der kontinuierlichen Auslieferung und Bereitstellung veranschaulicht.

Nach den ersten Integrationstests wird eine Testumgebung nachgestellt. Diese ist eine Replik der tatsächlichen Produktionsumgebung, in der das System später ausgeführt wird. Dann werden die Systemabnahmetests, zu denen unter anderem Funktions-, Last- und Leistungstests gehören, ausgeführt, um zu überprüfen, ob die Software wie erwartet funktioniert. Wenn alle diese Tests bestanden sind, wird die geänderte Software auf den Produktionsservern installiert.

Für die Bereitstellung des Systems übertragen Sie die Software und die erforderlichen Daten auf die Produktionsserver. Dann stoppen Sie vorübergehend alle neuen Serviceanfragen und lassen die ältere Version die noch ausstehenden Transaktionen bearbeiten. Wenn diese abgeschlossen sind, wechseln Sie auf die neue Version des Systems und nehmen die Verarbeitung wieder auf.

▶ Tabelle 10.6 zeigt die Vorteile einer kontinuierlichen Bereitstellung für Softwareunternehmen.

Vorteile	Erläuterung
Reduzierte Kosten	Wenn Sie sich für eine kontinuierliche Bereitstellung entscheiden, haben Sie keine andere Wahl, als in eine vollständig automatisierte Bereitstellungspipeline zu investieren. Die manuelle Bereitstellung ist ein zeitaufwendiger und fehleranfälliger Prozess. Die Einrichtung eines automatisierten Systems ist teuer und zeitaufwendig, aber Sie können diese Kosten schnell wieder hereinholen, wenn Sie Ihr Produkt regelmäßig aktualisieren.
Schnellere Problemlösung	Wenn ein Problem auftritt, ist wahrscheinlich nur ein kleiner Teil des Systems betroffen und die Ursache des Problems liegt klar auf der Hand. Wenn Sie viele Änderungen in einer einzigen Version bündeln, ist es schwieriger, Probleme zu finden und zu beheben.
Schnelleres Kundenfeedback	Sie können neue Features bereitstellen, wenn diese aus Kundensicht einsatzreif sind. Sie können die Kunden um Feedback zu diesen Features bitten und dieses dann nutzen, um Verbesserungen zu identifizieren, die Sie vornehmen müssen.
A/B-Tests	Dies ist eine Option, wenn Sie einen großen Kundenstamm haben und mehrere Server für die Bereitstellung verwenden. Sie können auf einigen Servern eine neue Version der Software bereitstellen und die ältere Version auf anderen Servern laufen lassen. Sie verwenden dann den Lastverteiler, um einige Kunden auf die neue Version umzuleiten, während andere die ältere Version nutzen. Sie können messen und abschätzen, wie neue Features von Ihren Kunden angenommen werden und ob sie das leisten, was Sie erwarten.

Tabelle 10.6: Nutzen der kontinuierlichen Bereitstellung

Eine kontinuierliche Bereitstellung ist offensichtlich nur bei cloudbasierten Systemen sinnvoll. Wenn Ihr Produkt über einen App-Store verkauft oder von Ihrer Website heruntergeladen wird, ist eine kontinuierliche Integration und Auslieferung zu empfehlen. Eine Arbeitsversion ist immer zur Freigabe verfügbar. Wenn Sie die herunterladbare Version regelmäßig aktualisieren, können Ihre Kunden entscheiden, wann sie die Software auf ihren Computern oder mobilen Geräten aktualisieren. Manchmal ist es hilfreich, eine automatische Aktualisierungsfunktion anzubieten, sodass die Benutzer nichts tun müssen. Viele Benutzer mögen dies jedoch nicht und Sie sollten auf alle Fälle dafür sorgen, dass diese Funktion deaktiviert werden kann.
Es gibt drei geschäftliche Gründe, warum Sie nicht jede Softwareänderung an Kunden weitergeben sollten:

1. Möglicherweise verfügen Sie über unvollständige Features, die eingesetzt werden könnten, aber von denen Sie nicht möchten, dass Ihre Konkurrenten etwas darüber erfahren, bevor deren Implementierung abgeschlossen ist.

2. Software, die sich ständig ändert, besonders wenn diese Änderungen die Benutzeroberfläche betreffen, könnte bei Kunden auf Ablehnung stoßen. Sie wollen sich nicht laufend in neue Features einarbeiten. Es ist ihnen lieber, wenn sie es bei der Umstellung mit mehreren neuen Features auf einmal zu tun haben.

3. Sie möchten vielleicht die Versionen Ihrer Software mit bekannten Geschäftszyklen synchronisieren. Wenn Ihr Produkt beispielsweise für den Bildungsmarkt entwickelt wurde, wünschen sich Ihre Kunden zu Semesterbeginn, wenn neue Studenten immatrikuliert, Kurse festgelegt und andere Aufgaben erledigt werden müssen, vor allem Stabilität. Es ist unwahrscheinlich, dass sie zu diesem Zeitpunkt neue Features ausprobieren werden. Es ist für diese Kunden sinnvoller, Features erst freizugeben, wenn sie Zeit haben, mit dem neuen System herumzuspielen.

CI-Tools wie Jenkins und Travis können auch zur Unterstützung der kontinuierlichen Bereitstellung und Auslieferung eingesetzt werden. Diese Werkzeuge können mit Tools zum Infrastruktur-Konfigurationsmanagement wie Chef und Puppet integriert werden, um die Softwarebereitstellung zu implementieren. Bei cloudbasierter Software ist es jedoch oft einfacher, Container in Verbindung mit CI-Tools anstelle einer Software für das Infrastruktur-Konfigurationsmanagement zu verwenden.

10.2.3 Infrastruktur als Code

In einer Unternehmensumgebung gibt es normalerweise viele verschiedene physische oder virtuelle Server (Webserver, Datenbankserver, Dateiserver usw.), die jeweils verschiedene Aufgaben erledigen. Sie alle sind unterschiedlich konfiguriert und verfügen über unterschiedliche Softwarepakete. Einige müssen aktualisiert werden, wenn neue Softwareversionen vorliegen; bei anderen müssen Sie für einen stabilen Betrieb sorgen, da Legacy-Software von älteren Versionen der installierten Software abhängt.
Es ist schwierig, den Überblick über die Softwareprodukte zu behalten, die auf den einzelnen Rechnern installiert sind. Eventuell fallen unerwartet dringende Änderungen wie Sicherheitsupdates an, die von den Systemadministratoren aus Zeitgründen nicht immer dokumentiert werden. Die Server-Dokumentation ist oft veraltet. Folglich

ist die manuelle Wartung einer Rechnerinfrastruktur mit Dutzenden oder Hunderten von Servern teuer und fehleranfällig.

Zur Lösung des Problems wurde vorgeschlagen, die Infrastruktur als Code zu definieren. Denn anstatt die Software auf den Servern eines Unternehmens manuell zu aktualisieren, kann der Prozess auch automatisiert werden, und zwar mithilfe eines Infrastrukturmodells, das in einer maschinenlesbaren Sprache geschrieben ist. Werkzeuge für das Konfigurationsmanagement (*Configuration Management*, CM) wie Puppet und Chef können in Einklang mit diesen Infrastrukturdefinitionen Software und Dienste automatisch auf den Servern installieren. Das CM-Werkzeug greift auf eine Masterkopie der zu installierenden Software zu und lädt diese auf die dafür vorgesehenen Server (▶ Abbildung 10.14). Wenn Änderungen vorgenommen werden müssen, wird das Infrastrukturmodell aktualisiert und das CM-Tool führt die Änderung an allen Servern aus.

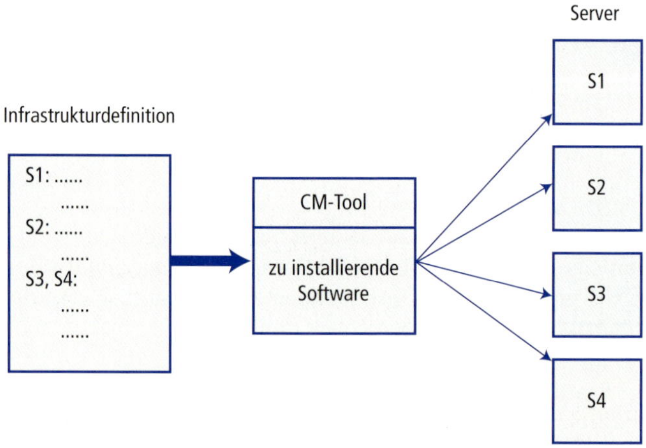

Abbildung 10.14: Infrastruktur als Code

Die Definition Ihrer Software-Infrastruktur als Code ist vor allem für Produkte interessant, die als Dienst bereitgestellt werden. Es ist Aufgabe der Produktanbieter, die Infrastruktur ihrer Dienste in der Cloud zu verwalten. Die Definition ist jedoch auch dann relevant, wenn die Software über Downloads bereitgestellt wird. In diesem Fall müssen Sie die Software in verschiedenen Kontexten testen, um sicherzustellen, dass sie die Infrastruktur des Käufers nicht beeinträchtigt. Hierzu sollten Sie mehrere Testinfrastrukturen festlegen und jeweils als Code definieren.

Die Definition Ihrer Infrastruktur als Code und die Verwendung eines Konfigurationsmanagementsystems lösen zwei Schlüsselprobleme der kontinuierlichen Bereitstellung:

1. Ihre Testumgebung muss genau mit Ihrer Bereitstellungsumgebung übereinstimmen. Wenn Sie die Bereitstellungsumgebung ändern, müssen sich diese Änderungen auch in Ihrer Testumgebung widerspiegeln.

2. Wenn Sie einen Dienst ändern, müssen Sie in der Lage sein, diese Änderung schnell und zuverlässig auf alle Ihre Server zu übertragen. Und wenn es einen Fehler in Ihrem geänderten Code gibt, der sich negativ auf die Zuverlässigkeit des Systems auswirkt, müssen Sie in der Lage sein, nahtlos wieder zum vorherigen System zurückzukehren.

Die Definition Ihrer Infrastruktur als Code hat wirtschaftliche Vorteile, z.B. geringere Kosten für die Systemverwaltung und ein geringeres Risiko, dass bei der Implementierung von Infrastrukturänderungen unerwartete Probleme auftreten. Diese Vorteile ergeben sich aus vier grundlegenden Merkmalen der Infrastruktur als Code, die in ▶ Tabelle 10.7 erläutert werden.

Merkmal	Erläuterung
Sichtbarkeit	Ihre Infrastruktur wird als eigenständiges Modell definiert, das vom gesamten DevOps-Team gelesen, diskutiert, nachvollzogen und überprüft werden kann.
Reproduzierbarkeit	Die Verwendung eines Tools zum Konfigurationsmanagement bedeutet, dass die Installationsaufgaben immer in der gleichen Reihenfolge ausgeführt werden, sodass immer die gleiche Umgebung erzeugt wird. Sie sind nicht darauf angewiesen, dass sich die Mitarbeiter die Reihenfolge merken, in der sie Dinge erledigen müssen.
Zuverlässigkeit	Bei der Verwaltung einer komplexen Infrastruktur machen Systemadministratoren oft einfache Fehler, insbesondere wenn dieselben Änderungen an mehreren Servern vorgenommen werden müssen. Durch Automatisierung des Prozesses vermeiden Sie diese Fehler.
Wiederherstellung	Wie jeder andere Code kann Ihr Infrastrukturmodell versioniert und in einem Codemanagementsystem gespeichert werden. Wenn Infrastrukturänderungen Probleme verursachen, können Sie leicht zu einer älteren Version zurückkehren und die Umgebung neu installieren, von der Sie wissen, dass sie funktioniert.

Tabelle 10.7: Merkmale von Infrastruktur als Code

Wie ich in ▶ Kapitel 5 erläutert habe, ist es für die Bereitstellung vieler cloudbasierter Dienste am besten, Container zu verwenden. Ein Container bietet eine eigenständige Ausführungsumgebung, die auf einem Betriebssystem wie Linux läuft. Die in einem Docker-Container installierte Software wird mithilfe einer Docker-Datei spezifiziert, die im Wesentlichen eine Definition Ihrer Software-Infrastruktur als Code ist. Sie erstellen ein ausführbares Container-Image, indem Sie die Docker-Datei verarbeiten.

Die Verwendung von Containern macht es sehr einfach, identische Ausführungsumgebungen bereitzustellen. Für jeden von Ihnen verwendeten Servertyp definieren Sie die benötigte Umgebung und erstellen ein Image für die Ausführung. Sie können einen Anwendungscontainer als Testsystem oder als Betriebssystem ausführen – das macht keinen Unterschied. Wenn Sie Ihre Software aktualisieren, führen Sie die Image-Erstellung erneut aus, um in dem neuen Image die geänderte Software zu berücksichtigen. Sie können diese Images dann neben dem bestehenden System starten und die Serviceanforderungen entsprechend umleiten.

Cloudbasierte Produkte haben in der Regel weniger Servertypen (z.B. Webserver, Datenbankserver, Anwendungsserver) als Unternehmenssysteme. Es kann jedoch sein, dass Sie als Reaktion auf die steigende Nachfrage neue Server bereitstellen und diese dann in ruhigeren Zeiten herunterfahren müssen. Sie können für jeden Servertyp Container definieren und ein Containerverwaltungssystem wie Kubernetes verwenden, um diese Container bereitzustellen und zu verwalten.

10.3 DevOps-Messungen

Nachdem Sie DevOps eingeführt haben, sollten Sie versuchen, Ihren DevOps-Prozess kontinuierlich zu verbessern, damit Sie Ihre überarbeitete Software schneller bereitstellen können. Dies bedeutet, dass Sie ein Messprogramm benötigen, das für Sie Produkt- und Prozessdaten erfasst und analysiert. Da Sie die Messungen über einen längeren Zeitraum durchführen, können Sie beurteilen, ob Ihr Prozess wirklich effektiver und besser geworden ist.
Messungen zur Softwareentwicklung und -nutzung lassen sich in vier Kategorien einteilen:

1. *Prozessmessungen:* Sie erheben und analysieren Daten über Ihre Entwicklungs-, Test- und Bereitstellungsprozesse.
2. *Servicemessungen:* Sie erheben und analysieren Daten über die Leistung, Zuverlässigkeit und Akzeptanz der Software beim Kunden.
3. *Nutzungsmessungen:* Sie erheben und analysieren Daten über das Produktnutzungsverhalten Ihrer Kunden.
4. *Geschäftserfolgsmessungen:* Sie erheben und analysieren Daten über den Beitrag Ihres Produkts zum Gesamterfolg des Unternehmens.

Prozess- und Servicemessungen sind für DevOps am relevantesten. Nutzungsmessungen helfen Ihnen, Probleme mit der Software selbst zu identifizieren. Einige Autoren sind der Meinung, dass auch der Geschäftserfolg definiert und gemessen werden sollte. Wie ich jedoch später noch erläutern werde, halte ich diese Messungen für unzuverlässig und bin nicht davon überzeugt, dass sie sich lohnen.
Software und Softwareentwicklung zu messen, ist ein komplexer Prozess. Sie müssen die Metriken identifizieren, die Ihnen nützliche Einblicke gewähren, und zuverlässige Wege finden, um Metrikdaten zu erheben und zu analysieren. Manchmal ist es unmöglich, das, was Sie wirklich messen wollen, direkt zu messen (z.B. die Kundenzufriedenheit). Sie müssen daher für Ihre Rückschlüsse andere Metrikdaten heranziehen, die sich erheben lassen (wie z.B. der Anzahl der wiederkehrenden Kunden).
Das DevOps-Prinzip, alles zu automatisieren, sollte so weit wie möglich auch auf die Softwaremessung angewandt werden. Sie sollten Ihre Software so ausstatten, dass sie Daten über sich selbst erhebt, sowie ein Überwachungssystem verwenden (▶ Kapitel 6), um Daten über die Leistung und Verfügbarkeit Ihrer Software zu erheben. Einige Prozessmessungen lassen sich auch automatisieren. Da Menschen involviert sind, ist die Prozessmessung nicht ganz unproblematisch. Denn jeder arbeitet auf seine ganz eigene Weise, zeichnet Informationen möglicherweise unterschiedlich auf und wird durch äußere Einflüsse in seiner Arbeitsweise beeinflusst.
So mag es auf den ersten Blick einfach erscheinen, die Durchlaufzeit eines Änderungsvorschlags von Beginn seiner Entwicklung bis zur Bereitstellung des geänderten Codes aufzuzeichnen. Doch was bedeutet „Durchlaufzeit“? Ist damit die insgesamt verstrichene Zeit gemeint oder die Zeit, die der Entwickler für die Bearbeitung des Problems aufgewendet hat? Welche Annahmen gelten bezüglich der normalen Arbeitszeit? Haben einige Änderungen eine höhere Priorität als andere, sodass die Arbeit an einer Änderung eingestellt wird, um eine andere zu implementieren? Alle diese Fragen lassen sich nicht so leicht beantworten, was bedeutet, dass Prozessdaten nie einfach zu erfassen und zu analysieren sind.

Viele Artikel über DevOps-Messungen schlagen vor, die Prozess- und Produktmessungen mit den Messungen des Geschäftserfolgs zu verknüpfen. Sie behaupten, dass eine Verbesserung des DevOps-Prozesses das Geschäft erfolgreicher macht. Das klingt prinzipiell gut, aber ich halte die Verknüpfung der DevOps-Messungen mit den Leistungsindikatoren eines Unternehmens für idealistisch und unpraktisch. Viele Faktoren tragen zu einem Geschäftserfolg bei, sodass es praktisch unmöglich ist, den Beitrag von DevOps zu isolieren. Ein Unternehmen kann zum Beispiel erfolgreicher sein, weil es DevOps eingeführt hat. Der Erfolg kann aber auch auf bessere Manager zurückzuführen sein, die Veränderungen eingeführt haben, zu denen auch DevOps gehört.

Ich glaube, Sie sollten akzeptieren, dass sich DevOps lohnt, und sich dann auf das Erheben von Prozess- und Leistungsdaten konzentrieren, die Ihnen bei der Verbesserung Ihrer Softwareauslieferung und -bereitstellung nützlich sein können. Payal Chakravarty von IBM schlägt einen sehr praktischen Ansatz für die Messung von DevOps vor.[2]

Das Ziel, den Code möglichst häufig auszuliefern, ohne dass es bei den Kunden zu Ausfällen kommt, lässt sich Chakravartys Meinung nach erreichen, indem eine Metriken-Scorecard verwendet wird, die auf neun relativ leicht zu erhebenden Metriken basiert. Diese Metriken umfassen Prozess- sowie Servicemetriken und sind für Software relevant, die als Cloud-Service bereitgestellt wird (▶ Abbildung 10.15).

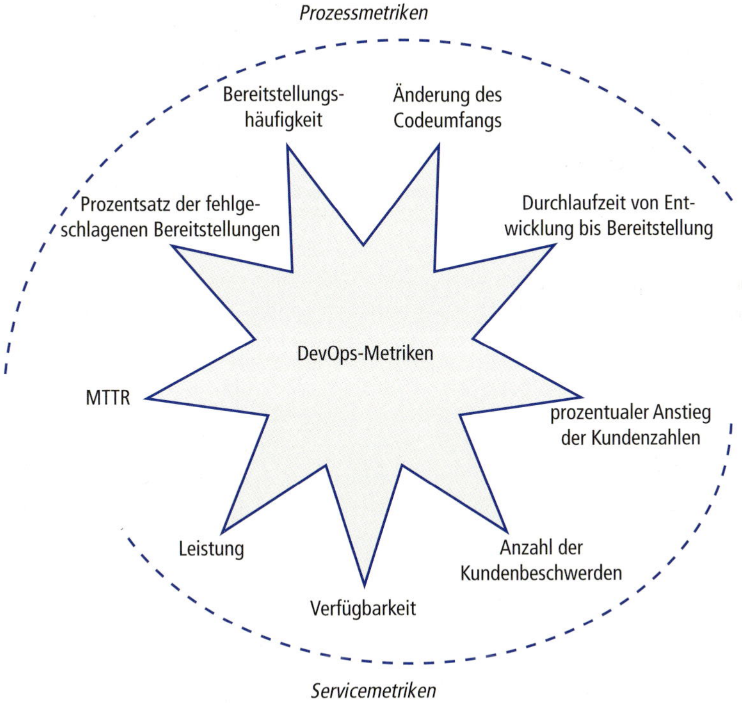

Abbildung 10.15: Metriken in der DevOps-Scorecard

2 Payal Chakravarty, „The DevOps Scorecard“, *https://devops.com/devops-scorecard*, 2014.

Hinsichtlich der Prozessmetriken wäre es wünschenswert, wenn sich die Anzahl der fehlgeschlagenen Bereitstellungen, die mittlere Wiederherstellungszeit nach einem Serviceausfall (*Mean Time To Recover*, MTTR) und die Durchlaufzeit von der Entwicklung bis zur Bereitstellung verringern. Gleichzeitig sollten sich die Häufigkeit der Bereitstellung und die Anzahl der geänderten Codezeilen bei Auslieferung erhöhen. Hinsichtlich der Servicemetriken sollten Verfügbarkeit und Leistung stabil sein oder sich verbessern, die Zahl der Kundenbeschwerden sollte sinken und die Zahl der Neukunden steigen.

Chakravarty schlägt vor, die erhobenen Daten wöchentlich zu analysieren und auf einer Bildschirmseite darzustellen, um die Leistung in der aktuellen und den vergangenen Wochen anzuzeigen. Sie können sich auch für eine grafische Darstellung entscheiden, die für langfristige Trends besser geeignet ist. ▶ Abbildung 10.16 zeigt Beispiele für diese Trendanalyse.

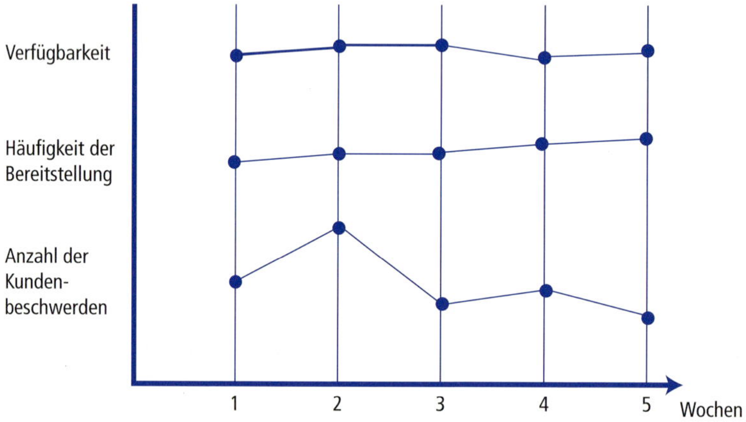

Abbildung 10.16: Metrik-Trends

▶ Abbildung 10.16 können Sie entnehmen, dass die Verfügbarkeit über die Zeit mehr oder weniger stabil geblieben und die Häufigkeit der Bereitstellung gestiegen ist. Die Anzahl der Kundenbeschwerden weist größere Schwankungen auf. Der Sprung in Woche 2 deutet darauf hin, dass es in dieser Woche Probleme mit einem der System-Releases gab. Der Gesamttrend über die Zeit zeigt jedoch eine kleine Verbesserung.

Zum Erheben dieser Daten können Sie verschiedene Werkzeuge verwenden. Mit Tools zur kontinuierlichen Integration wie Jenkins können Sie Daten über Bereitstellungen, erfolgreiche Tests usw. erheben. Cloud-Anbieter verfügen oft über Monitoringsoftware wie Cloudwatch von Amazon, die Daten über Verfügbarkeit und Leistung liefern. Daten, die von den Kunden bereitgestellt werden, erheben Sie am besten in einem Fallbearbeitungssystem.

Neben dem Einsatz dieser Werkzeuge können Sie Ihr Produkt so einrichten, dass es Daten über seine Leistung und die Kundennutzung liefert. Durch die Analyse dieser Daten erhalten Sie Einblicke in das wahre Verhalten Ihrer Kunden, anstatt von Ihrer privaten Einschätzung auszugehen. So identifizieren Sie die Teile Ihrer Software, die verbessert werden müssen. Am praktischsten ist es, Logdateien zu verwenden, deren Einträge mit Zeitstempeln versehene Ereignisse sind, die die Kundenaktionen und/oder die Reaktionen der Software widerspiegeln (▶ Abbildung 10.17).

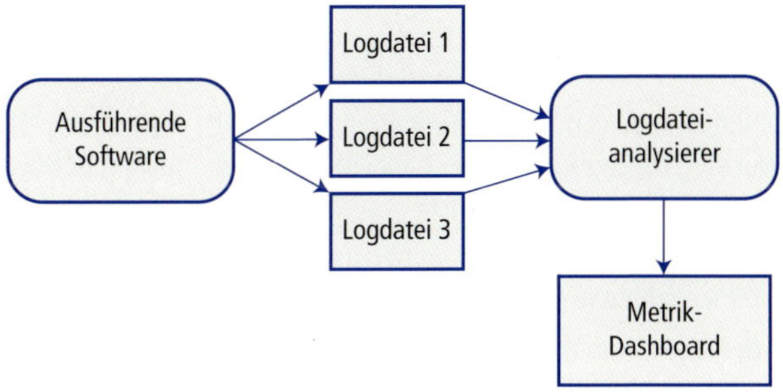

Abbildung 10.17: Protokollierung und Analyse

Damit Sie einen Nutzen daraus ziehen, müssen Sie so viele Ereignisse wie möglich protokollieren, was bedeutet, dass die Loggingsoftware möglicherweise Hunderte von Ereignissen pro Sekunde aufzeichnet. Es stehen verschiedene Tools zur Logdateianalyse zur Verfügung, mit denen Sie die Daten in der Cloud verwalten und analysieren können, um hilfreiche Informationen über die Nutzung Ihrer Software zu erhalten. Diese Werkzeuge können Informationen mithilfe eines Metrik-Dashboards darstellen, das die analysierten Daten und ihre Veränderung im Laufe der Zeit anzeigt.

Zusammenfassung

- DevOps ist die Integration von Softwareentwicklung und der Verwaltung dieser Software, sobald sie zur Nutzung freigegeben wurde. Dabei ist das gleiche Team für Entwicklung, Bereitstellung und Softwaresupport verantwortlich.
- Die Vorteile von DevOps sind eine schnellere Bereitstellung, ein geringeres Risiko, eine schnellere Reparatur von fehlerhaftem Code und produktivere Teams.
- Die Verwaltung des Quellcodes ist von wesentlicher Bedeutung, um zu vermeiden, dass sich die Änderungen, die von verschiedenen Entwicklern vorgenommen werden, gegenseitig beeinträchtigen.
- Alle Codemanagementsysteme basieren auf einem gemeinsamen Code-Repository mit einer Reihe von Funktionen, die den Codetransfer, das Speichern und Abrufen von Versionen, das Verzweigen und Zusammenführen sowie das Speichern von Versionsinformationen unterstützen.
- Git ist ein verteiltes Codemanagementsystem und das populärste System für die Entwicklung von Softwareprodukten. Jeder Entwickler arbeitet mit seiner eigenen Kopie des Repositorys, die mit dem gemeinsam genutzten Projekt-Repository zusammengeführt werden kann.
- Kontinuierliche Integration bedeutet, dass eine Änderung, sobald sie in ein Projekt-Repository mit `commit` übertragen wurde, in den bestehenden Code integriert wird und eine neue Version des Systems zum Testen erstellt wird.
- Automatisierte System-Building-Werkzeuge reduzieren die Zeit, die für die Kompilierung und Integration des Systems benötigt wird, da nur die geänderten Komponenten und die davon abhängigen Komponenten neu kompiliert werden.
- Kontinuierliche Bereitstellung bedeutet, dass die bereitgestellte Version des Systems automatisch aktualisiert wird, sobald eine Änderung erfolgt. Dies ist nur möglich, wenn das Softwareprodukt als cloudbasierter Dienst angeboten wird.
- Infrastruktur als Code bedeutet, dass die Infrastruktur (Netzwerk, installierte Software usw.), auf der die Software ausgeführt wird, als maschinenlesbares Modell definiert ist. Automatisierte Werkzeuge, wie Chef und Puppet, können Server basierend auf dem Infrastrukturmodell unterstützen.
- Messungen sind ein grundlegendes Prinzip von DevOps. Sie können sowohl Prozess- als auch Produktmessungen vornehmen. Wichtige Prozessmetriken sind die Häufigkeit der Bereitstellung, der Prozentsatz der fehlgeschlagenen Bereitstellungen und die mittlere Wiederherstellungszeit nach einem Ausfall (MTTR).

Ergänzende Literatur

„What Is DevOps?": Dieser Blogeintrag, der geschrieben wurde, als DevOps gerade aufkamen, erläutert anschaulich, was sich hinter DevOps verbirgt. Er geht nicht ins Detail, fängt aber die Quintessenz von DevOps ein (E. Mueller, 2010).
https://theagileadmin.com/what-is-dev/

„Why Git for Your Organization": Dieser Blogeintrag diskutiert, warum Git als System nicht nur für Entwickler von Nutzen ist, sondern einen breiteren Anwendungsbereich im Unternehmen hat, der für Marketing, Produktmanagement, Kundensupport usw. interessant ist (Atlassian, ohne Datum).
https://www.atlassian.com/git/tutorials/why-git

„Continuous Integration": Dies ist ein ziemlich alter Blogeintrag von einem der Pioniere der kontinuierlichen Integration, der aber meiner Meinung nach einen der besten Überblicke über das Thema bietet. Er ist leicht verständlich geschrieben (M. Fowler, 2006).
https://www.martinfowler.com/articles/continuousIntegration.html

„Continuous Integration: The answer to life, the universe, and everything?": Es ist immer nützlich, sich mit einem Standpunkt auseinanderzusetzen, der der gängigen Meinung widerspricht, dass kontinuierliche Integration eine gute Sache wäre. Dieser Artikel beschreibt einige der Probleme beim Einsatz der kontinuierlichen Integration und weist darauf hin, dass die Vorteile nicht immer so groß sind wie erwartet (M. Heller, ohne Datum).
https://techbeacon.com/continuous-integration-answer-life-universe-everything

„Building and Deploying Software through Continuous Delivery": Diese Anleitung ist eine gute Zusammenfassung der Prinzipien der kontinuierlichen Auslieferung, mit nützlichen Links zu anderen Quellen zu diesem Thema (K. Brown, ohne Datum).
https://www.ibm.com/cloud/garage/content/deliver/practice_continuous_delivery/

„Infrastructure as Code: A Reason to Smile": Hierbei handelt es sich um eine verständliche Erläuterung, welche Vorteile es hat, seine Computerinfrastruktur als Code zu definieren (J. Sitakange, 2016).
https://www.thoughtworks.com/insights/blog/infrastructure-code-reason-smile

Präsentationen, Videos und Links

https://iansommerville.com/engineering-software-products/static/presentations-videos-and-links/devops-and-code-management/

Lösungshinweise

Übungen

1 Erklären Sie, warum die Einführung von DevOps eine Grundlage für eine effizientere Softwarebereitstellung und einen effektiveren Softwarebetrieb bietet.

2 Erklären Sie kurz, warum es so wichtig ist, ein Codemanagementsystem zu verwenden, wenn mehrere Entwickler an der Erstellung eines Softwaresystems beteiligt sind. Was sind die Vorteile eines Codemanagementsystems, wenn nur ein einziger Entwickler am System arbeitet?

3 Was ist der grundlegende Unterschied zwischen verteilten und zentralisierten Codemanagementsystemen? Inwiefern führt dieser Unterschied zu den wichtigsten Vorteilen von verteilten Codemanagementsystemen?

4 Was bedeutet das Anlegen eines neuen Zweigs in einem Codemanagementsystem? Welche Probleme können entstehen, wenn mehrere Entwickler am gleichen Code arbeiten und versuchen, ihre Änderungen mit dem Projekt-Masterzweig zusammenzuführen?

5 Erklären Sie, wie die Verwendung von Git und einem gemeinsam genutzten öffentlichen Git-Repository den Managementprozess bei der Open-Source-Entwicklung vereinfacht, wenn viele Entwickler am gleichen Code arbeiten.

6 Was sind Problemverfolgungssysteme und warum sind sie wichtig für die Entwicklung von Softwareprodukten?

7 Erklären Sie, warum es bei der Systemintegration um mehr geht als um die einfache Neukompilierung des Softwarecodes.

8 Warum erleichtert der Einsatz der kontinuierlichen Integration das Auffinden von Fehlern in der Software, die Sie entwickeln?

9 Was sind die Unterschiede zwischen kontinuierlicher Integration, kontinuierlicher Bereitstellung und kontinuierlicher Auslieferung?

10 Was sind Prozessmetriken und Servicemetriken? Erklären Sie, warum Servicemetriken einfacher zu erheben und möglicherweise genauer sind als Prozessmetriken.

Register

A

B

C

D

E

F

G

H

I

J

K

L

M

N

O

P

R

S

T

U

V

W

X

Y

Z